古代 그리스, 그리스인들

The Greeks

THE GREEKS
by H. D. F. Kitto

Copyright 1951 by H. D. F. Kitto
Copyright © H. D. F. Kitto, 1957
All rights reserved

Korean translation copyright © 2008 by Galapagos Publishing Co.
Korean translation rights arranged with Penguin books Ltd.,
through EYA (Eric Yang Agency)

이 책의 한국어판 저작권은 EYA(Eric Yang Agency)를 통한
Penguin books Ltd.사와의 독점계약으로 한국어 판권을
'도서출판 갈라파고스'가 소유합니다.
저작권법에 의하여 한국 내에서 보호를 받는 저작물이므로
무단전재와 복제를 금합니다.

古代 그리스, 그리스인들
H. D. F 키토 지음 / 박재욱 옮김

갈라파고스

차례

1장 서언: 그리스를 그리스이게 하는 것들   7
　　　-인간의 존엄성과 도시국가
2장 그리스인은 어떻게 형성 되었나   17
　　　-그리스와 예술, 그리고 초기 문명의 발자취
3장 아테네 문화는 아테네 기후의 산물이다?   43
　　　-그리스의 자연과 자원, 그리고 경제
4장 그리스 정신의 정수『일리아스』   67
　　　-그리스인은 호메로스가 있어 행운이었다.
5장 폴리스는 □이다   99
6장 위대한 아테네로 가는 길   123
　　　-고전기 그리스: 초기
7장 아테네 민주정(직접 참여)에 대해 알아야 할 것들   165
　　　-고전기 그리스: 기원전 5세기

8장 전쟁중에도 그리스의 민회는 지속 되었나? 203
　　　 —펠로폰네소스 전쟁중인 그리스인
9장 폴리스의 몰락을 가져온 원인들 229
10장 그리스 정신의 특성과 그것이 남긴 것들 253
11장 변덕스럽고 난폭하고 호색한인 신들에 대한 진실 293
　　　 —신화와 종교
12장 여성, 노동, 복수에 대한 생각 309
　　　 —생활과 성격
옮긴이의 말 376
주 379
찾아보기 382

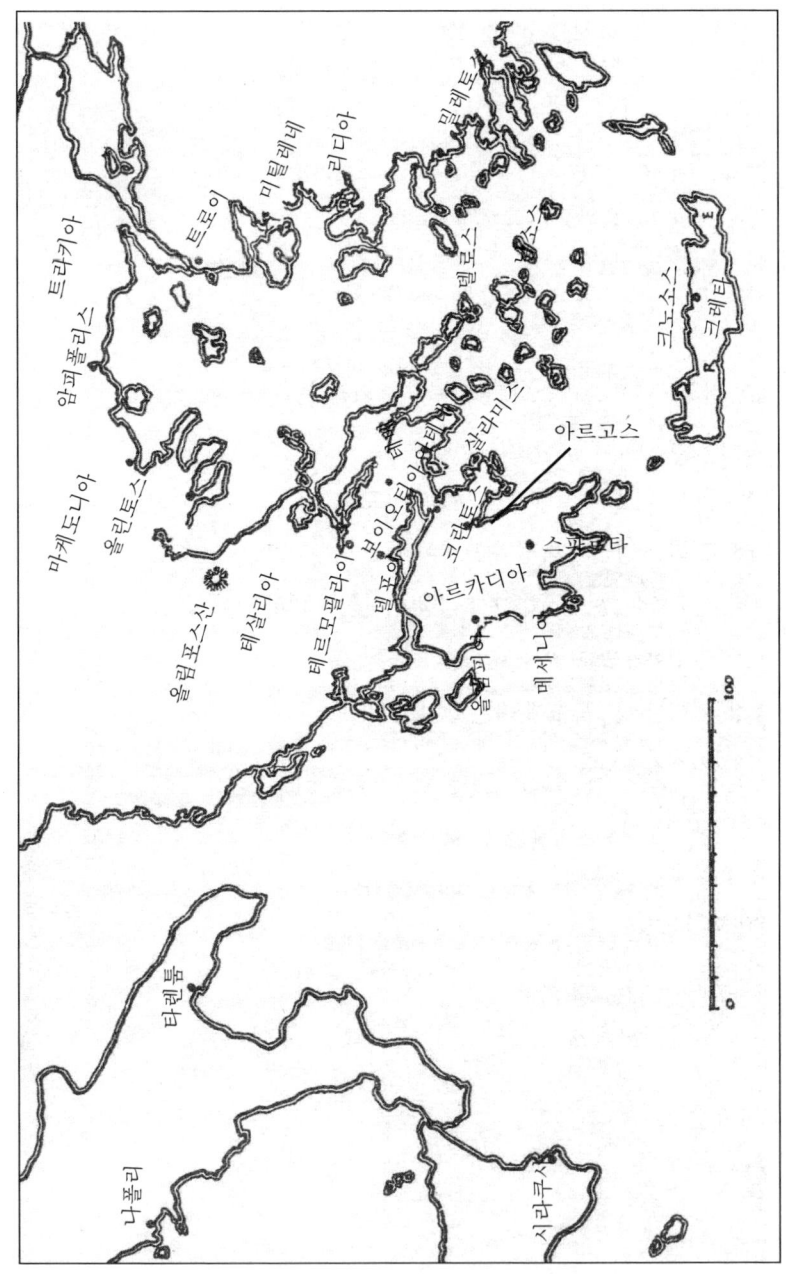

1장 서언: 그리스를 그리스이게 하는 것들
—인간의 존엄성과 도시국가

다음과 같은 이야기가 사실이라고 한번 가정해 보자. "옛날에 수백 년에 걸쳐 고도의 문명을 이룩한 어떤 세계가 있었다. 그 문명의 한편에서 어떤 사람들이 서서히 등장했다. 이들은 수도 별로 많지 않았고, 힘도 그리 강하지 않았으며, 잘 짜인 조직을 갖추지도 못했다. 그런데 이들은 인생의 의미를 완전히 새롭게 해석했고, 역사상 처음으로 인간의 지적 능력을 온전히 구사했다." 이 책에서는 바로 이 이야기를 상세히 설명할 것이며, 나는 이 이야기가 옳음을 증명하고 싶다. 먼저 이렇게 설명을 시작해 보자. 그리스인은 무척 단순하고 자연스럽게 스스로가 세상 어떤 사람들과도 다르다고 느꼈다. 적어도 고전기의 그리스인은 습관적으로 인류를 '헬레네스'(*Hellenes*, 그리스인이 스스로를 부르는 이름—옮긴이)와 '바르바로이'(*barbaroi*, 이방인을 뜻하는 *barbaros*의 복수형—옮긴이)로 나누었다. 호메로스와 같은 고전기 이전의 그리스인은 '바르바로이'를 그런 이분법적 의미로 쓰지 않았다. 그렇다고 호메로스가 후손들보다 더 공손했던 것은 아니다. 당시까지는 아직 두 집단의 차이가 완전히 드러나지 않았기 때문이다.

정말이지 이것은 공손함의 문제가 아니었다. 그리스어 '바르바로스'는 현대 영어의 '야만인(barbarian)'과 뜻이 다르다. '바르바로스'는 싫어하고 경멸할 때 쓰는 용어가 아니었다. 동굴에 살며 고기를 날로 먹는 사람들을 뜻하지도 않았다. 이 말은 단순히 그리스어를 할 줄 몰라서 '바르 바르' 하고 말하는 사람들을 가리켰다. 당신도 그리스어를 할 줄 모른다면 '바르바로스'다. 거친 트라케 부족의 사람이든, 오리엔트의 화려한 도시나 이집트 출신의 사람이든 상관없다. 그리스인은 오리엔트와 이집트가 자신들이 존재하기 수백 년 전에 이미 안정적인 문명국가를 이룩했음을 잘 알았다. 그리스인은 페르시아의 도덕률과 이집트인의 지혜를 존중했다. 그리스인은 오리엔트의 사람들에게 물질적, 지적, 예술적 측면에서 큰 신세를 졌음을 잊지 않았다. 그러나 이 사람들은 '바르바로이'였고, 외국인이었으며, 트라케인이나 스키타이인과 같이 분류되었다. 물론 그들과 혼동되지는 않았다. 오직 그리스어를 할 줄 모른다는 이유뿐이었을까? 아니다. 그리스어를 할 줄 모른다는 사실은 더 근본적인 차이를 나타내는 징표였다. 즉 그들은 그리스식으로 살지 않고 그리스식으로 생각하지 않았다. 삶에 대한 전반적인 태도가 달랐다. 그리스인은 이런저런 이유로 '바르바로스'를 존경하기도 하고 나아가 질투하기도 했지만, 이런 차이를 결코 놓치지 않았다.

그러고 보면 자신과 외국인들을 분명하게 구분하는 민족이 또 하나 있다. 바로 히브리인이다. 이 두 민족을 함께 놓고 살펴보자. 그들은 이웃들과 자신이 다름을 분명하게 자각했다. 그들은 서로 그다지 멀지 않은 곳에 살았다. 그러나 이 둘은 서로에 대해 전혀 몰랐고 서로에게 아무런 영향도 주지 않고 살았다. 그러다가 알렉산드로스의 정복기에 이르러 비로소 그리스의 사상이 히브리 사상에 상당한 영향을 미쳤다. 이것은 「전도서」에 잘 나타난다. 이 두 문화의 가장 특징적인 요소들, 곧 히브리인의 종교적 열정과 그리스인의 이성 및 인간 중심성이 융합되어 후대 유럽 문화의 기초인 기독교를 형성했다. 그러나 히브리인의 '이방인'과 그리스인의 '바르바로스'는 매우 다른 개념이었다. '이방인'은 순전히 인종적이고 종교적인 개념이다. '바르바로스'는 가끔 인종적으로 쓰이기는 했지만 종교적인 의미로는 전혀 사용되지 않았다. 그렇다면 그리스인은 왜 이렇게 확실한 구분선을 그었을까? 이 구분이 어떻게든 정당화될 수 있었을까?

이렇게 말한다면 진실하고 충분한 대답이 되리라. 즉 오리엔트는 유서 깊은 문명으로서 실용적인 일에서는 극도로 효율적이었고, 때로는 예술에서도 그리스인에게 밀리지 않았다. 그러나 지성적으로는 빈약했다. 수백 년 동안 수백만의 사람들이 경험을 쌓았다. 그런데 그들은 무엇을 이루었는가? 아무것도 없다. 각 세대의 경험은 순전히 실용적인 측면 몇 가지를 제외하고는 그 세대와 함께 죽어 없어졌다. 숲의 나뭇잎들도 그렇지는 않다. 나뭇잎은 최소한 토양에 거름이 된다. 사람들의 삶을 증류하여 정수를 뽑아내고 보존하고 나아가 확장시키는 것은 학문이다. 히브리인은 그리스인보다 앞서 종교시(찬송)('시편' - 옮긴이), 사랑의 시('아가' - 옮긴이), 그리고 예언자들의 웅변(계시)('선지서'와 '계시록' - 옮긴이)을 창조했다. 그러나 소설을 제외한 그 외의 모든 학문 형식은 그리스인에 의해 창조되고 완성되었다. '바르바로이'의 역사 연대기와 투키디데스의 역사서는 아이와 어른만큼 차이가 난다. 어른은 이해할 뿐 아니라 자신이 이해한 것을 타인이 활용하도록 돕는다. 서사시, 역사와 희곡, 물리학에서 경제학에 이르는 전 분야의 철학, 수학과 수많은 자연과학, 이 모든 것은 그리스인과 더불어 시작되었다.

그렇지만 고대 그리스인에게 찾아가 바르바로스와 그리스인을 구별해 주는 것이 무엇이냐고 물어본다면 뭐라 대답할까? 상상하건대 그 사람은 앞서 말한 그리스 정신의 승리를 첫 번째로 꼽지 않으리라. 물론 그 사람은 그리스인이 바르바로스보다 더 지적인 방법으로 많은 일들을 해냈음을 잘 안다. 예컨대 데모스테네스는 마케도니아의 필리포스왕에 대한 동료 시민들의 정책을 우유부단하다고 비난하면서 이렇게 말했다. "당신들은 권투를 하는 바르바로스와 다를 바 없소. 그는 한 대 맞고서 상대가 서 있던 자리를 향해 주먹을 날리지만 상대는 이미 자리를 옮겼죠. 상대가 다른 자리에서 또 때리면 그는 다시 그 자리를 향해 헛되이 주먹을 던지지요." 감탄을 자아내는 신전들, 조각상들, 연극들 역시 그 사람에게 가장 먼저 떠오르지 않으리라. 그리스인은 아마 이렇게 말할 것이다. 아니, 실제로 이렇게 말했다. "바르바로스는 노예다. 그러나 우리 헬레네스는 자유인이다."

그렇다면 그리스인에게는 '자유'가 있고 외국인은 '노예'라는 말의 뜻은 무엇일까? 여기에서 정치적 의미가 매우 중요하기는 하지만, 오직 정치적인 관점에서만 이 말을 해석하지 않도록 주의해야 한다. 정치적으로 이 말은 꼭 그리스인이 자신을 스스로 통치했다는 의미는 아니다. 그렇지 못한 경우들이 종종 있었기 때문이다. 이 말은 통치 체제가 어떠하든 정부가 그리스인의 권리를 존중했다는 뜻이다. 국가의 업무는 한 독재자의 사적 관심사가 아니라 공적 사안이었다. 그리스인은 법에 의해 지배를 받았고, 그 법은 공개되었고 정의를 존중했다. 그가 만약 완전 민주정 국가에 살았다면 정부에 직접 참여할 수 있었다. 그리스인이 이해했던 방식의 민주정은 현대 세계가 알지도 못하고 알 수도 없는 정부 형태였다. 혹 민주정 국가가 아니라 해도 그리스인은 복속민이 아니라 최소한 '구성원'이었고 정부의 원칙은 공개되어 있었다. 자의적 정부라는 것은 그리스인의 영혼 자체를 침해하는 것이었다. 그러나 그리스인이 눈을 들어 부유하고 고도로 문명이 발달한 동방을 바라본다면, 바로 그러한 자의적 정부를 목격할 수 있었다. 궁정 국가(전제정), 즉 절대 권력을 가진 왕의 지배가 그것이었다. 동방의 왕들은 초기 그리스의 군주처럼 테미스 여신을 따라, 즉 하늘에서 내려온 법에 따라 통치하지 않았다. 그들은 오직 자신의 사적인 의지를 따랐다. 신들에게 책임을 지지도 않았다. 왕 자신이 바로 신이었기 때문이다. 그러한 주인의 신민들은 노예였다.

위에서 꽤 설명하기는 했으나 '엘레우테리아'('자유'라는 번역어는 원어의 의미를 완전히 나타내지 못한다)는 이보다 훨씬 더 많은 것을 의미한다. 노예와 전제정은 영혼을 불구로 만든다. 호메로스가 말했듯이 "노예의 날에 붙잡힌 사람에게서 제우스는 남자다움의 절반을 앗아가 버리신다." 그리스인은 엎드려 절하는 동방의 관행을 보고 충격을 받았고 '엘레우테론' 하지 않다고 생각했다. 그리스인이 보기에 그것은 인간의 존엄성에 대한 모욕이었다. 그리스인은 신에게 기도할 때에도 인간을 대하듯 서서 했다. 그렇다고 그리스인이 신과 인간이 다름을 몰랐던 것은 결코 아니었다. 그리스인은 자신이 신이 아님을 알았다. 그러나 그는 적어도 인간이었다. 그리스인은 신들이 신성을 흉내 내는 인간에게 즉각 가차 없는 처벌을 가하며, 인간의 자질 중에서 겸손과 숭배를 가장 높이 평가한다는 사실을 잘 알고 있었다. 그러나 그리스인은 신과 인간이 같은 부모에게서 유래했음을 잊지 않았다.

"신들과 인간은 하나의 종족이다. 우리는 한 어머니로부터 생명을 얻었다. 그러나 우리의 힘은 완전히 다르다. 인간은 아무것도 아니지만 신들에게는 청동하늘이 영원히 안전한 거처가 되기 때문이다."

핀다로스의 말이다. 그런데 공부를 더 해야 했을 몇몇 학자들 때문에 이 훌륭한 구절이 자주 "신들은 한 종족이다. 그리고 인간은 다른 종족이다"라고 잘못 번역되곤 했다. 그러나 핀다로스가 여기에서 강조하고자 했던 핵심은 인간의 존엄성과 취약성이다. 바로 이것이 그리스 고전 문학 전체를 관통하는 비극적 선율의 궁극적 원천이다. 그리고 부적절하게 '자유'라고 번역되는 그 단어에 절박함과 강렬함을 더해주는 것은 바로 인간됨의 존엄성에 대한 이러한 의식이다.

이것이 끝이 아니다. 동방 전제군주 밑에 사는 사람들 외에도 '바르바로이'가 있었다. 예컨대 그리스 북부의 사람들은 부족 상태에서 살고 있었다. 사실 그리스인 자신들도 그 상태에서 벗어난 지 얼마 되지 않았다. 단순히 그리스인이 문화적으로 우월하다는 것 이외에 이 사람들과 그리스인의 가장 큰 차이점은 무엇이었을까?

그 답은 바로 그리스인이 어떤 정치형태를 개발했다는 점이다. 이 정치형태를 우리는 꼴사납고도 부정확한 단어인 '도시국가'라는 말로 번역한다. 현대어로는 이 이상 어찌할 수 없기 때문이다. 이 정치형태는 인간의 고상한 본능과 능력을 자극하는 동시에 만족시켰다. 우리는 앞으로 이 '도시국가'에 대해 할 이야기가 많을 것이다. 지금 당장은 도시국가가 원래는 공동의 안보를 위한 지역적 결사체로 시작했는데, 이후 인간의 도덕적, 지적, 미적, 사회적, 실제적 삶의 초점이 되었고, 이전이나 이후의 그 어떤 형태의 사회와도 다른 방식으로 인간의 삶을 개발하고 비옥하게 만들었다는 정도만 언급하겠다. 다른 형태의 정치적 사회들은 '정체'된 상태였던 반면, 그리스인은 도시국가 덕분에 공동체와 개인의 삶을 이전보다 더 탁월하게 만들려고 의식적으로 노력했다.

분명 고대 그리스인은 바로 이것을 자신들의 가장 위대한 발견으로 내세우리라. 즉 자신들은 가장 훌륭한 삶의 방식을 발견했다는 것이다. 다른 사람은 몰라도, 적어도 아리스토텔레스는 그렇게 생각했다. 그가 남긴 말 중에서 보통 "인간은 정치적 동물이다"라고 번역되는 언급은 사실 "인간은 도시국가에 사는 것을 특징으로 하는 동물이다"는 뜻이기 때문이다. 만약 당신이 도시국가에 살지 않는다면, 당신은 최상의 인간 그리고 가장 전형적인 인간이 아니다. 바르바로스가 바로 그러하다. 이것이 가장 커다란 차이점이었다.

이 사람들에 대해서는 해야 할 이야기가 너무나 많다. 그래서 나는 모든 분야를 체계적으로 포괄하면서 급하게 써내려가는 방식 대신에 나 자신이 흥미를 느낀 몇 가지 초점을 중심으로 쓰기로 작정했다. 또 나는 알렉산드로스 대왕에 대해서는 간단하게만 쓰고 말았다. 즉 도시국가의 종말 시점에서 펜을 거두었다. 그 이후 몇 세기 동안의 그리스 역사가 중요하지 않다고 생각해서가 아니다. 오히려 그 역사는 너무나 중요하기 때문에 마지막 장(章)에서 짤막하게 다루어 버려서는 안 된다. 불행히도 많은 책들이 그렇게 하고 있다. 신들이 내게 친절을 베풀어 준다면, 언젠가 제2권에서 헬레니즘 시대와 로마 시대의 그리스를 다룰 기회가 생기리라.

나는 가능한 한 그리스인이 스스로 말하도록 하려고 애썼고, 이 책이 매우 선명하고 균형 잡힌 그림을 그려낼 수 있기를 바란다. 나는 그리스인을 이상화시키지는 않으려고 노력했다. 그러나 내가 다룬 대상은 평범한 사람들이 아니라 위대한 인물들이며 부랑자들이 아니라 철학자들이다. 넓게 멀리 보기 위해서는 산꼭대기에서 내려다 봐야 한다. 부랑자들이야 어디에서나 다 비슷비슷한 법이다. 비록 그리스의 부랑자들은 사악하거나 우둔하지 않았던 것으로 보이긴 하지만……

2장 그리스인은 어떻게 형성되었나
─그리스와 예술, 그리고 초기 문명의 발자취

크세노폰은 불후의 이야기를 하나 남겼다. '불후' 라 했으므로 내가 또 이야기해도 좋으리라. 이 이야기는 일만 명이 흑해를 향해 행진하며 아르메니아의 험악한 산악지방을 지나간 사건을 다룬다. 이들은 소(小) 키로스가 배다른 형을 페르시아의 왕좌에서 몰아내려고 끌어 모은 용병들이었다. 물론 키로스는 그들에게 자세한 내막을 알려주지 않았다. 키로스는 그리스 군인들이 바다에서 내륙으로 3개월이나 행군해서 오려 하지 않으리라는 사실을 잘 알았다. 그래서 키로스는 거짓말과 구슬림으로 그들을 메소포타미아에 끌어들였다. 훈련되고 무장을 잘 갖춘 그리스 군대는 페르시아군을 손쉽게 격파했다. 그러나 키로스가 갑자기 살해되자 모든 사람들이 매우 곤란한 상황에 빠져들었다. 페르시아인은 얼떨결에 뛰어난 군대를 가지게 되었지만 그들을 전혀 통제할 수 없었다. 그리스군은 고향에서 3개월이나 걸리는 먼 곳에 와 있었는데, 지도자도 없고 고용주는 사라졌으며 목적도 상실했다. 직업을 잃은 이 국제적인 집단이 충성을 바칠 대상은 다른 누구도 아닌 자신들뿐이었다. 그들은 미쳐 날뛸 수도 있었다. 도적단으로 변질하여 산산조각이 날 수도 있었다. 페르시아의 군대와 제국에 통합될 수도 있었다.

그러나 그리스군은 전혀 다르게 행동했다. 그들은 고향에 돌아가고자 했다. 그러나 충분히 구경한 소아시아의 먼 길을 지나가려 하지는 않았다. 그들은 북으로 치고 올라가 흑해에 도달하고자 했다. 장군을 선출했는데, 바로 아테네의 농촌 지주였던 크세노폰이 뽑혔다. 그리스군은 합의를 통해 정책을 결정했으므로 크세노폰은 장군인 동시에 의장의 역할을 해야 했다. 극한 혼란에 처한 그리스인들은 놀라운 자제력을 보여주면서 하나로 뭉쳐 미지의 산악지방을 한 걸음씩 행군해 나갔다. 원주민과는 가능한 타협을 했지만, 타협이 실패할 경우에는 싸워 나갔다.

쓰러진 자들도 있었으나 그리 많지는 않았다. 그들은 마지막까지 조직적인 병력으로 살아남았다. 영웅 서사시와는 거리가 먼 크세노폰의 『아나바시스』를 읽어보자. 어느 날 크세노폰은 후위 부대를 지휘하고 있었다. 전위 부대는 고갯길의 정상을 향하는 중이었다. 전위 부대는 정상에 도착하자 갑자기 고함을 지르며 뒤쪽 사람들에게 손짓을 해 댔다. 뒤쪽 사람들은 앞에 적이 있는 줄 알고 서둘러서 올라갔다. 그들 역시 산마루에 오르자마자 고함을 질러댔고, 그들 뒤를 이은 부대들도 모두 마찬가지로 행동했다. 모두가 고함을 치며 북쪽을 가리키면서 펄쩍펄쩍 뛰었다. 마침내 걱정하며 다가서던 후위 부대도 그들이 외치는 소리를 들을 수 있었다. 그것은 '탈랏사, 탈랏사'였다. 긴 악몽도 끝이 났다. '탈랏사'는 그리스어로 '바다'다. 멀리 가물거리며 '소금의 물'이 보였다. '소금의 물'이 있는 곳이면 어디나 그리스어가 통했고, 집으로 가는 길이 열렸다. 일만 명 중 한 사람은 이렇게 말했다. "우리는 오디세우스처럼 등을 기댄 채 여행을 마칠 수 있으리라."

이 이야기를 다시 서술한 데는 이유가 있다. 헤로도토스는 분별력 있는 독자라면 좋은 이야기를 결코 외면하지 않는다는 멋진 원리를 알려주었다. 그보다 더 깊은 이유도 있다. 너무나 그리스다운 낱말 '탈랏사' 곧 '소금의 물'이 놀랍게도 그리스 낱말이 전혀 아니라는 사실이다. 좀 더 자세히 설명해 보자. 그리스어는 인도-유럽어의 하나로서 라틴어, 산스크리트어, 켈트어, 튜튼어와 가깝다. 중부 유럽 어딘가에 살던 사람들이 남동쪽으로 이주하여 페르시아와 인도에 이 언어를 전파했다. 그래서 인도어 '라즈'(raj, 주권, 지배— 옮긴이)는 라틴어 '렉스'(rex, 왕— 옮긴이)나 프랑스어 '르와'(roi, 왕— 옮긴이)와 유사한 것이다. 남쪽으로 이주한 사람들은 발칸 반도와 이탈리아 반도로 들어갔고, 서쪽으로 간 사람들은 멀리 아일랜드까지 갔다. 그러나 바다는 너무나 그리스적인 것임에도 인도-유럽어 낱말이 아니다. 그리스인은 이 낱말을 어디에서 찾은 것일까?

이 일을 설명하는 데 크세노폰의 작품에 대한 해설이 도움이 된다. (다만 이 해설의 최종 전거는 바로 이 책의 저자인 나 자신임을 밝힌다.) 일만 명의 행군이 있기 약 천 년에서 천오백 년 전, 그리스어를 쓰는 한 무리가 남하했다. 이들은 발칸 반도의 산악지방에서 나와 더 나은 정착지를 찾아 스트루마 골짜기 즉 바르다르 골짜기를 내려왔다. 그들은 갑자기 엄청나게 많은 물과 맞닥뜨렸다. 그들이나 그들의 조상이 이전에 한 번도 본 적이 없을 만큼 넓은 물이었다. 그들은 너무 놀라서 원주민에게 그 물이 무엇이냐고 물어보기로 했다. 그러자 도리어 원주민들이 어리둥절해하며 대답했다. "아, 당연히 탈랏사지요." 그리하여 그 언어의 다른 낱말들은 거의 다 사라졌어도 '탈랏사'는 살아남았다.

물론 고작 낱말 하나를 근거로 민족의 기원에 대한 이론을 만들려해서는 안 된다. 외래어가 채용되어 토착어를 밀어내는 일도 허다하기 때문이다. 그러나 기원전 5세기 이래 높은 수준에 이른 그리스 문명에는, 이 문명 이전에 다른 두 문명이 먼저 있었다고 하면 가장 쉽게 설명될 수 있는 특징들이 많다. 그리고 그것이 사실이라는 증거들도 몇 가지가 있다.

낱말 몇 개를 더 검토해 보자. 그리스어에는 원래 그리스어가 아니었던 낱말들이 있다. 종류가 두 가지인데, 하나는 '탈랏사' 처럼 '—아소스(–assos)' 나 '–에소스(–essos)' 로 끝나는 낱말들로서 대개 지명이다. 예컨대 헤로도토스의 고향인 할리카르나소스가 그렇다. 또 한 종류는 '–인토스(–inthos)' 로 끝나는 것들이다. 우리가 잘 아는 '히아킨토스', '코린토스', '라비린토스' 등이 그렇다. 이들은 외래어일까? 코린토스는 원래 외국인들의 거주지였을까? 어쩌면 그랬을지도 모른다. 그러나 '코린토스' 보다 더 놀랍게도 '아테네' 역시 그리스 이름이 아니다. 아테나 여신도 마찬가지다. 아테네가 그 이름을 그리스에 쳐들어온 외국 침략자들에게서 얻어왔다는 생각은 최소한 정서적으로도 받아들이기 힘들다. 전승 역시 그런 생각에 반대한다. 그리스인 중에는 스스로를 '아우토크토누스' 즉 '그 땅에서 태어난' 사람들이라고 주장하는 집단이 둘 있는데, 아테네가 그중 하나다. 다른 하나는 아르카디아인이다. 그들은 달이 생겨나기 전부터 아르카디아에 살고 있었다고 한다.

이제 곧 살펴보겠지만, 전승들은 존중받을 이유가 있다. 그리고 최소한 아르카디아와 아테네의 전설에는 어느 정도 개연성이 있다. 아르카디아는 펠로폰네소스의 중심부의 산악지방이어서 후대에 투르크인이 경험했듯이 정복하기 어려운 곳이다. 그리고 아테네인의 영역인 아티카 지방은 토양이 척박해서 침략자들이나 이민자들이 매력을 느낄 만한 곳이 아니다. 정리를 해 보자. 아테나 여신의 이름은 그리스어가 아니다. 그리고 또 아테나 여신과 그녀의 백성들이 그리스인보다 먼저 존재했다.

아테네의 다른 전설을 살펴보면 더 깊이 알 수 있다. 아테네의 전설들 중에서 아테나와 포세이돈이 아크로폴리스의 소유권을 두고 겨룬 이야기가 잘 알려져 있다. 아테나가 결국 이겼지만, 포세이돈 역시 한자리를 얻었다. 이 이야기를 살펴보면, 일단 포세이돈은 그리스 신이다. 혼동을 덜려면 '헬레네스의' 신이라고 하는 편이 낫겠다. 아테나는 헬레네스의 신이 아니다. 이런 전설에 대한 해석에서는 정확성을 따질 수 없다. 그러나 이 이야기가 아티카에서 벌어졌던 어떤 충돌의 기억을 전해준다고 해석하고 싶은 유혹이 생긴다. 즉 헬레네스들이 도래하면서 아테나를 섬기던 토착민들과 충돌했는데, 이 분쟁은 결국 원주민이 이민자를 흡수하는 식으로 평화적으로 해결되었다는 말이다.

후대의 그리스인 스스로가 헬레네스가 아닌 원주민의 존재를 믿었다. 그들은 펠라스고스인이라고 불렸는데, 고전기까지도 그들의 후손이 남아 있었고, 그들만의 언어를 사용했다. 눈에 들어오는 모든 일에 관심을 가졌던 헤로도토스는 그리스인의 기원에 주의를 기울였다. 그리고 후대 그리스인의 주된 두 부류인 이오니아인과 도리스인 중에서 이오니아인이 혈통상 펠라스고스인이라고 주장했다. 실제로 헤로도토스는 이오니아인과 구별해서 도리스인을 '헬레네스'라고 불렀다. 더 나아가 이렇게 말했다. "펠라스고스인이 무슨 언어를 사용했는지는 확실히 모르겠다. 그러나 여전히 남아 있는 펠라스고스인을 보고 추정해 보건대 …… 그들은 바르바로스의 언어를 사용했다." 여기에서 '바르바로스'는 그저 '헬레네스가 아닌'이란 뜻이다.

이것은 우리가 아테네인에 대해 추정한 내용과 잘 들어맞는다. 아테네인은 자신들이 이오니아 그리스인의 지도자이자 모시(母市, metropolis)라고 주장했고, 또 자신들이 토착민이라고 주장했다.

전승들을 신뢰한다면, 이제 이런 설명이 가능하다. 아티카와 펠로폰네소스에는 헬레네스와는 인종적으로 다른 원주민이 거주했다. 정확히 알 수 없는 어느 시점에 멀리 북쪽에서 그리스어를 쓰는 사람들이 이 지역으로 이주해 왔다. 물론 매우 점진적으로 왔을 것이다. 그들은 마치 색슨족이 잉글랜드에서 했듯이 원주민에게 자신들의 언어를 강요했다. 이것은 갑작스럽고 파국적인 침략은 아니었다. 고고학 증거에 따르면 기원전 약 1100년경 도리스인의 침입 이전에 급격한 문화적 단절은 전혀 일어나지 않았다. 이런 이민자들의 영향력에서 벗어나 있던 '두메산골'의 펠라스고스인은 헤로도토스가 알아들을 수 없는 언어를 계속 사용했다.

이런 이민이 언제 일어났는지는 정확히 알 수 없다고 앞서 말했다. 그러나 연대의 하한선은 그을 수 있다. 그리스에 최초로 그리스어를 가져온 사람은 기원전 1100년경의 도리스 그리스인이 아니다. 이들보다 적어도 2세기나 앞서 아카이아 그리스인이 먼저 왔다. 우리는 이들에 대해 충분하지는 않아도 어느 정도 알고 있다. 여러 세대 동안 영국인들에게는 에그버트, 에그위스, 앨프릭 같은 영국 이름보다도 몇몇 아카이아인의 이름이 더 친숙했다. 왜냐하면 아트레우스의 아들들인 아가멤논과 메넬라오스가 아카이아인이었고, 300년쯤 뒤에 호메로스가 영웅으로 그려 낼 아킬레우스와 동료들 역시 아카이아인이었기 때문이다.

그러면 아카이아인이 그리스 최초의 그리스어 사용자였을까? 그렇게 생각해야만 하도록 우리를 옭아매는 증거는 전혀 없다. 사실 그리스에서 그리스어가 아닌 다른 어떤 언어가 지배적이었던 때가 있었다고 생각하도록 만드는 근거들은 오직 전승들뿐이다. 아테네와 같이 헬레네스 말이 아닌 이름들은 침입 때문일 가능성도 존재하기 때문이다. 물론 그 가능성이 희박하긴 하다.

그렇다면 이 전승들을 믿을 만한 이유는 있을까? 백여 년 전의 역사가들은 없다고 말했다. 예를 들면, 그로트(G. Grote, 1794~1871. 영국의 역사가로서 A History of Greece를 남겼다 —옮긴이)는 이 전설들이 소진되지 않는 상상력을 가진 그리스인에 의해 만들어졌다고 썼다. 잃어버린

과거의 빈 공백을 채우기 위해서라는 말이다. 미노스 왕이 크레타를 다스렸다고 믿거나 트로이 전쟁이 정말 있었다고 믿는다면 어리석은 사람이다. 그러나 그 가능성을 무시한다면 역시 어리석은 짓이다. 예전의 그리스 역사가 중 한 사람, 투키디데스는 전승들을 상당히 다르게 받아들였다. 즉 적절한 방식으로 비평하고 활용해야 할 일종의 역사적 기록으로 취급했다.

투키디데스의 역사서 첫머리에 나오는 트로이 전쟁에 대한 서술은 역사적 자료를 적절하게 다룬다는 말이 무엇인지를 잘 보여준다. 투키디데스는 자신이 다루는 대상이 역사적 자료가 아니라는 생각은 꿈에도 하지 않았다. 투키디데스는 크레타의 전설적인 왕 미노스에 대해 이렇게 썼다.

미노스는 우리가 아는 한 가장 처음으로 함대를 보유하고 오늘날 그리스인의 바다라고 불리는 지역의 대부분을 장악한 지배자이다. 미노스는 키클라데스를 지배했고, 처음으로 그 지역 대부분에 사람들을 이주시켰으며, 자기 아들들을 지배자로 앉혔다. 십중팔구 미노스는 자신의 세입을 확보하기 위해 바다에서 최선을 다해 해적들을 제거했을 것이다.

투키디데스는 여느 그리스인들처럼 전승이 대개 진실이라고 믿었다. 근대의 학자들은 전승을 믿지 않았다. 그러나 그로트의 존경받는 역사책이 몇 판을 채 넘기기도 전에, 슐리만(H. Schliemann, 1822~1890 – 옮긴이)이 미케네와 트로이에 가서 호메로스의 두 도시와 너무나 흡사한 유적지들을 발굴했다. 뒤이어 아서 에반스 경(Sir Arther J. Evans, 1851~1941 – 옮긴이)이 크레타에 가서 미노스 왕과 그의 해상 제국을 발굴했다. 이제 최소한 다음과 같은 사실은 충분히 명백해졌다. 즉 기원전 3천년기(기원전 3000년에서 2000년까지 — 옮긴이) 초기부터 기원전 1400년경까지—이것은 로마의 멸망에서 현재까지만큼 긴 시간이다—크레타와 특히 크노소스 시는 찬란한 문명의 중심이었고, 이 문명은 점차 에게 해 전역으로 확산되었다. 크노소스에 성벽이 둘러쳐 있지 않은 점을 볼 때, 이 도시의 지배자는 바다를 지배했음이 분명하며, 이는 투키디데스의 말과 일치한다.

이 사례는 전승들의 신뢰성이 전반적으로 높음을 잘 보여준다. 물론 이것은 그리스 세계에 해당하는 경우이기는 하다. 그렇지만 다른 곳에서도 이와 유사한 사례가 쉽게 발견된다. 때로 거의 믿기 힘들 정도의 전설이 확인되기도 한다. 미노타우로스의 이야기를 예로 들어 보자. 엄격한 투키디데스는 이 이야기를 아예 언급도 하지 않았다. 옛날에 아테네인은 크노소스의 미로 속에 살고 있던 미노타우로스라는 끔찍한 괴물에게 해마다 소년 소녀들을 각각 7명씩 공물로 바쳐야 했다. 마침내 테세우스 왕자가 아리아드네의 도움으로 이 괴물을 죽였고, 그녀가 준 실타래를 따라 미로를 빠져나왔다. 전설은 대충 이런 내용이었다. 그런데 몇 가지는 사실이다. '미노타우로스'라는 이름을 보면, 앞부분은 분명 미노스이고, 뒷부분인 '타우로스'는 그리스어로 황소라는 뜻이다. 그리고 에반스가 크노소스에서 발굴한 유물들(프리즈나 작은 조각상 등등)을 통해 크레타인이 황소를 숭배했음이 분명히 드러났다. 또 에반스가 발굴한 거대한 왕궁의 평면도를 보면, 그 유적은 미로를 연상시킨다. 게다가 미노스 시대 크레타인이 신성이나 권위의 상징으로 양날도끼를 사용했다는 증거가 넘쳐나는데, 후대의 그리스인은 이런 종류의 도끼를 '라브리스'(미로를 뜻하는 '라브린토스'와 발음이 유사하다—옮긴이)라고 불렀다. 마지막으로, 아티카는 크레타의 문화적 영향력 아래에 있었음이 분명하며, 그렇다면 정치적으로도 영향을 받았을 가능성이 높다. 그러므로 크노소스의 지배자들이 먼 후대의 투르크인들처럼 아테네의 귀족 가문들에게서 실제로 인질을 잡아갔을 가능성도 배제할 수 없다. 테세우스는 훨씬 후대의 인물이므로 그의 활약상은 착각의 산물이다. 아직 그 누구도 낭만적인 아리아드네 이야기를 입증하거나 실타래를 발견하지는 못했다. 이런 몇 가지 점들을 제외한다면 전설은 믿을 만해 보인다.

트로이도 마찬가지다. 그 유적지에 겹겹이 쌓인 9개의 도시들 중, 6번 트로이는 전통적인 트로이 전쟁 연대(기원전 1194~1184) 즈음에 불에 타 파괴되었다. 호메로스가 트로이에 대해 고정적으로 쓰는 형용구는 '넓은 길을 가진'이다. 그런데 6번 트로이에는 정말 성벽 바로 안쪽에 도시를 두르는 넓은 도로가 깔렸다. 호메로스에 따르면 두 신과 한 인간이 이 성벽을 세웠는데, 인간이 세운 부분은 더 취약했고 공격에 쉽게 노출되었다고 한다. 그런데 6번 트로이의 성벽은 어느 한 부분이 취약했다. 이는 호메로스의 묘사와 일치한다.

상당수 족보들도 마찬가지다. 호메로스의 영웅들은 대부분 3대까지는 거슬러 올라가는데, 그 위로는 신이 나온다. 약간 불손하지만 이런 족보들은 '그의 아버지가 누구인지는 신만이 안다'는 뜻이라고 해석되기도 한다. 경건한 마음을 가진 사람들은 달리 생각한다. 그들의 해석에 따르면 이 족보들은 왕조의 개창을 신이 축복했음을 주장한다. '신의 은혜에 의해 너희의 새로운 왕이 나셨다'는 말이다. 다른 방향으로 생각해 보자. 이 족보들은 트로이 전쟁 후 2세대가 지나면 사라지는데, 이는 전통적인 도리스인의 침입 연대인 기원전 1100년경과 맞아떨어진다. 고고학 발굴에 따르면, 그 당시에 그리스 본토에 있던 모든 도시들이 파괴되었다. 이번에도 역시 가장 긴 족보를 가진 가문은 아티카와 아르고스의 왕가들이었다. 이 왕가들은 기원전 1700년경까지 거슬러 올라간다. 이미 살펴보았듯이, 아테네인은 스스로 가장 오래된 주민이라 주장했고, 그 주장에는 어느 정도 개연성이 있다. 그런데 또 한 가지 중요한 점이 있다. 아테네와 아르고스는 고전기 그리스 도시 중에서 남신이 아닌 여신, 곧 아테나와 아르고스의 헤라를 주신으로 삼은 점에서 두드러진다. 오늘날 크레타에서는 신상들이 많이 발견되었고 이것들을 통해 크레타 사람들이 여신을 숭배했음이 분명히 드러났다. 남신은 혹 있더라도 종속적인 존재였다. 그 여신은 분명 대자연의 여신으로서 비옥한 땅을 상징했다. 헬레네스의 신들은 거의가 남성이었다. 이 두 지역 사람들, 곧 가장 오래된 족보를 가진 아테네인과 아르고스인이 여성 신들을 숭배했고, 그 여신들 중 하나 혹은 둘 다의 이름이 헬레네스 말이 아니라는 점은 시사하는 바가 크다. 제우스(라틴어로 데오스, 곧 '신')는 순수한 헬레네스 말이다. 제우스에게는 잘 드러나지 않는 배우자가 있었는데, 그 이름은 헬레네스 말인 디오네였다. 이 이름은 제우스 자신의 이름과 유사하다. 그러나 그리스 신화에서 제우스의 배우자는 아르고스의 헤라였고, 우리는 호메로스풍 찬가 한 편에서 헤라가 제우스와 결혼하기를 꺼렸음을 본다. 장차 드러났듯이, 헤라가 그럴 만도 했다. 이번에도 손쉽고 명백한 해석을 할 수 있다. 문화가 다르고, 분명 언어도 다르고, 따라서 아마 인종도 달랐을 두 집단이 융합했다는 설명이다.

이제 우리는 역사적 사실이라고 주장되는 전승들을 완전히 무시할 수 없음을 깨달았다. 호기심이 왕성하지만 비판적인 태도를 잃지 않았던 탐구자인 헤로도토스는 이오니아 그리스인을 헬레네스에 동화된 '바르바로스' 집단이라고 생각했다. 아직은 헤로도토스가 옳다고 확언하기 힘들다. 만약 헤로도토스의 견해가 옳다 해도 그 과정은 매우 점진적이었으리라. 전면적인 정복을 주장하는 이론은 오직 '도리스인의 침략 설'뿐이다.

앞서 짧은 논의 속에서도 우리는 또 한 가지 논점을 건드렸다. 남신과 여신의 이야기다. 고전기 그리스의 종교적 측면을 살펴보면 일종의 이원론이 보인다. 너무나 철학적인 사람들이었기에 이 점은 다소 놀랍기도 하다. 그리스 문화가 서로 근본적으로 다른 두 문화의 계승자라고 가정하면 이것이 쉽게 설명된다. 멀리서 보면 제우스가 주제하는 올림포스 12신의 세계는 감탄을 자아낼 만큼 단결되었다. 그러나 자세히 살펴보면 이들의 결속은 매우 느슨하다. 이미 살펴보았듯이 여신들의 이름은 그리스어가 아니었고, 신들의 세계 전체를 떠받치는 핵심 기둥인 제우스와 헤라의 결혼은 왕조들 사이의 결혼과 매우 비슷하다. 게다가 올림포스와는 아주 우연적으로만 연결되는 숭배와 신앙이 넓게 자리 잡았다. 진정한 올림포스 숭배는 신에 대한 다음과 같은 관념에 기초했다. 즉 신은 부족이나 국가나 가문을 보호해 주며 손님 혹은 탄원자를 보호해 주는 자로서, 실제로는 사회 조직과 밀접하게 연결되었다. 또 신은 대자연의 신이기도 했으나 그것은 신이 몇 가지 자연의 힘을 설명해 준다는 뜻일 뿐이었다. 제우스는 비를 내리고 번개를 던졌으며, 포세이돈은 바다를 뒤엎고 땅을 흔들었다. 아테나는 이 체계 속에 완전히 흡수되었다. 아테나는 제우스의 딸이 되었고, 갑옷을 입고 도시의 수호여신이 되었으며, 세상에 지혜를 전했다. 그러나 아테나의 올빼미는 여신의 기원을 상기시킨다. 즉 아테나는 부족의 여신이 아니라 대자연의 여신이었다. 그리스에서는 대자연의 신비로운 생명력에 대한 숭배가 올림포스 숭배와 더불어 존재하며 날카로운 대비를 이루었다. 예를 들어, 이런 신비적인 숭배들은 개인들에게 호소력을 가졌던 반면, 올림포스 숭배는 집단과 관계를 맺었다. 또 신비적 숭배는 자유민이든 예속민이든 누구나 받아들였지만, 올림포스 숭배는 특정 집단의 구성원만을 받아들였다. 신비적 숭배는 부활, 재생, 불멸을 가르쳤으나, 올림포스 숭배는 아무런 가르침 없이 그저 불멸의 신들과 공동체의 보이지 않는 구성원들에게 적절한 경의를 표하는 일에만 관심을 두었다. 이 둘은 종교에 대한 관념이 완전히 달랐고, 조금 거칠게 말하자면 남성신은 유럽의 개념이고 여성신은 지중해의 개념이다. 여신들은 크레타 미노스 문명의 직계이다.

오늘날 우리는 이 오래된 문명, 곧 역사 속의 그리스인에게는 희미한 기억으로만 남았고 우리 할아버지 세대에게는 환상에 불과했던 이 문명에 대해 말할 수 있다. 연대를 따지자면 이 문명은 기원전 4000년경 신석기 시대를 무대로 시작해서 기원전 2800년경에 청동기 시대에 이르렀고, 그때부터 위대한 영광의 시기와 상대적 정체의 시기를 번갈아 겪으면서 번성하다가 마침내 기원전 1400년경에 크노소스가 약탈당하고 파괴되면서 막을 내렸다. 지리상으로 보면 이 문명은 크노소스에서 시작하여 크레타의 다른 지역으로 전파되었고, 서서히 에게 해의 섬들과 그리스 중부와 남부의 많은 지역들, 그리고 나아가 소아시아의 해안과 팔레스타인 지방까지 확산되었다. 기원전 1600년부터는 그리스 본토의 몇몇 지역들이 문명의 중심지를 두고 크레타와 경쟁하기 시작했는데, 이들은 크노소스가 파괴된 후 상속자가 되었다. 이들의 우두머리는 미케네였다. 그래서 오래된 '미노스 문화' 곧 '에게 문화' 말기의 이 분파는 미케네 문명이라고 불린다. 그러나 재발견된 순서는 미케네가 먼저였다. 기억 속에 희미하게 남았던 이 미케네 문명의 마지막 단계가 바로 『일리아스』의 배경이었다.

미노스 문명에 대해 당장 설명할 만한 꺼리는 많지 않다. 요새화된 성벽이 없었으니 이 문명은 정치적으로 해상 권력에 근거를 두었다 하겠다. 거대한 왕궁을 보면 대단히 부유했음을 알 수 있다. 크노소스의 왕궁 평면도는 극도로 복잡한데, 그곳이 요새가 아니라 행정 중심지였음을 시사한다. 고대 크레타인이 궁정 정부를 보유했다고 말해도 좋으리라. 남겨진 폐허는 민주정치와는 도무지 어울리지 않는다. 채색된 꽃병들과 프리즈들과 작은 조각상들과 그 외 여러 유물들은 이 문명이 대단히 우아하고 힘찼으며 쾌활하고 풍요로웠음을 알려준다. 어느 프랑스 학자가 프리즈에 그려진 크레타 여인들을 감상하다가 내뱉었다는 한마디 말이 종종 인용된다. "이들은 파리의 여인들이 아닌가!" 이와는 상당히 다른 문화적 측면으로서 거대한 왕궁의 하수 처리 체계는 "완전히 영국식이다"는 찬사를 자아냈다. 전성기의 크고 작은 여러 토기들은 놀라운 장인정신과 디자인 감각을 드러낸다. 사실 여백으로 두어야 할 곳에 장식품을 가득 채우는 것은 정신 사납게 보이기도 한다. 그러나 때로 이 문명은 자신감을 가지고 안정적으로 여백을 활용했는데, 이때는 최전성기의 중국 예술을 떠올리게 한다. 전반적으로 화려하고 귀족적인 문화라는 인상을 주며, 사냥과 투우와 곡예가 특히 눈길을 끈다.

그러나 추측컨대 미노스인에게는 이 문명에서 예술 이외의 다른 측면들도 마찬가지로 중요했다. 아니, 아마 더 중요했으리라. 과거의 문명을 다루는 책들을 보면, 보통 예술에 지나치게 많은 분량을 할애한다. 두 가지 이유 때문이다. 먼저 신전이나 그림의 사진을 싣는 것이 도덕신조나 정치철학을 설명하는 것보다 쉽기 때문이다. 그리고 두 번째로, 많은 민족들의 경우 예술을 통하지 않고서는 제대로 설명하기 어렵다. 사실 그리스인과 유대인은 예술이 아니라도 충분히 설명이 가능한 최초의 고대인들이다. 그러나 미노스인은 그렇지 않다. 미노스인의 예술은 우리에게 직접 이야기하지만, 그 밖의 다른 것은 간접적으로 추론을 통해서만 알 수 있다. 미노스인이 남긴 유물은 넘쳐나며 그 가치는 의심할 바 없고 더할 나위도 없다. 그러나 미노스인이 인생에 대해 무엇을 생각했는지, 문제들을 어떻게 대처했는지에 대해서는 알 도리가 없다. 미노스인은 분명 문자 능력을 보유했다. 우리는 그들이 쓴 것들을 가지고 있다. 그러나 읽을 줄을 모른다. 언젠가는 누군가가 이 문자를 해독하고 번역해 내리라. 그래서 우리에게 어느 관리가 한 신민에게 왜 화가 났는지, 그리스도 탄생 7세기 전에 쇠고기 가격이 얼마였는지를 알려주리라(원서의 초판은 1951년에 나왔고, 미노스 문명의 문자 중 선형 B문자는 1953년 마이클 벤트리스에 의해 해독되었다— 옮긴이).

이렇듯 미노스인의 사상과 경험에 대해서 우리는 추측만 할 뿐 아무것도 모른다. 그러나 그들의 혈통에 대해서는 조금 안다. 미노스인은 스스로의 모습을 그림으로 남겼다. 이것을 보고 우리는 그들이 날씬하고, 짙은 피부색에 검은머리를 가진, 북아프리카 기원의 '지중해' 계통임을 분명히 확인한다. 이 사람들은 아무도 살지 않던 크레타 섬에 도달했을 때 이미 구석기 단계를 넘어선 수준이었다. 그들 중 일부가 더 밀고 올라가서 그리스 지역에 정착했을까? 우리로서는 모르는 일이다.

크레타 예술의 마지막은 거의 단절되지 않고 직접 본토의 '미케네' 문화로 이어진다. 다만 몇 가지 새로운 특징이 추가되었다. 전형적인 왕궁의 평면도가 달라졌다. 왕궁이 더욱 요새화되었다. 본토의 상황이 더욱 혼란스러웠기 때문이다. 나아가 마치 혹독한 기후조건에서 생겨난 양식으로 착각하게 만들 정도로 방들도 더 폐쇄적으로 변했다. 게다가 본토의 양식은 발전 과정에서 크레타와는 전혀 다른 대칭성을 획득했다.

토기의 장식그림에서 인간의 모습을 그리는 방식을 보면 차이점은 더욱 두드러진다. 크레타의 예술가들은 주로 선형의 문양을 이용했고 동물이나 식물에서 본뜬 디자인을 자연 그대로 쓰거나 혹은 양식화해서 활용했다. 미케네 예술가들도 여전히 선형의 디자인을 이용했다. 그러나 행렬 장면이나 전차 경주 묘사에서 인간의 모습을 더 자주 사용했다.

이 미케네 문화를 이룩한 사람들은 누구였을까? 몰락한 크레타를 버리고 새로운 곳에 정착한 예술가들과 장인들이 수준 낮은 헬레네스들 사이에 살면서 그들을 위해 예술품을 만들었을까? 아니면 헬레네스가 아닌 원주민들이 크레타의 영향을 많이 받고 또 크레타인과 밀접한 관련을 맺고 살다가, 전차를 모는 헬레네스 귀족들이 새로이 도착하자 그들 밑에 들어갔을까? 만약 두 번째 가정이 참이라고 하면, 헤로도토스가 옳다는 말인가? 다시 말해 이 '미케네인' 집단이 이미 헬레네스와 동화되었건 아니건 간에 이오니아인일 가능성이 높은가? 이런 질문들에 대한 대답도 언젠가는 가능하리라. 한편 우리가 어떤 그림을 그리려 하더라도 너무 깔끔하게 정리하려 애쓰지 않는 편이 현명하다. 일상적인 이주와 지역적인 소규모 정복들이 매우 오랜 시간 동안 진행되었음이 분명하기 때문이다. 우리의 그림에는 호메로스가 노래한 '갈색머리의 아카이아인'을 위한 자리도 마련해 두어야 한다. 갈색머리(크산토이)는 그들이 지배하던 검은머리 사람들과 분명히 구분되는 특징이었다. 호메로스가 노래한, 제우스의 아들인 왕들은 봉건 귀족들과 유사했다. 그들은 싸움에서나 정치에서나 별다른 역할을 하지 못하는 무기력한 신민들을 다스렸다. 색슨의 잉글랜드에 뿌리내린 노르만 귀족들과 매우 흡사하다. 아트레우스가 미케네에 건설하여 아들 아가멤논에게 물려준 '왕궁'은 궁전이 아니라 요새였다. 그곳은 펠로폰네소스와 그리스 중부의 여러 지역들로 신속하게 이동하기 위해 전략적으로 구축한 도로망 체계의 중심이었다. 그 지역들에는 비슷한 요새들이 자리 잡았다. 아카이아인의 철제 무기들은 미케네인의 청동기보다 우월했다. 그러나 전반적으로는 미케네인의 문화 수준이 더 높았다. 이런 점들을 고려할 때 3, 4세기 후에 호메로스가 활용할 전승에 남은 한 가지 오류가 흥미롭게도 눈길을 끈다. 이 전승은 몇 가지 측면에서 미케네 시대를 놀라울 정도로 충실하게 재현한다. 특히 정치지리적인 측면이 그러하다. 호메로스가 글을 쓰던 무렵, 즉 기원전 850년쯤 되면 이미 기원전 1100년경 도리스인의 침입이 그리스의 지도를 완전히 바꾸어 놓은 상태였다. 예를 들어, 미케네 자체도 전혀 중요하지 않은 곳이 되었고, 호메로스의 본고장인 아시아 해안지방은 그리스인이 차지했다. 그러나 『일리아스』는 기원전 13세기 그리스 세계의 모습을 온전히 충실하게 보존했다. 『일리아스』에는 호메로스에게 익숙한 아시아의 이오니아는 그림자도 보이지 않는다. 그런데 위에서 말한 흥미로운 오류가 나타난다. 즉 호메로스는 예술품과 사치품을 묘사하면서 그것들을 페니키아인이 만들었다고 말했다. 그 물건들을 토박이 장인들이 만들었다는 사실은 완전히 잊어 버렸고, 그럴 가능성도 없다고 치부했다. 아카이아인은 도무지 예술이라고는 모르는 저급한 정복자였고, 그들을 뒤이은 도리스인은 더욱 심했다. 비유하자면 아카이아인과 도리스인은 장원을 물려받아 그 모든 재산을 탕진해버린 사람과 같다.

    다른 모순점들도 마찬가지 경향을 보인다. 호메로스의 시에서는 죽은 자를 화장한다. 그러나 원주민의 관행은 매장이었고, 사실 그 관행은 고전기에도 변함없었다. 호메로스의 시에는 하늘의 신을 섬기는 올림포스 종교가 나온다. 그러나 땅의 여신을 섬기는 크레타와 에게의 종적은 보이지 않는다. 호메로스의 시에는 사냥 이야기는 넘쳐나지만 미케네 예술에서 중요한 주제였던 투우에 대해서는 아무 언급도 없다. 이런 식으로 하나하나 이야기하자면 끝이 없다. 호메로스의 전승은 그 자체로는 정확하다. 그러나 이 전승은 소수 정복자 계급의 전유물이었다. 이 정복자들은 자신들보다 문명이 더 발달했던 복속민들을 지배했고, 그들과 매우 다른 방식으로 살았다. 그러나 그 문명화된 삶을 갑자기 파괴하거나 심하게 바꿔놓지는 않았다.

아카이아인은 언제 그리스에 도달했을까? 이런 질문은 너무 단순하다. 크노소스는 기원전 1400년경에 바다를 건너온 어떤 침략자들에 의해 파괴되었다. 동시대의 이집트 기록을 보면 '바다의 섬들'은 동요했고 이집트의 해안은 '아카이와시'에 의해 약탈당했다고 한다. 이 이름은 호메로스에 나오는 '아카이보이'와 거의 같다. 후대의 히타이트 사료들에는 '아트레우스'와 비슷한 이름을 가진 한 사람이 아시아에서 약탈자들을 이끌었다고 나온다. 아가멤논의 아버지 이름이 아트레우스가 아니었던가. 그 둘이 동일 인물임을 확인하려 애쓸 필요는 없다. 우리가 아는 아트레우스는 미케네의 왕이고, 펠로폰네소스('펠롭스의 섬')의 이름이 된 펠롭스의 아들이다. 이 사람이 소아시아에서 히타이트인을 몰아낸 바로 그 사람일 가능성은 별로 없다. '펠롭스'란 그리스식 이름으로 '붉은 얼굴'이란 뜻이고, 펠롭스의 고향은 소아시아의 리디아였다. 그러므로 두 아트레우스는 같은 가문 출신일지도 모른다.

이 모든 것을 고려하면, 기원전 15세기 말과 14세기 초에 많은 지역들이 혼란에 빠졌고, 아카이아인이라고 불리는 사람들이 그 혼란을 주도했음이 드러난다. 족보대로라면 펠롭스는 에게 해를 건너서 올림피아 근처 엘리스의 왕실과 결혼했다. 그때는 기원전 13세기 초반이었다. 펠롭스의 손자 아가멤논이 아카이아 연합군을 이끌고 트로이로 간 때가 기원전 12세기(전통적인 연대로는 기원전 1194년)이기 때문이다. 게다가 역시 족보대로라면 다른 아카이아 왕조들이 창립된 때도 바로 이 기원전 13세기였다.

그러나 그 왕조들은 모두 무너졌고, 쇠락하던 미케네 시대는 기원전 12세기 말에 종말을 맞이했다. 새로운 정복자인 도리스인이 그리스 중북부에서 내려왔다. 이번에는 모험가들이 소왕국들을 괴롭히거나 완전히 장악하는 정도가 아니었다. 도리스인은 사람들을 대량으로 살육하고 오랜 문명을 단숨에 끝장냈으며 암흑기, 곧 3세기에 걸친 혼란의 시대를 초래했다. 이 암흑기가 지나고 나서야 고전기 그리스가 등장할 것이었다. 이오니아인은 (아테네인을 제외하고) 바다를 건너 도망쳤다. '아카이아'라는 이름은 코린토스 만 남부 해안을 따라 뻗은 좁은 평야 지대로 한정되었다. 그리고 '갈색머리' 아카이아인은 그리스가 낳은 짙은 머리색의 사람들 속에 흡수되었다. 이것은 마치 갈리아의 금발머리 켈트인이 짙은 색의 프랑스인이 된 일과 비슷하다.

백 년 전만 해도 이 암흑기는 갑작스럽게 등장한 호메로스라는 불가사의한 광채를 제외하고는 그야말로 완전히 깜깜했다. 반면에 암흑기 이후에 등장한 고전기는 유럽에서 최초로 문명과 예술을 꽃피운 기적적인 시대였다. 그러나 오늘날 그 암흑이 조금 밝아졌다. 토기공들과 대장장이들의 작품들이 우리를 인도하기 때문이다. 금속가공 기술은 철기의 도입에 자극받아 진보했다. 토기 회화는 이전 시대의 우아함, 자유, 창조성은 잃어버렸지만 기원전 9세기에 아테네에서는 뛰어난 '디필론'(출토 지역의 이름—옮긴이) 식 토기가 등장했다. 이 토기들은 최초의 미노스 토기처럼 기하학적인 문양으로 장식되었다. 여기에서도 크레타에서는 그리 흔하지 않았던 주제가 발견된다. 인간의 모습이다. 전차를 모는 전사들,

장례식 행렬, 전함의 노를 젓는 사람들 등과 같은 주제들이 등장한다. 사람을 그리는 기법은 양식화되었다. 손과 발은 가는 선으로 그렸고, 머리는 물방울처럼 찍어 그렸다. 상반신은 삼각형으로 표현했다. 기교는 원시적이지만, 전체적인 디자인은 더할 나위 없이 성공적이었다. 미케네의 몇몇 토기들처럼 디필론 식 토기는 인간과 인간의 업적에 대한 전형적인 헬레네스 식 관심을 잘 보여주기 때문이다.

지금까지 우리는 길고 결론을 내기 힘든 주제를 개관했다. 그러나 한 가지 중요한 요점은 드러났다. 고전기 그리스의 예술은 완전히 새로운 창조가 아니라 오히려 르네상스였다는 점이다. 다만 매우 다른 상황 속에서 일어난, 그리고 매우 다른 성향을 가진 르네상스였다. 초기의 예술에 무언가가 더해졌다. 그리고 위에서 살펴본 혼란의 시대는 융합의 산물, 곧 부모 양편 모두의 재능을 이어받은 새로운 사람들을 낳았다. 조금 성급한 일인지 모르겠으나 나는 이렇게 주장했다. 즉 그러한 융합의 증거가 처음에는 미케네인에 의해, 그다음에는 아테네인에 의해 인간의 활동을 그린 그림들에서 나타났다. 인간에 대한 이러한 관심은 진실로 그리스 사상의 지배적인 성격이다. 이보다 좀 더 깊이 들어가 보자. 가장 포괄적인 의미로서 그리스 예술의 위대성은 상반되는 두 가지 원칙을 완벽하게 조화시킨다는 점이다. 한편으로는 제어력과 명료성과 근본적인 진지함이 있으면서, 동시에 휘황찬란함과 상상력과 열정이 넘친다. 고전기 그리스의 모든 예술은 놀라울 만큼 지적이다. 그것은 논리와 구조적 확실성에서 분명히 드러난다. 이렇게 지성주의적인 예술은 무미건조하리라고 예상하는 사람도 있겠다. 그러나 그리스 예술은 파르테논 신전이든, 아이스킬로스의 희곡이든, 플라톤의 대화든, 토기 조각이든, 그 위의 그림이든, 혹은 투키디데스의 난해한 분석적 문장이든, 모두가 지성주의적인 성격을 띠면서도 강력한 힘과 열정을 지녔다. 게다가 이 힘과 열정은 바로 지성에 의해 너무나 잘 통제되기 때문에 더욱더 압도적이다.

자, 이제 고전기 그리스 예술과 미노스 혹은 에게 해 예술이 충분히 비교가 되었는가? 그렇다면 우리는 중요한 차이점을 발견한다. 미노스 최고의 예술품들은 예술의 모든 자질을 갖추었다. 그러나 강렬한 지성주의만은 결여했다. 우연이든 극심한 고생을 해서든, 그리스의 건축가가 크노소스의 왕궁처럼 극도로 혼란스러운 평면도를 가진 건물을 개발했으리라고는 도무지 상상이 안 된다. 그리스 예술이 거둔 가장 위대한 승리는 모든 예술 중에서 가장 힘들고 진지한 작업인 대형 조각 작품들이다. 오늘날까지도 미노스의 조각상들은 매우 작은 것들만 발견된다는 사실은 결코 우연이 아니다. 물론 예술이라 부를 만한 작품들은 모두가 진지하다. 또 사색적이다. 그럼에도 불구하고 이러한 속성들을 그리스 예술에는 인정하고 미노스 예술에는 인정하지 않는 데에는 다 이유가 있다. 휘황찬란하고, 감각적이고, 우아하고, 쾌활함—이러한 형용사들은 미노스 예술을 보면 본능적으로 떠오르는 낱말들이다. 그러나 미노스 예술은 '지성적'이지는 않다.

고전기 그리스 예술의 지적 긴장감에 대해 알아보려면 헬레네스로 관심을 돌려야 한다. 여기에는 이유가 있다. 헬레네스는 북부의 산지에서 내려오면서 아무런 예술도 가져오지 않았다. 그러나 그들은 언어를 가져왔다. 그리스어를 보면 그 구조 자체에 명료함, 제어력, 잘 짜인 구조 등 고전기 그리스 예술에 두드러지게 나타나고 그 이전 시대에는 찾아볼 수 없는 특징들이 발견된다. 우선, 그리스어는 사촌인 라틴어처럼 어형 변화가 매우 심하며, 구문이 정교하고 섬세하다. 언어의 역사에서는 시대를 거슬러 올라갈수록 어형 변화가 더욱 정교하고, 많은 경우 구문도 더욱 섬세하다. 그리스어 구문은 라틴어보다 훨씬 더 다양하고 훨씬 덜 엄격하다. 고전학을 공부하는 젊은 학생은 곧 이 사실을 알게 되며, 기질에 따라 기뻐하는 이도 있고 혹은 슬퍼하는 이도 있다. 따라서 개념들 사이의 관계뿐 아니라 의미와 감정의 미묘한 차이들마저도 극도로 정교하게 표현하는 것이 그리스어의 본성이다. 그러나 지금 당장 우리에게 더욱 중요한 것은 이러한 본성의 결과인 도미문(掉尾文, periodic style: 그리스 수사학 용어. 주어는 대개 문장의 앞부분에 나오지만 동사는 거의 끝부분에 나오며 그 사이에 다양한 수식어, 종속어구, 여러 형태의 동사들이 포개어진 긴 문장 혹은 문체를 가리킨다. 경주장을 뜻하는 그리스어 *periodos*에서 이름을 따 왔다. 마치 경주처럼 처음에는 결말을 알 수 없고, 미결인 채로 계속 진행되다가 마지막 부분에서 극적으로 해결된다. 그래서 문장의 마지막은 다시 첫 시작부분과 맞닿는다. 이러한 성격이 원형 경주장을 연상케 한다—옮긴이)이다. 그리스어나 라틴어 모두, 문장이 복잡해서 하나 혹은 그 이상의 주축 개념이 여러 설명 개념 혹은 수식 개념을 수반할 때에도, 그 복잡한 전체를 단 하나의 문장으로 완전히 명료하게 나타낸다. 다시 말해 이 두 언어는 문장 구성력이 대단히 뛰어나다. 그러나 이 두 언어도 중요한 면에서 다르다. 로마인은 순수하게 결단력과 용기로 이 도미문 양식을 이루어냈다. 그러나 그리스인은 날 때부터 타고났다. 그리스어에는 종속절로 들어가는 방법이 훨씬 더 많다. 예를 들어, 내가 제대로 세었다면 그리스어 규칙동사 시제는 10가지인데 라틴어에는 3개밖에 없다. 그뿐 아니라 그리스어에는 쌍으로 혹은 무더기로 움직이는 조사들과 접속사들이 풍부하다. 이 단어들의 존재 이유는 오직 문장구조를 분명하게 해 주는 것이다. 이 단어들은 마치 도로표지판 같은 역할을 한다.

　영어권의 독자들은 분명 다음과 같은 당황스런 경험이 있을 것이다.

영어로 된 문장을 크게 읽기 시작했는데, 어느 지점에 이르러서 목소리를 낮추었다. 이제 문장이 곧 끝날 듯한 느낌이 들었기 때문이다. 그런데 결정적인 부분에 이르러서 마침표가 아니라 세미콜론이나 콤마가 나왔다. 어쩔 수 없이 다시 한두 단어를 읽기 시작했고, 목소리를 높여 계속했다. 이런 일은 그리스어에서는 결코 벌어지지 않는다. 그리스어로 글을 쓰는 사람은 문장 첫머리에 '테'(그리스어를 음역한 것이다)라는 단어를 써 넣기 때문이다. 이 단어는 '이 문장(또는 절이나 구)은 적어도 두 개의 대등한 요소를 가지며, 두 번째(또는 그 이후의) 요소는 첫 번째 것에 단순히 추가되는 요소다'라는 뜻이다. 혹은 '멘'이라는 단어를 쓰기도 한다. 이 단어도 '테'와 똑같은 뜻이지만, 두 번째(또는 그 이후의) 요소들이 연속이 아니라 대조를 이룬다. 물론 영어로도 이런 표현이 가능하다. 영어 문장을 "While, on the other hand..."("한편으로는 ~한 반면에" – 옮긴이)라고 시작하면 된다. 그러나 그리스어에서는 그런 표현을 훨씬 쉽게, 본능적으로 그리고 언제나 구사한다. 고대 그리스인의 대화를 직접 받아 적은 자료는 없지만, 희곡작가들과 플라톤의 글에서 미리 준비되지 않은 발언인 듯한 효과를 내려고 애쓰는 문단들이 나온다. 이러한 문단들에서는 매우 정교한 도미문 구조가 자주 나온다. 그러나 도미문이 아니라도 문장 배열이 언제나 완벽하게 명쾌하며 전혀 모호하지 않다. 마치 말하는 자가 단어들을 내뱉기 전에 자기 머릿속 생각의 평면도를, 그리고 자기 문장의 설계도를 눈앞에 훤히 바라보는 듯하다. 정확함, 예민함 그리고 명확함이 그리스어의 본성이다. 영어로 말할 때 우리는 종종 부정확하거나 뜻이 즉시 명료하게 들어오지 않는 상황을 겪는다.[1] 독일어를 쓰면 그런 상황을 벗어날 가능성이 높다. 그리스어를 쓰면 그런 상황은 완전히 다른 세계의 일이다. 그리스어로는 농담이 안 된다는 이야기가 아니다. 그리스어로도 농담이 가능하다. 그러나 그것이 농담이라는 사실이 즉시 명백해진다. 언어로서 그리스어의 결함은 애매함이나 희미함이 아니라 일종의 거짓 명료함이다. 그리스어는 존재하지 않는 구분선마저도 확실하게 그어버린다.

한 민족의 정신을 가장 직접적으로 표현하는 것은 그 정신이 만들어 낸 다른 어떤 것들이 아니라 바로 언어의 구조다. 우리는 그리스인의 업적 속에서 그들이 개념을 확실히 파악했다는 사실을 알아냈고, 그 개념을 명료하고 경제적인 형식으로 표현한 여러 방법을 발견했다. 이러한 명료성, 구성 능력, 진지함과 더불어 민감한 감수성과 흠이 없는 우아함 역시 드러난다. 이것이 소위 '그리스의 기적'의 비밀이며, 이것은 민족들의 융합은 아닐지 몰라도 문화들의 융합으로 어느 정도 설명이 가능하다.

3장 아테네 문화는 아테네 기후의 산물이다?
-그리스의 자연과 자원, 그리고 경제

이제 그리스의 지리를 간략하게나마 살펴볼 때다. 이 땅의 자연환경이 어떠하기에 거친 북방인들을 연이어서 불러들이고, 또 가끔은 동방인들도 끌어들였는가? 이 땅은 그들에게 무엇을 해 주었는가?

그리스의 전반적인 지형은 우리에게 익숙하다. 이 땅은 석회암으로 된 산악지방, 좁은 계곡들, 길쭉한 만(灣)들, 소수의 강과 많은 섬으로 이루어졌다. 지도를 보면 한 눈에 보이듯이, 이 땅은 산악지대가 물에 잠기고 남은 고지대다. 평야도 몇 개 있다. 별로 넓지는 않지만, 이 땅의 경제와 역사에는 말할 수 없이 중요한 평야들이다. 이들 중에는 간혹 해안 평야도 있다. 코린토스 만 남부 해안을 따라 뻗은 아카이아의 좁고 기름진 평야가 그런 경우다. 한편 라케다이몬(스파르타) 평야처럼 내륙 평야도 있다. 어떤 평야는 테살리아와 보이오티아의 평야처럼 산 때문에 바다와는 완전히 격리되었다. 보이오티아[2] 평야는 특히 풀이 무성하며 기압이 매우 높다. 영리한 아테네인은 이 이웃을 '보이오티아 돼지들'이라고 불러댔다.

그리스는 매우 다양한 면모를 지닌 지역이다. 지중해성 기후와 아고산(亞高山, subalpine) 기후가 몇 마일 거리를 두고 공존한다. 비옥한 평야와 험한 산악이 번갈아 나타난다. 진취적인 선원과 상인 공동체의 바로 이웃에는 바다와 상업을 전혀 모르는 전통적이고 보수적인 내륙의 농민들이 살았다. 그 사람들은 밀과 소만큼이나 전통적이고 보수적이었다. 오늘날에도 그리스에서 대조를 이루는 것들을 보면 놀라울 정도다. 아테네와 피라이오스에서는 대규모의 현대 유럽식 도시를 만난다. 전차, 버스, 택시가 다니고 비행기가 줄지어 도착하며 항구에는 배들이 가득하다. 이 배들은 세계 곳곳으로 다닌다. 작은 만(灣)을 건너 아이기나로, 위쪽의 동부 해안으로, 위쪽의 서부 해안으로, 코린토스 운하를 건너, 알렉산드리아로, 유럽의 주요 항구들로, 아메리카 대륙으로 간다. 그러나 몇 시간만 차를 달리면 그리스 중부 지역과 펠로폰네소스가 나오는데, 여기에는 사방 몇 마일 내에 도로라고는 비포장 시골길뿐이고 운송수단은 손수레뿐이다. 나는 칼라마타에서 대규모 현대식 제분소를 구경했다. 여기에서는 흡입기를 이용해 배의 저장고에서 곡물을 바로 공장으로 이동시켰다. 그런데 그 이틀 전에 나는 20마일도 채 떨어지지 않은 어느 마을에서 탈곡하는 풍경을 보았다. 마치 구약성경의 한 장면처럼, 밭 한쪽 구석의 둥근 타작마당 주위를 말이나 노새가 맴돌았고, 까부르기 역시 같은 장소에서 바람을 이용해서 했다. 바람의 도움은 부족함이 전혀 없었다. 이러한 대조들은 어쩌면 고대에는 그리 크지 않았을지도 모른다. 그래도 역시 눈에 확 뜨이기는 마찬가지였다. 이러한 다양성은 그리스 어디에서나 마주치는 특성이며, 매우 중요한 의미를 가지는 현상이다.

그리스 문화의 발전에서 너무나 중요한 사실은, 대부분의 국가들에 비옥한 평야 한 조각, 고지대 목초지 한 뙈기, 숲이 우거진 산기슭과 황량한 산꼭대기가 있었고, 많은 경우 바다로 이어지는 통로가 있었다는 점이다. 버밍엄이나 윌트셔 같은 도시는 없었다. 무슨 말이냐면 동일한 생활 방식을 가진 공동체가 없었다는 것이다. 중세 잉글랜드보다도 통일성이 낮았다. 코린토스나 아테네처럼 우리 생각에 현저하게 상업과 산업이 발달한 국가들에서도 농업이 적어도 상업만큼 중요했다. 기원전 5세기 아테네 시민들의 눈부신 도시생활에만 집중하다가는 아테네인 대부분의 본업이 농업이었다는 사실을 잊기 쉽다. 아리스토파네스의 초기 희극 작품들을 볼 때 아테네는 농촌마을의 성격을 매우 많이 간직했음이 분명하다. 또 투키디데스는 아티카의 지주들이 펠로폰네소스 전쟁 때문에 도시로 대피하기 전까지는 자기 땅에서 살았다고 분명하게 말한다. 이들은 스파르타의 침입 때문에 도시 거주민이 되었다.

아테네의 상황이 그러했다면, 다른 국가들의 상황은 더 심했다. 아르카디아나 그리스 서부처럼 도시가 전혀 없는 외딴 지역들을 제외하면, 도시와 농촌은 밀접하게 엮였다. 도시 생활이 발달한 곳에서도 사람들은 언제나 농촌과 산과 바다라는 배경을 의식했고, 시골 생활을 하는 사람들은 도시를 이용할 줄 알았다. 그 덕분에 건전하고 균형 잡힌 사고가 촉진되었다. 고전기 그리스는 초원의 사고방식인 체념적인 정체 상태는 한 번도 경험하지 않았고, 도시 군중들의 근시안적인 어리석음 역시 거의[3] 경험하지 않았다.

정상적인 그리스 국가는 이토록 다양한 종류의 땅과 기후를 가지고 있었기에 상당히 자족적이었고, 균형 잡힌 공동생활을 누렸다. 자족을 뜻하는 그리스어는 '아우타르케이아'다. 영어의 'Autarky'(자급자족)가 이 말에서 나왔다. 뒤에 살펴보겠지만 그리스인에게 이 말은 국가 관념에서 근본적인 부분이었다. 그리고 그리스인은 그리스의 자연조건에 힘입어 그 관념을 현실화시켰다.

이 작은 그리스 세계에서 언제나 눈에 띄는 '다양성'은 또 다른 중요한 결과를 낳았다. 다양한 해발 고도 덕분에 대부분의 국가들은 상당히 자족적이었지만, 또 많은 나라들이 특산품을 보유했다. 예를 들어, 아티카의 올리브, 멜로스의 대리석, 작은 섬 페파레토스의 포도주 등이 그런 것들이다. 그래서 활발한 무역과 지속적인 교류가 이루어졌다. 게다가 바다를 통한 교통은 겨울을 제외하면 쉽고 안전했다. 여기에서 우리는 결정적으로 중요한 것 하나를 더 고려해야 한다. 즉 그리스 지형이 동남향이라는 점이다. 산들도 동남향으로 뻗었고, 그래서 계곡과 항구들도 동남쪽을 바라본다. 산맥들의 연속선상에 줄지어 놓인 섬들은 작은 배를 탄 항해자들을 인도했다. 이 항해자들은 나침반이 없어도 선지 문명의 요람인 부유한 아시아와 이집트로 매우 안전하게 여행했다. 그 결과 선사시대 그리스는 크레타와 페니키아의 상인과 그 외 여러 사람들에게 매혹적으로 개방되었다. 역사시대에 이르면 헬레네스가 바다에 나서서 엄청난 성공을 거두었고 해상 교통로를 따라 더 오래된 문명들에 도달했다. 이탈리아와 대조해 보면 요점이 더 분명해진다. 이탈리아는 아펜니노 산맥이 동쪽 해안 근처를 차지했기 때문에, 강과 계곡은 서쪽을 향하며, 비옥한 평야와 항구들은 서쪽 해안에 나타난다. 이탈리아의 동부에는 가장 황량한 해안선이 펼쳐진다. 그러므로 이탈리아에는 문명이 늦게야 도달했다. 미노스의 영향력은 크지 못했고, 그리스인은 식민시들을 건설할 때에도 남쪽 해안과 그 위의 서부에서만 활동했다. 그리스 문명과 로마 문명의 큰 차이점들은 다음 사실에 기인한다. 헬레네스와는 달리 라틴인은 이탈리아 반도에 침입했을 때 이미 자리 잡고 있던 지중해 동남부의 유구한 문화를 발견하지 못했다. 아펜니노 산맥은 너무나 큰 장벽이었다.

또 하나 대조해 볼 것이 자연스레 떠오른다. 그리스 반도와 스코틀랜드의 헤브리디스 제도이다. 물론 이 두 지역의 기후와 토양 비옥도는 분명히 다르다. 그러나 본토까지 포함해서 헤브리디스 제도의 섬 어디나 거의 같은 산물들이 생산된다는 점에 주목해 보자. 자연히 원시적인 조건에서는 교역이 거의 이루어지지 않았고, 정신의 폭을 넓혀주는 분명한 대조점들도 없었다. 게다가 헤브리디스 제도의 바닷길은 페니키아나 이집트 같은 곳으로 이어지지도 않았다. 사람들은 배를 타고 섬들과 그다지 다르지 않은 본토에나 다녔다. 아니면 북대서양으로 나가는 것인데, 그리 나가서는 물에 빠져 죽든지, 살아 돌아오더라도 떠날 때보다 조금이라도 현명해져서 귀환하는 경우는 없었다.

    중요한 요소가 또 하나 있다. 바로 기후다. 그리스의 기후는 전체적으로 보아 상쾌하며 안정적이다. 사실 그리스는 그저 그날그날의 '날씨'가 아닌, 평균적 기상상태를 말하는 '기후'를 가진 소수의 나라들 중 하나다. 산악지역의 겨울은 매섭다. 그러나 다른 곳에서는 겨울에도 온난하고 태양이 밝게 빛난다. 여름은 일찍 오고 또 덥지만, 바다와 단절된 평야들을 제외하면 더위가 기력을 소진시키지는 않는다. 공기가 건조하고, 매일매일 뭍바람과 바닷바람이 교대로 불어 더위를 식히기 때문이다. 여름에는 비가 거의 오지 않는다. 우기는 늦겨울과 가을에 찾아온다.

    히포크라테스의 저술이라고 알려진 그리스 의학서 중에는 『공기, 물, 장소』라는 짧은 논문이 있다. 이 책을 읽으면 그리스의 기후에 대해 우울한 인상을 받는다. 이 글을 쓴 무명의 작가는 이렇게 말한다. 어떤 장소가 동남향이나 서남향이면, 뜨거운 바람에 노출되고 북쪽은 막혀 있어서 물이 여름에는 뜨겁고 겨울에는 차가우며 또 소금기가 가득하게 된다. 해수면이 지표와 가깝기 때문이다. 그러니 그곳의 주민들은 담으로 고생하고 그 결과 소화기관에 문제가 생긴다. 그래서 잘 먹지도, 마시지도 못한다. 여성들은 건강이 나빠져서 유산하기 쉽다. 아이들은 경기, 천식, 간질에 시달린다. 남성들은 이질, 설사, 학질, 만성 열병, 습진, 치질에 걸리기 쉽고, 50세가 넘으면 체액이 머리에서 밑으로 내려오기 때문에 마비가 온다. 그러나 늑막염, 폐렴을 비롯한 몇몇 병들은 거의 생기지 않는다. 만약 북향이라면 정반대의 문제를 겪는다. 물은 센물이고 그 결과 체격도 단단하게 된다. 사람들은 마르고 근육질이며, 많이 먹고 적게 마신다. '많이 먹는 동시에 많이 마시는 사람이 되기는 불가능하기 때문이다.' 그리고 늑막염과 장기의 손상이 잦다. 출산은 어려운 일이고, 아이들을 건강하게 키우기란 거의 불가능에 가깝다. 동향이 가장 좋다. 그리고 서향은 가장 나쁘다.

그리 즐거운 그림은 아니다. 그러나 의학 교과서들이란 언제나 무시무시한 법이지 않은가. 어쨌든 이 저자는 너무 한 가지에 집착이 심했던 사람이 분명하다. 최상의 그리스 과학자 유형은 아니다.

자, 그럼 다른 종류의 증거를 찾아보자. 최근 일이백 년 사이의 인물들 중에서 무작위로 다음 이름들을 뽑아 보았다. 하이든, 모차르트, 베토벤, 괴테, 슈베르트, 멘델스존, 워즈워스, 콜리지, 키츠, 셸리. 그리고 그리스 시대에서 마찬가지로 이름들을 뽑아 보자. 아이스킬로스, 소포클레스, 에우리피데스, 아리스토파네스, 소크라테스, 플라톤, 이소크라테스, 고르기아스, 프로타고라스, 크세노폰. 첫 번째 명단의 수명은 순서대로 77, 35, 57, 83, 31, 38, 80, 62, 26, 30이다. 두 번째 명단의 수명은 71, 91, 78, (적어도) 60, 70, 87, 98, 95(?), 약 70, 76이다. 물론 셸리는 익사했다. 그러나 아이스킬로스와 에우리피데스 역시 사고로 죽었고, 소크라테스는 사형당했으며 프로타고라스는 배가 난파해 죽었다. 삼대 비극작가들은 죽는 날까지도 원기 왕성했고 천재성의 정점을 구가했다. 워즈워스에 대해서는 누구도 그렇게 말할 수 없으리라. 플라톤은 『법률론』을 집필하다가 죽었다. 이 주제에 관심이 간다면, 디오게네스 라에르티우스가 쓴 『철학자들의 생애』라는 매우 유쾌한 책을 훑어보라. 대부분의 철학자들이 장수했다는 사실이 놀랍다. 몇몇 사람의 나이는 분명히 전설에 가깝다. 엠페도클레스가 정말 150까지 살았다고 믿을 사람은 없다. 그러나 그는 사실상 역사적 인물이 아니다. 언급된 인물들의 나이는 대부분 정확하다. 그리스가 장수에 좋은 나라일 뿐 아니라 원기를 북돋아 주는 지역임은 거의 분명하다. 나이 60에 걸작 『콜로노스의 오이디푸스』를 쓰던 소포클레스, 80세에 전투를 지휘하며 전장에서 격렬한 작전을 수행하던 스파르타 왕 아게실라오스라는 인물도 있었다. 정력적인 노년 생활을 즐기는 사람들은 그 어떤 근대 국가보다 그리스에서 더 많았다.

여기에는 분명 음식이 큰 역할을 했다. 오늘날 그리스는 가난한 나라다. 고대에는 확실히 더 부유했고 훨씬 더 많은 인구를 부양했다. 그러나 사치와는 거리가 멀었다. 오늘날 그리스의 노새몰이꾼들은 빵 한 조각과 올리브 열매 몇 개만 가지고서 며칠씩 길을 간다. 고전기의 선조들 역시 마찬가지로 검소했다. 거친 보릿가루, 올리브 열매, 포도주 약간, 입맛을 돋우는 생선, 그리고 큰 축제일에만 먹는 고기. 이것이 보통의 식단이었다. 침머른(Zimmern)이라는 학자의 말에 따르면, 일상적인 아티카의 정찬은 두 코스로 이루어졌다. 첫 코스는 일종의 포리지(오트밀 등을 끓인 걸쭉한 죽—옮긴이)이며, 두 번째 코스 역시 일종의 포리지다. 가끔 술자리가 끼어들기는 하지만, 기본적으로 아주 빈약한 식단이다. 그러나 보통의 그리스인은 이러한 식사와 활동적인 야외 생활을 통해 정력적인 인간으로 살아갔다.

그리스는 왜 그리 가난했을까? 플라톤은 『크리티아스』에서 아티카를 아주 재미있게 설명한다. 그 이야기를 들어보면 적어도 부분적인 해답이나마 얻을 수 있으리라. 플라톤의 말에 따르면, 아티카는 예전에 비하면 뼈다귀만 남은 상태라고 한다. "아티카는 본토에서 멀리 뻗어 나와 마치 낭떠러지처럼 바다로 빠져든다." (사실 '아티카' 라는 이름이 그런 뜻이

다) "그리고 주변의 바다는 모두 깊다. 9천 년[4] 세월 동안 심한 폭풍이 여러 차례 불었고, 높은 지역에서 씻겨 내려온 흙들은 다른 지역들과는 달리 이렇다 할 퇴적평야를 만들지 못하고 다 쓸려나가 바다 속 깊이 사라져 버렸다. 그래서 현재 남아 있는 땅들은 과거에 비하면 마치 병으로 쇠잔해져 뼈만 남은 육체와 같다. 기름진 흙은 다 사라져 버리고 땅의 뼈다귀만 남았다. 황폐해지기 전 아티카에는 헐벗은 산 대신 높은 언덕들이 있었고, 오늘날 펠레오스[5]라 불리는 평야는 토양이 깊고 기름진 땅이었다. 산에는 숲들이 울창했고, 그 흔적은 오늘날까지 남았다. 오늘날 산에는 벌들만 날아다니고 그 외에는 아무것도 없다. 그러나 큰 건물의 지붕을 올리기 위해 나무들을 산에서 베어낸 것은 그리 오래전 일이 아니다. 이 나무 지붕들은 지금도 튼튼하게 버티고 있다. 그뿐 아니다. 예전에는 키 큰 나무들이 사방에 널려 있었고, 산에는 가축들을 무한정 기를 수 있는 방목지가 펼쳐져 있었다."

분명 호메로스의 시대와 고전기 그리스의 식생활이 놀랄 만큼 다른 이유도 바로 이 때문이다. 호메로스의 서사시를 보면, 200~300행마다 영웅들은 소를 잡아먹었다. 물고기를 먹는 것은 찢어지게 궁핍하다는 증거였다. 그런데 고전기에 생선은 사치품이었고, 고기는 구경도 하기 힘들었다.

위에서 플라톤이 폭풍을 이야기했다. 정말로 그리스 기후에는 극적인 측면이 있다. 하늘의 신 제우스는 성격이 불같았고, 파도나 지진으로 땅을 흔드는 포세이돈은 무시무시한 존재였다. 호메로스 다음으로 오래된 그리스 시인인 헤시오도스는 헤라클레스가 거인 키크노스를 어떻게 쓰러뜨렸는지 묘사한다. 헤시오도스는 키크노스가 쓰러지는 모양이 "마치 떡갈나무나 튀어나온 바위가 제우스가 보낸 연기 자욱한 벼락에 맞아

쓰러지듯" 했다고 말한다. 그리고 나 자신도 제우스의 맹렬한 분노를 상기시키는 상황을 경험했다. 아르카디아에서 어느 골짜기를 오르는 중이었다. 그곳에는 아름다움이 넘쳐났다. 그런데 갑자기 넓이가 수십 에이커 정도 되는 장소가 나타났다. 그곳에는 크고 작은 돌들이 가득 깔려 있었고 흙이라고는 보이지 않았다. 마치 해변의 자갈밭 같았다. 그 가운데에는 반쯤 파묻힌 집이 한 채 있었다. 이틀 전만 해도 이곳은 농장이었다. 그러나 몇 마일 떨어진 투르토바노 산에서 폭풍이 불어닥쳤고, 그 결과가 내 눈앞에 펼쳐진 모습이었다. 물론 이곳은 이년 뒤 다시 농장이 되었다. 근면한 그리스 농부들은 제우스에 대처하는 유일한 방책이 무엇인지 잘 안다.

헤시오도스 자신은 고향의 기후를 별로 사랑하지 않았다. 우리는 지금까지 그리스의 기후에 높은 점수를 주었으므로, 이 탁월한 대가의 말씀도 들어 보아야 공평하다 할 것이다. 헤시오도스는 여름의 찌는 더위를 싫어했고, 겨울도 싫어했다. "레나이온의 달(1월 중순에서 2월 초순—옮긴이)은 끔찍한 날들이요 가축 가죽을 벗기는 날들이니, 이때는 마음을 안타깝게 하는 서리가 대지를 덮는데, 마치 트라케에서 불어오는 동북풍의 숨결이 너른 바다에 파도를 일으키는 것 같고, 땅과 나무들은 소리 높여 울부짖는다. 레나이온 달이 시작되자마자 산골짜기에 있는 잎이 무성한 높은 참나무들과 억센 소나무들이 너른 땅을 향해 무수히 구부러지고, 헤아릴 수 없이 많은 숲들이 모두 큰소리로 울며, 가죽이 털로 덮여 있는 사나운 짐승도 꼬리를 다리 사이에 감추며 벌벌 떤다. 아, 털북숭이 가슴을 가진 이 짐승들에게도 레나이온 달은 차가운 바람을 몰아친다. 황소의 가죽에도 바람이 몰아치니 가죽이 몸을 지탱하지 못하며, 털이 짧은 염소에게도 바람은 거세다. 그러나 보레아스(북풍의 신—옮긴이)

의 권능도 결코 양들을 뚫지는 못하니, 양털이 빽빽한 까닭이다. 그러나 늙은이는 그 앞에 허리를 굽힌다." 헤시오도스는 8가지 바람 중에서 4가지를 미워했다. 나머지 4가지 바람은 "신들의 종족이며, 죽을 수밖에 없는 인간에게 커다란 혜택이다. 그러나 이것들(미운 바람들―옮긴이)은 무작위로 부는 바람들이며 바다에서 변덕스럽게 분다. 그들은 깊은 안개 위에 불며 죽을 수밖에 없는 인간에게 커다란 해악이고, 사악한 폭풍과 더불어 몰아친다. 그들은 때마다 다르게 불며 배를 깨뜨리고 선원들을 파멸시킨다. 그리고 깊은 바다 위에서 이 바람을 만난 인간에게는 재난을 피할 도리가 없다. 끝없이 꽃으로 뒤덮인 대지 위에 또 이 바람들이 불면 인간이 만든 아름다운 작품을 파괴하고 거기에 먼지와 쓰라린 노동만을 남겨둔다."[6]

그러나 헤시오도스는 농부였고, 보이오티아인이었다. 그의 고향 마을은 "아스크라, 곧 헬리콘 근처의 한심한 동네였다. 겨울 날씨가 사납고, 여름이 고생스럽고, 좋은 때라고는 결코 없는 곳이었다." 그러나 사람이 자기 고향을 이렇게 험담하지는 말아야 한다. 비록 헤시오도스의 아버지가 소아시아에서 건너온 사람이고, 헤시오도스에게 아시아에서는 얼마나 살기 좋았는지를 귀에 못이 박히도록 말했을 것이 분명하다 해도 말이다.

아테네인이 이 말을 들었다면, 분명 헤시오도스에게 보이오티아에 살면서 무얼 더 바라느냐고 말했을 것이다. 아테네에서는 2월에, 그것도 야외에서 그해의 첫 연극제를 열었다. 항해를 나갈 때는 아직 아니지만 우기는 이제 지나갔기 때문이다. 그래서 이 연극제는 내국인의 축제였다. 4월 초에 열리는 화려한 디오니소스 제전 때에 그리스 전역에서 방문객들이 찾아오는 것과는 대조적이다. 분명히 아테네 기후는 헤시오도스가 묘사하는 날씨보다는 더 나았다. 이미 말했듯이 그리스는 본질적으로 대조가 뚜렷한 땅이다.

그리스 기후를 이야기하면서 기후가 그리스인의 삶에 그리고 특히 아테네인의 삶에 끼친 영향을 빼놓을 수 없다.

먼저 기후 덕분에 그리스인은 극히 적은 장비만으로도 살아갈 수 있었다. 그리스에서는 거친 기후에서 필요한 식사량보다 훨씬 적게 먹고도 활동적으로 생활했다. 그러나 한편 그리스인들 —그리스 남자들— 은 여가 시간을 대부분 집 바깥에서 보낼 수 있었고 또 실제로 그렇게 했다는 사실을 기억해야 한다. 그리스 남자는 소파나 석탄을 사기 위해 일할 필요가 없었다. 아무튼 영국인들이 '영국식 편의 제품들'을 발명한 이유는 그들이 실내에서만 안락과 따스함을 누렸기 때문이다. 아테네인이 여가를 누렸던 것은 노예제 덕분이라는 이야기가 널리 퍼져 있다. 노예제가 어느 정도 기여를 한 것은 맞다.7) 그러나 그보다는 그리스인이 우리가 노예같이 일해서 사들이는 물건의 3/4은 아예 없이도 잘 살았다는 사실이 더 중요하다.

그리스인은 우리가 꼭 필요하다고 생각하는 물건들을 얻으려 애쓰지 않음으로써 여가를 확보했고, 그 시간을 집 바깥에서 보냈다. 그래서 그리스인은 도시에서든 농촌에서든 동료들과 끊임없이 교류하면서 자신의 지혜를 가다듬고 행동방식을 개선했다. 이토록 완벽하게 사교적인 민족도 드물다. 그리스인에게 대화는 생명의 호흡이었다. 오늘날에도 그리스인은 그렇다. 다만 신문에 대한 심각한 중독 때문에 다소 오염되기는 했다. 아테네가 아니고서야 어떤 사회가 소크라테스 같은 인물을 낳았겠는가? 단 한 줄의 책도 쓰지 않고, 교리를 설파하지도 않고, 그저 평생 머물러 살던 도시에서—전쟁에 나가려 단 두 번 도시를 떠났다—거리를 다니며 대화를 하는 것만으로 인간 사고의 흐름을 바꾸어 버린 인물을 말이다. 그 어떤 사회에서 교육받은 자와 교육받지 못한 자 사이의 간극을, 고상한 취향을 가진 자와 통속적인 자 사이의 차이를 거의 신경 쓰지 않는 인물이 생겨났겠는가? 아테네인은 물론이고 많은 그리스인에게 진정한 교육은 모임의 장소에서 이루어졌다. 시장에서, 기둥들 사이에서, 체육관에서, 정치 집회에서, 극장에서, 공개적인 호메로스 서사시 낭송회에서, 종교적 행렬과 축제에서 대화하는 시간에 이루어졌다. 아티카의 기후가 안겨준 최상의 혜택은 바로 커다란 집회들이 야외에서 개최되었다는 점이다. 아테네인이 아무리 민주적인 본능을 지녔다 해도, 만약 지붕과 벽이 꼭 필요했다면 아테네 민주정은—그리고 아테네 연극 역시—우리가 아는 바대로 발전하지는 못했을 것이다. 영국처럼 은신처, 사생활, 입장료가 중요한 상황에서는 부유층의 삶이 가난한 자의 삶보다 더 풍요로울 가능성이 매우 높으며, 국가의 업무에 직접 접근하는 사람은 600명뿐이다. 아테네에서는 이 모든 것이 모두에게 공개되었다. 이것들이 공기와 태양에 노출되었기 때문이다. 아테네 문화를 오직 아테네 기후의 산물이라고 설명한다면 멋은 있을지 몰라도 바보짓이다. 그러나 기후가 달랐다면 아테네 문화는 우리가 아는 바와는 다르게 발달했으리라는 주장은 옳다.

그리스인이 살았던 물질적 조건에 대한 이 산만한 개관을 마치면서, 그리스의 자연 자원과 원시적 상태였던 그리스 경제의 본질에 대해 몇 마디 해야겠다.

오늘날 그리스의 4/5는 메마른 땅이다. 아주 초기에는, 이미 우리가 보았듯이 산비탈에 숲이 우거졌고, 숲에 목재와 크고 작은 사냥감이 풍성했다. 비가 더 많이 내렸고, 그러면서도 폭우로 인한 재난은 훨씬 적었으리라고 충분히 추측 가능하다. 따라서 지금보다 좋은 목초지가 많았다. 사용가능한 자료들—주로 호메로스와 헤시오도스—을 통해 판단해 볼 때, 그리스는 적어도 일차 상품은 사실상 자급자족했다. 농업 생산품 외에도 건축용 석재가 풍성했고, 양질의 토기용 진흙도 널려 있었다. 올리브는 그때도 지금처럼 중요한 작물이었다. 올리브는 조리용 기름과 등잔용 기름을 제공했고, 고대의 비누 역할을 했다. 포도 역시 널리 재배되었다.

그리스에 희귀한 자원은 광물이었다. 금, 은, 납, 구리가 나기는 했으나 양은 많지 않았고, 철은 전혀 없었다. 무엇보다도 석탄이 나지 않았다. 고대 문명들이 석탄을 이용한 경우가 없다는 이 단순한 사실을 사회사학자들은 충분히 고려하지 않는다. 꿀은 설탕 대용품으로 좋았다. 차와 커피는 없었지만 포도주가 풍성했다. 담배야 없어도 살 수 있지만—담배의 존재를 알지 못한다면 말이다—석탄은 무엇으로 대체할까? 석탄의 역할이 난방과 불빛의 원료라면, 지중해 사람들은 태양과 목재로 대체했다. 조리용으로는 숯이 훌륭한 역할을 했다. 그러나 에너지원으로서 석탄을 만족스럽게 대체할 만한 원료는 없다. 오직 노예 노동력뿐이었는데, 이것은 기계적으로 말하자면 인력의 낭비였고, 다른 측면에서는 사악한 일이었다.

암흑기의 경제생활에 대해서는 호메로스와 헤시오도스에게서 몇 가지 배운다. 농업은 분명 상당히 지적으로 관리되었다. 특히 포도 재배는—이것은 결코 단순한 작업이 아니다—완전히 꿰뚫었다. 『오디세이아』를 보면, 호메로스는 파이아케스인의 도시를 묘사하면서 매우 잘 가꾸어진 과수원과 정원을 설명한다. 그곳은 비옥하고 깔끔한 곳으로 그려졌다.

당신은 오솔길 근처에서 아테나 여신에게 봉헌된 좋은 포플러 숲을 볼 수 있을 것입니다. 숲 가운데에는 샘물이 솟아나고 주변에는 목초지가 널려 있지요. 그곳에서 나의 아버지는 왕의 공원과 채소밭을 가꾸었습니다. 도시에서 소리 지르면 들릴 정도로 가까운 곳이랍니다. 그곳에 앉아 기다리십시오. 우리가 도시로 들어가 아버지 집에 도착할 때까지요. 우리가 도착했을 만한 시간이 되었다 생각되시거든, 직접 도시에 들어와 제 아버지 알키노오스 왕의 왕궁을 물어 찾아오십시오. 금방 찾으실 겁니다. 꼬마 애들도 다 압니다. 주군 알키노오스의 저택과 비슷한 양식으로 지어진 집은 하나도 없으니까요. 왕궁 뜰을 곧바로 가로질러 건물 안으로 들어오시고, 커다란 홀을 빠른 걸음으로 지나 제 어머니에게 가세요. 어머니는 보통 난로가 불빛 옆에 앉아 짙은 자줏빛 실로 뜨개질을 하며 즐거운 생각을 하십니다. 어머니의 의자는 기둥에 기대어 있고 하녀가 뒤에 서 있을 겁니다. 제 아버지의 왕좌는 그녀의 자리 근처에 있고, 아버지는 거기 앉아서 마치 신처럼 포도주를 마신답니다.[8]

왕녀 나우시카아는 파선한 오디세우스에게 위와 같이 가르쳐 주었다. 오디세우스는 왕궁에 도착하여 이것을 보았다.

왕궁 뜰 바깥에는 4에이커나 되는 큰 과수원이 있는데, 좌우편에는 울타리가 세워졌고, 울타리는 문들 가까이까지 뻗었다. 여기 나무들에는 푸르른 잎사귀가 높이 달렸고 배와 석류와 큼직하고 반짝이는 사과와 달콤한 무화과와 가득 달린 올리브가 열렸다. 열매들은 여름이나 겨울이나 떨어지지도 않고 모자라지도 않는다. 사시사철 열매가 열리며 서풍의 숨결이 여기에서는 봉오리를, 저기에서는 익어가는 열매를 도와주지 않을 때가 없다. 그래서 배가 열리고 또 열리고, 사과가 열리고 또 열리고, 포도송이에 송이가 더하고, 무화과 위에 무화과가 더해 언제나 완벽하게 결실을 맺는다. 같은 정원 안에 열매가 풍성한 포도원이 있다. 포도원 한편에는 따뜻하고 평평한 땅 한 뙈기가 있는데, 여기에서는 포도들을 햇볕에 말리기도 하고, 쌓아놓거나 으깨기도 한다. 그리고 밭의 가장 앞쪽에는 이제 막 꽃을 피우거나 처음으로 연한 자줏빛을 내비치는 어린 송이들이 있다. 밭에서 가장 먼 쪽 너머에는 여러 종류의 야채들을 가지런히 심어 놓아 언제나 그치지 않고 녹색으로 웃는 땅을 만든다. 이 정원에는 샘물이 두 개다. 하나는 작은 도랑을 통해 정원 전체에 흐르고, 다른 하나는 도시 주민을 위한 식수원을 공급한 다음에 정원의 대문 밑을 지나 왕궁으로 들어간다.9)

파이아케스인의 땅은 무릉도원 같은 느낌을 준다. 그러나 호메로스가 얼마나 손질을 했을지는 몰라도 자신이 직접 목격한 모습을 그린 것임은 분명하다.

『오디세이아』 마지막 권에 포도원 이야기가 또 나오는데, 이번에는 전혀 매혹적인 풍경이 아니다. 오디세우스는 구혼자들을 살육한 뒤 늙은 아버지를 찾아 나섰다. 아버지는 절망에 빠져 도시에서 떠나 있었다.

그는 커다란 과수원을 향해 가는 길에 돌리오스도, 하인들도, 돌리오스의 아들들 아무도 만나지 못했다. 그들은 모두 늙은 돌리오스를 우두머리로 해서 포도원에 쓸 돌을 모으러 나갔다. 그래서 오디세우스는 자기 아버지가 혼자 포도원에서 나무 둘레를 파는 모습을 보았다. 아버지는 지저분하고 누더기가 된 추한 튜닉에, 정강이에 상처가 나지 않도록 가죽을 기워 만든 보호대를 차고, 가시에 찔리지 않도록 손에는 장갑을 끼고 있었다. 이 모든 것

보다 더욱 기막히게 그의 비참함을 나타내는 것이 있었으니, 아버지는 머리에 염소가죽 모자를 썼다.10)

우리는 『오디세이아』에서 위대한 인물들과 함께 여행하면서, 왕들이 자기 영역에서 사는 모습을 본다. 이타카의 왕은 사실 왕이라기보다는 장원의 영주와 비슷하다. 그는 자유인 노동자들을 고용하고 노예를 부리지만 자기도 직접 일을 해야 했다. 라에르테스는 포도 덩굴 주위를 파는 데 익숙했고, 오디세우스도 밭고랑을 누구보다도 곧게 간다고 자랑한다. 헤시오도스의 시에서는 소농을 만난다. 그는 아들들을 데리고 직접 땅을 가는데, 형편이 되면 노예를 쓰기도 하고 가끔은 노동력을 고용하기도 했다. 이타카의 왕이든 헤시오도스의 소농이든, 토지는 크기에 상관없이 사실상 자급자족적이었다. '가정 경제'가 지배적이었다. 파이아케스인의 왕비인 아레테는 불빛 아래서 뜨개질을 했다. 그리고 뜨개질하면 가장 유명한 인물인 이타카의 페넬로페는 큰 수의(壽衣)를 손에 들고서 낮에 짠 부분을 밤마다 풀었다.

위세 등등한 알키노오스의 집에는 "50명의 하녀가 고용되었다. 붉은색이 도는 황금빛 곡물을 맷돌로 가는 이들, 베틀에서 천을 짜는 이들, 앉아서 실을 꼬는 이들, 그들의 손은 키 큰 포플러 나무의 잎사귀들처럼 펄럭거리며, 그들이 촘촘히 지은 옷감들에서는 부드러운 올리브 기름 한 방울이 떨어진다."11)

신분이 낮은 사람들의 경우, 의복과 가재도구들은 모두 집안의 여자들이 만든다. 부유한 집안이라면 노예 소녀가 옆에서 돕는다. 농기구들은 대부분 작업 현장에서 만들어 썼다.

전문 직업은 단 두 가지였다. 대장장이와 토기장이다. 이들은 자기 땅을 갈기 위해 자신이 만든 물건을 직접 이용하는 사람이 아니라, '데미우르고이' 곧 '주민들을 위해 일하는 사람들'이었다. 데미우르고스는 장인이다. 플라톤은 이를 창조자라 불렀다. 셸리의 『결박에서 풀려난 프로메테우스』에 나오는 데미우르게(Demiurge)도 여기에서 유래했다. 흥미롭게도 그리스에서는 이 두 직종만 직업의 신을 가졌다. 헤파이스토스(불카누스)는 대장장이였다. 프로메테우스는 불의 신이기도 했으나 아티카의 숭배에서는 토기장이의 신이었다. 제화공이나 농부나 건축공의 신은 없었다. 그도 당연한 것이, 이런 일들이야 누구나 할 수 있다. 정교한 금속작업이나 우아한 토기를 만들어 내는 일은 달랐다. "세상에, 어떻게 이렇게 했을까?"라는 감탄은 "어떤 신이 발명한 것이 분명해"라는 답변을 낳았다. 헤파이스토스는 거미줄처럼 가볍고 가늘어 신들의 눈에도 뜨이지 않는 쇠 올가미를 만들었다. 이 쇠 올가미는 호메로스가 『오디세이아』 제8권에서 들려주는 아레스와 아프로디테의 재미난 스캔들 이야기에 나오는 바로 그 올가미다. 헤파이스토스는 올가미를 만든 뒤, 이방인 친구인 신티에스인들을 만나러 렘노스로 떠나가는 척했다. 그러자 아레스가 말했다. "이리로 와요, 내 사랑. 당신 남편은 신티에스인 친구들을 만나러 렘노스로 떠나갔다오." 아프로디테가 그에게로 왔다. 그러나 아레스와 아프로디테를 올가미가 덮쳤다. 그들은 누운 그대로 꽉 매여서 발가락 하나 꼼짝하지 못했다. 헤파이스토스는 격분한 목소리로 다른 신들을 불러 모았다. 신들은 와서 헤파이스토스가 부당한 일을 당했음을 보았다. 신들은 헤파이스토스가 만든 절묘한 장치를 보고, 폭소를 그치지 못했다. 제우스의 아들 아폴론은 헤르메스를 돌아보며 말했다. "제우스의 아들 헤르메스여, 저것도 해 볼 만하지 않은가?" 그러자 거인을 무찌른 헤르메스가 말했다. "그럼요. 나는 지금 당장에라도 아레스와 자리를 바꾸고 싶군요." 그러나 이 모든 것은 원시적인 그리스 경제와는 동떨어진 이야기다.

초창기 그리스인은 결코 상인이 아니었다. 부자들의 집에서 풍성하게 발견되는 사치품들은 동방에서 왔다. 페니키아의 배가 이 사치품들을 실어 왔고, 또 노예들도 데려왔다. 오디세우스의 충직한 돼지치기인 에우마이오스는 바로 그렇게 실려 온 노예였다. 에우마이오스의 아버지는 시칠리아 너머 시리에의 왕이었다. 그는 시돈 출신의 노예 소녀들을 거느렸다. 사악한 타포스의 해적들이 납치해서 넘긴 여자들이었다. 어느 날 시리에에 페니키아 배가 이러저러한 물건들을 싣고 왔는데, 선원 한 명이 이 시돈 처녀 하나와 사랑에 빠졌다. 선원은 처녀의 이야기를 듣고, 자기와 함께 돌아가자고 제안했다. 처녀의 부모가 살아 있고 또 매우 부자라는 사실을 알아챘던 것이다. 처녀는 당연히 그러자 했고, 한 술 더 떠서 자기가 맡은 똑똑한 꼬마, 곧 왕의 아들을 함께 데려가자고 했다. 이 꼬마를 비싼 값에 팔려는 의도였다. 페니키아 선원은 좋다고 했다. 페니키아 배는 일 년을 꼬박 시리에에 머물면서 자기들이 가져온 사치품을 팔고 다른 상품들을 배에 실었다. 소, 가죽, 금속 원석, 포도주가 시리에의 일반적인 수출품이었다. 그 사악한 페니키아 선원은 떠나갈 준비가 다 되자 호박 목걸이를 팔러 온 척하면서 왕의 집에 들어갔다. 왕비와 여자들이 목걸이를 구경하고 값을 흥정하는 동안 시돈 출신의 노예 처녀는 소년을 데리고 어두운 골목길로 빠져나갔다. 그들이 바다로 떠난 뒤 그 사실이 알려졌다. 시돈 처녀에게는 정의의 징벌이 내려졌다. 처녀는 선창 밑바닥으로 떨어졌고, 끌어올려 보니 이미 죽은 뒤였다. 시체는 바다에 버려졌다. 배는 이타카로 항해했고, 소년은 오디세우스의 아버지 라에르테스에게 팔렸다. 라에르테스와 안티클레이아는 제자식인 양 소년을 키웠고, 소년이 장성하자 튜닉과 멋진 외투를 입히고 농장의 관리인으로 삼았다. 이 이야기는 암흑기에만 국한된 일이 아니었다. 해안을 경비하고 바다를 통제할 만큼 강력한 국가가 없던 시대에는 지중해 무역에 언제나 이런 측면이 존재했다.

당시 국제교역은 페니키아인이 장악했고, 지중해 일부에서는 기원전 3세기 말에 이르기까지도 페니키아인이 무역을 지배했다. 카르타고는 페니키아(phoenicia)의 식민시—여기에서 '포에니 전쟁(페니키아 전쟁—옮긴이)'이라는 이름이 유래했다—였고, 카르타고인은 시칠리아 서쪽 끝, 지브롤터 해협, 피레네 산맥 동쪽 끝을 잇는 삼각 지대에서 그리스 상인들을 몰아냈다. 그러나—다시 이른 시기로 돌아오면—그리스인은 일찍부터 연안무역에 참여했다. 헤시오도스는 그의 작품 『노동과 날들』에서 일 년 중 항해를 시작해도 좋은 때와 또 그만둬야 할 때를 가르쳐준다. 단 기어이 바다로 나갈 만큼 어리석은, 혹은 탐욕스러운 사람에게만 해당하는 충고였다. 헤시오도스가 생각하기에 항해를 하고 무역으로 돈을 버는 삶은 '자연스럽지 않은' 일이었다. 헤시오도스는 농부였고 자연의 규칙적 주기와 느린 진행에 익숙했다. 든든한 재산은 자연에서 짜내야 했다. 장사로 재산을 만드는 일은 불안정한 직업이었고, 당연히 온갖 종류의 위험이 뒤따랐다. 모진 바다에서 물러나라. 이것이 헤시오도스의 충고였다. 그러나 더 오래된 서사시인 『오디세이아』에는 분명 그리스 도시인데 잘 정비된 항구를 보유한 모습이 나타난다.

우리 도시는 높은 방벽으로 둘러싸였습니다. 방벽의 각 면에는 훌륭한 항구가 자리 잡았고 좁은 둑길을 통해 그 항구들로 길이 연결되었습니다. 여기에서 뱃머리가 휘어진 배들을 길가로 끌어올립니다. 배의 선주들은 모두 자기만의 선착장이 있습니다. 여기에 사람들의 만남의 장소가 마련되었습니다. 멋진 포세이돈 신전의 양쪽에 기초를 깊이 파고 돌들을 쌓아 만들었습니다. 여기에서 선원들은 검은 배의 장비를 갖추고, 밧줄을 준비하고, 돛을 마련하고, 노를 가다듬습니다. 파이아케스인에게는 활과 화살집은 아무 쓸모가 없습니다. 그들은 돛대와 노 그리고 거센 파도로 흰 거품이 이는 바다를 건너가는 멋진 항해술에 열정을 쏟아 붓습니다.[12]

호메로스는 분명히 위와 같은 그리스 도시를 목격했다. 그러나 그런 도시가 그리 많지 않았거나 아니면 호메로스가 이 도시를 자세하게 묘사할 가치가 없다고 생각했거나, 항해의 기술이―적어도 파이아케스인의 기술이―사람들에게 그다지 매혹적이지 않으리라 생각한 듯하다. 호메로스는 어떤 부분에서는 "그들은 먼 바다로 이끌어 주는 쾌속선을 굳게 믿는다. 포세이돈이 이들을 뱃사람 민족으로 만들었고 그들의 배는 나는 새만큼 빠르기 때문이다"라고 쓰며, 또 어떤 부분에서는 왕의 입을 통해 이렇게 말하기도 한다. "파이아케스인에게는 키잡이도 없고 다른 배들에 있는 노잡이도 없다. 우리 배는 선원들의 생각과 의도를 본능적으로 알아챈다. 우리 배는 모든 도시와 비옥한 땅을 알며, 안개와 구름이 자욱할 때에도 손상을 입을까 두려워하지 않고 파선은 생각도 하지 않으면서 한없이 넓은 바다를 쏜살같이 나아간다."

호메로스는 이오니아 그리스인이었다. 이오니아의 한 도시가 배를 건조하고 운항하는 기술에서 다른 도시들을 앞질러 한 단계 높은 수준에 도달하여 다른 이들의 경탄을 자아냈다고 가정해 본다면 너무 평범한 생각일까? 『오디세이아』는 바다로 가득하며, 그리스의 위대한 식민 시대가 눈앞에 와 있었다. 그러나 모진 풍파를 겪은 농부인 헤시오도스도 만나야 한다. 매년 해야 할 일과 충고를 담은 그의 달력을 보면, "꼭 바다에 나가야 한다면, 6월 말에서 9월 사이에 나가라. 그렇더라도 당신은 바보짓을 하는 것이다"라고 말한다. 이것은 그리스인이 하나가 아니라 여러 종류였으며, 이들에 대한 일반화는 위험하다는 점을 되새기게 한다.

4장 그리스 정신의 정수 『일리아스』
-그리스인은 호메로스가 있어 행운이었다

유럽 최초의 그리고 가장 위대한 시인을 위해서는 마땅히 한 장(章)을 따로 마련해야 한다. 호메로스라는 인물 자체 때문이기도 하지만—우리는 호메로스에게서 그리스 예술을 특징짓는 모든 자질들을 발견한다—호메로스의 시들이 수많은 세대의 그리스인에게 막대한 영향을 주었기 때문이기도 하다.

나는 유명한 '호메로스의 난제(難題)', 즉 호메로스는 누구이며 『일리아스』와 『오디세이아』에서 호메로스가 쓴 부분은 얼마나 되는가 하는 질문에 대해서는 가능한 말을 아끼려 한다. 호메로스에 관한 그리스의 전승들이 얼마나 모호한지는 한 가지 사실만 보아도 쉽게 드러난다. 초기의 이오니아 작가인 헬라니코스는 호메로스를 기원전 12세기 사람이라 했고, 헤로도토스는 기원전 9세기, 즉 "나의 시대로부터 400년 전 그리고 그보다 더 오래되지는 않았다"고 했다. 따져보면 헤로도토스가 분명 옳다. 헬라니코스는 그 시인이 트로이 전쟁을 그토록 생생하게 묘사했으니, 직접 그 전쟁을 목격했을 것이라고 믿어 의심치 않았다. 그러나 정작 중요한 질문은 '호메로스가 누구냐?'가 아니라 '그가 어떤 사람이었는가?'라는 물음이다. 『일리아스』와 『오디세이아』는 그리스인의 성서로 불렸다. 이 두 시들은 수백 년 동안 공식적인 학교 교육과 일반 시민의 문화생활을 통틀어 그리스 교육의 기본이었다. 전문가들이 도시마다 돌아다니며 설명을 덧붙여 호메로스의 시를 읊는 낭송회를 열었다. 플라톤은 『이온』에서 이런 전문가 한 사람을 생생하게 그리고 다소 심술궂게 묘사한다. "이온이여, 놀랍구먼. 자네는 떠돌아다니며 가는 곳마다 많은 사람들을 끌어 모으고, 사람들이 자네의 입술만 멍하니 보게 만드는군. 그리고 자네는 가장 화려한 옷을 입는구먼." 이 성서가 다른 성서로 교체되기 전까지, 사람들은 도덕이나 행위에 대해 문제를 제기하려면 자연스럽게 호메로스를 인용했다. 호메로스는 마치 『둠즈데이 북』처럼 외교 협상에서 영토에 대한 소유권을 주장하는 근거로 인용되기도 했다. 일종의 '원리주의', 즉 호메로스는 모든 지혜와 모든 지식이 담긴 성소(聖所)라는 생각이 자라났다. 플라톤은 이것을 비웃었다. 플라톤은 작품 속에서 이온을 통해 이렇게 주장하게 했다. 즉 이온이 호메로스 전문가이므로 모든 일에도 전문가이다. 그러므로 도시에서는 그를 장군으로 세워도 좋다. 왜냐? 당연히 이온은 호메로스에게서 장군직을 수행하는 능력도 배웠을 터이기 때문이다. 이와 같은 논리를 펴게 했다. 진지하게 바라본다면, 호메로스는 여러 세대에 걸쳐 그리스인의 정신과 상상력을 사로잡고 또 살찌웠다. 여기에는 예술가, 사상가뿐 아니라 평범한 보통 사람들도 모두 포함된다. 화가와 시인은 호메로스에게서 영감과 구체적인 주제를 찾았다. 아이스킬로스는 자신의 작품을 겸손하게도 "호메로스 잔칫상의 빵 한 조각"이라 묘사했다고 한다. 유럽의 극예술에서 아이스킬로스보다 위대한 인물은 찾기 힘든데 말이다. 마지막으로, 그리스인은 내부적으로는 분쟁과 증오심에 의해 분열되었으나, 그리스 언어와 더불어 호메로스라는 공동의 유산은 대부분의 그리스인에게 자신들이 하나의 민족이라는 확신을 심어주었다. 우리는 반드시 호메로스에 대해 알아야 한다. 그는 최초의 확실한 유럽인이며, 이미 말했듯이 암흑의 시대 한가운데에 갑자기 번쩍이며 솟아오른 불꽃이다.

『일리아스』의 첫 부분으로 호메로스를 소개해 보자. 아래에 『일리아스』가 시작되는 장엄한 장면을 평범한 산문으로 옮겼다. 그리스의 보통 사람들은 이 장면을 거의 외우다시피 했다. 페리클레스나 알렉산드로스 같은 행동파들도 그랬다. 시인, 조각가, 화가, 철학자, 과학자들도 마찬가지였다. 농촌의 지주나 수공업자들도 어릴 때부터 마음속에 새겨 넣었다.

성스러운 무사이여, 펠레우스의 아들 아킬레우스의 파멸적인 분노를 노래하라. 이로써 오만 가지 슬픔이 그리스인에게 도달했으며, 용맹한 영웅들의 영혼이 무수히 망자의 세계로 떨어졌고, 그 남은 시체는 개와 새에게 먹혔도다. 그리고 제우스의 의지는 성취되었다. 인간의 왕인 아가멤논과 위대한 아킬레우스의 첫 다툼부터 노래를 시작하라.
이들을 적으로 만든 것은 어느 신의 작품인가? 제우스와 레토의 아들 아폴론이다. 그가 왕에게 분노하여 군대에 악한 역병을 보냈고 병사들은 죽어갔다. 아폴론의 신관이 아트레우스의 아들에게 모욕을 당했기 때문이다. 그 신관은 자기 딸을 몸값을 주고 되찾기 위해 아카이아인들의 빠른 배를 방문했다. 그는 딸을 돌려받기 위해 막대한 돈을 가지고 왔다. 그는 손에 아폴론의 화관이 달린 황금 지팡이를 들고 왔다. 그리고 아카이아인 모두에게 그리고 누구보다도 지휘관인 아트레우스의 두 아들에게 호소했다.
"아트레우스의 아드님들이여, 그리고 여러분 중무장한 아카이아인들이여, 올림포스에 사시는 신들께서 여러분들이 프리아모스의 도시를 약탈하고 승리하여 귀환하게 하시기를 기원합니다. 그저 제 딸아이만 풀어주십시오. 이것을 그 대가로 받으십시오. 그리고 제우스의 아들, 멀리서 화살을 쏘는 아폴론에게 여러분의 존경심을 보여주십시오."
그러자 아카이아인 모두가 소리쳤다. "옳다! 이 신관을 존중하고 그가 가져온 눈부신 선물들을 받아들이자." 그러나 아가멤논은 달랐다. 아가멤논은 불쾌했고, 콧방귀를 끼며 크리세스를 내쫓았다. 그리고 험악하게 말했다. "이봐, 앞으로 절대로 네가 우리의 너른 배들 옆을 어슬렁거리는 꼴을 내게 보이지 않도록 해. 그러지 않으면 너의 성스러운 홀(笏)도 화관도 너를 보호해 주지 못할 것이야. 나는 너의 딸을 풀어주지 않겠다. 그보다는 네 딸이 고향에서 멀리 떨어진 내 집에서 늙은이가 되는 일이 더 빨리 임할 것이야. 그녀는 베틀에서 일하다가 잠자리에 들 것이다. 썩 꺼져라! 그리고 다시는 말대꾸하지 마라. 그러지 않으면 성한 몸으로 돌아갈 수 없을 것이야." 아가멤논이 이렇게 말하자 늙은이는 겁에 질려서 그대로 따랐다. 노인은 철썩거리는 해변을 슬픔에 젖어 걸어갔다.

유럽 최초의 문학작품은 이렇게 시작되었다. 우리는 잠시 후에 이 작품을 더 깊이 살펴볼 것이다. 지금은 번역을 멈추고 한 가지 핵심적인 문제를 먼저 살펴보자. 호메로스가 주제에 단도직입적으로 달려든다는 점은 호메로스 비평학에서 언제나 상식으로 통한다. 호라티우스의 말을 빌리면 *in medias res*(사건의 중심으로—옮긴이)다. 이것은 보통 호메로스의 문학적 천재성을 드러내주는 증표로 생각되었다. 물론 그렇다. 그러나 더 깊이 생각해 보면 어떨까. 호메로스는 트로이 전쟁과 10년 동안의 모든 일에 대해 길고 산만한 서사시 한 편을 쓰지 않고, 오직 하나의 국면을 이야기하는 데 만족했다. 형태감이 작품을 지배했기 때문에, 호메로스는 트로이 성의 함락을 다루지 않고도 서사시와 자신의 주제를 완성할 수 있었다. 이런 사실들은 물론 중요하다. 그러나 훨씬 더 중요한 사실이 있다. 거의 본능에 가까운 '형태의 지배'는 분명 중요하다. 그러나 이것의 기원은 더욱 중요하다. 이것은 결코 순진한 영감이 아니며 또 단순한 '예술적' 우수성도 아니기 때문이다. 이것의 기원은 보다 깊은 어딘가에 있다. 즉 어떤 정신적 습관이며, 이것이 바로 호메로스뿐 아니라 헬레네스의 특징이다. 가령 호메로스는 주제를 제한시켜 놓고도 여전히 준역사적인 방식으로 다룰 수도 있었을 것이며, 그렇게 해서도 찬란하고, 빼어나고, 멋진 시를 썼을 것이다. 그러나 그렇게 지은 작품은 본질상 보고서 혹은 설명문이다. 호메로스는 그렇게 하지 않았다. 그리고 고전기 그리스의 시인들 역시 누구도 그렇게 하지 않았다.[13] 호메로스는 『일리아스』에서 전쟁의 일부를 묘사하려 하지 않았다. 인생의 이런저런 측면들에 대한 감상들로 서술 장면들을 채색하려 하지도 않았다. 오히려 시인은 자신이 선택한 '주제', 즉 전쟁의 한 국면을 마치 원재료처럼 사용했다. 그리고 그것을 자신이 고안해 낸 완전히 새로운 구조 속에 통합해 넣었다. 호메로스는 전쟁에 대해 쓰려 하지도 않았고, 심지어 전쟁의 일부에 대해 쓰려 하지도 않았다. 그는 오직 첫 다섯 소절에서 분명하게 드러낸 자신의 테마에 대해서만 썼다. 이 시를 만들어 낸 것은 전쟁과 같은 외적 요소가 아니었다. 두 인간 사이의 분쟁이 수많은 사람들에게 고난과 죽음과 불명예를 안겨준다는 비극적 개념이 이 시를 탄생시켰다.[14] 그리하여 '제우스의 계획은 성취되었다.' 이것은 무슨 뜻일까? 이 모든 것이 제우스만의 불가사의한 어떤 이유 때문에 특별히 계획되었다는 뜻인가? 오히려 그 반대다. 즉 이것은 보편적인 섭리의 일부분이라는 뜻이다. 고립된 하나의 사건이 아니라 사물의 본질 자체에서 비롯된 것이다. 특수한 것이 아니라 보편적인 것이라는 말이다. 호메로스가 전쟁의 단상 중 이 사건을 묵상하다가 이런 개념을 얻었는지, 아니면 삶의 경험을 통해 이런 개념을 얻은 후 그가 본 것을 아킬레우스 이야기를 통해 표현하려고 했는지는 알 수 없다. 중요한 점은, 이러저러한 원인이 이러저러한 결과를 낳았다는 것이 그의 주제라는 사실이다. 그리고 『일리아스』가 서사시적인 광대함과 후대인의 첨가에도 불구하고 본질적 통일성을 획득하는 이유는 문학적인 재간 덕분만이 아니라 바로 이렇게 확실한 주제의식 때문이다.[15] 그러므로 잠시만 현학적으로 말한다면, 호메로스가 앞선 9년간의 전쟁을 무시하고 바로 자신의 주제로 뛰어들었다는 말은 엄밀한 의미에서 틀린 이야기다. 오히려 반대로 호메로스는 자신이 택한 주제의 가장 처음부터 시작했다. 호메로스는 매우 분명하게 그렇게 말한다.

한 번의 다툼 때문에 수천 명의 용사들이 살육되고 불명예를 입었다. 이 다툼이 왜 일어났는지를 보지 않는다면 호메로스의 개념을 매우 불완전하게 이해하게 될 것이다. 우리는 앞서 신관 크리세스가 해안을 따라 걸으며 슬퍼하는 모습을 두고 왔다. 그 크리세스가 지금은 아폴론에게 복수해 달라고 기도한다.

그래서 그는 기도했고 포이보스 아폴론은 그의 기도를 들었다. 아폴론은 올림포스 꼭대기에서 내려왔다. 마음 깊이 분노했고 어깨에는 활과 꽉 닫은 활통을 메었다. 아폴론이 움직이자 활들이 어깨에서 덜거덕거렸고, 그만큼 그는 화가 났다. 그는 밤처럼 왔다. 그리고는 함대와 멀찍이 앉아서 화살 하나를 날렸다. 은으로 만든 그의 활은 끔찍한 소리를 냈다. 아폴론은 먼저 짐 싣는 짐승들과 날랜 개들을 쏘았다. 그 후 고통을 안겨주는 화살을 인간들에게 계속 쏘았다. 사람들은 죽은 자를 태우기 위해 수많은 장작더미에 불을 놓았다.

신의 화살은 9일 동안 군대를 덮쳤다. 열흘째 되는 날, 위대한 아킬레우스가 사람들을 불러 모았다. 팔이 흰 여신 헤라가 그의 마음에 이런 생각을 불어넣었다. 헤라는 그리스인이 죽어가는 모습을 보며 마음이 아팠다.

그들이 모두 한 자리에 모이자, 날랜 발을 가진 아킬레우스가 일어나서 말했다. "아트레우스의 아들이여, 이제 내 생각에 우리는―만약 죽음을 모면한다면―집으로 다시 쫓겨나게 될 것 같습니다. 우리 아카이아인은 전쟁과 역병으로 궁지에 몰렸기 때문입니다. 자, 이제 점술가나 신관이나 혹은 해몽가―꿈을 보내는 이는 제우스이기에―를 불러 포이보스 아폴론이 왜 이렇게 화가 났는지를 알아봅시다. 우리가 맹세를 어겼거나 제사를 게을리 하였을지도 모르지 않겠습니까. 어쩌면 아폴론께서 양을 태운 연기와 염소 재물을 받고 우리를 역병에서 건져 주실지도 모릅니다."

아킬레우스는 이렇게 말하고 자리에 앉았다. 사람들 중 칼카스가 일어났다. 그는 가장 뛰어난 점술가로서 무슨 일이 있었는지, 장차 어찌될 것인지, 그 전에는 무슨 일이 있었는지를 다 아는 사람이었다. 칼카스는 또 포이보스 아폴론이 내려준 비밀스런 지식으로 아카이아의 배들을 일리온으로 인도한 사람이다. 그가 선한 의도를 가지고 말하기 시작했다.

"제우스의 사랑을 받는 아킬레우스여, 당신은 나에게 멀리서 쏘는 아폴론, 그분의 분노를 설명하라고 요구하였소. 그러므로 내가 말하리다. 그러나 한 가지를 약속해 주어야 하겠소. 말과 행동으로 신속하게 나를 돕겠다고 맹세해 주어야 하오. 내 생각에 누군가 화를 낼 것인데, 그 누군가는 모든 아르고스인을 좌지우지하는 사람이며 아카이아인도 그의 말에 순종하기 때문이라오. 왕이 가난한 사람에게 화를 내면, 가난한 자에게 왕은 너무나 버거운 존재가 되오. 설사 그가 오늘은 분노를 삼킨다 해도, 마음에 계속 분을 품고 언젠가는 그것을 터뜨릴 것이오. 나를 도와줄 것이라면 말해 주시오."

아킬레우스는 칼카스를 보호하겠다고 약속했다. 그가 언급한 군주가 바로 아가멤논이라 할지라도 말이다. 그래서 칼카스는 아가멤논이 신관을 모욕했기에 아폴론이 화가 났다고 선언했다. 그리고 역병은 그 소녀가 귀환하기 전에는 멈추지 않을 것이며, 반드시 소 떼를 제물로 바쳐야 한다고 말했다.

그는 그렇게 말하고 자리에 앉았다. 그러자 아트레우스의 아들, 넓은 영역을 다스리는 영웅 아가멤논이 일어섰다. 그의 검은 가슴에는 커다란 분노가 가득했고, 두 눈은 불길처럼 번뜩였다. 그는 먼저 칼카스에게 악의에 찬 눈길을 보내며 이야기했다. "사악한 점술가여, 너는 단 한 번도 좋은 것을 말하지 않는구나. 너는 항상 악한 일을 예언하기를 즐거워하지. 좋은 일이라고는 말한 적도 행한 적도 없지. 그러니 이제, 너는 그리스인에게 신의 의중에 대해 말하는데, 멀리 쏘는 이가 그들에게 이 악한 일을 가져온 것이 나 때문이라고 하는구나. 내가 크리세스의 딸을 내 집에 데려가고 싶어서 그녀를 번쩍이는 재물들과 맞바꾸지 않은 것이 문제라고 말이야. 나는 아내인 클리타임네스트라보다 그녀가 더 나아 보인다.

클리타임네스트라는 얼굴이나 몸매나 재치나 손재주 모두 그녀보다 못해. 그러나 비록 그렇다 해도 나는 필요하다면 그녀를 돌려보낼 것이다. 나는 군대를 죽게 내버려두지 않고 살리겠다. 그러나 나의 용맹에 대해서는 무언가 다른 보상을 받아야겠다. 내가 전리품을 챙기지 못한 유일한 아르고스인이 될 수는 없지. 그건 꼴사나운 일이야. 여러분 모두 보다시피 나는 내 상을 이제 잃어버렸소."

그러자 빨리 달리는 위대한 아킬레우스가 대답했다. "아트레우스의 이름 높은 아들, 모든 인간 중에 가장 탐욕스러운 이여, 용맹한 아카이아인이 당신에게 어떻게 상을 주겠소? 당장은 공동의 재산이 하나도 없음을 우리가

다 아오. 도시들에서 약탈한 전리품들은 모두 나누어 가졌소. 군인들에게서 이것들을 다시 돌려받는다면 올바른 일이 아니오. 그러나 당신은 신을 위해 이 소녀를 포기해야 하오. 만약 제우스께서 강력한 트로이 성을 약탈할 기회를 주신다면 우리 아카이아인은 당신에게 3배, 4배로 갚아 주겠소."

강력한 아가멤논이 아킬레우스에게 대답했다. "신과 같은 아킬레우스여, 네가 비록 위대한 전사이기는 하나 이처럼 나를 속일 생각은 하지 마라. 너는 나를 이용해 먹지도 못하고 내 동의를 얻어내지도 못한다. 너의 상을 지키려고 나를 여기에 앉혀둔 채 내 상을 빼앗아 가려 하느냐? 너는 내게 그 소녀를 돌려주라고 요구하느냐? 그러면 강인한 가슴을 가진 아카이아인이 내 마음을 즐겁게 할 만한, 이 소녀를 대신할 만한 상을 내게 주도록 하여라. 그들이 내게 주지 않는다면 나도 내 것을 챙겨야겠다. 네가 가진 것이든, 아이아스의 상이든, 아니면 오디세우스의 것이라도 말이다. 내가 가서 가져오겠다. 내가 선택한 사람은 원한다면 내게 화를 내도 좋다. 그러나 이 문제는 다음번에 생각하자. 지금은 검은 배 한 척을 큰 바다에 띄울 것이다. 노잡이들을 부르고 배에 소들을 싣자. 그리고 뱃전에는 아름다운 크리세이스를 태워라. 그리고 권위 있는 누군가가 지휘를 하게 하자. 아이아스나 이도메네우스나 위대한 오디세우스나 아니면 펠레우스의 아들, 가장 두려운 남자인 바로 너라도 좋다. 가서 멀리 쏘는 이에게 제사를 드려 그를 달래고 오도록 하여라."

발이 빠른 아킬레우스는 인상을 쓰며 말했다. "처음부터 끝까지 탐욕스럽고 수치스러운 줄도 모르는구려! 선량한 마음을 가진 아카이아인이 어찌 당신의 명령을 따라 행군하며 전투에서 싸우겠소? 내가 이곳에 와 싸우는 이유는 트로이인 때문이 아니요. 나는 그들과 아무런 문제가 없소. 그들은 내 소나 말을 쫓아낸 적도 없고, 프티아에 있는 나의 기름진 밭에서 곡물을 약탈한 적도 없소. 그들과 나 사이에는 수많은 높은 산들과 넓고 파도치는 바다가 놓여 있기 때문이오. 아니, 우리는 당신을, 양심도 없는 당신을 따랐고, 트로이인에게서 메넬라오스와 당신의 영광을 얻어 주려고 하고 있소. 이 불한당 같은 사람아! 당신은 도무지 이런 생각은 해 보지도 않는 것 같소. 그리고 이제는 내 상을 빼앗아 가겠다고 협박하고 있소. 나는 그 상을 얻으려 피땀을 흘렸고, 아카이아인의 아들들이 그것을 내게 주었소. 아카이아인이 방어가 굳건한 도시들을 약탈했을 때, 내가 얻은 상은 당신에 비하면 새 발의 피 같으오. 세상에. 치열한 전쟁 속에서 내 오른팔은 당신의 팔보다 더 큰 일을 했소만 막상 몫을 나눌 때가 되면 당신의 상이 가장 컸소. 나는 전투에 지친 몸을 끌고 얼마 되지 않는 몫을 챙겨 내 배로 돌아가곤 했소. 그러나 이제 나는 프티아로 떠나겠소. 뱃머리가 날렵한 내 배로 집에 돌아가는 편이 훨씬 더 낫지! 나는 당신을 위해 전리품과 재물을 쌓아 올리고서 경멸을 당할 생각은 추호도 없소."

인간의 왕 아가멤논이 대답했다. "가고 싶다면 언제든 도망가려무나. 나를 위해 남아달라고 애원하지는 않겠다. 나에게 존경을 바칠 이는 여기에도 많지. 무엇보다도 제우스께서 모든 일을 계획하신다. 나는 제우스께서 키우신 모든 왕들 중에 너를 가장 경멸한다. 너는 도무지 투쟁과 전투와 전쟁에는 마음을 두지 않아. 너는 신들이 선물한 강력한 힘을 가진 사람이 아니더냐? 너의 배와 병사들을 이끌고 집에 돌아가라. 네 앞잡이들이나 다스리려무나. 나에게 너는 아무것도 아니야. 너의 분노를 나는 경멸한다. 그러나 이것만은 말해두지. 포이보스 아폴론이 나에게서 크리세이스를 앗아가려 한다. 그녀를 내 배에 태워 내 병사들과 함께 보내줄 것이다. 그러나 나는 몸소 너의 장막으로 찾아가 너의 상, 사랑스런 브리세이스를 데려오겠다. 그리하여 너는 내가 너보다 얼마나 높으신 몸인지를 알게 될 것이며, 그 누구도 나에게

도전할 생각을 품지 못할 것이다."

아가멤논은 이렇게 말했다. 아킬레우스는 이것을 도저히 참을 수 없었다. 털이 많은 가슴 속에서 그의 마음은 두 갈래로 나뉘었다. 옆구리에 찬 날선 칼을 빼들어 모든 이들을 내보내고 아트레우스의 아들을 죽여 버릴까, 아니면 분노를 그치고 마음을 진정시킬까. 아킬레우스는 이런 생각을 하면서 칼집에서 커다란 칼을 빼내기 시작했다. 그러나 아테나가 하늘에서 내려왔다. 하얀 팔을 가진 여신 헤라가 보냈다. 두 여신은 모두 아킬레우스를 사랑하고 아꼈다. 아테나는 아킬레우스의 뒤에 서서, 펠레우스의 아들의 갈색 머리를 잡고는 그에게만 몸을 드러냈다. 다른 이들은 그녀를 볼 수 없었다. 아킬레우스는 깜짝 놀랐고, 그의 눈동자는 뜨겁게 타올랐다. 그는 아테나에게 이런 멋진 말로 인사했다. "아이기스를 가진 제우스의 따님이시여, 왜 오셨습니까? 아트레우스의 아들 아가멤논의 사악한 거만함을 보러 오셨습니까? 제가 분명히 말씀드리죠. 언젠가 그의 넘치는 오만함은 자기 생명을 앗아갈 것입니다."

아테나가 아킬레우스에게 말했다. 번역을 줄이기 위해 요약하자면, 그녀는 분노를 가라앉히라고 말해주러 왔다. 언젠가 이 모욕의 대가로 아가멤논이 지금 빼앗아 가는 것의 3배, 4배를 아킬레우스가 받게 되리라는 말이었다.

아킬레우스는 잠깐 생각해 보고는 당연히 순종했다. "그러는 편이 낫겠군요." 아테나는 올림포스로 돌아갔고, 아킬레우스는 아가멤논에게 분노를 쏟아냈다. 그의 말은 이렇게 시작했다. "주정뱅이여, 사슴 가슴에 개 얼굴을 한 자여,······"

지금까지 길게 번역을 한 데는 몇 가지 이유가 있다. 먼저, 나중에 참고할 본문을 마련해 놓기 위해서다. 둘째, 독자에게 호메로스의 서사시가 얼마나 생동감 넘치는지를 조금이나마 보여주기 위해서다. 우리는 그리스 예술이 지적인 특징을 가진다는 이야기를 했고, 또 앞으로도 이야기할 것이다. 그러므로 독자에게 이 말이 그리스 예술이 추상적이라는 뜻도, 무미건조하다는 뜻도 결코 아님을 강력하게 보여주어야 한다. 이 다툼은 너무나 생생하게 드러나기에, 헬라니코스가 호메로스를 트로이 전쟁의 동시대인이라고 생각한 것도 무리가 아니다. 호메로스 스스로가 말하듯이, 이 부분은 장차 그리스인에게 그토록 큰 고통을 안겨줄 한 사건—두 사람의 다툼—을 설명하는 예술적 기능을 수행한다. 호메로스는 이것을 '제우스의 계획'이라 불렀고, 우리는 이것을 필연적인 결말이라고 부르기도 한다. 원인은 아가멤논의 '사악한 거만함'과 '아킬레우스의 그치지 않는 분노'였다. 꽤나 간단명료하다.

그러나 호메로스가 보여주는 것은 서로 충돌하는 두 개의 추상적 성격들이 아니다. 우리는 두 사람이 거칠게 다투는 모습을 본다. 이보다 더 '사실적'일 수 없고 이보다 덜 추상적일 수 없다. 일상의 삶에서도 늘 그렇듯이 양쪽 다 할 말이 많다. 다만 두 사람 다 너무 지나쳤을 뿐이다. 다툼이 큰 불길로 타오른 이유는 당사자들이 하필이면 그 두 사람이었기 때문이다. 한순간에 벌어진 일이었다. 그러나 '그것은 용감한 많은 영웅들의 영혼을 죽은 자들의 세계로 보내 버리고, 남은 시체는 개와 새들에게 먹히게 했다. 그리하여 제우스의 계획은 성취되었다.'

이것은 오직 그리스인만의 전유물은 아니지만 전형적인 그리스 방식이다. 그것은 순간적으로 벌어진 사건을 날카롭게 바라보는 능력, 그리고 동시에 그것이 드러내 보이는 보편적 법칙을 이해하는 능력이다. 전 우주의 큰 틀이 하나의 사건 속에 나타난다. 그러면서도 이 사건에 대해서는 빈틈없이 가장 뛰어난 보고서 역할도 한다. 호메로스는 일반적인 교훈을 말함으로써 자신이 그린 그림의 날카로움을 무디게 하지 않았다. 그가 의도하는 일반화는 이미 전체 구조의 설계도 속에서 모두 이루어졌다.

한 가지만 더 이야기하자. 위에 번역한 부분에는 고전기 그리스의 모든 예술작품과 마찬가지로 배경을 무시한다는 점이 두드러진다. 트로이의 높이 솟은 성벽도 보이지 않고, 멀리서 철썩거리는 스카만드로스 강도 보이지 않는다. 이 그리스인의 총회가 어디에서 열렸는지도 모른다. 장막에서인지, 언덕에서인지, 아니면 함대가 정박한 해안가에서였는지 전혀 알려주지 않는다. 그리스의 토기 회화에서와 같이, 모든 관심은 오직 인간의 모습에 집중되었다. 그리스 비극에서도 마찬가지다. 셰익스피어 식의 천둥번개와 폭풍은 전혀 없다. 혹 등장인물이 주변 풍경을 이야기한다 해도, 그것은 자신이 동료들과 단절되었음을 강조할 뿐이다. 그리스인이 자연에 대해서는 감각이 무디어서 그렇게 내버려 두었다고 말할 수 있다면 차라리 마음 편할 것이다. 그러나 그렇지 않다. 호메로스만을 두고 이야기해 보자. 자연에 무딘 사람이 그토록 풍성하게 자연에 대한 직유법을 구사하지는 못한다. 그것도 그토록 세부사항까지 정확하게 말이다. 동물들, 새들, 바다, 하늘, 폭풍들, 그리고 멀리 중세 필사본의 삽화를 떠올리게 하는 작은 묘사들이 가득하다. 그리스인이 자연의 아름다움과 다양성을 잘 인식했다는 점에 대해서는 그 어떤 의문도 없다. 게다가 자연적 배경만 무시한 게 아니다. 이미 보았듯이, 『일리아스』는 상황이 벌어지는 장소가 어디인지에 대해서는 아무런 실마리도 주지 않은 채 시작한다. 트로이의 영역 어딘가라는 점은 분명하다. 그러나 정확히 어디인가? 호메로스는 우리에게 그것을 알려주는 일에는 별로 관심이 없다. 그는 또 현대의 작가라면 결코 생략하지 않을 배경들 역시 알려주지 않는다. 그 장면에서 수동적인 역할을 하는 인물들, 즉 다른 그리스 지도자들과 군대에 대해서는 필수적인 인물들을 제외하면 아무것도 설명하지 않는다.

그러나 현대의 독자들은 기대했던 배경을 얻지 못할 뿐 아니라 첫눈에 이해할 수 없는 어떤 배경을 발견한다. 그것은 신들의 활동이다. 트로이의 성벽은 볼 수 없어도 올림포스에서 열리는 회의, 그리고 전투 혹은—우리가 위에서 본 것처럼—논쟁에 끼어드는 개별 신들이 보인다. 등장인물들은 마치 변덕스럽고 무책임한 신들이 벌인 체스판의 말처럼 이리저리 움직이는 듯하다. 그러나 이것은 호메로스가 심혈을 기울여 그려내고자 하는, 자율적이고 책임 있는 인간 행위자의 모습이 아니다. 아가멤논이나 아킬레우스 같은 사람들은 진정 성숙한 남성들이며 성숙한 방식으로 취급된다. 호메로스가 그리는 삶의 모습에서는 원시적인 야만성이 너무나 자주 나타나기에 이러한 성숙한 어른스러움은 때때로 불협화음에 가깝게 느껴진다. 그럼에도 이 모든 것이 어린애 장난 같은 신들의 조작과 함께 진행된다. 위에서 본 부분에서도 아테나가 올림포스에서 내려와 아킬레우스의 머리칼을 낚아채고 나서는 좋은 충고랍시고 한마디 한다. 후대의 비극에서도—비록 훨씬 덜 기괴한 방식이긴 하지만—마찬가지다. 신들은 신탁과 꿈과 그 외 여러 가지를 이용하여 인간의 행위를 통제하고 지시한다. 해당 인간들이 완벽하게 독립적이고 책임감 있는 인물들로 제시될 때조차 그러하다.

배경에 대한 문제는 이렇듯 난이도가 높다. 비록 여기가 그리스 종교에 대한 논문을 쓸 자리는 아니지만, 그것에 대해 약간의 설명을 하는 편이 독자를 위해 좋겠다. 물론 호메로스에게는 조직적인 신학체계가 없었다. 사실 체계적 사고는 아직 존재하지도 않았다. 게다가 호메로스는 전통적인 형식 안에서 작업했다. 호메로스 이전에도 서사시 작가들은 많았다. 그래서 전통적인 것과 새로운 것이 나란히 나타난다. 어떤 곳에서 제우스는 그리스인이 벌을 받아야 한다고 결정했다. 그래서 트로이인은 그리스인을 함대 바로 앞까지 몰아붙였다. 다른 곳에서는 신이나 여신이 혼란스러운 전투 한가운데 내려와서, 총애하는 인물을 심각한 위험에서 구해낸다. 이것은 제우스의 바람에 반대되는 일이다. 이와 대조적으로 『오디세이아』의 첫 부분에서는 제우스가 이렇게 말한다. "인간이란 얼마나 어리석은가! 그들이 신들을 비난한다면 얼마나 부당한 일인가! 그들은 운명에 의해 고난을 받는다. 그러나 인간들은 어리석은 행동으로 운명에 정해진 것보다 더 많은 고난을 자기 머리 위에 쌓아올린다. 그리고는 신들을 비난한다." 현대적인 말로 풀자면 이렇다. 삶이란 어떻든 힘겹다. 그러나 필요 이상으로 삶이 힘겨운 까닭은 바로 우리 자신의 죄와 실수 때문이다. 이 진지한 철학적 지혜는 다른 부분에서 나오는 신의 변덕스러움과는 쉽게 융화되지 않는다. 아레스와 아프로디테의 이야기에서 보이는 유쾌한 불경스러움과는 더더욱 융화되지 않는다.

이 모두는 우리를 당황스럽게 한다. 오래된 것과 새로운 것이 비체계적으로 혼합되었다고 보면 상당 부분이 설명된다. 나머지에 대해서는, 신이라는 존재는 사물, 특히 비정상적인 어떤 것들이 발생하는 원인을 설명하려는 초창기의 시도라고 생각한다면 해답이 나온다. 앞 장에서 살펴보았듯이, 대장장이의 기술은 일반인의 능력을 넘어섰다. 그것은 평범하지 않기에 신에게서 유래했다. 그러면 반드시 불의 신이 있어야 한다. 위에서 살펴본 『일리아스』의 일부분에서도 아킬레우스는 보통사람을 능가하는 힘을 가졌고, 아가멤논은 이를 어떤 신의 선물이라고 말한다. 이러한 설명은 매우 철학적인 추론을 담았다. 그 힘만 믿고 까불면 안 된다. 신이 준 것은 언제든 신이 앗아갈 수 있다. 여기에서도 아킬레우스의 마음속에서는 분노와 현명한 절제라는 두 가지 힘이 다퉜다. 우리라면, '초인적인 자기 절제력을 발휘해……' 라고 말하겠지만, 그리스인은 '어떤 신의 도움으로……' 라고 말했다. 그리고 그리스의 시인이나 토기 화가들은 아테나가 육체를 입고 나타나 아킬레우스에게 조언하는 모습을 그려낸다. 우리의 방식과 그리스인의 방식에는 큰 차이가 없다. 아킬레우스가 신에게서 힘을 얻었다거나 아테나의 조언으로 현명한 결정을 내렸다거나 하는 사실들은 아킬레우스의 위대함을 조금도 떨어뜨리지 않는다. 신은 보통사람에게 호의를 베푸는 법이 없고, 신이 호의를 베푸는 인간은 보통사람이 아니다. 신들이 갑자기 약골 하나를 선택해 힘을 베푼다고 생각해서는 안 된다. 신들은 그런 식으로 행동하지 않는다.

그리스 서사시뿐 아니라 고전기 그리스 예술 대부분에서 바로 이것이 인간들과 사건들의 배경을 이룬다. 물론 이것은 고전기 이후에는 예쁘장한 신화적 장식품으로 퇴화했다. 그러나 이것은 로마를 사로잡았고 18세기를 열광시켰다. 그 결과 현대의 독자들은 호메로스나 그 이후의 그리스 고전을 직접 읽고 이해하기 전에 먼저 웨지우드 도자기니 하는 여러 장식품들을 눈앞에서 치워야 한다. 그러나 그리스인에게는 이러한 배경이 단순한 장식이 아니었다. 이것은 일종의 '눈'이었는데, 공간을 바라보는 눈이 아니라 의미를 바라보는 관점이었다. 이 관점 덕분에 우리는 개별 행위가 고립되거나 우연적이거나 독특한 사건이 아님을 안다. 즉 그것이 우주에 대한 도덕적이고 철학적인 큰 틀과 관련되었음을 본다. 다시 말하건대 호메로스는 의식적으로 이 틀을 설명하지는 않는다. 그에게는 완결된 철학 체계가 결코 없었다. 그럼에도 불구하고 호메로스는 사물들에 통일성이 있다고 보았고, 사건들에는 원인과 결과가 있다고 생각했고, 어떤 도덕 법칙이 존재한다고 믿었다. 바로 이러한 틀에 개별 행위들이 끼워 맞춰진다. 서사시에서 신이라는 배경은 궁극적으로는 개별 행위들이 특수하면서 동시에 보편적임을 의미한다.

그리스인이 천 년 동안 청소년 교육과 성인들의 오락 및 훈련을 위해 호메로스에 의지한 까닭은 단순히 존경스런 유물이나 애국적 역사 소설이나 흥미진진한 옛날이야기에 빠졌기 때문이 아니라, 그 서사시들이 그리스 문명의 본질을 이루는 모든 특성들을 보유했기 때문이다. 우리는 이미 일부분을 상세히 살펴보았다. 독자 여러분은 서사시 전체를 탄탄하게 구성하는 본능적인 지적 능력을 보았을 것이다. 전체를 관통하는 본질적인 진지함도 보았을 것이다. 사물을 바라보는 호메로스의 날카로운 눈도, 우리의 눈길을 인도하는 생동감 넘치는 표현과 잘 짜인 질서도 보았을 것이다. 그러나 호메로스와 그의 위대한 계승자들은 우리가 아직 말하지 않은 또 하나의 특성을 가졌다. 이 특성은 지성과 도덕적 진지함에 대한 이야기에서 결코 빠져서는 안 된다. 그것은 바로 인간성이다. 여기에 대해서는 호메로스 스스로 설명하도록 해 보자. 어쨌든 나보다는 그가 더 나은 작가니까.

트로이 성벽 밑의 평야에서 전투가 한창이었다. 그리스의 영웅 디오메데스는 트로이 병사들을 마구 짓밟았다. 참다 못한 헥토르는 전장을 떠나 성 안으로 들어갔다. 이 무시무시한 인간을 대적해서 싸우는 데 여인들의 기도로 아테나 여신의 도움을 구하기 위함이었다. 헥토르는 스카이아 문을 들어서자마자 전투에 나간 병사들 때문에 마음을 졸이던 아내들과 딸들에게 둘러싸였다. '그러나 그는 그들 모두에게 신에게 기도할 것을 요구했다. 그리고 많은 이들에게 슬픈 소식을 전했다.' 헥토르는 자기 아버지, 프리아모스 왕의 궁전으로 나아갔다. 왕비 헤카베가 그를 보고 진실로 영웅적인 말을 건넸다. "아들아 왜 사나운 전장을 떠나 여기에 왔느냐? 저주받을 아카이아인이 우리를 내리누르고 있지 않느냐. 아마 제우스에게 기도드릴 생각으로 온 모양이구나. 잠시 기다리거라. 내가 달콤한 포도주를 가져다가 먼저 제우스께 잔을 바치도록 해 주마. 그 뒤에 너도 마시거라. 포도주는 지친 자에게 힘을 주는 법, 너는 동료들을 지켜주다가 지쳤구나."

그러나 헥토르는 거절했다. "포도주를 마시면 제 의무를 망각할는지 모릅니다. 그리고 피 묻은 제 손으로는 거룩한 잔을 바치지 못합니다." 헥토르는 아테나 여신에게 왕궁에서 가장 아름다운 외투를 바치도록 어머니에게 요청했고, 헤카베는 그렇게 했다. 호메로스는 그녀가 어디에서 그 외투를 입수했는지 말해준다. 그것을 가져온 사람은 시돈의 페니키아 상인들이었다. 헥토르는 파리스를 보고는 엄히 말해 전장으로 돌려보냈다. 파리스는 부상을 입은 이후로 헬레나와 다정한 시간을 보내고 있었다. "땅이 그놈을 삼켜 버리기를." 헥토르의 말이었다. 헥토르는 헬레나를 보았다. 그녀는 심하게 자책하며 말했다. "여기 와서 잠깐 앉으세요. 제가 뻔뻔했고 파리스가 어리석었던 탓에 무거운 짐이 그 누구보다도 바로 당신의 어깨에 놓였군요." 그러나 헥토르는 머무르지 않았다. 전투 중인 동료들이 그를 필요로 했고 그가 돌아오기를 학수고대했기 때문이다. 헥토르는 말했다. "그럼 나는 집으로 가서 하인들과 사랑하는 아내와 내 어린 아들을 만나야겠소. 내가 다시 돌아와 그들을 볼 수 있을지 알 수 없고, 신들께서 지금이라도 나를 아카이아인의 손에 넘길는지도 모르오."

그러나 안드로마케는 집에 없었다. 그녀는 트로이군이 밀린다는 소식을 듣고 크게 근심되어 상황을 보려고 미친 듯이 성벽으로 달려 나갔다. 유모가 아들을 데리고 뒤따랐다. 성벽에서 헥토르는 아내를 만났다. 안드로마케는 헥토르의 손을 잡고 말했다.

오! 헥토르 님. 당신은 강하기 때문에 파멸하는군요. 당신의 어린 아들과 이제 곧 과부가 될 불쌍한 당신의 아내는 돌아보지도 않으시는군요. 아카이아 인이 이제 곧 당신을 덮쳐 죽이겠죠. 당신을 잃으니 저는 차라리 죽는 게 나아요. 내 슬픔밖에는 나를 위로할 자가 없겠죠. 내게는 아버지도 어머니도 없어요. 아버지 에에티온은 아킬레우스에게 살해되었지요. 그러나 (여기에서는 약간의 긍지가 묻어난다) 아킬레우스는 아버지의 무기를 가지려 하지 않았어요. 무기들은 아버지와 함께 매장되었죠. 집에는 남자 형제가 일곱이 있었는데, 발이 빠른 아킬레우스가 모두 죽여 버렸어요. 플라코스의 왕비였던 제 어머니는 아버지의 집에서 죽었죠. 헥토르 당신은 제게 아버지이고 어머니이며 형제며 그리고 제 자랑스러운 남편이에요. 저를 불쌍히 여겨 주세요! 이 성벽에 머물러 주세요. 당신 아들이 고아가 되고 제가 과부가 되게 버려두지 마세요.

그녀는 지적인 여인이었고 또 눈물 사이로 사태를 지켜보았기에 이렇게 말한다. "그리고 그리스인이 공격하는 무화과나무들 옆에 병사들을 배치하세요." 빛나는 투구를 쓴 헥토르는 그녀의 말에 이렇게 대답했다. "여인이여, 내 그리하리다. 그러나 내가 겁쟁이처럼 전장을 벗어난다면 트로이 병사들과 여인들에게 너무나 부끄러울 것이오. 내 가슴속에 겁쟁이란 없다오. 나는 언제나 용맹하도록 배웠고 트로이 병사들의 가장 앞줄에서 싸우도록 배웠소. 내 아버지와 나 자신의 위대한 영광을 위하여 말이오. 거룩한 성 트로이가 무너지고 프리아모스 왕과 그의 부유한 백성들이 쓰러지는 날이 임박

했음을 나는 잘 아오. 그러나 내가 슬퍼하는 까닭은 트로이인이나 헤카베 때문도 아니요, 프리아모스 왕이나 적에 의해 쓰러져 먼지에 뒹굴게 될 고귀한 형제들 때문도 아니라, 청동갑옷을 입은 아카이아인이 눈물에 잠긴 당신을 데려가고 당신에게서 자유로운 나날을 빼앗아 갈 것이기 때문이오. 그러면 당신은 아르고스에 살며 다른 여인의 베틀에서 일하고 메세네나 히페리아의 여인을 위해 물을 길어 나르며 당신의 뜻과 달리 고생하며 살겠지. 당신은 심한 강요에 눌릴 것이오. 그때 울고 있는 당신을 보고 어떤 남자는 말하겠지. '이는 헥토르의 아내가 아닌가. 그는 일리온에서 전쟁이 벌어졌을 때 말을 잘 길들이는 트로이인들 중에서도 전투에서 가장 고귀한 자였지.' 그들은 그렇게 말할 것이오. 그러면 당신의 슬픔은 더욱 새로워지겠지. 그와 같은 남편을 잃은 채 노예생활과 싸워야 하니 말이오. 그러나 당신의 울부짖음을 듣기 전에, 그리고 당신에게 폭압이 가해지는 꼴을 보기 전에 나는 차라리 죽어 내 무덤에 흙이 높이 덮이기를 바라오."

빛나는 헥토르는 이렇게 말했다. 그리고 손을 뻗어 아들을 안았다. 그러나 아이는 소리 지르며 포대기를 두른 유모의 가슴 안으로 움츠러들었다. 아기는 사랑하는 아버지를 보자 겁에 질렸다. 청동갑옷에 놀랐고, 투구 꼭대기에 휘날리는 말총모양의 투구장식이 무시무시했기 때문이다. 아기의 아버지는 크게 웃었고, 부인도 웃었다. 빛나는 헥토르는 즉시 투구를 벗어 땅에 두고, 사랑하는 아들에게 입 맞추며 품에 안아 얼렀다. 그리고 제우스와 다른 신들에게 기도했다. "제우스와 여러 신들이시여, 나의 이 아들이 나와 같이 트로이인 중에 가장 영광스러운 자가 되게 하시고, 강한 남자가 되게 하시고, 일리온을 크게 다스리게 하소서. 그리고 그가 전쟁에서 돌아올 때면 사람들이 '그는 그의 아버지보다 훨씬 뛰어나다'라고 말하게 하소서. 그가 적을 죽이고 적의 무기를 빼앗게 하시고 그의 어머니가 그로 인해 기뻐하게 하소서."

위에 인용한 부분은 호메로스의 영웅들의 영혼 깊은 곳을 보여준다. 영웅으로 하여금 영웅적 행위를 하게 하는 원동력은 우리가 생각하는 의무감, 곧 타인에 대한 의무감이 아니라 바로 자신에 대한 의무감이다. 영웅이 추구하는 대상을 우리는 '덕(virtue)'이라 번역하곤 하지만, 그리스 원어로는 '아레테(arete)'로서 '탁월함'이라는 뜻이다. 아가멤논과 아킬레우스가 다툰 이유는 단순하게 소녀 한 명 때문이 아니었다. 당사자의 '아레테'를 공적으로 인정해 주는 표시인 '상'이 중요했다. 이 '아레테'에 대해서는 앞으로 할 이야기가 많다. '아레테'는 그리스인의 삶을 관통하기 때문이다.

위의 장면은―어쨌든 그리스어로는―매우 난해하다. 어느 정도냐면, 이 부분을 외우다시피 하는 학자 역시 사본들의 차이점들을 상세히 설명하고, 단어들의 미묘한 뜻 차이를 정확하게 해설하고, 복잡한 문법 사항들을 다 풀어 설명한 뒤에도 여전히 스스로는 자신의 번역을 신뢰하지 못한다. 게다가 『일리아스』에는 이런 종류의 본문이 하나만 있는 것이 아니다. 시간을 초월한 이러한 인간미가 대단한 장면들에만 나타나는 것도 아니다. 아무렇게나 한두 부분만 다루어 보아도 이 점은 분명해진다. 다음의 짤막한 대목을 살펴보자.[16]

디오메데스는 죽어 누운 그들을 버려두었다. 그리고 늙은 해몽가 에우리다마스의 아들들인 아바스와 폴리이도스를 찾아 나섰다. 디오메데스는 매몰차게 그들을 죽였다. 그리고 디오메데스는 파이놉스의 아들들인 크산토스와 토온을 쫓아갔다. 파이놉스는 너무 오래 산 탓에 험한 꼴을 보았다. 유산을 물려줄 아들들이 모두 사라져 버렸다. 디오메데스가 아들 둘을 모두 죽이고 그들에게서 달콤한 생기를 앗아갔기 때문이다. 아들들은 전투에서 살아 돌아오지 못했고, 타인들이 그들 몫의 유산을 나누어 가졌다.

조금 뒷부분에서 디오메데스를 노래하는 구절을 살펴보자.[17] 젊은 영웅 글라우코스는 디오메데스가 트로이 병사들을 마구 짓밟는 모습을 보고 맞서 싸울 결심을 했다. 디오메데스는—기사들의 방식대로—그의 이름을 물었다. "나는 남자에게 영예를 안겨주는 전투에서 이전에는 당신을 눈여겨보지 않았기에…… 그리고 당신은 내 긴 창 앞에 그렇게 서 있는 것으로 보아 그 누구보다 용기가 뛰어나군요." 그리고 중요한 부분이 나온다. 디오메데스가 만약 "내 힘에 저항하는 자들의 운명이 가련하도다!"라고 말했다면 자연스럽다. 그러나 그는 "내 힘에 저항하는 자들의 아비들의 운명이 가련하도다!"라고 말했다. 전투 장면들은 마치 즐거운 듯이 묘사된다. 그리고 그 순간의 영웅은 폭풍처럼 자기 앞길을 몰아쳐 나가고, 살육된 자들의 긴 명단을 뒤에 남긴다. 무시무시한 창이 패배한 전사의 몸 어디를 뚫고 들어갔는지 정확하게 묘사되고, 들어간 창이 어디로 다시 튀어나왔는지도 자주 언급된다. 정복자는 평생을 따라다닐 명예를 쌓아 올린다. 그러나 호메로스는 인간의 삶을 더 넓게 생각했다. 호메로스는 다른 사람의 명예 때문에 눈물을 흘리는 사람들을 결코 잊지 않았다.

『일리아스』를 비극작품이라고 설명한다면 잘못이다. 왜냐하면 이 작품은 (그리스적인 것들이 대개 그러하듯이) 작가가 의도한 바, 곧 서사시 특유의 여유로움과 거대함을 모두 갖춘 한 편의 '서사시'를 정확하게 이루어냈기 때문이다. 그렇지만 이 작품은 극도로 비극적이며, 이 점에서도 역시 철저하게 그리스적이다. 그리스인의 사고(思考)는 버릇처럼 비극을 지향하기 때문이다. 이러한 특성마저 '모든 것을 포괄하는 호메로스'라는 말로 설명하려 하기 전에, 원인이나 설명이 아닌 몇 가지 사항들을 먼저 지적하겠다. 첫 번째로, 그리스인은 기질상 비극을 선호했지만, 인생을 가련하다고 여기지는 않았다. 방금 전에 보았듯이 호메로스는 전투 장면을 즐기며 묘사했다. 또 호메로스는 전투 외에 다른 모든 장면들 역시 열정적으로 그렸다. 호메로스는 모든 일들에 커다란 흥미를 보였다. 오디세우스가 배를 만드는 장면이라든지, 영웅들이 장막에서 만족스러운 식사를 준비하고 먹는 장면이라든지, 혹은 식사 후에 노래를 즐기는 모습이라든지, 모든 것을 흥미롭게 바라보았다. 인생은 눈물 골짜기며 만사가 헛되다는 식의 생각을 즐긴 그리스인은 거의 없었다. 그리스인은 육체적, 정신적, 감정적인 온갖 활동에 대해 누구보다 섬세한 취향을 가졌다. 그리스인은 일하기를 좋아했고, 또 사태의 추이를 지켜보는 것도 좋아했다. 호메로스의 작품 어디를 펼쳐보더라도 이에 대한 증거가 발견된다. 비극이 저변에 흐르지만, 인생이 가치 없다는 느낌은 결코 아니다. 비극적 감수성이지 우울증은 아니다.

비극에 대한 선호를 희극에 대한 경멸이라고 생각할 필요 또한 없다. 『일리아스』에는 희극적 요소가 드물다. 또한 후대의 아티카 무대에서는 비극작품에 희극적 장면이 거의 없다. 그러나 우리는 이미 『오디세이아』에 나오는 희극적인 이야기 한 편을 살펴보았다. 그리고 아티카의 무대에서도 아이스킬로스와 함께 아리스토파네스가 있었듯이, 서사시 중에도 해학적인 작품들이 있었음을 잊어서는 안 된다. (남아 있는 작품 중에는 『개구리들과 쥐들의 전투』가 있다.) 그리스인의 사고를 압박하고 있는 비극에 대한 강박관념은 우울함과는 전혀 관계가 없다. 그리스인은 인생을 사랑했고 또 웃음을 사랑했다. 내 생각에 이것은 우리가 호메로스를 읽으며 깊이 생각하게 되는 두 가지 위대한 자질, 즉 높은 지성과 인간미의 산물이다. 내가 지금껏 애써 설명했듯이, 그리스인은 지성 덕분에 인간이 맞추어 살아가야 할 위대한 틀에 대해 누구보다 잘 알았다. 호메로스는 이 틀을 신들의 의지와 활동이라 부르기도 했고 때로는 신들조차도 굴복해야만 하는 우울한 '숙명'이라 부르기도 했다. 행위에는 결과가 따르는 법이다. 잘못된 판단으로 취한 행동은 반드시 안 좋은 결과를 낳는다. 그리스인에게 신들은 꼭 호의적이지만은 않았다. 신들은 기분이 상하면 인정사정없이 몰아쳤다. 아킬레우스가 마음이 무너진 프리아모스에게 말했듯이, 신들은 은총 하나에 슬픔 두 개씩을 준다. 인간의 상황에 대한 이러한 분명한 인식은 사후에 더 나은 세상으로 가리라는 밝은 희망이나 진보에 대한 믿음에 의해 희석되지 않았다. 사후 세계에 대해 말하자면, 호메로스의 작품에 등장하는 그리스인은 하데스의 삶이 어둡고 공허하다고 생각했다. 아킬레우스는 이렇게 말했다. "하데스에서 왕 노릇 하느니, 차라리 이 세상에서 노예가 되리라." 불멸성에 대한 진정한 소망은 단 하나뿐이었다. 곧 자신의 명성이 노래 속에 살아남기를 바랐다. 진보에 대한 믿음이란 불가능했다. 신들의 본성은 변하지 않으며, 인간의 본성이 변할 수 있다는 생각은 아직 오랜 세월 동안 그 누구도 해 보지 않은 발상이었다. 혹시 진보가 이루어진다 해도, 신들은 여전히 은총 하나에 슬픔 둘을 내린다. 삶은 본질적 측면에서 변함이 없다.

그리스인은 결코 환상에 빠지지 않는 사람들, 메마른 종교를 발전시켰고 자포자기식의 숙명론을 낳은 사람들로 보이기도 한다. 그러나 여기에는 지독할 정도로 삶을 즐기며 인간의 업적과 인간의 개성에 환희를 느끼는 모습이 결합되었다. 인간은 신들 앞에서 아무것도 아니기에 자신이 신이 아님을 언제나 되새겨야 한다는 사고, 또 인간이 신과 같이 될 수 있다는 생각은 불경스럽다고 보는 사고는 그리스인과는 전혀 관계가 없었다. 그리스 정신이 르네상스 이탈리아를 도취시키기 전까지는 인간성에 대한 이와 같이 탁월한 자신감은 유럽에서 결코 나타나지 않는다. (다만 그리스인은 본능적인 종교적 사고방식으로 인해 다소 조심했으나, 르네상스 이탈리아는 그것에조차 얽매이지 않았다.)

『일리아스』와 그리스 문학 대부분에서 울려 나오는 비극적인 가락은 이 두 힘, 즉 삶에 대한 열정적인 기쁨과 변화시킬 수 없는 삶의 큰 틀에 대한 분명한 인식 사이의 긴장에 의해 만들어졌다.

> 인생이란 나뭇잎의 생애와 같다. 바람이 나뭇잎들을 땅바닥에 흩뜨린다. 정력적인 숲은 새로운 나무들을 만들어 내고, 그것들은 봄철이 되면 자라난다. 인간도 금세 한 세대가 오고, 이전 세대는 사라진다.

이러한 생각과 심상은 호메로스만의 특징이 아니었다. 그러나 호메로스에게는 특유의 통렬함이 있고, 이것은 문맥에서 기인한다. 히브리인도 위와 유사한 장엄한 문구를 남겼으나, 거기에는 호메로스와 같은 통렬함이 없다.

> 인생은 그 날이 풀과 같으며 그 영화가 들의 꽃과 같도다
> 그것은 바람이 지나가면 없어지나니 그 있던 자리도 다시 알지 못하거니와
> (시편 103편 15~16절―옮긴이)

위의 가락은 비애와 체념이다. 인간은 신에 비교하면 풀보다 나을

바 없다. 그러나 호메로스가 그리는 그림은 영웅들의 투쟁과 성취라는 문맥으로 인해 매우 다른 색채를 띤다. 인간은 독특한 존재다. 그러나 아무리 성품이 고귀하고 다양한 방면에서 뛰어나다 해도, 지천으로 깔린 이름 없는 나뭇잎들과 똑같은 법칙에 복종해야 한다. 낭만적인 항의를 해도 소용없다. 우리가 어떻게 우리 존재의 제1법칙에 항의하겠는가? 그러나 체념하여 받아들여도 문제다. 중국인들에게 개인이란 단지 조상이 될 준비를 하고 있는 존재일 뿐이다. 숲 속의 나무에 달린 잎사귀 하나와 다를 바 없다. 이러한 항의나 체념 대신 비극의 정신은 열정적인 긴장이다.

호메로스의 작품, 특히 『일리아스』에서 수많은 사례들을 인용할 수 있겠지만 다음의 하나면 충분하다. 이 사례가 다른 관점에서 그것을 설명해 준다. 여기서 한 가지 사실이 가장 전형적으로 인생의 유한성, 아니 인생의 모순들을 보여준다. 그것은 가장 가치 있는 것을 얻으려면 종종 인생 자체를 [목숨을] 걸어야 한다는 사실이다. 영웅은 오직 동료들을 슬픔에 빠뜨리는 죽음을 통해서만 자신의 용기를 증명하고 영광을 얻는다. 아름다운 외모는 위험과 죽음을 벗 삼는다. 아래 장면은 트로이 성벽에서 벌어지는 치열한 싸움에 대한 묘사의 일부분이다. 프리아모스와 여러 장로들이 성벽에서 싸움을 바라보고 있었다.

그리하여 트로이의 지도자들은 탑 위에 앉았다. 그들은 헬레네가 탑으로 오는 것을 보고 서로 귓속말을 주고받았다. "트로이인과 무장을 갖춘 아카이아인이 이토록 오랫동안, 이토록 고통스럽게 어려움을 겪었지만, 그것도 여신처럼 사랑스러운 이런 여인을 위해서라면 별로 부끄러운 일이 아니겠구려. 그러나 그녀가 아무리 아름답다 해도 그녀를 배에 태워 보냅시다. 우리와 우리 자손들에게 슬픔을 남기지 않도록 말이오." 그들은 이런 말들을 했다. 그러나 프리아모스는 헬레네를 불렀다. "이리 와서 내 옆에 앉으려무나. 귀여운 아가야. 와서 네 남편이었던 자와 동료요 친구였던 자들을 보려무나. 나는 너를 비난할 수가 없단다. 이 일을 일으키고 우리에게 전쟁과 슬픔을 가져다 준 이는 신들이니까."

'그것은 신들이 한 일이다.' 격언 따위를 읊으며 책임을 대충 얼버무리려는 말이 아니라, 이와 같은 일들은 인간 운명의 일부분이라는 인식을 드러내는 말이다. 아름다운 외모는 영광과 마찬가지로 추구할 대상이다. 다만 그 대가는 눈물과 파괴다. 트로이 전쟁 설화 전체의 가장 핵심은 바로 이러한 사고방식이 아닐까? 트로이 전쟁의 영웅이자 그리스 전사의 완성형인 아킬레우스는 바로 이러한 선택을 하도록 신들의 요구를 받았다. 신들은 그에게 평범하게 살되 장수하는 삶과, 영광을 누리되 요절하는 삶 중에 하나를 제안했다. 누군지 몰라도 이 신화를 처음 만들어 낸 사람은 여기에서 그리스적 사고의 본질뿐 아니라 그리스 역사의 본질마저도 표현해 내었다.

지금껏 『일리아스』에 대해 무척 길게 이야기했다. 『일리아스』가 그리스 정신의 정수를 많이 포함했기 때문이기도 하고, 또 그리스인이 수세기 동안 교육의 기본으로 삼았던 작품이 어떤 것인지를 보여주고 싶었기 때문이기도 하다. 그러다 보니 『오디세이아』가 희생되었다. 그러나 『오디세이아』 역시 교육의 일부분이었고, 『일리아스』는 여러 측면에서 『오디세이아』가 있어야 비로소 완성된다. 롱기누스(217~273, 그리스 수사학자—옮긴이)는 『오디세이아』를 열정이 아니라 인물을 노래한 시라고 했다. 모험과 신기한 이야기들에 대한 그리스인의 사랑으로 가득한 시다.『일리아스』와 마찬가지로, 구닥다리 이야기들로 가득한 부대자루가 아니라 지적이며 예술적인 하나의 통일체를 이루어 낸 시다. 하나의 중심 사상 때문에 필연적으로 통일성을 가진다.『오디세이아』의 중심 사상은 궁극적인 정의의 실현에 대한 믿음이다. 한 시인이 이 두 시를 모두 썼는가? 아니면 한 시인이 둘 중 한 편만 썼는가? 그리고 그 시인 혹은 시인들은 언제 살았는가? 이것이 바로 학자들이 한 세기 반 동안 논쟁해 온 '호메로스 난제(難題)'다. 그리고 독자들은 내가 이 문제를 여기에서 해결하리라 기대하지 않을 것이다. 후대의 그리스인은 트로이 전쟁을 소재로 하는 서사시 일군(一群)을 알았다. 그중 빼어나게 뛰어난 시 두 편이 있었고, 이들은 호메로스의 작품으로 알려졌다. 이 시들에 붙은 호메로스의 이름은 현대에 이르기까지 아무런 의심 없이 받아들여졌다. 그러나 현대에 자세히 살펴본 결과, 두 편의 서사시 사이에 그리고 각 서사시 내의 여러 부분들 사이에 사실과 문체와 어법에서 여러 종류의 불일치가 발견되었다. 이렇게 되자 학자들은 즉각 이 두 시 모두를, 그리고 특히 『일리아스』를 세밀하고 명확하게 조각조각으로 나누었다. 비평가들은 부분들을 시대별로 나누고, 그것을 '층'이라고 불렀다. 이 비평가들은 때로는 예술 창조와 지질학적인 현상을 제대로 구분하지 못했다. 다른 인종들의 서사시에 대한 연구들과, 시인들이 전통적인 매개물을 만들어 내는 방법에 대한 연구들 덕분에, 두 서사시 각각의 실제적 단일성에 대한 신뢰가 크게 회복되었다. 다시 말해, 오늘날 우리가 물려받은 두 편의 시 각각은, 한 명의 첫 '호메로스'가 짤막하게 써 놓은 시에 후대의 시인들이 다소 난잡하게 덧붙여서 만들어 낸 작품이 아니라, 비교적 늦은 시기의 '호메로스'가 많은 전통적인 자료들을 가지고 작업하고 통합해서 구상해 낸 단일한 시다. 다만 현재의『일리아스』에는 분명 '호메로스'가

고안하지 않은 부분들이 어느 정도 들어 있기는 하다. 한 명의 시인이 두 시 모두를 썼는지에 대해서는 의견이 갈리며, 아마 앞으로도 언제나 그럴 것이다. 어조와 다루는 방식이 크게 다르다. 고대의 첫 비평가인 롱기누스는 이것을 관찰하고 한마디 했다. "『오디세이아』의 호메로스는 마치 지는 해 같아서, 위풍은 남아 있으나 그 강도는 약하다." 롱기누스에게는 태양이 하나였다. 그러나 호메로스의 시에 너무나 빠져들어서 번역을 할 정도였던 사람의 의견도 들어볼 만하다. 최근의 영국인 번역가 두 사람 중에 T. E. 로렌스는 두 시의 지은이가 같지 않다고 확신했고, 같을 가능성은 고려해 볼 가치도 없다고 생각했다. 그런데 다른 한 사람, E. V. 리외는 "호메로스를 읽은 독자들은 두 편의 시를 한 사람이 지었다고 확신할 것이다. 그것은 『존 왕』을 읽은 다음에 『당신 좋으실 대로』를 읽을 때의 느낌과 같다"라고 말했다.

 이 이야기는 이쯤 해 두자. '호메로스의 난제'는 학자들에게야 흥미진진하겠지만, 그 때문에 호메로스가 가려져서는 안 된다. 우리의 모든 개혁가들, 혁명가들, 입안자들, 정치가들, 인생 설계자들 모두가 그리스인처럼 어린 시절부터 호메로스에 푹 젖어 자랐다면 어땠을까 하고 생각해 보는 것은 헛된 일이기는 해도 흥미로운 상상이다. 만약 그랬다면, 집집마다 냉장고가 들어서는 (그리고 냉장고 둘 가진 집은 하나도 없게 되는) 날, 모두가 공공선(그것이 무엇이든지 간에)을 위해 일할 기회를 가지게 되는 날, 보통 사람(어떤 사람이든지 간에)이 형편이 피지는 않을지라도 승리를 거두는 날, 그 행복한 날에 사람들은 알게 되리라. 인간은 여전히 숲 속의 나뭇잎처럼 왔다가 가고, 여전히 인간은 약하고 신들은 강하며 예측 불가능하고, 인간의 성품이 업적보다 더 중요하다는 점을. 그리고 폭력과 무분별한 행동들은 여전히 재앙을 가져오고, 그 재앙은 범죄자에게뿐 아니라 무고한 자에게도 임한다는 사실을. 그리스인은 호메로스를 가졌기에 행운이었고, 호메로스를 활용했기에 현명했다.

5장 폴리스는 □이다

'폴리스'는 그리스어이고, 우리는 이 말을 '도시국가'라고 번역한다. 이것은 나쁜 번역이다. 전형적인 폴리스는 도시와 별로 비슷하지 않았고, 국가와는 정말 닮지 않았기 때문이다. 그러나 번역이란 정치와 마찬가지로 가능성의 예술이다. 우리에게는 그리스인이 '폴리스'라고 부르던 실체가 없기 때문에 맞아떨어지는 번역어가 없다. 지금부터는 오해를 일으키기 쉬운 '도시국가'라는 용어 대신 그리스어를 쓰기로 하겠다. 이번 장에서는 먼저 이 정치 체제가 어떻게 생겨났는지를 알아보고, 그 후에 '폴리스'라는 말을 재구성해 볼 것이며 또 폴리스가 움직이는 모습을 보면서 그 말의 진정한 의미를 복원하려 노력할 것이다. 아마 아주 긴 작업이 되겠지만, 그 과정 덕분에 우리는 그리스인과 더욱 친숙해질 수 있을 것이다. 폴리스가 무엇이며 그리스인에게 어떤 의미를 가졌는지에 대한 분명한 개념 없이는 그리스의 역사, 그리스의 정신, 그리스인의 성취를 제대로 이해할 수 없다.

그러면 첫째로 폴리스란 무엇인가?

『일리아스』에서 우리는 별로 낯설지 않은 정치 구조를 발견한다. 사람들은 취향에 따라 그것을 부족주의의 발전형 혹은 타락형이라고 부른다. 아킬레우스 같은 왕이 백성을 다스리고, 아가멤논과 같은 위대한 왕이 마치 봉건적 상위군주처럼 군림한다. 아가멤논은 공동의 이익이 걸린 중요한 문제에 대해서는 권리 혹은 관습에 의해 다른 왕들 혹은 족장들의 조언을 구해야 할 의무를 지녔다. 이들은 정기적으로 협의회를 열었고, 논의 과정에서는 권위의 상징인 홀(笏)이 일시적으로 발언자의 손에 들렸다. 이것은 동방식이 아니라 유럽식이다. 아가멤논은 신적인 무조건적 권위를 가지고 지배한 전제군주가 아니었다. 또 희미하게나마 민회가 존재해서 중요한 사안일 경우 조언을 했다는 증표도 보인다. 호메로스는 궁정시인이었지 결코 헌정사 연구자가 아니었기에 이에 대해서는 거의 말하지 않는다.

대략 위와 같은 모습이 정복 이전의 그리스에 대한 전승이다. 암흑기가 지나고 다시 장막이 걷혔을 때에는 풍경이 아주 달라졌다. 미케네에서 통치하는 '넓은 지역을 다스리는 아가멤논'은 사라졌다. 이도메네오스가 단독 왕으로 지배했었던 크레타에서는 50개 이상의 독립적 폴리스들이 발견된다. 하나의 국가 대신에 50개의 작은 '국가들'이 생겨난 셈이다. 크레타에서 벌어진 일이 그리스 전역에서, 혹은 최소한 그리스사에서 중요한 역할을 했던 지역들에서 그대로 벌어졌다. 이오니아, 여러 섬들, 아르카디아를 제외한 펠로폰네소스, 서부 지역을 제외한 그리스 중부, 그리고 그리스인이 정착한 이탈리아 남부와 시칠리아가 그런 지역들이다. 이 지역들은 모두 상당히 독립적이고 자율적인 엄청난 수의 정치 단위들로 쪼개졌다.

폴리스의 규모가 어느 정도인지를 알아야 한다. 현대의 독자가 플라톤의 『국가론』이나 아리스토텔레스의 『정치학』의 번역본을 집어 들었다 치자. 플라톤이 자신의 이상 도시의 시민 수를 5천 명으로 정하는 장면, 아리스토텔레스가 모든 시민들은 서로 얼굴을 알아볼 수 있어야 한다고 규정하는 장면을 읽고, 철학적 환상이라며 비웃을 것이다. 그러나 플라톤과 아리스토텔레스는 몽상가가 아니었다. 플라톤은 그리스의 일반적 기준에서 폴리스를 상상했다. 사실 플라톤은 실존했던 그리스 도시들 중

많은 수가 너무 작다고 생각했다. 시민 수가 5천 명이 되지 않는 폴리스가 많았다. 아리스토텔레스는 특유의 유쾌한 말투로—아리스토텔레스는 가끔 보스처럼 말한다—이렇게 이야기한다. 즉 시민 10명으로는 폴리스가 이루어지지 않는다. 자급자족이 불가능하기 때문이다. 그리고 10만 명짜리 폴리스는 말도 안 된다. 제대로 통치가 될 리 없기 때문이다. 이 '시민들'을 수천 명의 노예를 거느린 '지배계급'으로 보아서는 안 된다. 초기의 보통 그리스인은 농부였고, 노예를 소유했을 경우에도 스스로 일을 잘했다. 아리스토텔레스가 위에서 시민 10만 명을 언급했다. 시민 한 사람이 아내와 자녀 4명을 두었다고 보고, 거기에 상당수의 노예와 체류 외국인들을 더하면 거의 백만에 가까운 수가 나온다. 버밍엄 인구와 맞먹는다. 아리스토텔레스에게 버밍엄만큼 인구가 많은 독립 '국가'는 강의실에서나 통하는 농담에 불과했다. 철학자들에게서 실제적인 사람에게로 눈을 돌려 보자. 히포다마스는 피라이오스 항을 최신 미국 스타일로 설계한 사람이다. 그는 말하기를 이상적인 시민 수는 만 명이라고 했다. 이 말은 총인구가 10만 명 정도라는 뜻이다.

사실 시민 수가 2만 명이 넘는 폴리스는 시칠리아의 시라쿠사, 아크라가스(지르젠티)와 아테네, 이렇게 셋뿐이었다. 펠로폰네소스 전쟁 발발 당시, 아티카의 인구는 대략 35만 명이었을 텐데, 이 중 절반은 아테네인(남성, 여성, 아이들)이었고 체류 외국인이 10%, 나머지는 노예였다. 스파르타 즉 라케다이몬은 영토는 더 넓었으나 시민단 규모는 훨씬 작았다. 스파르타인은 메세니아를 정복하여 병합함으로써 3,200평방마일의 영토를 보유했다. 그리스의 기준에서 보면 이것은 엄청난 크기였다. 다리가 아주 튼튼한 사람도 이틀을 꼬박 걸어야 횡단할 수 있을 정도였다. 중요한 상업 도시인 코린토스의 영토는 330평방마일이었다. 헌팅

던셔(huntingdonshire)와 비슷한 크기다. 케오스 섬은 뷰트(Bute) 정도의 크기인데 4개의 폴리스로 나뉘어 있었다. 그래서 케오스(키클라데스 제도의 섬들 중 아티카와 가장 가까운 섬—옮긴이) 섬에는 군대와 정부가 4개씩 있었고, 아마 달력도 4개였을 것이며, 가능성은 다소 적지만 통화와 도량형도 4개였을 수도 있다. 역사시대의 미케네는 아가멤논의 도성이 잔뜩 움츠러들고 남은 유적지에 불과했으나, 여전히 독립을 유지했다. 미케네는 플라타이아 전투에서 페르시아에 대항하는 그리스의 대의를 돕기 위해 군대를 파견했다. 그 군대의 수는 80명이었다. 이것은 그리스 기준에서도 매우 적은 수였다. 그러나 이 군대가 합승하는 것을 두고 놀리거나 한 사람은 아무도 없었다.

이러한 기준들은 오늘날 우리에게는 낯설고 어렵다. 우리들이야 인구 천만 명짜리 국가를 작다고 하고, 너무 큰 탓에 약자로 불러야만 하는 USA니 USSR이니 하는 나라들에 익숙하다. 그러나 적응력을 발휘해서 그리스식 기준에 익숙해지기만 하면, 크기와 중요성을 혼동하는 천박한 실수는 저지르지 않게 된다. 현대의 학자인 나는 종종 '끝도 없이 서로 다투는 그 보잘 것 없는 국가들'이라는 멋들어진 경멸의 말을 들었다. 꽤 맞는 말이다. 플라타이아, 시키온, 아이기나와 여러 폴리스들은 현대 국가와 비교하면 보잘 것 없다. 목성에 비교하면 지구도 보잘 것 없다. 그러나 목성의 대기는 주로 암모니아로 되어 있다. 그것이 바로 중요한 점이다. 우리는 암모니아 공기에서 숨쉬기 싫어한다. 그리스인은 광대한 현대 국가라는 공기를 마시고 싶지 않을 것이다. 그리스인도 그런 국가 하나를 알았다. 바로 페르시아 제국이다. 그리스인은 페르시아 제국 같은 나라는 바르바로스에게나 어울린다고 생각했다. 크기의 차이도 그 차이가 너무 클 때에는 종류의 차이가 된다.

그러나 폴리스의 본성에 대해 다루기에 앞서, 어떤 이들은 도리스인 이전의 그리스는 비교적 넓은 형태였는데 어쩌다가 이토록 작은 조각들의 모자이크가 되어 버렸는지 궁금해 한다. 고전학자 역시 그것을 알고 싶어 한다. 그러나 기록이 전혀 남아 있지 않기에 우리는 다만 그럴듯한 이유를 찾을 뿐이다. 역사적, 지리적, 경제적 이유가 있다. 이 이유들을 차례로 살펴보고 나면, 가장 중요한 이유는 단순히 그리스인이 그런 식으로 살기를 더 원했기 때문이라는 결론에 이른다.

'도리스인의 도래'는 조직화된 민족이 다른 민족을 공격한 일이 아니다. 물론 침입자들은 느슨하기는 해도 나름의 조직을 갖췄다. 또 침입자들 중 일부—라케다이몬을 정복한 주력—는 분명 통일된 군사력을 보유했다. 그러나 나머지는 분명 소규모 노략꾼들이었다. 이들은 혼란의 와중에 이득을 보았고, 좋은 땅을 발견하면 차지했다. 이에 대한 증거로 우리는 여러 국가들에서 동일한 씨족 출신들을 발견할 수 있다. 예를 들어, 핀다로스는 테베의 시민이었고 아이기다이(전설의 영웅 아이게우스의 후손—옮긴이)라는 유서 깊은 가문의 일원이었다. 그러나 아이기나와 스파르타와 같이 완전히 독립된 다른 폴리스들에도 역시 아이기다이 가문이 있었고, 핀다로스는 그들을 친척이라 불렀다. 그러므로 이 씨족은 침입 과정에서 흩어진 것이다. 그리스 같은 나라에서는 이런 일은 매우 자연스럽게 일어났을 것이다.

너무나 불안정했던 그 시기에 산골짜기나 섬의 주민들은 당장에 자신들의 땅을 지키기 위해 싸워야만 했다. 그러므로 지역마다 방어 거점이 꼭 필요했다. 그것은 대개 평야 어딘가에 있는 방어에 용이한 언덕이었다. 이곳, 즉 '아크로폴리스(높은 도시)'는 요새화되었고, 왕은 바로 이곳에 거주했다. 이곳은 또 자연스럽게 민회 장소가 되었고, 종교 중심지가 되었다.

이렇게 해서 도시가 시작되었다. 이제 우리는 왜 도시가 성장했으며 왜 얼마 되지 않는 소수의 사람들이 독립적인 정치 단위로 남았는지, 그 이유를 설명해야 한다. 왜 성장했는지 하는 질문에는 답변이 쉽다. 먼저 경제가 자연스레 성장함에 따라 중심 시장이 필요하게 되었다. 우리는 이미 헤시오도스와 호메로스의 글에 암시되어 있는 경제체제가 '폐쇄적 가정 경제'임을 보았다. 토지는 크든 작든 필요한 거의 모든 재화를 생산해 주었고, 사람들은 토지에서 생산되지 않는 물품은 그냥 없이 지냈다. 세상이 안정되면서 보다 전문화된 경제가 가능하게 되었다. 더 많은 상품들이 판매를 위해 생산되었다. 그리하여 시장이 성장했다.

이쯤에서 그리스인의 습성이 고대와 현대를 막론하고 엄청나게 사교적임을 다시 상기시켜 보자. 영국의 농부는 자기 땅에 자기 집을 짓기 원하고, 꼭 필요할 때만 도시에 들른다. 조금이라도 여가가 생길라치면 집 안에서 문 밖을 내다보며 만족감을 누린다. 그리스인은 도시나 마을에서 살기를, 일하러 나가기를, 그리고 꽤 넉넉한 여가를 도시나 마을 광장에서 이야기하며 보내기를 좋아했다. 그래서 시장은 시장—도시가 되고, 자연스럽게 아크로폴리스 밑에 자리 잡았다. 이곳은 사람들의 공동 생활의 중심지가 되었다. 이곳이 얼마나 중요했는지는 잠시 뒤에 살펴보자.

그러나 왜 그런 도시들이 더 큰 단위를 형성하지 못했을까? 이것이 중요한 질문이다.

경제적인 측면에서 보자. 자연장벽 때문에 그리스에서는 재화의 이동이 극도로 어려웠다. 유일한 방법은 바닷길이었지만, 바다는 아직 그 누구도 안전을 장담하기 어려웠다. 게다가 이전에 이미 언급한 다양성 덕분에, 그리스인처럼 자기 생활에서 물질적 요구를 적게 하는 사람들에게는 좁은 지역도 자족하기에 넉넉했다. 이 두 사실은 한 가지 방향으로 흘렀다. 즉 그리스에서는 경제적 상호의존성이 결코 높지 않았고, 작은 공동체에서 살기 원하는 그리스인의 열망을 상쇄시킬 만큼 강한 지역 상호 간의 유인력이 전혀 없었다.

지리적인 면을 보자. 사람들은 종종 이러한 독립 폴리스 체제는 그리스라는 나라의 자연적 성격 때문에 부과되었다고 주장했다. 이 이론은 매력적이긴 하다. 특히 모든 현상을 장엄한 한 가지 설명으로 해결하기 원하는 사람들에게는 더욱 매력적이다. 그러나 사실과는 거리가 멀다. 물론 이 나라의 자연지리가 나름대로 한몫을 했다. 예를 들어, 폴리스 체제는 이집트 같은 나라에서는 존재하지 못한다. 이집트에서는 나라의 운명이 나일 강의 홍수를 어떻게 관리하느냐에 달렸고, 그래서 중앙 정부가 반드시 필요했다. 그러나 그리스만큼 잘게 나누어졌으면서도 폴리스 체제를 발전시킨 적이 없는 나라들도 여럿 있다. 스코틀랜드가 바로 그렇다. 반대로 그리스에는 코린토스와 시키온처럼, 서로 이웃하였고 또 둘 사이의 자연적 경계가 오늘날의 자전거 애호가들에게도 별다른 장애가 되지 않을 정도였음에도 불구하고 서로 완전히 독립된 상태로 남았던 폴리스들도 많았다. 게다가 그리스에서 결코 혹은 아주 후대까지 폴리스가 발전하지 않은 지역은 바로 가장 산악이 험난한 지역이었다. 아르카디아와 아이톨리아가 바로 그런 곳인데, 이곳에서는 스위스의 칸톤과 비슷한 체제를 취했다. 폴리스는 상대적으로 교통이 편리한 지역에서 발달했다. 자, 이러니 우리는 설명할 방법을 계속 찾아보아야겠다.

경제와 지리가 도움이 되기는 하지만, 진짜 설명은 그리스인의 성격에서 나타난다. 자신의 전지(全知)함에 대해 충분한 믿음을 가진 결정론

자라면 이것을 설명해 낼 수 있을 것이다. 이 문제를 다루려면 시간이 많이 걸리므로, 먼저 나아갈 길을 정리하는 뜻에서 중요한 역사적 요점 하나를 살펴보자. 20분도 버티기 힘들어 보이는, 이토록 상식을 벗어난 체제가 어떻게 그토록 오랫동안 지속되었을까?

역사에는 아이러니가 많고 가혹하다. 그러나 최소한 한 가지 사실만은 신들의 공로다. 그리스인은 인간 본성이 어느 수준까지, 그리고 어떤 조건에서 문명을 창조하고 유지하는지를 거의 실험실과 같은 환경에서 검사할 기회를 누렸다. 이는 충분히 오랜 시간 동안 그리스인이 지중해 동부를 독차지하도록 신들이 안배한 덕분이다. 아시아에서는 히타이트 제국이 붕괴했고, 리디아 왕국은 호전적이지 않았고, 후에 리디아를 전복시킬 페르시아의 힘은 아직 대륙의 산맥 깊은 곳에서 성장하는 중이었다. 이집트는 망조가 들었고, 후에 폴리스 체제를 무의미하게 만들 마케도니아는 오랜 세월 동안 반쯤 바르바로스 같은 비효율적인 국가였다. 로마의 명성은 아직 들려오지 않았고, 이탈리아에는 그 외 다른 강국이 없었다. 페니키아인과 그들이 세운 서쪽의 식민시 카르타고가 있기는 했다. 그러나 이들은 처음이나 끝이나 상인이었다. 그러므로 생기 넘치고 지성이 뛰어난 그리스 사람들은 거대하고 둔한 제국에 흡수되어 정신적 성장이 억눌리는 일을 겪지 않았고, 얼핏 보기에는 터무니없어 보이는 제도 속에서 수세기 동안 살아갈 기회를 얻었다. 이 제도는 그리스인의 천재성에 걸맞았고, 그 천재성을 증진시켰으며, 훗날에는 빛나는 위인들과 기회주의자들로 이루어진 한 민족을 만들었다. 분명 언젠가는 누군가가 지중해 동부에서 중앙 집중화된 강력한 권력을 창조해 낼 것이다. 고대 미노스 왕의 해상 강국의 계승자로서 말이다. 이것이 그리스인일까, 오리엔트인일까, 아니면 다른 누구일까? 이 질문은 뒤쪽의 한 장에서 다룰 주제다. 그러나 폴리스가 그리스인에게 어떤 의미인지 이해하지 못한다면, 그리스 역사를 전혀 파악하지 못한다. 그리고 만약 그 의미를 이해한다면, 또한 왜 그리스인이 폴리스를 발전시켰고 또 왜 그토록 완강하게 폴리스를 유지하려 했는지도 이해하게 된다. 그러면 이제 실제로 폴리스가 어떠했는지 살펴보자.

폴리스는 처음에는 공동체 전체의 요새이자 공공 생활의 중심이었던 장소를 의미했다. 그곳은 후대에 아크로폴리스라 불렸다. 아크로폴리스를 둘러싸고 성장했던 도시는 따로 '아스티'라고 불렸다. 그러나 곧 '폴리스'가 성채와 이 성채를 '사용'하는 모든 사람들 둘 다를 뜻하는 이름이 되었다. 투키디데스의 글에 보면 "에피담노스는 이오니아 만으로 항해해 들어가다가 오른쪽에 있는 폴리스다"라는 구절이 나온다. 이 말은 "브리스톨은 브리스톨 해협을 거슬러 올라가다가 오른쪽에 있는 도시다"라는 말과는 다르다. 브리스톨은 글라스터와 전쟁을 벌일 수 있는 독립국가가 아니라 순전히 지방 행정기관이 있는 도시 지역을 뜻하기 때문이다. 투키디데스의 말뜻은, 에피담노스라고 불리는 한 도시—비록 매우 작긴 하지만—가 있는데, 이곳은 에피담노스인의 정치적 중심지이며, 그 사람들은 그 도시를 중심—'수도'가 아니다—으로 하는 일정한 영토 안에 살며, 도시에 살든지 아니면 그 영토 내의 마을에 살든지 상관없이 에피담노스인이라는 것이다.

때로는 영토와 도시의 이름이 서로 다르기도 했다. 아티카는 아테네인이 차지한 영토다. 아티카는 아테네—좁은 의미의 '폴리스'—는 물론, 피라이오스 항과 여러 마을들도 포함한다. 그러나 그곳의 인구 집단은 아티카인이 아니라 아테네인이며, 아티카 어디에 살고 있든지 아테네 시민이다.

이런 의미에서 '폴리스'는 우리말로 '국가'다. 소포클레스의 『안티고네』에서, 크레온은 왕으로서 자신의 첫 포고령을 내린다. 그는 이렇게 시작한다. "존경하는 시민들이여, 신들께서 폴리스를 폭풍 속에 안전하게 지키시고 이제 평안하게 하셨소." 이것은 국가를 배에 비유하는 익숙한 이미지이며, 우리는 이것이 무슨 말인지 잘 안다. 그러나 연극의 후반으로 가서 크레온이 다시 말한다. 우리 식으로 자연스럽게 번역하면 "다음과 같은 공공 포고령이 선포되었다"인데, 크레온은 "폴리스에게 다음과 같은 포고령이 내려졌다"라고 말한다. '국가'에게가 아니라 '사람들'에게다. 그 뒤에 크레온은 자기 아들과 심하게 다툰다. 크레온이 소리친다. "머라고? 나 말고 이 땅을 다스릴 자가 있다는 말이냐?" 하이몬이 대답한다. "단 한 사람이 지배하는 폴리스는 결코 폴리스가 아닙니다." 이 대답은 폴리스의 개념 전체에서 매우 중요한 부분을 드러낸다. 폴리스는 공동체이며 폴리스의 관심사는 모두의 관심사다. 실제 국가 업무는 전통적 관례에 따라 모두의 이름으로 행동하는 한 왕에게 위임되기도 하고, 몇몇 귀족 가문의 수장들에게나 상당한 재산을 가진 시민들의 평의회에, 아니면 모든 시민들에게 맡겨지기도 한다. 이 모든 것과 이것들의 다양한 수정판들이 자연스러운 형태의 '정체(政體)'였다. 그리스인은 이를 동방 군주정과 뚜렷하게 구분했다. 동방에서는 군주가 아무런 책임을 지지 않으며, 신의 은총에 의해 신뢰로써 권력을 보유하는 것이 아니라 군주 자신이 신이었다. 책임을 지지 않는 정부라면 결코 폴리스가 아니다. 하이몬은 자기 아버지가 '티라노스'[18])처럼 말한다고, 그럼으로써 폴리스를 파괴한다고 비난했다. 그러나 하이몬은 '국가'라고 말하지는 않았다.

'폴리스'에 대한 단어 설명을 계속해 보자. 아리스토파네스의 『아카르니아인』의 합창단은 영웅의 행적에 존경을 바치면서 청중들에게 호소한다. 내가 그 대사를 직역하면 이렇다. "너희는 보느냐? 오, 모든 폴리스여!" 마지막 두 단어는 때로 "너희 군집(群集)한 도시여!"라고도 번역된다. 뒤의 번역은 더 나은 것 같지만 한 가지 핵심을 가린다. 폴리스는 크기가 작기 때문에 한 구성원이 동료 시민들에게 직접 호소하는 일이 가능했고, 만약 폴리스의 다른 구성원이 자신에게 해를 입혔다고 생각한다면 자연스럽게 그렇게 했다. 그리스인은 폴리스의 기원이 정의를 실현하려는 소망에 있다고 생각했다. 개개인은 무법자들이지만 폴리스가 잘못된 행위들을 시정해 준다. 그러나 이 일이 정교한 국가 사법기구를 통해 이루어지지는 않는다. 왜냐하면 그러한 기구 역시 개인들에 의해 운영될 수밖에 없는데, 그 개인들도 불법을 자행한 자와 마찬가지로 불의한 자일 수 있기 때문이다. 피해자 측은 자신이 당한 부당한 일을 전체 폴리스에 대고 말할 수 있을 때에야 비로소 정의가 이루어질 것이라 확신할 수 있다. 그러므로 이 경우 '폴리스'는 '국가'와 적극적으로 구별되는 '인민'을 의미한다.

『오이디푸스』에서 비운의 왕비 이오카스테는 우리에게 이 단어의 더 넓은 의미를 알려준다. 그녀의 남편 오이디푸스가 선왕 라이오스를 죽인 저주받을 그 남자가 아닐까 하는 의문이 대두되었다. "아니오, 아니오." 이오카스테는 소리 질렀다. "그럴 리가 없어요! 노예는 자기들을 공격한 것이 '산적들'이라고 했지 '산적 한 명'이라고 하지 않았어요." 그가 이제 와서 말을 뒤집어서는 안 된다. "저 혼자 들은 이야기가 아니라, 폴리스가 그의 말을 들었어요." 여기에서 '폴리스'는 아무런 '정치적' 연관성 없이 사용되었다. 단어가 정규 근무 외에 야근을 한다고나 할까? 여기에서는 '모든 사람들'을 뜻한다. 이런 의미는 그리 잘 두드러지지 않으며 흐릿하기는 하지만, 완전히 없지는 않다.

그리고 연설가 데모스테네스는 문자 그대로 말하자면 '도시를 거부한' 어떤 사람에 대해 이야기한다. 부주의한 사람들은 따옴표 친 부분을 보고서 그 사람이 레이크 디스트릭트(Lake District, 잉글랜드 북서부의 시골 호수 지방―옮긴이)나 펄리(Purley, 런던 교외 지역―옮긴이)와 비슷한 곳에 산다고 생각할지 모르겠다. 그러나 '도시를 거부한'이라는 어구는 주소와 관계가 전혀 없다. 이 말은 그 사람이 공공 생활에 전혀 참여하지 않았다는 말이며, 따라서 어딘가 이상한 사람이라는 뜻이다. 그 사람은 공동체의 일에 관심이 없었다.

폴리스라는 단어에 대해서는 충분히 공부했다. 이제 '폴리스를 돕는 것은 모든 사람의 의무다'라는 흔한 어구도 영어로는 적절히 번역할 말이 없음을 깨달았으리라. 이 말을 영어로 '국가를 돕는다'라고 번역할 수 없다. 그러면 아무런 감흥도 생기지 않기 때문이다. 우리 수입의 절반을 가져가는 것이 바로 '국가'가 아니던가. '공동체'도 아니다. 우리(영국인―옮긴이)에게 '공동체'는 너무나 크고 또 너무 다양해서 오직 이론적으로만 파악된다. 누구네 마을, 누구네 노동조합, 누구네 계급, 이런 집단들은 무엇인지 당장에 안다. 그러나 '공동체를 위해 일한다'는 말을 들으면, 존경감은 생기지만 대부분 애매하다고 생각하고 또 아무 감흥도 느끼지 못한다. 세계 대전 이전에, 대부분의 영국인들은 영국의 낙후된 지역들에 대해 얼마나 알았는가? 은행가들과 광부들과 농업 노동자들은 서로를 얼마나 이해했는가? 그러나 모든 그리스인은 '폴리스'를 알았다. 폴리스는 완전한 모습으로 그의 눈앞에 있었다. 그는 폴리스를 부양하는―만약 흉작이라면, 부양하지 못하는―평야를 볼 수 있었다. 그는 농업, 교역, 산업이 얼마나 서로 긴밀히 얽혔는지 보았다. 그는 자신들의 힘이 강한 국경지대와 약한 국경지대를 알고 있었다. 어떤 불만 집단이 체제 전복을 시도할 때, 그 사실을 감추기란 어려웠다. 폴리스의 모든 삶과 폴리스 내 각 부분들의 관계는 파악하기 매우 쉬웠다. 모든 것의 규모가 작았기 때문이다. 그러므로 '폴리스를 돕는 것은 모든 사람의 의무다' 라는 말은 그저 기분 좋은 표현이 아니라, 가장 뜻이 분명하며 가장 절박한 상식19)을 이야기했다. 우리와는 달리 공공의 일들은 직접성과 구체성을 가졌다.

구체적인 사례를 들어 보자. 아테네 민주정은 영국 정부와 매한가지로 부자들에게 공평무사하게 세금을 부과했다. 그러나 방식은 훨씬 더 정중했다. 국가가 너무 작고 서로 친밀했기 때문이다. 영국에서는 초과소득세 납부자들이 일반 소득세 납부자들과 똑같이 세금을 낸다. 수표에 기입을 하고서는, "이런, 이 돈은 모두 허공에 날리는구나!"라고 생각한다. 아테네에서는 일정 금액 이상의 재산을 가진 사람들은 매년 돌아가며 의무적으로 '공공봉사'를 했다. 여기 쓰인 단어는 문자 그대로는 '인민의 일'이라는 뜻이다. 부자는 전함 한 척을 일 년 동안 책임지거나(원한다면 그 배의 함장이 되는 명예를 누렸다), 축제 때 연극 공연에 돈을 대거나, 종교 행렬에 필요한 물품을 공급했다. 이런 부담은 무거웠고 당연히 아무도 반기지 않았다. 그러나 최소한 어느 정도 재미있었고 자부심을 안겨주기도 했다. 동료 시민들 앞에 멋진 삼부작을 만들어 내놓는다면 만족감과 명예를 얻었다. 폴리스는 작은 규모 덕분에 이런 수많은 방법들을 통해 우리에게는 그저 추상적이고 고달픈 의무에 불과한 것들을 생동감 넘치게, 그리고 몸에 와 닿도록 만들었다. 당연히 여기에는 좋은 면과 나쁜 면이 공존했다. 예를 들어, 무능하거나 운이 나쁜 지휘관은 많은 사람들에게 분노의 대상이 될 뿐 아무런 해도 입지 않는 것이 아니라, 바로 고소당했다. 그는 민회에서 사형 선고까지 받을 수 있었다. 민회의 구성원들을 그가 죽음으로 이끌었다면 말이다.

투키디데스가 기록하거나 혹은 재창조한 페리클레스의 추도연설은 이러한 직접성을 생생하게 보여주며, 폴리스에 대한 우리의 개념을 더 깊게 해 준다. 투키디데스의 말에 따르면, 해마다 전쟁에서 죽은 시민들을 위해 '폴리스가 선택한 한 사람'이 추도연설을 행했다. 요즘 식으로 하자면 수상이나 학술원 혹은 B.B.C 방송국이 지명한 어떤 사람이다. 아테네에서 이 말은 민회가 누군가를 선택했다는 뜻이다. 그 사람은 민회에서 활발히 활동하던 인물이었다. 페리클레스가 추도연설을 할 때에는 가능한 한 많은 사람이 듣도록 연단을 특별히 높이 올렸다. 자, 이제 페리클레스의 연설에서 두 부분을 살펴보자.

페리클레스는 아테네인의 폴리스를 스파르타인의 폴리스와 비교한다. 스파르타인은 외국인 방문객을 극도로 꺼리며, 종종 외국인을 모두 추방한다. "반면에 우리는 우리의 폴리스를 모든 이에게 개방합니다." 여기에서 '폴리스'는 정치적 단위가 아니다. 외국인을 귀화시키고 말고의 문제가 아니다. 그리스인은 그러는 법이 거의 없다. 폴리스란 너무나 친밀한 연합체이기 때문이다. 페리클레스가 여기에서 하는 말은, '우리는 모든 이에게 우리들 공동의 문화적 생활을 개방한다'는 뜻이다. 뒤이어 하는 말에서 잘 드러난다. 이 부분은 비록 번역하기는 어려우나 이렇게 옮길 수 있다. "우리는 그들에게 어떠한 교육이나 구경거리도 금지하지 않습니다." 이 말을 제대로 이해하려면, 연극(비극과 희극)과 신을 찬미하는 합창단의 공연과 공식적인 호메로스 낭송회와 운동경기가 모두 '정치적' 생활에서 필수적이고 전형적인 부분들이었음을 알아야 한다. '교육이나 구경거리'와 '폴리스를 모든 이에게 개방한다'라고 할 때 페리클레스는 바로 그러한 사항들을 염두에 두었다.

그러나 이보다 더 깊이 들어가 보아야 한다. 이 연설을 깊이 음미해 보면, 페리클레스는 아테네인의 폴리스를 칭송하면서 국가나 민족을 뛰어넘어 무엇인가를 칭송한다. 그것은 어떤 '삶의 방식'이다. 페리클레스가 연설 마지막 부분에서 아테네를 '헬라스의 학교'라고 부를 때에도 바로 그런 뜻이었다. 이것이 무슨 말인가? 우리도 '영국식 생활 방식'을 칭송하지 않는가? 그러나 차이점이 있다. 우리는 국가가 '영국식 생활 방식'에 제발 무관심하기를 바란다. 정말이지 국가가 그것을 적극적으로 촉진해야 한다는 식의 사고방식을 접한다면 우리는 잔뜩 긴장한다. 그리스인에게 폴리스는 시민들의 사고와 성격을 형성하고 훈련시키는 적극적인 존재였다. 반면에 오늘날 우리는 국가를 안전과 편리함을 생산하는 기계장치로 여긴다. 중세 국가는 덕성의 훈련을 교회에 떠넘겼지만, 폴리스는 그것을 자신의 관심사로 삼았다. 현대 국가가 그것을 어디에 넘겼는지는 신만이 아신다.

그렇다면 원래 '성채'를 뜻했던 '폴리스'는 '정치적, 문화적, 도덕적인 모든 삶을 포함하여 사람들의 공동의 삶 전체'라는 의미도 가진다. 심지어 '경제적'인 삶도 포함한다. 그렇지 않고서야 추도연설의 다른 부분에 나오는 "전 세계의 생산품이 우리에게 옵니다. 우리 폴리스가 위대하기 때문입니다"라는 말을 어떻게 이해하겠는가? 여기에서 '폴리스'는 분명 '우리의 국부(國富)'를 뜻한다.

종교 역시 폴리스와 긴밀하게 엮였다. 다만 모든 형태의 종교가 그렇지는 않았다.[20] 올림포스의 신들은 그리스 어디에서나 숭배를 받았다. 그러나 각 폴리스는 자신만의 신은 없더라도 자신만의 독특한 숭배의식은 있었다. 스파르타인은 '놋으로 만든 집의 아테나'를 숭배했지만, 스파르타인에게 아테나는 아테네인이 생각하는 아테나, 곧 '아테나 폴리아스', 도시의 수호자 아테나가 결코 아니었다. 마찬가지로, 헤라는 아테네에서는 따뜻한 가정의 여신으로서 여인들에게 숭배를 받았지만, 아르고스에서는 '아르고스의 헤라'가 주민들의 최고신이었다. 우리는 이러한 신들 속에서 부족의 신을 발견한다. 마치 여호와가 동시에 두 가지 수준에서 존재하듯이, 이들은 개별 폴리스의 신이면서 동시에 모든 그리스인의 신이기도 하다. 올림포스의 신들 외에도, 각 폴리스에는 하급의 지역신, '영웅들', 요정들이 있었다. 이들은 태곳적부터 내려온 의례에 따라 숭배를 받았고, 의례가 행해지는 특정 지역 밖에서는 존재하지 않는다고 생각되었다. 그러므로 범그리스적인 올림피아 12신 체계에도 불구하고, 그리고 그리스인에게 순전히 지역적인 신이란 불가능하도록 만든 철학 정신에도 불구하고, 폴리스란 정치적으로만 아니라 종교적으로도 독립적인 단위였다.

종교적 사고와 '정치적' 사고가 얼마나 밀접하게 연관되었는지는 아이스킬로스의 비극 『오레스테이아 3부작』(Oresteia)이 가장 잘 보여준다. 이 작품은 정의에 대한 관념을 중심으로 구성되었다. 혼돈에서 질서로, 분쟁에서 화해로 옮아가며 인간과 신이라는 두 측면을 동시에 다룬다. 『아가멤논』에서는 우주적 도덕 법칙, 곧 범죄에는 반드시 처벌이 뒤따라야 하며, 처벌은 가능한 한 가장 원색적으로 이루어져야 한다는 정신이 드러난다. 범죄는 복수를 위한 범죄를 낳고, 이 악순환은 끝없이 이어진다. 제우스는 언제나 복수를 승인해 준다. 『코에포리』(Choephori, '제주(祭酒)를 바치는 여인들'—옮긴이)에서는 이러한 범죄의 연속이 절정에 달한다. 오레스테스가 어머니를 죽여 아버지의 복수를 한다. 오레스테스는 이 일을 하고 싶어 하지 않았으나, 제우스의 아들이자 대변인인 아폴론이 그렇게 하라고 명령을 내렸다. 왜일까? 클리타임네스트라가 왕이자 남편인 아가멤논을 살해함으로써 범죄를 저질렀고, 그것을 처벌하지 않는다면 사회의 근간이 뒤흔들리기 때문이었다. 올림피아의 신들의 관심사는 질서를 수호하는 일이다. 더욱이 그들은 폴리스의 신들이다. 그러나 오레스테스의 친모 살해는 인간의 가장 깊은 본능으로부터 분노를 자아낸다. 그러므로 오레스테스는 다른 신, 곧 복수의 여신들로부터 무자비하게 추적당한다. 복수의 여신들은 사회 질서에는 관심이 없지만, 혈연의 신성함을 유린하는 행위는 용납하지 않는다. 그들의 책무는 바로 그것을 수호하는 것이다. 『에우메니데스』(Eumenides, '자비로운 여신들')에서는 불운한 오레스테스를 두고 태고부터 존재한 복수의 여신들과 상대적으로 젊은 올림포스의 신들 사이에서 치열한 다툼이 벌어진다. 그 해결책으로 아테나가 제우스에게서 새로운 율법을 가지고 온다. 아테네 시민으로 배심원단이 구성되고, 이들이 아크로폴리스에 피신해 있던 오레스테스를 심판한다. 이것이야말로 아레오파고스 협의회의 첫 회합이다. 배심원단의 표결 결과 유무죄가 동수였다. 그래서 자비를 베풀어 오레스테스를 무죄로 선언했다. 복수의 여신들은 자신들의 정당한 제물을 속임수에 의해 놓치게 되자, 아티카를 파멸시키겠다고 위협한다. 그러나 아테나가 그들을 설득하여 아테네에 정착하게 하였다. 복수의 여신들의 오랜 책무는 (그들의 처음 생각처럼) 폐지되지 않고 더 강화되었다. 이후로 그들은 가족 내의 범죄뿐 아니라 폴리스 내의 범죄도 처벌하게 되었기 때문이다.

그러므로 아이스킬로스에게 성숙한 폴리스란 혼란을 조장하지 않으면서 율법을 만족시키는 수단이었다. 공공 정의가 사적 복수를 압도한다. 권위에 대한 요구와 인간애의 본성이 화해를 이룬다. 이 삼부작은 인상적인 화려한 볼거리로 끝을 맺는다. 무시무시한 복수의 여신들이 검은 외투를 붉은 외투로 갈아입었다. 이제 더 이상 복수의 여신이 아니며 '자비로운 여신들'이 되었다. 이제는 제우스의 적이 아니라 자발적이고 존중받는 제우스의 대리인이 되었다. 내부의 폭력에 대항하여 제우스의 완전한 사회 질서를 수호했다. 아크로폴리스 바로 밑의 극장에 모인 아테네 시민의 눈앞에서—그리고 시민군 지휘관들의 인도로—여신들은 극장을 나가 아크로폴리스 맞은편에 마련된 새 집으로 갔다. 인간의 가장 예민한 도덕적, 사회적 문제 중 하나가 해결되었고, 그 화해의 수단은 폴리스였다.

기원전 458년 이른 봄의 그날에, 몇 분 뒤에는 시민들도 에우메니데스가 나간 바로 그 문을 통해서 극장을 떠났다. 분위기는 어땠을까? 분명히 그 이후로 그런 경험을 했던 관객은 없다. 당시 아테네 폴리스는 흐름의 최고점을 당당하게 타고 있었다. 이 삼부작에는 의기양양함이 드러난다. 아테네인은 자신들의 폴리스가 정의의 본보기, 질서의 본보기, 그리스인이 코스모스라 부르던 것의 본보기로 대두하는 모습을 이미 지켜보았기 때문이다. 아테네인이 보기에 아테네 폴리스는 만물의 영광이며 절정이었다. 아테네인은 자신들의 수호여신이 최초의 사법 법정의 재판장 역할을 하는 모습을 보았다. 그것은 아테네인을 굳건하게 하고 또 진지하게 만들었다. 그러나 그 이상의 의미가 있다. 상승하던 민주정은 당시 유서 깊은 아레오파고스 법정의 권한을 제한시켰고, 개혁가 정치인들은 정적에 의해 암살되었다. 그 땅의 무시무시한 거주자이며, 친족의 피에 대한 복수를 책임지는 복수의 여신이 변하여 에우메니데스가 되었다는 이야기는 무슨 뜻인가? 여기에는 의기양양함뿐 아니라 경고도 있었다. 폴리스의 구성원에는 인간뿐 아니라 신들도 함께 있다는 것을 상기

시킨다. 먼저 아테나가 있었다. 그녀는 질서 정연한 사회의 구성을 주관하는 올림포스 신들의 일원이다. 그리고 아테나의 설득에 의해 문명화된 삶의 양식을 받아들이기로 한 원초적 신들도 있었다. 이들은 내부의 폭력으로 사회의 안정성을 위협하는 자를 신속히 처벌했다.

바로 이 정도로 종교에 대한 아이스킬로스의 사고는 폴리스에 대한 관념과 얽혔다. 아이스킬로스뿐 아니라 대부분의 그리스 사상가들 역시 그러했다. 소크라테스, 플라톤, 아리스토텔레스가 대표적인 인물들이다. 아리스토텔레스는 우리가 '인간은 정치적 동물이다'라고 잘못 번역하기 일쑤인 논평 하나를 남겼다. 아리스토텔레스가 정말 말하고자 했던 의미는 '인간은 폴리스에 사는 생물이다'였다. 아리스토텔레스는 『정치학』에서 인간은 폴리스의 틀 안에서만 종교적, 도덕적, 지성적 능력을 완전히 구현할 수 있다고 주장한다.

이상이 폴리스라는 단어의 함의 중 일부다. 나머지는 뒷부분에서 살펴보도록 하자. 나는 이 말의 순수하게 '정치적'인 측면에 대해서는 일부러 적게 이야기했다. 그것은 폴리스가 정치조직의 한 형태라는 뜻보다 훨씬 더 많은 의미를 가진다는 점을 강조하기 위해서였다. 폴리스는 살아 있는 공동체로서, 실제로든 가상으로든 혈연관계에 기초를 두었다. 그래서 폴리스는 일종의 확대된 가족으로서, 가능한 한 삶의 많은 부분을 가족의 생활로 만들었다. 당연히 가족 간의 분쟁도 생겨났다. 그리고 이 분쟁들은 가족끼리의 분쟁이기에 더욱 쓰라렸다.

그리스인은 본질적으로 사회적이라는 사실, 이것은 폴리스뿐 아니라 그리스인이 이룩하고 생각했던 많은 것들을 설명해 준다. 그리스인은 자신의 생계를 꾸려 나가는 데에는 본질적으로 개인주의적이다. 그러나 자신의 삶을 충만하게 채우는 데에는 본질적으로 '공산주의자'다. 종교,

예술, 제전, 사물에 대한 토론, 이 모든 것은 오직 폴리스를 통해서만 완전히 충족되는 삶의 욕구들이었다. 우리처럼 마음 맞는 사람들끼리 모인 자발적인 단체들이나 개인들을 끌어당기는 기업들을 통해 이루어지는 일이 아니었다. (여기에서 그리스 희곡과 현대 영화의 차이점이 일부분 설명된다.) 게다가 그리스인은 공동체의 운영 업무에 직접 참여하기를 원했다. 우리는 그리스인이 삶의 필수적인 일들, 관심사들, 흥미진진한 일들의 대부분을 폴리스를 통해 영위했음을, 그리고 그 모든 일은 공개된 장소에서, 아크로폴리스에서 바라보이는 가까운 곳에서, 산 또는 바다가 국가의 모든 구성원의 삶을 둘러싸고 있는 가운데 벌어졌음을 깨달아야 한다. 그럴 때 비로소 그리스 역사를 이해할 수 있다. 그리고 그리스인이 더 거대하지만 덜 흥미로운 통일체를 위해 폴리스와 폴리스의 활기차고 포괄적인 삶을 희생시킬 수 없었음을 이해할 수 있다. 고대 그리스인과 현대 '아테네 학회'의 구성원 사이의 가상의 대화를 만들어 보자. 현대인은 그리스인에게 정치적 감각이 부족했음을 유감스러워한다. 고대 그리스인은 이렇게 대답한다. "런던에는 클럽이 몇 개나 있습니까?" 현대인은 대략 500개 정도일 것이라 추측하여 말한다. 그러면 그리스인이 말한다. "그럼, 그 모든 클럽들이 하나로 뭉친다면 엄청나게 큰 클럽 건물을 지을 수 있겠군요. 하이드 파크만 한 클럽 하우스를 보유할 수 있겠지요." 현대인은 말한다. "그러나 그것은 클럽이라 할 수 없지요." 그리스인은 말한다. "바로 그겁니다. 당신네 나라만큼 큰 폴리스는 더 이상 폴리스가 아닙니다."

아무튼 현대 유럽은 비록 공통의 문화, 관심, 편리한 소통수단을 가지고 있으나 개별 국가의 주권을 제한한다는 생각은 받아들이기 힘들 것이다. 그로 인해 삶이 점점 더 침체되는 것이 아니라 삶이 점점 더 안전해진다고 하더라도 말이다. 그리스인은 폴리스를 약화시킴으로써 많은 것을 얻었다. 그러나 잃을 것은 얼마나 더 많았던가. 아킬레우스를 위대하게 만든 것은 상식이 아니라 다른 어떤 자질이었다.

6장 위대한 아테네로 가는 길
-고전기 그리스:초기

지도에는 지중해와 인근의 바다, 호수, 강들에 그리스 이름이 가득하다. 세바스토폴, 알렉산드리아, 벵가지―그리고 신문들이 늘 철자를 틀리는 아폴로니아(Apollonia)도 빼놓을 수 없다. 플리트 스트리트(런던의 신문사 거리―옮긴이)에서는 아폴론 숭배가 그다지 활발하지 않은 듯하다―시라쿠사(영어명 Syracuse―옮긴이), 나폴리, 모나코 등의 이름과 그 밖의 수백 개에 달하는 이름들이 그리스어에서 나왔다. 물론 그중 다수가 오랜 세월 동안 다른 언어에 사용되면서 변형되기도 했지만……. 이 이름들이 모두 고전기 초기로부터 유래하지는 않았다. 알렉산드리아는 그 도시의 건설자이며 이 책의 마지막을 장식할 알렉산드로스 대왕을 기념하는 이름이다. 세바스토폴은 그리스어로 '아우구스투스의 도시'라는 뜻이다. 그러므로 로마 제정기에 생겼다. 벵가지는 베레니케('승리를 안겨주는 이'라는 뜻의 그리스어 '페레니케'의 마케도니아 방언)에서 온 것으로, 베레니케는 알렉산드로스 이후(기원전 320년) 이집트를 지배한 프톨레마이오스 왕가의 마케도니아 혈통을 가진 한 왕비의 이름이다. 카이사르와 셰익스피어와 버나드 쇼를 매혹시켰던 클레오파트라도 바로 이 왕가 출신이다. 그렇지만 이 이름들 중 대다수는 바로 지금 우리가 다루려 하는 시대, 기원전 8세기, 7세기, 6세기에서 비롯하였다. 마르세유는 그리스인이 기원전 600년경에 건설한 마실리아라는 도시로 시작했다. 사실 이쪽 해안은 그리스식 이름의 박물관이다. 모나코는 헤라클레스 모노이코스의 성소에서 이름을 따왔는데, 그 뜻은 '홀로 거하는 헤라클레스'

6장 위대한 아테네로 가는 길 **125**

다. 니스(Nice)는 니카이아 곧 '승리의 여신'이며, 앙티브(Antibes)는 안티폴리스 곧 '건너편의 도시'라는 뜻이다. 아그드(Agde)는 아가테 곧 '좋은 장소'라는 뜻이다. 이탈리아 서남부도 그리스식 지명들로 가득하다. 예를 들어 나폴리는 네아폴리스 곧 '신도시'라는 뜻이고, 레지오 (Reggio)는 레기온 곧 '갈라진 틈'이란 뜻이다. 좁은 지협 때문에 생긴 이름이다.

이오니아의 시인 호메로스는 분명 지중해 서부나 흑해에 대해서는 거의 몰랐다. 호메로스에게 이 지역들은 어렴풋이 알려진 곳들이며 놀라운 일들로 가득한 곳이었다. 그리스 서부 해안의 이타카 섬이 호메로스의 지식의 서쪽 경계선이었는데, 호메로스는 이타카에 대해서도 그리 확실히 알지는 못했다. 그러나 길게 잡아도 300년 이내에 우리는 그리스 도시들이 에게 해 전역뿐 아니라 흑해의 살기 좋은 지역들(크리미아 포함), 리비아 해안, 이탈리아 서부와 남부, 시칠리아, 프랑스의 남부 해안과 스페인의 동부 해안에 확실하게 뿌리내리는 모습을 본다. 사실 시칠리아와 인근의 이탈리아는 '대(大) 그리스'라고 불렸다. 로마는 그리스 본토가 아니라 바로 이곳에서 그리스 문명을 처음 흡수했다.

이것은 그리스 최초의 대팽창도 아니었고 마지막 팽창도 아니었다. 우리는 도리스인이 도래했을 때 얼마나 많은 이오니아인이(그리고 다른 이들도) 에게 해를 건너 동쪽으로 모여들었는지를 이미 살펴보았다. 고전기가 끝나고 수세기 뒤에는 알렉산드로스가 정복한 새로운 땅 곳곳에 그리스인이 정착했다. 지난 세기(서기 19세기)에는 무수한 그리스인이 미국에 정착했다. 그들이 본국으로 송금한 돈이 그리스 국민소득의 중요한 부분이 될 정도였다. 그리스인은 대개 번식을 잘하는 인종이었던 데 반해, 그리스의 자연환경은 인구 증가에 매우 명백한 한계를 드러냈다.

심지어 오늘날에도 지중해 지역의 상황은 그러하다.

기원전 750년경에 시작하여 약 200년간 지속된 거대한 식민 활동의 원인과 경과에 대해 우리가 가진 정보는 형편없이 빈약하다. 인구과밀이 주요 원인이었으나 다른 요인들, 예를 들어 정치적 동요, 외부에서 온 재난 등도 나름대로 역할을 했다. 사례 하나를 살펴보자. 키로스 대왕이 기원전 545년에 이오니아를 정복했을 때, 테노스와 포카이아 두 도시의 주민들은 페르시아의 복속민으로 사느니 차라리 단체로 이주하기로 결심했다. 테노스인은 트라키아 해안에 정착하여 압데라를 건설했다. 그러나 포카이아인은 한술 더 떴다. 그들은 코르시카로 가기로 결정했다. (헤로도토스의 매력적인 이야기에 따르면) 포카이아인은 자신들의 항구 앞바다에 커다란 쇳덩어리를 가라앉히고는 그 쇳덩이가 물 위로 떠오르기 전에는 돌아오지 않겠다고 맹세했다. 그러나 출발한 지 얼마 지나지 않아 많은 이들이 고향에 대한 향수 때문에 되돌아갔다. 나머지는 계속 나아가서 코르시카에 이미 건설해 두었던 식민시 알라리아에 합류했다. 이곳은 후에 알레리아가 되었고, 오늘날에도 그 이름을 간직한 채 작은 마을로 남아 있다.

최초의 식민시들에 대해 적어도 한 가지만은 분명하다. 식민시는 교역 목적으로 건설되지 않았다. 그것은 '상관(商館)'(factory, 제국주의 시대 유럽 회사의 해외 주재소—옮긴이)이 아니었다. 우리에게 알려진 사실에 의하면 식민자들은 토지를 갈망했다. 그리스 농부들은 최소의 수익을 거두며 불안정한 삶을 살았다. 가문의 토지는 대대로 분할되어 효과적인 경작이 불가능한 지경에 이르렀고, 잠시 뒤 아테네를 논의할 때 살펴보겠지만, 대토지 보유자들은 비양심적으로 소토지를 집어삼켰다. 그리스에서는 토지 재분배를 요구하는 함성이 자주 터져 나왔고, 식민 활동은 안전밸브 역할을 했다. 가난에 쪼들린 농부는 나날이 줄어드는 저당 잡힌 고향땅을 기꺼이 포기하고 해외의 무주공산에 한몫 얻기를 원했다. 그러면 투쟁은 처음부터 다시 시작되었다. 그 농부와 자손들은 번성하여 새로운 폴리스의 토지 귀족이 되거나, 아니면 망하여 다시 한 번 식민이나 혁명의 주인공이 되었다.

그러나 식민화의 최초 목적이 교역이 아니라 토지였다 해도, 그것이 교역과 산업을 크게 자극한 것 또한 사실이다. 심지어 후대의 몇몇 식민시는 농업보다 교역을 더 염두에 두고 건설되기도 했다. 새로운 땅에서는 옛날 땅과는 다른 곡물들을 기르기도 했고, 식민시를 통해 그리스인은 흥미로운 물품을 판매하려는 '야만인'들과 긴밀히 접촉하기도 했다. 발트해로부터 오는 '호박(琥珀)길'과 같은 예전의 교역로 중에서 몇몇은 원산지에 더 가까이 연결되었다. 그리하여 재화의 교환은 더욱 활발해졌고, 새로운 접촉은 새로운 발상과 새로운 기술을 가져왔다. 결코 갑작스럽지 않게, 서서히 물질문명의 수준이 높아졌고, 몇몇 지역은 다른 지역들보다 훨씬 앞서나갔다. 예를 들어 교역에 매우 적합한 곳에 위치한 코린토스는 배를 건조하고, 청동제품을 만들고, 도자기 위에다 그리스인이 수세기 동안 보지 못했던 자연주의 양식의 그림을 그리느라 아주 바빴다. 반면에 30마일도 떨어지지 않은 아르카디아의 마을들은 여전히 이러한 새로운 것에 아무런 영향을 받지 않았다. 교역과 산업의 성장에 동참한 도시들은 아이기나, 에우보이아의 칼키스, 이오니아의 밀레토스 등이었다. 칼키스는 그리스 역사상 최초의 전쟁에 참가했는데, 이 전쟁은 레란토스 평야의 소유권을 두고 이웃 에레트리아와 벌어졌다. 분쟁의 대상인 영토와 아무런 이해관계가 없는 많은 국가들이 이 전쟁에 참여했는데, 이는 상업적 경쟁이 이미 상당한 수준이었음을 짐작케 한다.

식민 활동의 정치적 측면에 대해서도 한마디 해야겠다. '식민지'(colony)라는 단어는 오해를 불러일으키지만, 언제나 그렇듯이 더 이상 좋은 단어가 없기 때문에 사용한다(그래서 한국에서는 '식민시'라는 용어를 사용한다—옮긴이). 그리스어로 '아포이키아'(apoikia)는 문자 그대로는 '멀리 떨어진 집'이라는 뜻이다. 아포이키아는 모시(母市)의 확장판이나 속국이 결코 아니다. 이것은 새롭게 독립적으로 건설된 도시였다. 모시는 이주민을 모집했다. 여기에는 다른 폴리스들의 주민들도 종종 초대되었다. 모시는 자신의 시민 중에서 공식 지도자를 선택했다. 그 지도자는 식민자들에게 새로운 땅을 분배하는 작업을 감독했고, '도시의 건설자'로서 영원히 존중받았다. 보통 새로운 식민시를 건설하기 전에 델포이 신탁에 물어보았다. 이것은 미지의 위험에 대한 단순한 종교적 방어막 이상의 의미를 가졌다. 델포이는 그리스의 모든 성소 중에서 탁월한 신탁소로 인정받았고, 그리스 전역에서—가끔은 '야만인'들도—신탁을 얻으려고 사람들이 몰려왔다. 그래서 델포이의 사제들은 이것저것에 대해 대단히 많은 정보를 보유했다(정치적 영향력도 상당했음은 물론이다). 그러므로 그리스인이 델포이로 갈 때는, 말하자면 주교의 축복에다 '식민지 조사청'의 전문가 조언까지 얻기를 기대했다.

식민시가 건설되면, 식민시와 모시 사이의 유대는 순전히 종교적이고 감성적인 수준에 머물렀다. 도시 성화대의 불꽃은 모시의 성화에서 가져왔다. 모시의 시민들은 식민시를 방문할 경우 일정한 우대 특권을 누렸다. 식민시가 새로운 식민시를 건설할 경우에는 관례적으로 원래의 모시에 건설자 지명을 요청했다. 엄격하게 정치적인 면에서는 아무런 연고가 없었다. 모시와 식민시 사이의 전쟁(투키디데스 1권에 나오는 코린토스와 코르키라의 전쟁처럼)은 부자연스럽고 꼴사나운 일로 비춰지기는 했

6장 위대한 아테네로 가는 길 **129**

으나, 반란이나 분리 독립으로 여겨지지는 않았다. 그래서 그리스와 이오니아의 모시들에서 그리스인이 쏟아져 나온 이 식민 활동은 카르타고와 에트루리아가 가로막은 곳을 제외한 지중해 전역에 그리스인의 영향력을 전파했으나, 그리스 제국이나 단일한 그리스 국가를 창조하는 방향으로는 아무런 기여를 하지 못했다. 독립적인 그리스 폴리스의 수가 엄청나게 증가했을 뿐이다. 고향땅에서의 친목과 불화는 멀리까지 가서도 반복되었다.

내가 독자들에게 수백 개의 독립 국가들의 역사를 한꺼번에 연구해야 한다고 말한다면 누구라도 깜짝 놀라고 부담스러워할 것이다. 그러나 걱정할 것 없다. 첫 번째로, 한 민족에 대해 저술할 때 반드시 정치사에 한자리를 내어주어야 한다. 정치사는 하나의 틀이기도 하며, 민족의 성격에 대한 하나의 표현이며, 좋든 나쁘든 한 민족이 이룬 성취다. 그러나 정치사가 전부는 아니다. 두 번째로, 이 국가들 대부분에 대해 우리는 아는 바가 전혀 없다. 요즘에는 역사에 대한 관심이 높아져서 너무나 양심적인 열정을 품고 수많은 사실들을 기록하기 때문에 오히려 역사를 쓰기가 어려워졌다. 그리스인은 역사가들을 정반대의 어려운 입장에 처하게 한다. 단순한 정무관과 사제들의 명단을 제외하면, 동시대의 사건들을 기록으로 남긴다는 생각은 기원전 5세기 이전에는 거의 나타나지 않았다. 그리고 그런 발상이 생겨났을 때에도 그리스인은 순수한 기록이 아니라 사건에 대한 해석을 남겼다. 기원전 5세기의 경우에도 우리에게 남겨진 기록은 매우 드물다. 초기의 시대에 대해서는 세 지역을 차례로 그리고 개관적으로 살펴보자. 먼저 이오니아를, 그 뒤 스파르타를, 그러고 나서 아테네를 살펴보겠다. 후대의 시기를 다룰 때면 불가피하게도 아테네가 더욱더 집중적인 조명을 받는다.

이오니아

오랫동안 그리스 문명은 이오니아 그리스인에 의해 처음으로 암흑시대에서 회복되었다고 생각되었다. 가장 먼저 바다로 모험을 나가서 식민시를 건설하고, 예술을 발전시키고, 그리스인의 삶의 특징이 된 충만하고 자유로운 삶을 살기 시작한 사람은 이오니아인이라고 생각되었다. 이오니아에는 오랜 미노스 문명의 잔재가 남아 있었고, 동방의 유서 깊은 문명과 더 직접적인 교류가 가능했다. 이러한 견해는 오늘날 심각한 도전을 받았다. (R. M. Cook, *Journal of Hellenic Studies*, 1946이 특히 주목할 만하다.) 물론 증거는 빈약하고 불확실하다. 그러나 분명히 유럽 쪽 그리스가 식민 활동을 주도했고, 동방의 영향력이 그리스 본토에 도달한 시기가 이오니아의 경우에 비해 적어도 늦지는 않았다. 최초의 위대한 시인 호메로스는 이오니아인이었다. 그러나 토기 회화가 처음으로 부활한 곳은 아티카였다.

그렇다 해도 초기의 이오니아와 본토의 문화에 대해 우리가 가진 지식으로 미루어 보면, 이오니아는 어딘가 더 '현대적'인 모습을 보여준다. 뒤에 논의할 위대한 지적 운동이 이오니아에서 시작되었음은 의심의 여지가 없다. 이러한 '현대적'인 느낌은 문명의 수준이 더 발달해서가 아니라 이오니아인의 성격과 기질이 만들어 낸 효과다. 왜냐하면 이오니아인은 유럽 쪽의 그리스인보다 훨씬 더 개인주의적이었기 때문이다. 예를 들어, 헤로도토스는 이오니아인에 대해 재미있는 이야기를 들려준다. 이 이야기를 꼭 사실로 믿을 필요는 없다. 왜냐하면 헤로도토스는 이오니아인의 이웃인 카리아의 할리카르나소스 주민이었고, 보편적인 '이웃의 법칙'에 따라 이웃 이오니아인에 대해 편견을 가졌기 때문이다. 그러나 헤로도토스는 분명 다른 그리스인들의 눈에 이 이야기가 믿음직해 보이리라 기대했다. 이오니아인은 기원전 550년경 페르시아의 키로스 대왕에게 정복당하는 운명을 겪었고, 기원전 500년 직후에는 반란을 일으켰다. 라데라는 작은 섬에서 이오니아인의 함대가 건조되고 있었고, (헤로도토스에 따르면) 포카이아 출신인 함대 사령관은 확신에 찬 전형적인 그리스식 연설을 했다. "여러분, 사태는 매우 위험해졌습니다. 우리는 자유인이 되든지, 아니면 노예가, 그것도 도망 노예가 될 것입니다. 자, 여러분이 잠시의 고난을 기꺼이 받아들인다면, 여러분은 적을 물리치고 승리를 획득할 것입니다. 그러나 여러분이 게으름과 무질서를 고집한다면, 두렵건대 여러분은 반란의 대가를 호되게 치를 것입니다. 제 말을 듣고 저에게 여러분을 맡겨 주십시오. 신들께서 적의 편을 들지만 않는다면, 우리가 그들보다 위에 서리라 장담합니다." 헤로도토스에 따르면, "이 말을 듣고 이오니아인들은 디오니시오스에게 자신들을 내맡겼다." 디오니시오스는 그날로 배를 물에 내어 노잡이들을 훈련시켰고, 수병들은 완전무장을 갖추도록 했다. 아! 그러나 그리스의 태양은 뜨거웠다. 이오니아인은 이런 일에 익숙지가 않았지만 7일 동안은 견뎌냈다. 그러나 그 뒤 그들은 서로 이렇게 이야기했다. "도대체 우리가 어느 신을 노엽게 했기에 이런 징벌이 우리에게 찾아왔단 말인가? 우리는 머리가 텅텅 비어버렸던 것일까? 어쩌자고 저 허영덩어리 포카이아 바보에게 우리를 맡겼단 말인가? 포카이아는 겨우 배 세 척을 보내온 곳 아닌가. 그는 우리를 잡아서 참을 수 없는 고문을 가하고 있다. 우리 중 절반은 이미 골병이 들었고 나머지도 곧 그렇게 될 것이다. 어떤 노예생활도 이보다 더 심할 수는 없으리라. 자, 이제 더 이상 참지 말자." (헤로도토스의 말에 따르면) 그들은 정말 참지 않았고, 갑판에서 고역을 하는 대신 해변가와 막사에서 유쾌한 하루를 보냈다. 그리고 피할 수 없는 결과가 초래되었다.

악의적인 이야기다. 그러나 악의적인 과장도 무언가 근거가 있어야 가능한 법이다. 이오니아인들은 다른 그리스인들에게 진지함과 규율을 결여한 사람들로 보였다. 사실 그들은 페르시아에 대항하여 용감한 일을 해내었다. 비록 이오니아의 난립한 도시들이 자신들을 구원할 유일한 대안인 정치적 통합을 이루어내지는 못했으나, 이 문제를 가지고 이오니아인을 꾸짖을 자격을 갖춘 그리스인은 별로 없다.

'호메로스풍' 아폴론 찬가의 한 구절에는 이오니아인에 대한 이오니아인의 인상이 드러난다.

> 그러나 아폴론이시여, 당신이 가장 즐거워하는 곳은 델로스입니다. 그 거룩한 섬에서 길게 끌리는 외투를 입은 이오니아인이 자녀들과 정숙하기 이를 데 없는 아내들과 함께 모입니다. 그리고 그들은 축제의 날이 오면 권투와 춤과 노래에 몰두하여 당신께 즐거움을 드립니다.
> 그리고 만약 이오니아인이 모여 있을 때 누군가 그들을 방문한다면, 그 방문자는 모든 이들에게서 말로 다 할 수 없는 우아함을 발견하고는 이오니아인이 늙음과 죽음에서 면제되었다고 말할 것입니다. 그리고 그는 남자들과 여자들의 아름다운 옷을 보고, 그들의 날랜 배들을 보고, 그들의 엄청난 재산을 보고 즐거워할 것입니다.

우아함과 매력은 이오니아 예술의 특징이다. 반면에 도리스 예술의 특징은 힘과 아름다움이다. 이오니아식과 도리스식 건축을 비교해 보면 이 점이 눈에 확 들어온다. 이오니아식의 전반적인 경쾌함, 이오니아식 주두(柱頭, capital)의 매력적인 소용돌이 장식(volute)은 도리스식과 확실히 대조된다. 조각의 경우, 도리스인과 이오니아인 모두 이상적인 운동선수를 표현하려 애썼지만, 이오니아인은 겉옷을 걸친 인물을 조각할 때 생기는 문제에 더 흥미를 가졌다. 그들은 가죽, 모직, 아마포처럼 서로 다른 직물들을 돌 위에 재현하려 노력했고 크게 성공했다. 이오니아인의 작품에는 도리스인이 보여주지 못하는 섬세한 감각이 나타난다. 이오니아인의 제전들 역시 검소함과는 거리가 멀다. 음악과 시가 다른 곳에서보다 훨씬 두드러진다. 전반적으로 이오니아는 매우 활기차고 매우 화려한 인상을 준다. 동방이나 적어도 남방의 부드러움을 연상케 한다. 기원전 4세기에 플라톤이 이오니아식 음악과 리듬에 대해 방탕하고 힘을 소진시킨다며 거부감을 드러낸 것도 놀라운 일이 아니다. 물론 우리는 플라톤이 이 밖에도 많은 좋은 것들을 거부했음을 잊지 말아야 한다.

기원전 6세기는 서정시의 전성기였고 (만약 이오니아라는 명칭을 넓게 지리적 의미로 사용하여 위대한 영광의 시인 사포를 낳은 아이올리스의 레스보스를 포함시킨다면) 개인적 서정시는 거의 전적으로 이오니아에서 나왔다. 이 모든 서정시 중에서 극소수만이 전해졌다. 사포에 대해서는 (후대의 작가들의 인용과 최근에 이집트의 사막에서 발견된 자료들 덕분에) 그녀가 얼마나 정열적이고 숨 막히게 하는 시인이었던가를 충분히 알 수 있는 자료가 남아 있다. 그러나 (이오니아인) 아르킬로코스에 대해서는 자료가 부족하여 왜 고대인들이 그를 호메로스 다음가는 시인으로 꼽았는지 이해하기 어렵다.

> 나는 그대와 사랑에 빠졌었지, 아티스여, 오래전에 …

사포가 아이올리스의 그리스어로 아름답게 쓴 이 구절은 서기 2세기에 헤파이스티온이라는 운율학자에 의해 인용된 덕분에 살아남았다.

당신은 죽으면 무덤에 눕겠죠. 영원히 잊힌 채.
당신이 무사(Musa, 학예의 여신—옮긴이)의 꽃들을 경멸했기 때문이에요.
하데스에서는—이 세상과 같이—당신의 그림자는 다른 이들과 더불어 희미하게 지나치겠죠.
아무도 알아주지 않고, 무시된 채로.

이 거친 구절들은 플루타르코스가 쓴 도덕론에 인용되었다. 플루타르코스는 덧붙여 사포가 '어떤 부유한 부인을 비난하며' 이 구절을 썼다고 말한다. 경멸조의 단편 하나(이것은 핀다로스에 대한 주석에 인용되었다) 역시 비슷한 맥락에서 쓰였다. "이 여자들 속에서 영혼은 차갑게 식어갔다. 그들의 날개는 꺾였다."

사포의 노래 중 가장 유명한 작품은 카툴루스에 의해 멋지게 라틴어로 번역된 정열적인 사랑의 시다. 카툴루스는 이 일을 해낼 수 있는 유일한 라틴 시인이었다. 그러나 사랑과 증오가 사포의 주제 전부는 아니었다.

사랑스런 달 주변의 별들은
달이 가득 차고 온 세상에 광채를 드리울 때
다시금 빛나는 아름다움을 베일에 가리우네

우리가 아는 한, 진정한 이오니아 시인들은 아이올리스의 사포처럼 강렬한 시를 쓰지 않았다. 그러나 그들은 사포와 닮았고 스파르타나 아테네의 동시대인과 달랐다. 이오니아 시인은 개인적으로 관심 있는 주제들에 대해 시를 썼다. 그들의 시는 티르타이오스와 솔론의 시처럼 '정치적'인 경우가 거의 없었다. 아르킬로코스는 신랄한 개인적 풍자시로 유명했다. 아나크레온은 흥겹게 사랑과 포도주를 노래하거나, 나이 먹는 것을 슬퍼했다. 이오니아 시인 피테르모스는 오직 다음 한 구절을 통해 우리에게 전해진다.

다른 어떤 것도 중요하지 않아. 오직 돈이 문제지.

벨록(Hilaire Belloc, 1870~1953. 프랑스 태생의 영국 문인—옮긴이)의 시와 너무나 닮았다.

그러나 돈은 언제나 나를 즐겁게 하지.

전형적인 단편 하나를 더 보자.

나는 발목 굵은 여자는 질색이야.

전쟁터에 나가는 아들에게 "방패를 들고 돌아오너라. 아니면 방패 위에 실려 오거라"라고 말했다는 스파르타 여인의 이야기는 유명하다. 방패를 내던진다는 것은 더할 수 없는 치욕이다. 그러나 아르킬로코스는 다음과 같이 명랑하게 썼다. (500년 이상의 시간이 흐른 뒤 호라티우스는 아르킬로코스가 선보인 문학적 방식을 뒤따랐다.)

어떤 운 좋은 트라키아인이 내 귀한 방패를 가졌네.
나는 도망치느라 숲에 그만 방패를 떨어뜨렸지.

그러나 나는 도망칠 수 있었지. 오, 신께 감사하라!
방패 따위는 잊어버리자! 똑같은 걸 또 구하면 되는 일.

이오니아인의 삶에는 매우 매력적인 무언가가 있었다.

스파르타

만약 어떤 학자가 도리스 시인이 남겼다고 하는 단편 속에서 "나는 발목 굵은 여자는 질색이야"라는 구절을 발견했다면, 즉시 무엇인가 잘못되었다고 생각할 것이다. 스파르타인들도 당연히 여자의 발목에 대한 나름의 견해를 가졌겠지만, 펠로폰네소스에서는 그런 식으로 쓰지는 않는다. 도리스인은 더 근엄하고 덜 개인적이다. 이오니아와 아이올리스의 시인들이 자신의 사랑과 증오에 대해 마음껏 썼던 데 비해, 스파르타의 티르타이오스는 동료 시민들에게 메세니아의 적들에 대항하여 영웅주의의 절정에까지 이르라고 열정적으로 촉구했고, 알크만은 스파르타 소녀들이 제전에서 노래할 장엄하면서도 매력적인 합창 찬가를 지었다. 이오니아 철학자들은 오직 자신의 개인적인 이성을 활용하여 새롭고 흥미진진한 사고의 경로를 찾았던 반면에, 도리스인은 전통적 사상과 관점을 굳건히 고수했다. 이오니아의 건축가와 조각가가 우아함과 다양함을 추구한 데 반해, 펠로폰네소스에서는 소수의 엄격한 양식에 의해 규정된 좁은 범주 내에서 완벽을 추구했다. 이오니아식과 도리스식은 동(動)과 정(靜), 개인과 공동체, 원심과 구심처럼 삶에 대해 대립하는 두 가지 관념을 매우 순수한 형태로 재현했다. 한동안 아테네에서는 이 두 대립항들의 화해가 이루어졌다. 그리하여 페리클레스 시대 아티카 문화는 완벽에 이르렀다.

아티카의 조각과 건축이 도리스의 엄격함과 이오니아의 우아함을 결합하였듯이, 그리고 아테네의 연극이 공동체적 합창 찬가와 연기자 개인의 재능을 조화롭고 유기적으로 결합시켰듯이, 아테네인의 삶은 단기적으로나마 이오니아의 자유와 개인적 탁월함, 도리스인의 규율과 통합 정신을 결합시켰다. 그러나 고전기 초기에는 이러한 화해가 이루어지려면 아직 한참 멀었다.

펠로폰네소스—이곳은 도리스인의 중요한 본거지이지만, 유일한 거주지는 아니었다—의 문화와 정치사는 모두 스파르타에 의해 지배되었고, 스파르타를 평가하기란 쉬운 일이 아니다. 스파르타는 기이한 모순들이 가득한 도시이며, 현대인의 정신으로는 납득하기 힘든 곳이다. 스파르타의 초기 역사는 불분명하며, 사실보다는 전설이 더 많다. 사실이라고 하는 것들 중에서도 상당수는 후대 철학자들의 가설에 의해 재구성된 경우가 많다. 그리스 도시들 중에서 유난히도 정신적인 면에서 불모지였던 스파르타가, 시대를 막론하고 그리스 철학자들을 끝없이 매혹시켰다는 점이야말로 스파르타의 수많은 모순 중 하나다.

우리는 침략자 도리스인이 어떻게 펠로폰네소스 대부분을 차지했는지, 그리고 어떻게 스파르타인이 유럽 대륙의 가장 남쪽에 있는 비옥한 두 분지 중 하나에 지배자이자 고립된 소수로서 확고하게 뿌리를 내렸는지 이미 살펴보았다. 만약 여기에서 "이 굳건한 산악 민족은 몇 세기가 지나면서 뜨거운 태양과 사치스러움에 압도되어 거의 동양적인 무기력함 속에 가라앉아 버렸다"라고 서술한다면 꽤나 만족스러울지도 모른다. 그러나 그런 일은 벌어지지 않았다. 오히려 그 반대였다. 스파르타가 쇠퇴하고 망했을 때, 그 이유는 활력이 부족해서가 아니라 시민의 수와 독창적 발상이 부족해서였고, 거기에는 스파르타 스스로의 책임이 컸다.

스파르타 역사에 중요한 사상(事象)이 두 가지 있다. 그리고 그 둘 다에 대해 우리는 그다지 잘 알지 못한다. 첫 번째는 정복한 주민들로부터 따로 떨어져 살겠다는 결심이다. 이에 대해 우리는 단순한 사실 이외에 아무것도 모른다. 다만 이것은 스파르타 역사 전체에서 드러나는 스파르타인의 예민한 감수성, 즉 자신들은 긴밀하게 엮인 공동체라는 느낌에 의한 자연스러운 결과다. 스파르타인은 고도로 조직되고 높은 자의식을 가진 집단으로서 물살이 빠른 에우로타스 강 유역을 정복했고, 늘 그런 상태를 유지했다. 스파르타인은 자신을 기존의 삶의 형식에 기꺼이 적응시키고자 하는 개인들이 아니라, 자신들만의 형식을 가지고 왔고 그것을 굳게 지키려 하는 공동체였다. 그래서 라케다이몬의 사회는 독특한 방식으로(비록 테살리아에 비슷한 형식이 있기는 했으나) 계층화되었다. 유일한 진정한 스파르타인으로서 '스파르티아테스'(*Spartiates*)가 가장 위였다. 페리오이코이(*Perioikoi*, '이웃들')는 그 밑이었다. 이들은 자유민이었으나 참정권은 없는 계급이었다. 밑바닥에는 헤일로타이(*Heilotai*)가 있었다. 이들은 스파르타인의 개인적 노예가 아니라 스파르타 공동체의 노예였다. 대부분은 토지에서 일했고, 소출의 절반을 스파르타 시민에게 바쳐야 했다. 스파르타 시민들은 한 사람당 몇 명씩의 헤일로타이를 할당받았다.

두 번째 중요한 사상에 대해서는 조금 더 많이 알지만 역시 그리 대단치는 않다. 이미 살펴본 대로, 인구과잉에 대한 일반적 구제책은 식민시를 개척해 보내는 것이다. 스파르타 역시 식민시를 건설했지만(타렌툼이 그중 하나다) 별로 많지는 않았다. 토지 부족에 대한 스파르타의 해결책은 훨씬 과감했다. 스파르타는 서쪽 이웃인 메세니아를 정복하여 토지를 병합하고, 주민을 노예로 만들었다. 이러한 병합은 그리스에서 극도로 드문 일이었다. 이웃의 영토를 착취하려면 상비군을 보유해야 한다는 명백한 난점 때문이었다. 스파르타는 상비군을 보유한 유일한 국가였다. 그것은 곧 헤일로타이에 의해 유지되는 시민계급이었다. 메세니아 점령은 스파르타가 감당하기에 벅찰 정도로 힘든 일이었다. 정복으로부터 한두 세대기 지난 후 기원전 8세기 말 무렵에 메세니아인은 반란을 일으켰고, 그 반란은 끔찍했다. 반란은 20여 년이 걸려서야 완전히 진압되었고, 티르타이오스의 권고는 스파르타가 얼마나 애를 먹었는지를 보여준다.

메세니아를 노예화함으로써 스파르티아테스는 자신의 나라 안에서 그 어느 때보다 소수가 되었고, 그것도 위협받는 소수였다. 스파르타인이 유명한 리쿠르고스의 제도를 채택한 까닭도 메세니아의 반란 때문이었다.

리쿠르고스에 대해서는 알려진 것이 전혀 없다. 심지어 그가 실존인물인지 허구인지도 모른다(단호한 '합리주의자'인 J. B. 베리는 그에 대해 전형적인 언급을 남겼다. "그는 인간이 아니었다. 신이었다."). 그 제도 중 여러 가지는 훨씬 더 오래되었지만, 이 시기에 적어도 스파르타인의 삶에 심대한 변화가 이루어졌음은 분명하다. 스파르타인의 삶에서 모든 우아함과 매력이 사라지고, 도시가 병영(兵營)과 같은 모습을 갖추기 시작한 것은 바로 이때, 기원전 7세기 말이다. '리쿠르고스'는 빈틈없는 논리로 이 상황에 대처했다. 노예들은 활동적이고 위험했으며 주인들보다 훨씬 수가 더 많았다. 스파르타 시민단은 이들을 억압하고 착취하는 소수의 지배계급으로 조직화되었다.

스파르티아테스는 농업, 상업, 전문 직업에 종사하는 것이 금지되었다. 그는 반드시 전문 군인이 되어야 했다. 그는 농토를 소유했고, 헤일로타이가 그 땅을 경작했다. 그는 공공 '회식'에서 식사했고, 자신의 농지에서 공동식사에 납부할 할당량을 조달했다. 만약 그가 할당량을 제공하지 못하면 더 이상 완전시민일 수 없었다. 가정생활은 심하게 제한되었다. 연약하다는 판정을 받은 아기는 내버려졌다. 소년들은 7세까지 어머니와 함께 살았고, 7세부터 30세까지는 공적인 군사훈련을 받았다. 소녀들 역시 엄격한 육체훈련을 받았다.

스파르타에서는 경기를 벌였는데, 그때 소녀들이 옷을 거의 입지 않아서 그리스인들조차 충격을 받았다. 공식적인 지적 교육이라고는 전혀 없었다. 다만 겸손한 행실이 매우 강조되었고, 복종과 용기의 덕목 역시 당연히 중시되었다. 헤일로타이는 가차없이 내리눌렀다. "비밀경찰은 위험한 인물이 될 가능성이 있는 인물이라면 무조건 살해하는 임무를 맡았다." 플루타르코스의 말인데, 이 점에서는 그가 무언가 오해를 한 듯하다.

그러나 리쿠르고스는 시민단을 언제나 준비된 효율적인 전투기계로 만드는 것만을 목표로 하지 않았다. 그는 엄청난 수고를 들여서 스파르타가 자급자족적이고 외국과 교류가 없는 나라가 되도록 했다. 교역은 억제되었고, 외국 방문객을 받아들이는 데 극히 까다로웠으며, 외국인들은 종종 아무런 절차 없이 추방되었다. 어떠한 대가를 치르더라도 외국의 사상이 유입되지 못하게 했다. 아테네에서는 화폐가 현명하게 관리되어 머나먼 갈리아 지방에 이르기까지 모든 곳에서 통용되었고, 거기에 매우 편리한 금융시스템까지 갖추어졌던 반면, 스파르타에서는 여전히 의도적으로 낡고 꼴사나운 철제 화폐를 사용했다. 그러나 국내에서 아무리 강제로 철을 사용하게 해도, 해외로 나간 스파르타인은 금이 내뿜는 우월한 매력에 눈이 휘둥그레졌다.

정치적 기본구조 역시 터무니없어 보인다. 왕이 두 명이었다. 로마 공화정에서 동등한 콘술 두 명이 있었던 것과 흡사하다. 기원은 서로 달랐겠지만 기대효과는 같았다. 두 경우 모두 독재정을 견제했다. 국내에서 왕들은 에포로이(*Ephoroi*, '감독관들')의 그늘에 가렸다. 감독관들은 대체로 추첨에 의해 선출되는, 5명의 임기 일 년짜리 정무관이었다. 그러나 국외로 나간 스파르타의 군대는 언제나 한 명의 왕에 의해 지휘되었고, 그때 왕은 절대적 권한을 가졌다. 원로원도 있었고 모든 스파르타인의 민회도 있었다. 그러나 민회는 논의를 할 수 없었고, 투표가 아니라―다른 그리스인들에게는 놀랍게도―함성으로 결정을 내렸다. 가장 큰 함성이 회의를 이끌었다. 이러한 국제(國制)는 하늘과 땅의 모든 것들을 분류하는 데 익숙했던 후대의 그리스 이론가들을 당황케 했다. 그들로서는 이것을 군주정, 귀족정, 과두정, 민주정 중 무엇으로 불러야 할지 알 수 없었다. 이것은 예전의 것(예를 들어 왕들)을 아무것도 없애지 않고, 새로운 것은 어떤 것도 논리적 결론으로 발전시키지 않음으로써 도달한 국제였다.

'이 황폐하고 부정적인 삶의 방식이 스스로에게 강요된 이유는 스파르타인이 헤일로타이의 노동에 의존하여 살아가기로 결정했기 때문이다.' '스파르타의 경직성은 결국 도덕적, 지적, 경제적으로 파멸적인 결과를 낳았다.' '헤일로타이에게 강요된 삶은 분명 음울했다. 비록 역사는 언제나 습관적으로 음울한 일들만을 열심히 기록하고 나머지는 잊어버리곤 한다 할지라도 말이다.' 역사가가 이와 같이 지적한다면 기본적인 의무를 이행했을 뿐이다. 그러나 역사가가 이 정도에서 멈춘다면, 아직 의무를 다 마치지 않았다. 헤일로타이에도 불구하고, 그리고 이토록 경직되고 황폐했음에도 불구하고, 스파르타는 적어도 펠로폰네소스 전쟁 때까지는 다른 어떤 폴리스보다도 인상적이었고, 그리스인 중에는 스파르타의 잘못을 분명히 알면서도 적어도 스파르타의 이상에 대해서만은 깊은, 심지어 질투어린 존경심을 가진 사람들이 많았다.

이러한 삶이 스파르타인에게는 하나의 이상이었음을 깨달아야 한다. 나는 (유행에 맞추기 위해) '착취' 당하는 헤일로타이에 대해 이야기했다. 만약 '착취'라는 용어가 현대적 함의로 쓰인다면, 스파르타 시민들이 헤일로타이의 노동 덕분에 어느 정도 안락한 삶을 살았다는 의미다. 그러나 사실은 스파르타인의 삶은 너무나 검소하고 엄격했다. 현대인에게 선택하라고 하면 스파르타 시민으로 사느니 차라리 헤일로타이의 삶을 선호할 정도였다. 스파르타와 스파르타인에 대한 이야기들은 셀 수 없이 많은데, 그중 상당수는 사실 친스파르타적인 저자들에 의해 기록되었다. 그러나 스파르타인의 삶의 방식을 다룬 사람들은 이구동성으로 하나의 방향을 가리킨다. 스파르타의 공공 회식에 참가했던 한 시바리스인은 이렇게 말했다. "이제 나는 비로소 스파르타인이 왜 죽음을 두려워하지 않는지 알겠다." 스파르타인이 먹는 검은 죽을 대면한 어떤 방문객은 이렇게 말했다. "이 음식을 먹으려면 에우로타스 강에서 한참 수영을 해야 하겠군." 아게실라오스 왕은 리쿠르고스의 법이 스파르타인에게 안겨준 가장 큰 유익이 무엇이냐는 질문에, "쾌락에 대한 경멸"이라고 대답했다. 올림피아에 있던 견유학파의 디오게네스는 로도스 출신의 젊은이들이 화려한 옷을 입고 다니는 모습을 보고 "멋만 부리는 자들이여!"라고 소리쳤다. 그리고 초라한 옷을 입은 스파르타인들을 보고서는 "훨씬 더 멋을 부린 자들이로다!"라고 말했다.

스파르타의 많은 개인들이 도시의 이상에 맞게 살지 않았다는 것은 우리가 충분히 이해할 만한 현상이다. 그러나 스파르타는 진정한 이상을 보유했고, 그 이상은 매우 엄격했다. 그것은 스파르타인에게 삶의 의미를 안겨주었고, 스파르타인임을 자랑스럽게 만들었다. 스파르타 군인들과 스파르타 여성들의 영웅적 행동들은 전설이면서 사실이다. 일상생활에서 스파르타인의 행동이 어떠했는지에 대해서는 확실히 알기 힘들다. 그 문제에 대해 자세히 알려줄 만큼 스파르타인을 잘 알았던 다른 그리스인이 없었기 때문이다. 그러나 플루타르코스가 전하는 다음 이야기는 전형적인 스파르타인을 보여준다. 어떤 노인이 올림피아 제전이 열리는 곳에서 앉을 자리를 찾느라 돌아다니자, 군중들이 조롱하고 욕했다. 그러나 그가 스파르타인이 앉아 있는 곳에 이르자, 젊은이들은 모두 일어서고 나이든 사람들도 많이 일어서서 그에게 자리를 양보했다. 군중은 스파르타인에게 박수갈채를 보냈고, 그 노인은 한숨을 쉬며 이렇게 말했다. "옳은 일이 무엇인지는 모든 그리스인이 알고 있구나. 그러나 오직 스파르타인만이 실천에 옮기는구나."

사실 스파르타 국가를 싫어했던 사람들마저도 스파르타인이 자신의 삶에 어떤 형식, 유형을 부과하고 그것을 위해 너무나 많은 것을 포기했다는 사실에 감명을 받았다. 이 형식이 많은 부분 외부로부터, 즉 헤일로타이의 위협에 의해 부과되었음은 사실이다. 그러나 스파르타인이 원치 않았던 강제를 자발적인 강제로 전환시켰음도 사실이다. 역사를 공부할 때에는 명백한 것만 보다가 중요한 것을 놓치지 않도록 주의해야 한다. 여기에서 중요한 것은 '리쿠르고스의 법'이 헤일로타이를 스파르타인에게 복속시키는 목표뿐 아니라, 이상적 시민의 창조를 추구했다는 점이다. 편협한 이상이기는 했으나 그럼에도 진정한 하나의 이상이었다.

그리스인은 스파르타의 법이 그리스적 관념에서 법의 최고의 기능을 너무나 철저하게 수행했다는 점을 존경했다. 현대의 법 관념은 완전히 로마식이라서, 우리는 법이 창조적이고 조형적인 역할을 한다고는 생각하기 힘들다. 그러나 그리스인에게는 그것이 당연한 관념이었다. 로마인은 법이 무엇보다도 순수하게 실용적이라 생각했다. 법은 사람들과 일들의 관계를 규정했고, 법 자체는 관행의 성문화였다. 로마의 법률가들은 그리스의 영향을 받기 전에는 법률들로부터 '법'의 일반적 원리를 추론해 낼 생각도 하지 못했다. 그러나 그리스는 폴리스의 총체적 법률, 즉 노모이(*nomoi*)가 도덕적이고 창조적인 힘을 가졌다고 생각했다. 법률은 개별 사례에서 정의를 확보하기 위해서뿐 아니라, '정의'를 고취시키기 위해 만들어졌다. 그래서 아테네 젊은이는 2년 동안 군복무를 하면서 노모이를 교육받았다. 노모이는 국가의 기본법으로서, 자동차 전조등을 켤 것 따위를 규정하는 개별적인 법규들과 구별되었다. 그런 법규들은 '프세피스마타'(*psephismata*), 즉 '의결된 사항들'이었다. 그리스인에게는 종교 교리나 교회가 없었다. 그들에게는 우리 생각에 교리와 교회를 대신할 만족스런 대체물인 '교육부' 조차도 없었다. 폴리스는 바로 '법'을 통해 시민들에게 도덕적, 사회적 의무를 가르쳤다.

그러므로 스파르타는 에우노미아(*Eunomia*) 곧 '법에 의해 잘 통치되는 상태'로 인해 존경받았다. 왜냐하면 스파르타의 이상을 좋아하든 싫어하든, 스파르타는 법률과 제도를 통해 시민들을 너무나 완벽히 이 이상에 맞게 훈련시켰기 때문이다. 스파르타는 시민들이 이기심을 버리고 공동선에 헌신하도록 훈련시켰다. 혹 때로 스파르타가 현저히 실패한다 해도, 그것은 법률의 잘못이 아니라 인간 본성의 결함 때문이었다. 스파르타는 수세기 동안 법률을 변경하지 않았기에 (혹은 변경하지 않았다고 여겨졌기에) 칭송받았다. 우리에게는 이것이 유치해 보인다. 그러나 그리스의 무언가가 유치해 보일 때, 우리는 다시 살펴보는 편이 좋다. 우리는 법률이 상황의 변화에 따라 변해야 한다고 굳게 믿는다. 어쩌면 그리스인은 상황 앞에서 우리만큼 겸손하지는 않았나 보다. 그리스인의 세계는 우리보다 정적이었고, 변화에 굴복할 이유가 적었다. 정도는 다 달라도, 그리스인은 자신을 어떤 삶의 형식에 적응시키기보다는 오히려 자신의 삶에 일정한 형식을 부과하려는 생각을 가졌다. 스파르타는 델포이가 승인한 (그렇게들 믿었다) '리쿠르고스의 법'을 받아들임으로써 그렇게 했다. 그런 형식을 바꿀 이유가 어디 있겠는가? 우리는 교회의 교리가 수세기 동안 변하지 않았다는 말을 들으면서 미소를 짓지는 않는다. 스파르타인에게 '리쿠르고스의 법'은 시민단 내부에서 엄격하게 규정된 '덕스러움'의 형식, 다시 말해 아레테 곧 인간 탁월성의 형식이었다. 이것은 아테네의 '덕스러움'보다 좁은 개념이었고, 현대의 인도주의자들은 이것의 요구에 소스라치며 불쾌해한다. 그러나 몇몇 측면에서는 잔인하며 어떤 측면에서는 야수적이기는 해도, 여기에는 영웅의 성품이 담겨 있다. 스파르타인은 스파르타가 예술적으로 불모지라고 인정하지 않으리라. 예술, 곧 포이에시스(*poiesis*)는 창조이며, 스파르타는 나무나 돌로 된 것이 아니라 인간을 창조했다.

아테네

아테네인은 글로스터셔(Gloucestershire)보다 약간 작은 아티카 지역을 차지했고, 전성기에는 브리스톨에 약간 못 미치는 인구수를 가졌다. 이 정도 크기의 국가가 두 세기 반 만에 정치인으로는 솔론, 페이시스트라토스, 테미스토클레스, 아리스테이데스, 페리클레스를, 극작가로는 아이스킬로스, 소포클레스, 에우리피데스, 아리스토파네스, 메난드로스를, 가장 인상적인 역사가 투키디데스를, 가장 인상적인 연설가 데모스테네스를, 아크로폴리스의 건설자 므네시클레스와 이크티노스를, 조각가 페이디아스와 프락시텔레스를, 최고의 해군 제독 포르미온을, 그리고 소크라테스와 플라톤을 낳았다. 단순히 재능만 가진 사람들은 포함하지 않고도 이 정도 명단이 나온다. 그 시기 동안에 아테네는 플라타이아의 원군 1,000명의 도움만으로 마라톤에서 페르시아를 물리쳤다. 더욱 결정적인 승리를 거둔 살라미스에서는 다른 그리스인들 전부보다 더 큰 역할을 했다. 그리고 역사상 유일한 진정한 그리스 제국을 건설했다. 이 시대의 상당 기간 동안 정교하게 제작되고 채색된 아테네 토기가 지중해 전역과 유럽 중부에서 인기를 끌었고 칭송받았다. 그리고 가장 놀라운 일은, 오늘날의 영화에 상응하는, 인민이 즐기던 오락이 역사상 가장 고귀하고 가장 완고한 연극이었다는 점이다. 이 사실은 우리들의 경험과는 상당히 거리가 멀다. 심지어 현대의 어떤 그리스 역사가는, 아테네의 일반인은 구할 수만 있었다면 무언가 저급한 것들도 즐겼으리라고 말했다. 그러나 이것은 결코 인정할 수 없는 소리다. 우리는 일반 시민들이 비극들이 끝이 나고 우스꽝스런 사티로스극이 시작될 때에 맞추어 느지막이 극장에 도착했다는 소리는 들어본 적이 없다. 오히려 반대로, 아리스토파네스의 희극들은 언제나 에우리피데스나 아이스킬로스를 아주 비슷하게 패러디함으로써 극장 전체를 웃음의 도가니로 만들려는 계산을 깔았다. 만약 아테네의 일반 시민이 좀 더 '대중적'인 것을 원했더라면, 충분히 구할 수 있었다. 아테네 시민은 완전하고 직접적으로 통제권을 보유했기 때문이다. 간단히 말해, 이 한 도시가 그리스와 유럽 문화에 끼친 기여는 너무나 놀라우며, 문명의 기준이 안락함과 신기한 물건들이 아니라면, 기원전 480년부터 기원전 380년까지의 아테네는 분명 지금까지 존재한 사회 중 가장 문명화된 사회다.

이토록 높은 자질과 폭넓은 성취는 그리스인의 타고난 천재성이 특출함을 증명한다. 그러나 다른 측면, 곧 이러한 타고난 천재성이 계발되고 완전히 표현되도록 해 준 삶의 조건들 역시 중요하다. 그래서 이 장과 다음 두 장에서는 아테네 폴리스의 발전을 상세히 추적하겠다. 기원전 5세기에 꽃피운 아테네 문화는 종종 '기적'으로 불린다. 그리스식 어법에서는 어떤 질병들도 이와 비슷하게 '기적적이다' 또는 '신이 보냈다'라고 불린다. 그러나 사려 깊은 그리스의 한 의학자는 질병에는 예외가 없으며, 모든 질병은 똑같이 자연적이고 똑같이 '신이 보냈다'고 선언했다. 나는 이 뛰어난 과학적 의사를 모방하여, 페리클레스 시대 아테네의 성취가 다른 시대 다른 장소의 성취와 마찬가지로, 똑같이 기적적이며 똑같이 자연적임을 보여주고자 한다. 이 장에서는 고전기 초기 아테네의 발전을 살펴보자.

우리가 이미 살펴보았듯이, 아테네의 전설에 따르면 아테네인이 아티카 원주민이며, 전통적인 아테네 왕의 계보를 좇아가면 기원전 14세기에 이르게 된다. 아테네에 미케네 시대 마을이 있었음은 이미 밝혀졌다. 그러나 아테네는 『일리아스』에서 결코 두드러진 곳이 아니었다. 후대에 아티카의 작은 폴리스 수십 개가 모여 정치적 통합을 이룸으로써 위대한 아테네로 가는 길을 열었다. 토기 제작이 미케네 시대 말의 퇴락과 암흑시대의 미약한 지방주의로부터 회복되기 시작했을 때, 그 부흥이 시작된 곳이 기원전 900년경의 아테네라는 점은 흥미로운 일이다. '디필론'(Dipylon) 토기들(디필론 문 근처에서 발견되었기 때문에 붙은 명칭)은 미케네 시대의 기하학적 양식으로 장식되었지만, 갑자기 활력을 되찾았다. 퇴락기의 무의미한 장식들을 포기했다. 아마도 아티카는 도리스인이 일으킨 소요에 의해 피해를 덜 입었기 때문에 가장 먼저 고대 문화와의 접촉을 재개한 듯하다.

　대략 기원전 900년에서 600년 사이에, 스파르타가 펠로폰네소스에서 주도권을 주장하고 모든 그리스인의 지도자로 인정받기 시작했을 때, 아테네는 2류 혹은 3류의 세력이었다. 바로 이 시기에 몇몇 천재적 정치가들이 아티카의 통합을 제안하고 실행했음이 분명하다. 이것이 아테네인의 정치적 업적들 가운데 첫 번째 일이다. 아테네인은 정치적 재능에서는 천재적이었다. 로마인은 이 측면에서는 아테네인과 비교조차 안 된다. 로마인은 여러 가지 재능을 가졌으나, 정치적 재능은 없었다. 로마에서는 중요한 개혁을 실행하려 할 때마다 내란이 벌어졌다. 공화정의 업적이라고는 로마를 빈곤한 폭도들로 채우고, 이탈리아를 황폐화시키고, 노예반란을 촉발시키고, 동방의 전제군주마저 격분시켰을 노골적인 개인적 탐욕을 가지고 제국(적어도 부유한 지역들)을 다스렸던 일들뿐이다. 다른 한편으로, 제국이 이룩한 업적은 정치적 삶이란 불가능하다는 사실을 수용하고, 그 대신 국가라는 기구를 창조한 것이었다. 나는 아테네 제국은 50년을 지속했고 로마 제국은 500년을 지탱했음을 안다. 그러나 제국을 소유했다는 사실이 꼭 정치적인 성공의 증표는 아니며, 뭐라 해도 지금 내가 다루는 대상은 성공이 아니라 천재성이다. 로마 국가는 종종 완전한 혼란 상태를 조장하기는 했으나 그 중간 중간에 구성원들의 삶을 조직화하고 보호하기 위해 많은 노력을 기울였다. 우리는 서기 1세기에 유럽-지중해 세계가 고금을 통틀어 그 어느 때보다 더 평화롭고 편안했음을 잊지 말아야 한다. 그러나 로마 국가는 결코 아테네 폴리스가 기원전 6세기, 5세기, 4세기와 그 이후 시대까지도 했듯이 구성원들의 삶을 변화시키지는 못했다. 만약 어떤 정치 체제가 그런 일을 해낸다면, 우리는 마땅히 그 체제를 발명한 사람들에게 천재라는 이름을 붙여야 한다. 그 체제가 이상적이라고 주장하지는 않도록 조심해야 하겠지만 말이다. 그리고 나는 사회적 문제들을 어린아이나 광신도처럼 폭력으로 해결하지 않고, 합리적인 방식으로 다루려고 했던 아테네인의 전반적 경향이 그러한 천재성을 가장 잘 표현한다고 생각한다. 우리는 매번 아테네인이 이렇게 행동하는 모습을 본다. 특권계급은 열린 마음으로 논쟁을 받아들였고, 대개 법원의 판결을 충실히 수용했다. 아테네인의 삶에는 공동의 이익, 즉 '토 코이논'(To koinon)에 대한 생각이 깊이 배여 있었다. 이것은 현대의 그리스나 유럽에서도 찾아보기 힘들듯이 고대 그리스에서도 드문 일이었다.

아티카의 통합을 이러한 성향의 첫 번째 표현이라고 말해도 합당하다. 투키디데스는 이 일에 대해 전통적인 설명을 하는데, 중요한 한 가지 사항에 대해서는 분명히 틀렸다. 투키디데스는 전쟁이 발발했을 때 아티카의 주민들이 어떻게 아테네-피라이오스 성벽 안으로 피신했는지를 이렇게 묘사한다.

> 그들은 시골에서 아내와 자식들을 데려오고, 모든 가재도구들을 비롯해 심지어 가옥의 목재까지 뜯어서 가져오기 시작했다. 소 떼와 양 떼는 에우보이아와 인근 섬들로 보냈다. 그러나 그들이 기꺼운 마음으로 이렇게 철수하지는 않았다. 사람들 대부분은 언제나 시골에서 사는 데 익숙했기 때문이다. 이런 측면에서 아테네인은 다른 곳의 사람들보다 언제나 훨씬 더 그러했다. 케크롭스 치하에서, 그리고 테세우스에 이르는 초기의 왕정에서 아티카에는 언제나 독립적인 공동체들이 있었다. 이들은 각각 자신의 공회당과 정무관을 가졌다. 위기가 닥치지 않는다면 그들은 왕의 조언을 구하지 않았다. 각 공동체는 자신의 일을 알아서 처리했고, 가끔은 왕에 대항하여 전쟁

을 벌였다. 그러나 강력하고 지혜로운 남자인 테세우스는 왕위에 오르자 아티카를 여러 방면에서 재조직했다. 그가 취한 행동 중 한 가지는 다른 도시들의 협의회와 정무관직을 폐지시키고 아테네와 통합시킨 조치다. 그래서 하나의 공회당과 하나의 협의회 의사당을 지정했다. 아티카의 주민들은 자신의 재산을 이전과 다름없이 향유했으나, 이제 단 하나의 도시에 소속되었다. …… 그리고 그때부터 지금까지 아테네인은 공공 비용으로 시노이키아(Synoikia) 여신의 제전을 성대히 치른다.21)

투키디데스가 오류를 범한 부분은 연대의 문제다. 테세우스에게 공로를 돌리면 이 일은 트로이 전쟁 이전의 사건이 된다. 그 밖의 측면에서 위의 전승은 충분히 믿을 만하다. 우리는 여기에서 군주정이 귀족 가문(혹은 씨족)의 강력한 수장들 앞에서 무력하게 해체된 모습을 발견한다. 그 수장들은 아카이아의 오랜 군주정을 쪼개어 작은 폴리스들을 만들었고, 각 폴리스는 몇몇 '씨족들'을 포함했다. (이 지역적 씨족집단은 기원전 500년경 클레이스테네스가 종지부를 찍을 때까지 꽤 성가신 존재로 남았다.) 거의 유일하게 아티카에서만 이것이 그리스인에게 어울리기는 하지만 어리석은 체제라는 데 대해 충분한 합의가 이루어졌다. 이러한 상황은 현명하고 강력한 테세우스 한 사람이 아니라 여러 가지 정치적 노력에 의해 종결되었다. 이때쯤이면 왕정은 이미 유명무실했기 때문이다. 실제로 전승 자체도 이 점을 분명히 보여준다.

그다음으로 우리에게 들려오는 일은 기원전 621년에 드라콘이라는 사람에 의해 법전이 공포되었다는 것이다. 이전까지 법이란 전통과 관습의 문제였고, 군주정을 뒤이은 귀족 계급은 전통적인 법의 수호자요 집행자였다. 이미 헤시오도스가 '뇌물을 삼키고 판결을 굽게 하는 유력자

6장 위대한 아테네로 가는 길 **151**

들'에 대해 매서운 글을 썼고, 아티카에서 상황은 분명 극에 이르렀다. 스코틀랜드의 부족장들이 탐욕스런 영주로 돌변한 셈이다. 아티카에서도 이와 비슷한 일이 벌어졌고, 희생자들은 저항했다. 아티카의 통일은 귀족의 힘은 물론 귀족의 과오 역시 더욱 드러나게 했다. 결국 전통적 법률은 비록 매우 가혹한 내용이지만 성문화되어 공표되었다. 이로써 최소한 자의적인 억압에 대항하여 약간의 방어가 가능해졌다. 그러나 충분하지는 않았다. 생계를 유지하는 데 실패한 많은 소농들이 처음에는 부유한 귀족에게 땅을 저당 잡혔고, 나중에는 빚을 갚지 못해 귀족의 노예가 되거나 심지어 외국으로 팔려갔다. 부채 탕감과 노예 해방, 그리고 토지 재분배에 대한 요구가 드높았다. 당시의 불만에 대해 한 아테네인이 깊은 관심을 가졌다. 그는 상인이며 여행자였고, 철학자 같으면서도 정치가 같았고, 상당히 수준 높은 시인이었다. 이 사람은 솔론이었다. 솔론은 고대의 가장 위대한 경제학자로 불리기는 했으나 실제로 정치경제학에 대해서는 잘 몰랐다. 솔론은 단순히 문제의 근원이 '제도'가 아니라 '탐욕과 불의'라고 생각했다. 솔론은 자신의 시를 통해 이것을 매우 고상하게 표현했다. 그 결과는 대단했다. 대립하던 분파들이 현재의 불만을 정리하는 데 필요한 시간 동안 솔론에게 독재자의 권력을 주기로 동의했다. 이것은 이 작은 국가들에서 가능했던 간단하고 직접적인 방식이었다.

많은 그리스 국가들은 이 지경에 이르러서도 아무것도 하지 않았다. 결국 불만을 품은 계급이 혁명과 재산몰수로 보복했고, 당연히 혁명과 반혁명이 끝없이 이어졌다. 솔론은 그렇게 되기를 결코 원하지 않았다. 솔론은 채무로 인한 노예화를 단번에 끝장내었다. 솔론은 부채를 경감시켰고, 토지소유를 제한했고, 채무로 인해 상실된 토지를 회복시켰으며,

해외로 팔려나간 이들을 아티카로 되돌아오게 했다. 그러나 아티카의 경제에 솔론이 끼친 최고의 공헌은 농업을 새로운 기반 위에 올려놓은 것이었다. 문제의 일부는 순전히 경제적인 것으로, 화폐의 도입에 따른 결과였다. 그러나 주된 원인은 아티카가 본질적으로 자급자족이 불가능하다는 점이었다. 아티카 토양의 대부분은 곡물을 재배하기에는 너무 척박했다. 반면에 올리브와 포도를 키우기에는 매우 적합했다. 그래서 솔론은 특화작물을 장려했다. 솔론은 올리브유의 생산과 수출을 장려했고, 산업을 육성했다. 외국 기술자들에게는 아테네 시민권을 약속하여 아티카에 정착하도록 유도했고, 아버지들은 모두 아들에게 한 가지 기술을 가르쳐야 한다고 명령했다. 그리스인이 본래 노동을 멸시한 귀족이었다고 배운 이들은 이 점을 명심해야 한다. 이러한 조치의 직접적인 결과로 기술이 성장했고 아테네 토기 제작자들의 수준이 높아졌다. 아테네의 토기장이들은 기술과 심미안을 바탕으로 지중해 전역과 심지어 유럽 중부에까지 도달한 위대한 그리스 토기들을 삽시간에 독점했다.

경제적인 문제에는 자연히 정치적인 문제도 뒤따랐다. 아테네는 일년 임기의 아르콘들(지배자들)에 의해 통치되었다. 이들은 몇몇 귀족 가문 출신들로서 일정한 재산자격을 갖춘 시민들의 민회에서 선출되었다. 아르콘들은 임기가 끝나면 유서 깊은 아레오파고스('아레스'의 언덕) 협의회의 구성원이 되었다. 귀족적인 아르콘들은 역사적 관점에서 보자면 고대 군주정을 대체했고, 그들이 합류할 협의회는 로마의 원로원과 매우 흡사하게도 폐쇄적이고 강력한 기관이었다. 솔론은 유서 깊은 협의회를 건드리지 않았다. 그러나 솔론은 혈통자격을 폐지하고 재산자격으로 대체했다. 새로운 상인계급이 최고위 관직을 바라보게 되었으며, 시간이 지나면서 협의회의 성격도 변화되었다. 모든 시민들은 민회에 참석할 자격을 얻었다. 민회의 권한이 어떻게 증가했는지는 그리 명확하지 않다. 그러나 적어도 이제 민회는 선출직의 400인 협의회를 확보할 만큼 중요해졌다. 400인 협의회는 일종의 실행위원회로서 민회의 업무를 미리 준비했다.

솔론은 이 모든 일을 이룬 뒤, 자신의 비상대권을 내려놓고 전략적으로 여행을 떠나 버렸다.

이쯤에서 "솔론이 나라를 떠나자마자 가장 격렬한 폭풍이 불어닥쳤다. 가난한 자들은 얻어낸 것이 너무 적다고 분노했고, 귀족들은 너무 많은 양보를 강제로 해야 했다고 화를 냈다. 두 분파는 오직 솔론에 대한 들끓는 증오만을 공유했지만, 그것으로는 아티카 전역에서 봉기가 일어나는 것을 막을 수 없었다"라고 쓴다면 매우 흡족할는지도 모른다. 그러면 우리는 동질감을 느끼고, 아테네인들도 아무튼 다른 사람들과 전혀 다를 바 없다는 편안한 느낌을 가진다. 그러나 그런 일은 벌어지지 않았다. 한편으로는 당시에는 아직 '마르크스의 법칙'이 통과되지 않았기 때문이며, 또 한편으로는 아테네인이 공동선이 분파의 이익보다 더 중요하다고 생각했기 때문이다. 어쩌면 이러한 측면 하나만큼은 영국인과 비슷하다 하겠다.

그러나 아티카의 역사는 요정 이야기가 아니다. 솔론 역시 마법의 막대기를 흔든 사람이 아니었다. 정치적 불안정은 결국 다시 터져 나왔고, 이번에는 아테네에서도 동시대 다른 여러 그리스 도시들과 마찬가지의 결과가 나왔다. 참주정이 등장했다.

페이시스트라토스는 일반적 형태의 참주였다. 그리스 참주의 수법과 정책은 오늘날 우리 시대의 독재자들과 매우 비슷하다. 개인 호위대, 제국의회 건물 방화, 베를린 올림픽 경기, 폰티노 습지의 배수공사, 로마

포룸의 정리, 이 모든 일들에 대해 페이시스트라토스와 여러 그리스 참주들의 이야기에서 유사한 사례들이 발견된다. 그러나 매우 중요한 차이점이 있다. 그리스 참주들은 거의 언제나 귀족이었고 교양을 갖춘 인물이었다. 우리가 아는 미치광이 반지성적 속물과는 전혀 달랐다. 참주 중의 몇몇은 후대에 인정된 '고대의 7현자'에 포함되었다. 페이시스트라토스는 참주의 좋은 사례다.

(한 세기 이상 뒤에 글을 썼던) 헤로도토스는 페이시스트라토스의 등장을 다음처럼 묘사했다. 아테네 귀족인 히포크라테스는 관람객으로서 올림피아 제전에 참여했고, 신에게 바칠 제물을 준비했다. 그는 큰 솥에 물을 채우고 제물로 바칠 고기를 집어넣었다. 그런데 불을 붙이지도 않은 솥이 금세 끓어 넘쳤다. '7현자'의 한 명이던 스파르타의 킬론이 이 경이로운 일을 풀이하고는, 히포크라테스에게 아들을 낳지 말라고 충고했다. 그러나 히포크라테스는 아들을 낳았고 그가 바로 페이시스트라토스였다. 한편 아티카에서는 분쟁이 벌어졌다. 해안가에 살던 사람들을 메가클레스가 이끌었고, 리쿠르고스라는 사람이 도시의 사람들을 이끌었다. (어떤 사료에는 해안파와 평원파라고 나온다. 이것은 상인들과 지주들 사이의 이해관계가 충돌했다는 의미로도 보인다. 그러나 이것은 그리스의 정치의 합리성을 너무 과도하게 평가할 위험이 있다. 그리스인은 언제나 순전히 지역적이고 개인적인 분쟁을 엄청난 열정을 가지고서 일으키곤 했다.) 페이시스트라토스는 최고의 권력을 노리고 제3의 분파를 형성했다. 그는 (아마도 가난한 농촌 계급이었을) 산악지방의 사람들을 보호한다는 핑계로 자신의 도당을 끌어 모은 후, 다음과 같은 계략을 꾸몄다. 자기 몸과 노새를 자해(自害)한 뒤 광장으로 마차를 몰아 마치 밖에 있는 적들에게서 도망쳐 온 것처럼 꾸미고서는 호위대를 요청했다. 그는 니사이아를 메가라로부터

탈환하는 데 공이 큰 유력 시민이었기에, 아테네인은 그가 시민들 중 일부를 선택해서 창이 아닌 곤봉으로 무장시키도록 허용했다. 페이시스트라토스는 이들을 이용해서 아크로폴리스와 정부를 장악했다. 그러나 기존의 정무관들이나 법률은 전혀 건드리지 않았고 도시를 잘 운영했다.

그러자 경쟁하던 메가클레스와 리쿠르고스는 정신이 번쩍 들었다. 그들은 협약을 맺고 페이시스트라토스를 몰아냈다. 그 뒤 둘은 다시 분쟁을 시작했고, 마침내 메가클레스는 (추방되었던) 페이시스트라토스에게 자신의 딸과 결혼한다면 지원해 주겠노라 제안했다. 계약은 성립되었으나, 다시 한 번 속임수를 써야 한다는 어려움이 남아 있었다. 헤로도토스는 이 두 번째 계략을 약간 퉁명스럽게 설명한다.

그들은 이전의 어떤 발상보다도 가장 우스꽝스런 계획을 고안했다. 특히 두 가지 면을 고려할 때 그렇다. 먼저 그리스인은 언제나 명민함, 그리고 단순한 바보스러움으로부터 자유로움으로써 야만인들과 구분되었다. 그리고 이 속임수는 그리스인 중에서도 가장 지적인 사람들로 여겨지는 아테네인을 대상으로 펼쳐졌다. 피에(Phye)[22]라는 이름의 여인이 있었다. 육척 장신에 매우 아름답기까지 했다. 페이시스트라토스 무리는 그 여인을 완전무장시키고, 그녀가 맡은 역할을 미리 연습시킨 후, 전차에다 그녀를 태우고 도시로 달려갔다. 도시에서는 앞서 달려간 사자들이 "아테네 사람들이여! 페이시스트라토스를 환영하시오! 아테나 여신께서 친히 모든 사람들 위에 그를 명예롭게 하시며 지금 자신의 도시로 오고 계시다오!"라고 선포했다. 사자들은 온 도시에 이 이야기를 전했고, 이 여인을 아테나 여신으로 믿은 사람들은 페이시스트라토스를 받아들였다. 또한 인간 여인에게 경배를 드렸다.

이 이야기는 사실일 것이다. 현대의 신문들이 '몽스(Mons)의 천사들'(1914년 몽스에서 성 조지와 천사들이 나타나 영국군의 후퇴를 도왔다는 주장—옮긴이)을 얼마나 진지하게 다루었는지 잊지 말자. 이 속임수가 실행되었다면, 메가클레스와 페이시스트라토스가 헤로도토스보다 훨씬 더 큰 즐거움을 누렸을 것이 분명하다.

이 천재적인 귀족은 (메가클레스와 다투는 바람에) 안전하게 권력을 확보하기 전에 다시 한 번 '귀환'의 계략을 짜야 했다. 이번에는 노골적인 군사적 수단을 이용했고, 정적들의 태만과 시민들의 암묵적인 동의의 덕을 보았다. 페이시스트라토스는 동료 귀족들이 더 이상 허튼 수작을 부리지 못하게 했다. 그러나 유혈사태는 일어나지 않았다. 많은 귀족들은 도망쳤다. 페이시스트라토스는 나머지 귀족들의 아들들을 인질로 잡아 자신이 지배하는 어떤 섬에 가두었다. 이렇게 한 뒤, 페이시스트라토스는 20년간(기원전 546~527) 선정을 펼쳤다. 페이시스트라토스는 다양한 방법으로 가난한 농부를 도왔고, 몰수한 토지를 분배했고, 수도시설을 건설하여 아테네 시민이 갈구하던 물 공급을 해결했고, 전반적으로 아티카의 복지와 체제의 안정에 크게 기여했다. 페이시스트라토스는 또 아테네의 국제적 명성을 드높이는 데도 한몫 했다. 다른 참주들은 화려한 궁정을 보유했고, 아마 페이시스트라토스도 그랬을 것이다. 당시의 조각과 토기 그림들을 보면 예술이 지극히 우아하고 화려하게 발달했다. 시라쿠사의 참주 히에론이 후에 시모니데스, 박킬리데스, 근엄한 핀다로스, 아이스킬로스를 끌어들였듯이, 페이시스트라토스는 이오니아 시인 시모니데스와 아나크레온을 자신의 궁정에 초대했다. 페이시스트라토스는 모든 참주들처럼 건축 사업을 벌였다. 페이시스트라토스의 가장 장엄한 계획은 제우스 올림피오스의 신전 건설이었다. 그러나 이 신전이 완성되려면 훨씬 더 강력한 지배자가 등장하기를 기다려야 했다. 하드리아누스 황제가 완성한 이 신전의 유적은 오늘날에도 아테네의 유명한 구경거리다.

이리하여 페이시스트라토스는 아테네를 작은 시골도시에서 국제적으로 중요한 도시로 키웠다. 그러나 그의 문화 정책 중에서 훨씬 더 중요한 것은 따로 있다. 페이시스트라토스는 국가의 제전 중 몇몇을 훨씬 큰 규모로 재조직했다. 그 하나가 디오니소스 제전이었다. (디오니소스는 고작 포도주의 신이 아니라 자연의 신이다.) 페이시스트라토스는 이 제전을 확대시키면서 새로운 예술 하나에 처음으로 공적인 지위를 부여했다. 바로 비극 공연이다. 그리스에는 다양한 형태의 연극이 널리 퍼져 있었다. 예를 들어, 디오니소스를 기리는 의례적 공연인 무용극은 인물을 흉내 내는 마임(mime)이었다. 특히 디오니소스에게 바치는 디티람보스(*dithyrambos*) 찬가와 춤은 점점 연극화되었다. 여기에서 합창단 지휘자는 합창단에서 떨어져 나와 합창단과의 서정적 대화를 읊조렸다. 아티카에서 이러한 초보적 연극이 예술적 형태를 갖추도록 만든 사람은 테스피스였다(이 사람에 대해 우리는 거의 아무것도 모른다). 그리고 페이시스트라토스는 새로운 제전에 통합시킴으로써 연극에 위엄을 부여했다. 최초의 비극 경연대회는 기원전 534년에 벌어졌고, 우승자는 테스피스였다. 이 공공 연극은 새로운 아테네인의 정신을 가장 잘 표현했고 품위를 더했다. 이에 대해서는 나중에 이야기하자.

새로운 연극은 물론, 서사시 역시 이 계몽적 지배자 덕에 공적인 지위를 얻었다. 호메로스 서사시 낭송회는 거대한 판아테네 제전, 즉 '아테네 연합 제전'에 통합되었다. (페이시스트라토스보다 500년 뒤의) 키케로 때에 나온 어떤 이야기에 따르면, 페이시스트라토스는 처음으로 호메로스 정본(定本)을 만들어 냈다고 한다. 이것은 너무나 개연성이 없는 일이지만, 최소한 페이시스트라토스가 그리스의 문화사에 남긴 인상이 어떠한지를 반영해 준다.

"이 모두는 단순히 참주 개인의 심미적 본성을 충족시킨 것보다 훨씬 큰 의미를 가진다. 이것은 진정한 비전을 가진 사람만이 고안할 수 있는 정책이었다. 이전까지는 예술과 문학을 음미하는 취미는 극소수의 집단에게 제한된 일이었다. 아테네의 지주층은 사실 오래 전에 사라진 영웅시대의 문화적 상속자들이었다. 영웅시대에는 호메로스의 시를 읊는 '달콤한 목소리의 음유시인들'이 궁궐에 소속되어 지배자들의 연회에서 노래를 했다. 페이시스트라토스는 이전까지 소수의 특권이었던 것을 다수에게 제공하려는 목표를 가졌다."[23]

'참주'라는 단어는 그리스어가 아니라 리디아에서 온 차용어로서, 처음에는 후대에 덧붙여질 불쾌한 의미는 전혀 가지지 않았다. 그리고 그리스인은 '참주들'에게 진 빚을 감사하는 마음으로 기억했다. 그러나 그리스인들로서는 자신들의 공적 업무를 스스로 처리하지 못하는 상황이 견디기 힘들었다. 당연히 참주정은 퇴락했다. 시라쿠사의 디오니시오스는 자신의 아들이 시민을 향해 거만한 행동을 하자 꾸짖었다. "나라면 결코 그렇게 행동하지 않을 것이다." "아, 그러나 아버지는 참주를 아버지로 두지 않아서 그렇지요." "그렇지. 하지만 네가 그런 식으로 행동한다면, 네 아들은 참주를 아버지로 두지 못할 것이다!" 삼대까지 이어진 참주정은 거의 없었다. 아테네에서도 2대에서 끝났다. 아들 중 힙파르코스는 개인적인 분쟁으로 인해 살해되었다. 다른 아들 힙피아스는 그 일에 정치적 동기가 개입되었으리라 의심했다. 근거가 없는 생각도 아니었다. 그 후 힙피아스의 통치는 점점 더 억압적으로 변했고, 마침내 스파르타의 도움과 아테네인의 전반적인 지원을 등에 업은 망명귀족인 알크마이온 가문에 의해 축출되었다.

참주정의 종식은 환영받았으나, 참주정이 아테네에 기여한 바는 컸다. 페이시스트라토스가 솔론의 온건한 민주정체를 조심스럽게 유지한 덕분에, 아테네인은 한 세대 동안 현명한 지도교사 이래에서 자신들의 문제를 스스로 다루는 훈련을 쌓았다. 참주정의 몰락 이후 상황은 계속해서 아테네에 유리한 방향으로 흘렀다. 귀족의 반동을 예상해봄직하다. 실제로 이사고라스라고 하는 자가 스파르타의 군사적 도움을 얻어 반란을 시도했다. 그러나 이 시대의 세 번째 탁월한 아테네 정치가인 클레이스테네스가 또 다른 귀족집단을 이끌었다. 클레이스테네스는 민중의 편에 섰고, 반동은 실패했다.

그러나 클레이스테네스는 이보다 더 큰 일들을 했다. 그는 국제(國制)에 대한 완전한 개혁을 실행에 옮겼다. 명목상 중앙집중화된 폴리스 내에서 귀족 가문들이 권력을 장악했던 이유는, 아르콘의 선출 때 폴리스가 '부족들' 즉 가문 집단들로 나뉜다는 사실 때문이었다. 부족 내에서 인정받는 지도자는 당선이 확실했다. 이런 부족들은 폴리스의 안전을 저해할 만큼 지나치게 강력했다. 클레이스테네스는 터무니없는 가상의 국제를 창조함으로써 이 위협에 대처했다. 그리고 이것은 완벽하게 성공을 거두었다. 클레이스테네스는 완전히 새로운 10개의 '부족'(조상의 이름까지 제공했다)을 만들어 내었다. 각 부족은 대략 비슷한 수의, 그러나 서로 인접하지 않은 '데모스'(행정구)들로 구성되었다. 이것이 가장 중요한 점이었다. 클레이스테네스는 아티카를 도시, 내륙, 해안의 세 지역으로 나누었다. 새로운 '부족들' 각각에는 이 세 지역에 속한 '행정구'들이 포함되었다. 그러므로 각 부족은 전체 주민을 종횡으로 가로질러 포함했고, 부족의 업무를 처리하려면 자연히 아테네에 모여야 했다. (이것은 그 자체로 폴리스의 통합에 기여했다.) 그리고 각 부족에는 농부, 산악민, 아테네와 피라이오스 출신의 수공업자와 상인들, 뱃사람들이 모두 포함되었으므로, 아르콘 선출에서 지역과 가문에 대한 충성심은 거의 영향을 주지 못했다. 지역적 귀족 가문은 오직 공개된 민회에서만 발언할 기회를 얻었고, 민회에서는 능력과 성품이 평가의 기준이었다.

이토록 인위적인 체제가 제대로 작동했다는 사실에는 약간의 설명이 필요하다. 우리가 보기에는 너무나 유치하지만, 아테네인은 정반대였다. 그런 체제는 너무 인위적이고, '조작'되었다는 이유 때문에 우리들에게는 아예 처음부터 거부될 것이다. 그러나 그리스인은 새로운 것에 반대하지 않았다. 인간의 정신에 의해 계획적이고 논리적으로 창조되었다는 사실은 오히려 추천할 만한 장점이었다. 우리는 바로 몇 쪽 앞에서 그리스인이 스파르타의 국제를 존경한 이유 중의 하나가 바로 그것이었음을 보았다. 그리고 우리는 그리스인들이 비록 개인주의적이기는 하나 집단적으로 일하기를 좋아한다는 사실을 기억해야 한다. 그것은 그리스인은 진행되고 있는 일에 참여하기를 원했기 때문이고, 또 경쟁을 좋아했기 때문이다.

이 모든 본능들이 클레이스테네스의 체제에 의해 충족되었다. 이 체제는 너무나 명백히, 그리고 너무나 영리하게도 당면 과제, 즉 폴리스의 통합에 봉사하도록 창조되었다. 이 체제는 아테네인에게 지역적 문제를 데모스에서 처리하게 했다. 데모스의 가장 중요한 업무는 새로운 시민의 등록이었다. 신생아는 데모스의 구성원들에 의해 정당한 시민으로 받아들여져야 했다. 또 이 체제는 아테네인이 폴리스 내에서 더 폭넓은 충성을 바치게 했다. 시민들이 '부족'별로 투표할 뿐 아니라, '부족'별로 전쟁에 나갔기 때문이다. 그래서 이 새로운 체제는 아테네인의 '연대(聯隊)'가 되었다. 연극 경연대회도 부족별로 진행되었으므로, 이 체제는 경쟁에 대한 그리스인의 열정을 목적이 분명하고 창조적인 목표로 이끌어주었다.

이러한 정치적 토대의 변화는 상부구조의 변화와 함께 신행되었다. 솔론의 개혁으로 인해 모든 시민들은 국가에서 나름의 역할을 맡게 되었다. 비록 가난한 계급들에게는 매우 제한된 역할만 주어졌지만 말이다. 귀족적인 클레이스테네스는 솔론이 시작한 개혁을 지속시켰고 거의 완성시켰다. 아레오파고스 협의회의 권력은 대단히 축소되었다. 모든 시민들의 민회는 유일하고 최종적인 입법기구가 되었고, 정무관들은 민회 혹은 사법기구 역할을 하는 민회의 배심원들에게 책임을 져야 했다. 이제 다음 세대에게 남은 것은 재산자격의 마지막 규정을 철폐하는 일과 아르콘을 추첨으로 뽑는다는, 얼핏 터무니없어 보이는 마지막 단계뿐이었다. 그 후 아테네 정체는 인간의 재능으로 가능한 가장 민주적인 상태가 되었다.

매우 간략한 윤곽이긴 하지만, 이상이 바로 1세기 안에 아테네를 경제적, 정치적 분쟁으로 분열된 2류 폴리스에서 새로운 통합력, 새로운 목적, 새로운 확신을 보유한 번영하는 도시로 변모시킨 과정이었다. 스파르타가 하나의 이상을 발견했다면, 아테네는 다른 이상을 발견했다.

내가 기원전 6세기의 아테네에 대해 이토록 많은 이야기를 한 까닭은, 그래야만 기원전 5세기의 아테네가 이해되기 때문이다. 역사적으로 말해서, 고급문화는 귀족 계급과 더불어 시작된다. 오직 귀족에게만 그것을 만들어 낼 시간과 활력이 있기 때문이다. 만약 고급문화가 너무 오랫동안 귀족의 전유물이 되면, 처음에는 세련되다가 나중에는 어리석게 된다. 이것은 마치 정치사에서 귀족정이 자신의 사회적 기능이 다한 뒤에도 계속 고집을 부릴 때 사악해지는 현상과 같다. 정치적 영역에서는, 아테네의 일반적인 상식은 솔론, 페이시스트라토스, 클레이스테네스를 통해 천재성에 이르렀고, 아테네 귀족은 자신의 아레테를 여전히 원기 왕성하게 유지하면서 진심으로 민주정 안으로 들어왔다. 그다음 두 세대 동안 아테네의 위대한 정치가들은 대부분 최고 가문 출신이었다. 페리클레스가 가장 두드러진 예다. 이는 근대 프랑스와 대조를 이룬다. 그곳에서는 오래전에 쓸모없어진 귀족이 단두대에서 사라져야 했고, 그 결과 남은 귀족들은 기여할 능력이 있든 없든 간에 공화정 프랑스를 경멸하며 거리를 두었다. 문화적 영역에서는, 아테네 주민들은 신선함과 창조력을 보유한 채로 귀족 문화에 편입되었다. 잉글랜드와 비교해 보자. 18세기가 그토록 본질적으로 문명화되었던 이유는, 상층 중간 계급과 귀족 사이에 명확한 구분선이 없었고, 그래서 귀족의 문화가 상층 중간 계급의 문화에 흡수되어, 그 결과 분별력을 지킬 수 있었기 때문이다. 그래서 그 시대에는 예의가 바르고 건축과 일상예술에 대한 감각이 뛰어났다. 이것은 유럽 바로크 말기의 어리석은 과도함과 대조된다. 바로크 말기는 그 자체만으로도 거의 프랑스 혁명을 정당화해줄 정도였다. 유럽에서 귀족정을 계승한 부르주아 사회는 바로크가 자신들에게 아무런 쓸모도 없음을 알았다. 영국에서는 19세기에 상승하는 중간 계급이 18세기의 문화를 평화롭게 흡수하고 발전시킬 수 있었을지도 모른다. 산업혁명이라는 대이변이 없었다면 말이다. 산업혁명은 너무나 급속하게 새로운 계급을 쏟아냈고, 이들은 너무나 수가 많고 너무나 자기 확신에 차서 흡수되지 않았다. 그래서 영국과 유럽 모두에서 (스칸디나비아의 국가들은 제외하고) 현재의 민주정 사회들은 여러 이유로 자신들의 고유 전통 중 가장 최고

6장 위대한 아테네로 가는 길 **163**

의 것들과 진정한 접촉을 이루지 못했다. 아테네는 이런 일을 겪지 않았다. 그것은 부분적으로는 기원전 6세기의 정치적 지혜 덕분이고, 또 부분적으로는 페이시스트라토스의 문화정책 때문이다. 그 결과 기원전 5세기의 아테네 문화는 귀족정의 우아함, 세련됨, 담담함과 더불어 우수한 부르주아 사회의 진지함과 견실함을 보유했다.

7장 아테네 민주정(직접 참여)에 대해 알아야 할 것들
-고전기 그리스:기원전5세기

기원전 6세기에 아시아에서는 그리스에 커다란 영향을 끼칠 사건들이 벌어졌다. 기원전 560년에 소아시아 서부의 리디아 왕국에 한 왕이 나타났다. 그의 이름은 오늘날에도 친숙하고 이야기에 많이 나오는 크로이소스였다. 크로이소스는 이오니아의 그리스 도시들을 성공적으로 굴복시켰다. 크로이소스는 교양 있는 사람이었고 친그리스적인 성향도 가졌다. 그래서 크로이소스의 정복에는 별달리 큰 재해가 수반되지 않았다. 크로이소스는 자신에게 우호적인 그리스인 '티라노이'를 통해 도시들을 지배하는 데 만족했다.

그와 비슷한 시기에 페르시아인 한 명이 훨씬 동쪽에 있는 메디아 왕국의 보좌에 올랐다. 이 인물은 키로스 대왕이었다. 키로스는 메소포타미아 북부에서 통치했고, 바빌로니아를 전복시켰다. 당시 바빌로니아는 역시 낯익은 인물인 '유대인의 왕 네부카드네자르'의 아들이 통치했다. 그러나 키로스는 페르시아보다 먼저 서쪽의 이웃나라, 리디아를 건드렸다. 이 두 강대국은 이미 키로스와 크로이소스의 전대 왕들 때에도 전쟁을 벌였다. 그 전쟁은 개기일식으로 인해 종료되었다. 군인들이 개기일식을 보고는 더 이상 싸우려 하지 않았다고 전해진다. 이것은 바로 밀레토스의 탈레스가 예견했던 그 개기일식이었다. 제2차 전쟁은 크로이소스가 일으켰다. 크로이소스는 (그리스인의 말에 따르면) 자신이 매우 존경하던 델포이의 신탁소에 문의했다. 신탁은 크로이소스가 키로스와의 경계선인 할리스 강을 건넌다면 강력한 제국을 멸망시킬 것이라고 말했다. 그는 할리스 강을 건너 강력한 제국을 멸망시켰다. 불행히도 그 나라는 바로 크로이소스 자신의 나라였다. 이 어리석은 사람은 자신이 멸망시킬 제국이 둘 중 어느 것인지를 다시 물어보았어야 했다.[24] 이로 인해 페르시아의 세력이 에게 해까지 미치게 되었다. 기원전 548년의 일이다.

이 사건들에 대한 헤로도토스의 이야기는 흥미로운 그의 책 중에서도 가장 재미있는 부분이다. 메소포타미아에 대한 최초의 역사서가 그리스인에 의해 기술되었다는 사실은 의미심장하다. 이 역사서는 멋진 이야기들로 가득하다. 여기에서 다 풀어놓기에는 너무 길지만, 키로스의 출생에 관한 이야기를 보자. 간단히 말하면, 이것은 기적의 아기가 태어나서 이런저런 일들을 한다는 전형적인 이야기다. 어떤 이들은 이 아기의 출생을 막거나 아니면 아기를 죽이려 애썼다. 이 시도는 실패했고, 예언은 놀랍게도 성취된다. 이 이야기를 그리스식으로 하면 오이디푸스 신화와 같다. 헤로도토스가 전하는 키로스 왕의 이야기와 그의 친구 소포클레스가 지은 『오이디푸스 왕』을 비교해 보면 재미있다. 본질적으로 이야기 구조는 같으나, 소포클레스의 작품에는 말할 수 없이 더 깊은 의미가 담겨 있다.

크로이소스와 솔론의 만남에 대한 이야기도 있다. 이 이야기는 그리스 정신에 대해 밝히 비춰주므로 충분히 다루어야 하겠다. 여행 중이던 솔론은 크로이소스의 왕궁에서 환대를 받았고, 왕의 막대한 부를 구경했다. (만약 이 이야기가 역사적으로 정확하다면, 솔론은 그때까지 한동안 죽은 상태였다는 셈이 된다.) 크로이소스는 말했다. "솔론이여, 나는 당신이 철학자로서 명성이 높음을 압니다. 당신이 멀리까지 여행하며 많은 것을 보았음도 알아요. 자, 내게 말해 주시오. 당신이 만난 사람 중 가장 행복한[25] 이는 누구입니까?" 크로이소스는 바로 자신이 '가장 행복한' 사람이라고 생각하여 이렇게 물었다고 헤로도토스는 말한다. 그러나 솔론은 아무런 주저 없이 아테네의 텔로스라고 말했다. 텔로스는 잘 통치되는 폴리스에 살았고, 용맹하고 선량한 아들들을 두었으며, 건강한 손자가 태어나는 것을 지켜보았고, 자연이 인간에게 허락한 가장 행복한 삶을 산 다음에는 엘레우시스와 아테네의 전쟁에서 조국을 위해 싸우다 영광스럽게 죽었고, 성대한 장례를 치르고 매장되었으며, 사람들의 마음속에 감사한 인물로 기억되었기 때문이라는 말이었다.

그러자 크로이소스는 그다음 행복한 사람은 누구냐고 물었다. 자신이 두 번째는 되리라 희망했기 때문이다. 솔론은 '아르고스의 클레오비스와 비톤'이라고 말했다. 이 두 젊은이는 풍족한 재산을 가졌다. 둘 다 제전에서 우승을 거두었다. 그리고 고귀한 죽음을 맞이했다. 그들의 어머니는 제전에 참여하기 위해 5마일 떨어진 헤라 신전까지 가야 했다. 그런데 수레를 끌 황소들이 경작지에서 제 시간에 돌아오지 못하자, 두 형제는 직접 수레를 끌었다. 제전에 참석한 모든 이들은 두 젊은이의 힘을 칭송했고 그들의 어머니에게 축하인사를 건넸다. 행복에 겨웠던 그 어머니는 헤라 여신에게 인간이 가질 수 있는 가장 큰 축복을 아들들에게 내려달라고 빌었다. 그리고 그 기도는 응답되었다. 제사와 축제가 끝난 뒤 두 젊은이는 그 신전에서 잠이 들었고, 다시는 깨어나지 않았다.

크로이소스는 자신이 일반 시민들보다 덜 '행복'하다는 생각에 마음이 편치 않았다. 그러나 솔론은 인간이란 많은 날들을 살아가며, 매일매일은 다른 일들이 벌어진다는 점을 강조했다. 그러므로 죽음을 맞기 전에는 어떤 사람을 '행복하다'라고 말할 수 없다. 아무도 장담할 수 없다는 말이었다.

그러나 이야기는 여기에서 끝나지 않는다. 몇 년 뒤, 크로이소스는 충격적이게도 키로스에게 패하여 포로가 되었다. 키로스는 크로이소스를 묶어 산 채로 불태우려고 장작더미 위에 올렸다. (헤로도토스의 말대로) 맹세를 이루기 위해서였는지, 승리의 제물로 삼은 것인지, 아니면 크로이소스와 같이 신실한 사람을 신이 구원하는지 보고 싶어서 그랬는지는 모르겠다. 장작더미에 불이 붙었고, 솔론의 말이 기억난 크로이소스는 크게 부르짖으며 솔론의 이름을 세 번 외쳤다. 사람들이 이유를 묻자 크로이소스는 이야기를 다 들려주었다. 그러자 키로스의 마음이 누그러졌다. 키로스가 왜 이 순전히 그리스적인 이야기에 마음이 녹았는지를 살펴보는 것도 흥미로운 일이다. 그 어떤 도덕관념 때문은 아니었다. 키로스는 자신의 행위가 혐오스러울 정도로 잔인하다고는 전혀 생각하지 않았다. 키로스는 자기 자신도 한 사람에 불과한데, 한때 자신만큼 승승장구하던 사람을 산 채로 불태우려 했던 것을 반성하기 시작했다. 키로스는 그리스 격언인 '너 자신을 알라'를 충실히 따른 셈이다. 이 말은 자신이 누구인지, 즉 한 인간이며 죽어야 할 운명이라는 조건과 제한에 매인 존재임을 기억하라는 뜻이다. 헤로도토스의 말에 따르면, 키로스는 징벌이 두렵고 또 인간사에 영원한 것은 없다는 깨달음을 얻었기에 불을 끄라고 명령했다. 그러나 이미 불은 걷잡을 수 없었다. 그래서 크로이소스는 아폴론에게 만약 자신이 바쳤던 값진 재물들이 신의 마음을 흡족케 했다면 지금 구원해 달라고 애원했다. 그러자 청명한 하늘에 구름이 몰려들더니 폭우가 쏟아져 불을 꺼 버렸다. 이후 크로이소스와 키로스는 친구가 되었다. 크로이소스는 리디아 통치에 대해 키로스에게 매우 현명한 조언들을 해 주었다. 헤로도토스가 생각한 역사서술이란 바로 이런 식이었다.

기원전 499년에 새로운 세기의 유형을 결정지을 사건이 발생했다. 이오니아 도시들이 페르시아 왕 다리우스에게 반기를 들었다. 이번에도 헤로도토스가 이 문제를 다루었다. 헤로도토스는 밀레토스의 참주 아리스타고라스가 도움을 청하기 위해 스파르타 왕 클레오메네스에게 가서 어떻게 했는지 말해준다. 아리스타고라스는 페르시아에 복속된 아시아 사람들을 자세히 묘사했다. 모두가 믿기 힘들 정도로 부유하고, 전쟁은 하나도 할 줄 모르며, 스파르타인의 쉬운 먹잇감이라고 말했다. 아리스타고라스는 자신의 주장을 입증하기 위해 모든 땅, 모든 바다, 모든 강들의 영역이 새겨져 있는 청동판 하나를 가져왔다고 스파르타인은 말한다. 이것은 기록상 최고(最古)의 지도다. 아리스타고라스는 결론적으로 그리스의 빈곤한 삶과 아시아의 안락함을 비교했다. 클레오메네스는 3일째 되는 날 답변을 주겠노라 약속했다. 3일째 되던 날 클레오메네스는 이오니아의 해안가에서 페르시아 왕이 사는 곳까지는 얼마나 머냐고 질문했다. 아리스타고라스는 다른 일에서는 교활했고, 클레오메네스를 이때까지는 잘 속였지만, 여기에서 한 가지 실수를 하고 말았다. 스파르타인을 아시아로 데려오기 원했다면 클레오메네스에게 진실을 말하지 말아야 했다. 아리스타고라스는 있는 그대로 3개월 걸린다고 말해 버렸다. 그 말을 듣자 클레오메네스는 그 여행 일정에 대한 아리스타고라스의 설명을 중간에 끊고 이렇게 말했다. "밀레토스에서 온 손님이여, 해가 지기 전에 스파르타를 떠날지어다. 스파르타인을 해안에서 3개월이나 떨어진 곳으로 데려가려 하다니, 결코 용인할 수 없는 일이다."

이 이오니아인은 다른 카드를 꺼냈다. 아리스타고라스는 탄원자가 되어 돌아와서는, 고르고라는 어린 딸과 함께 있는 클레오메네스를 만났다. 아리스타고라스는 클레오메네스에게 아이를 멀리 보내고 자신의 말을 한 번 더 들어 달라고 했다. 클레오메네스는 들어 주겠다고 했지만 아이를 보내지는 않았다. 아리스타고라스는 스파르타가 원조해 준다면 클레오메네스에게 10탈란톤을 주겠다 했고, 점점 액수를 높여 마침내 50탈란톤까지 약속했다. 그러자 고르고가 소리쳤다. "아버지, 이 자리를 떠나지 않으신다면 이 외국인이 아버지를 타락시킬 겁니다." 클레오메네스는 자리를 떴고, 이오니아는 스파르타의 원조를 얻지 못했다.

그러나 이오니아인은 아테네와 에우보이아의 에레트리아에서 함대를 얻었고, 이 병력은 예전에 크로이소스의 수도였던 사르디스를 약탈하는 데 관여했다. 그러나 반란은 실패했고, 페르시아는 에게 해 건너편에 자신의 힘을 과시해야만 이오니아를 평화롭게 지배할 수 있다는 사실을 분명히 깨달았다. 그래서 기원전 490년에 두 적대 국가를 향해 원정대가 파견되었다. 에레트리아는 약탈당했고, 페르시아의 병력 일부는 아티카 동쪽 해안, 마라톤에 상륙했다. 페르시아군은 원한을 가득 품은 페이시스트라토스의 아들 힙피아스와 함께 왔다. 그는 20년 전에 아테네에서 추방되었고, 페르시아의 보호 아래 참주로 세워질 예정이었다.

아테네인은 플라타이아에서 온 1,000명의 소규모 병력을 제외하면 단독으로 페르시아군에 맞서야 했다. 아테네인은 192명을 잃고 승리를 거두었다. 아이스킬로스는 동생과 함께 싸움에 참여했다. 동생은 전사했으나 아이스킬로스는 무사히 귀환했다. 이것은 고마운 일이었다. 아이스킬로스는 『페르시아인들』, 『테베를 공략하는 7인』, 『프로메테우스』, 『오레스테이아』 삼부작을 아직 쓰지 않았기 때문이다.

페르시아는 분명 다시 쳐들어가려 했으나, 이집트에서 일어난 반란과 다리우스 왕의 죽음 때문에 10년간은 경황이 없었다. 이 10년의 시간이 아테네의 미래를 결정했다. 수니온 근처의 광산에서 엄청난 은광 노다지가 터졌다. 소규모였던 그리스의 도시들에서는 공공도덕이나 그 외 대부분의 일들에서와 마찬가지로, 공공재정에 대해서도 매우 단순하고 직접적인 개념만 있었다. 은광에서 생긴 돈은 시민들이 배당금처럼 나누어 가져야 한다는 주장이 제기되었다. 테미스토클레스는 이들보다는 더 멀리 보았다. 당시에 아테네는 인근의 중요한 상업도시인 아이기나 섬과 분쟁 중이었고, 전함의 부족으로 곤경에 처했다. 그래서 테미스토클레스는 아테네인을 설득하여 횡재한 돈을 함대에 투자하게 했다. 당장의 목표는 아이기나였다. 그러나 테미스토클레스는 페르시아의 위협을 염두에 두고 있었고, 아테네의 미래는 상업과 해상력에 달렸음을 확실히 내다보았다.

함대는 제때에 맞춰 건조되었다. 페르시아의 2차 공격은 기원전 480년에 시작되었다. 이번에는 단순한 징벌 차원의 원정대가 아니라 육상을 통한 전면적인 침공이었다. 비록 펠로폰네소스에서 아르고스가 딴청을 피우기는 했으나, 미움 받던 스파르타인이 참여함으로써 이번에는 일종의 그리스 연합군이 만들어졌다. 여기에서 2년간의 전쟁을 모두 이야기하기는 힘들다. 그 이야기는 헤로도토스가 누구보다 멋지게 설명한다. 다만 헤로도토스는 누구보다 깊은 인간애를 가진 역사가였지만 그리스인의 전략에 대해서는 제대로 이해하지 못했다. 북방 방어선은 차례로 무너졌다. 테르모필라이 전투는 영광스러운 사건이었다. 아르테미시온 곶 연안에서의 해전은 그리 실망스럽지 않았다. 거의 2/3가 아테네 소속이었던 그리스의 전함들은 무겁고 느렸지만, 쉽게 움직이기 힘든 좁은 바다에서는 적 함대(주로 페니키아와 이오니아의 배들)와 맞서 싸울 만했기 때문이다. 그러나 바야흐로 아테네인이 아티카를 포기하고 모든 비전투원과 재산을 살라미스의 섬들로 옮겨야 할 때가 왔다. 그곳에서 아테네인은 페르시아군이 자신들의 집을 불태우고 아크로폴리스의 신전을 파괴하는 모습을 지켜보아야 했다.

그리고 역사상 가장 중대한 논쟁의 순간이 찾아왔다. 헤로도토스는 아마 세부사항들에 대해 약간 차가울 일으킨 듯하며, 전쟁이 끝난 후에 상호 간에 비방했던 내용들을 실제 사실로 받아들인 것 같다. 그러나 어쨌든 그의 설명은 그리스의 사건에 대해 그리스인이 그린 그림이며, 그리스인에게는 본질적으로 진실이었다. 북부의 모든 그리스인은 항복하여 이제 페르시아군 편에서 싸웠다. 펠로폰네소스, 몇몇 섬들, 그리고 아테네밖에 남지 않았다. 아티카도 상실했다. 펠로폰네소스의 지상군 병력은 이스트모스에 요새를 쌓기 바빴고, 펠로폰네소스의 해군 지휘관들은 대부분 연합함대를 살라미스에서 이스트모스까지 뒤로 물리는 편을 선호했다. 페르시아인이 이스트모스를 봉쇄해 버릴까 두려웠기 때문이다. 테미스토클레스는 살라미스 안쪽의 좁은 바다가 그리스 함대에 승리의 기회를 안겨 주리라 보았다. 반면에 이스트모스에서는 패할 수밖에 없다고 생각했다. 성사될 일은 아니지만, 함대가 모두 모인다 해도 말이다. 테미스토클레스는 스파르타의 총사령관 에우리비아데스에게 강력하게 촉구하여 논의를 다시 시작하도록 만들었다(라고 헤로도토스는 말한다). 에우리비아데스는 동의했고, 테미스토클레스는 에우리비아데스가 공식적으로 안건을 제시하기 전에 먼저 발언하기 시작했다. 그러자 코린토스군 사령관이 "테미스토클레스여, 경주에서는 규정보다 빨리 출발한 자는 매를 맞도록 되어 있소"라고 말했다. 그러자 테미스토클레스는 "그렇소. 그리고 너무 늦게 출발한 자 역시 상을 얻지 못하오"라고 대꾸했다. 테미스토클레스는 자신의 주장을 펼쳤다. 그러나 코린토스인 아데이

만토스는 테미스토클레스가 더 이상 도시의 대표가 아니므로 그에게 발언권이 없다고 말했다. 그러자 테미스토클레스는, 헤로도토스의 말에 따르면, 더 신랄하고 격렬하게 아데이만토스와 코린토스를 싸잡아 비난했고, 아테네인은 지금도 코린토스보다 훨씬 더 큰 폴리스, 더 넓은 땅을 가졌다고 말했다. 왜냐하면 아테네인에게는 병력을 가득 실은 배 200척이 있으므로 그 누구의 영토라도 쉽게 정복이 가능하기 때문이었다. 테미스토클레스는 에우리비아데스를 바라보았다. 테미스토클레스는 난처해하는 이 사람에게, 만약 살라미스에서 버티고 싸우는 데 동의하지 않는다면 아테네인은 배를 타고 멀리 가서 이탈리아에 새로운 폴리스를 다시 건설하겠다고 말했다. 이렇게까지 말하자, 에우리비아데스는 동의할 수밖에 없었다.

다음에는 크세르크세스를 좁은 바다에서 싸우도록 유인해야 했다. 테미스토클레스에게 이 일은 극히 간단했다. 테미스토클레스는 자신의 노예를 배에 태워 페르시아 진영으로 보냈다. 그 노예는 자신이 테미스토클레스가 보내서 왔음을 밝히고, 자신의 주인이 비밀리에 페르시아 편을 들 것이라고 말했다. 사실 충분히 있을 법한 일이었다. 그리스군은 밤중에 살라미스 만의 서쪽 출구를 통해 퇴각할 예정이다. 그러니 페르시아군이 와서 서쪽 해협을 막으라. 그러면 그리스군은 꼼짝달싹 못하게 된다. 페르시아군은 완전히 속아 넘어갔다. 병력 일부를 보내어 서쪽 출구를 봉쇄하고, 나머지 병력은 좁은 바다로 밀려들어왔다. '그리고 태양이 저물었을 때, 그들은 어디로 가버렸는가?'

압도적인 승리였고, 가장 큰 영광은 아테네의 차지였다. 다음 해 여름에는 스파르타인의 차례가 왔다. 플라타이아에서, 스파르타군의 지휘력은 형편없었으나, 스파르타군의 놀라운 강인함에 힘입어 페르시아군을 패주시켰다(테베인들도 열심히 싸우기는 했다. 다만 편을 잘못 골랐다). 대대적 침공은 끝이 났다. 이제 이오니아를 해방시키고, 페르시아의 왕이 다시는 자유로운 그리스인을 괴롭히지 못하도록 확실히 하는 일만 남았다. 그러나 아, 가련하도다! 100년 후에 페르시아 왕은 단 한 번의 전투도 치르지 않고, 서로 전쟁을 벌이던 그리스 국가들에게 자신이 만든 평화조약을 부과했다.

그러나 당분간은 그리스의 승리의 효력이 지배했다. 그리스인은 이전부터 '야만인'과 비교하여 자신들이 더 뛰어나다고 우쭐거렸다. 그 생각이 확증되었다. 그리스인은 언제나 자신들의 자유로운 제도들이 동방의 전제정보다 낫다고 생각했다. 페르시아 전쟁의 사건들은 그리스인이 옳음을 증명했다. 아시아의 군주는 고문과 채찍질로 복종을 강요했다. 그리스인은 논의와 설득을 통해 결정을 내렸다. 그러고 나서는 마치 한 몸처럼 움직였다. 그리고 그리스인은 승리를 거두었다. 다음 세대가 신전 박공에 대지에서 태어난 거인족과 올림포스의 신들 사이에서 벌어진 먼 옛날의 신화적 전투를 가득 새겨 넣은 것도 놀라운 일이 아니다. 그리스의 신들은 이번에도 승리했고, 자유와 이성은 전제와 공포를 물리쳤다.

아테네인은 특히 의기양양해할 만했다. 이 승리를 지켜보았던 아테네인은 자기 아버지들에게서 솔론이 어떻게 아티카의 땅을 부유한 자들의 속박으로부터 해방시켰는지, 그리고 어떻게 민주정의 기초를 놓았는지를 귀가 아프게 들었던 사람들이다. 이들은 페이시스트라토스가 가난한 사람들에게 종자를 빌려주고, 조용한 아테네를 다른 그리스인이 주목하는 도시로 만들어 나가는 과정을 직접 지켜보았던 사람들이다. 그들은 중년에 이르러 참주정이 종식되고 클레이스테네스가 틀을 잡은 새롭고 자유로운 체제가 탄생하는 모습을 보았다. 그러나 치열한 분쟁은 여전했고, 당파적인 감정들은 매우 날카롭게 대립했다. 이것은 누군가 헤로도토스에게 말해 준 이야기 속에 극적으로 드러난다. 그 이야기에 따르면, 도편추방26)을 당한 분파 지도자인 위대한 아리스테이데스가 살라미스 전투 바로 전날 밤에 임시 거처였던 아이기나를 떠나 살라미스로 건너갔다고 한다. 아리스테이데스는 작전회의 중이던 테미스토클레스를 불러내어 이렇게 말했다. "당신과 나는 가장 격렬한 적이었소. 이제 우리가 경쟁할 일은 누가 더 아테네를 이롭게 하는가이오. 나는 당신에게 한 가지를 알려주기 위해 페르시아군의 전선을 빠져나왔소. 우리는 페르시아 함대에 포위되었소. 자, 들어가서 다른 장군들에게 말하시오." 테미스토클레스는 말했다. "오, 감사한 일이오. 그러나 당신이 들어가서 이야기하시오. 그들은 당신을 믿을 것이오." 아테네인은 젊은 민주정이 분파적 갈등을 이렇게 해소하는 모습을 보았다. 아테네인은 아테네 군대가 마라톤에서 승리하는 모습은 이미 보았다. 자신의 도시가 진퇴양난에 빠져 바다로 나가고, 또 바다에 전부를 거는 모습도 이미 보았다. 아테네인은 아티카의 마을과 도시가 불타는 모습도 보았고, 유서 깊은 아크로폴리스, 곧 케크롭스, 에렉테우스, 테세우스, 아테나 여신의 고향인 그곳이 하염없이 파괴되는 장면도 보았다. 그러나 폴리스는 승리를 거두었고, 더욱이 그리스를 구원했다. 이제 그리스를 이끄는 나라가 하나가 아니라 둘이었다. 소년 시절에만 해도 조용한 시골이었던 곳이 이제는 영웅의 도시 스파르타와 더불어 모두에게 존경받는 나라가 되었다. 이것은 운이 좋아서가 아니라 현명함 때문에 그리고 자기주장이 아니라 자기절제를 통해 거둔 성공이었기 때문에, 계속해서 노력에 박차를 가하게 만들었다. 페르시아 전쟁 당시에 아테네는 이제 막 자신을 발견했다. 이제 아테네가 하지 못할 일이 무엇이겠는가? 기원전 480년의 아테네와 서기 1588년의 잉글랜드는 좋은 비교를 이룬다. 어느 쪽을 바라봐도 멋진 가능성들이 펼쳐졌다. 그러나 아테네인은 잉글랜드 사람들보다도 더 많은 것을 보았다. 정치적으로는 스파르타의 펠로폰네소스 동맹과 대등한 해상 동맹의 지도자가 될 가능성이 있었다. 아테네인은 자신들의 도시에서는 모든 일이 강력한 정무관들의 이름으로 이루어지지 않고 평범한 아테네인 자신들에 의해 최고 권력 기관인 민회의 이름으로 실현된다는 사실에 긍지를 가졌다. 지적으로는, 가까운 친척인 이오니아인 덕분에 사상과 지식의 세계가 완전히 열리게 되었다. 교역과 산업에서도 아테네는 자신들보다 훨씬 앞서서 출발했던 다른 그리스 도시들을 급속히 앞지르기 시작했다. 아티카의 심미적 취향과 지적인 성격이 아테네의 핵심적 위치, 뛰어난 항구, 압도적인 해군력과 결합되어 가공할 위력을 발휘했다. 그리고 이 밖에도 아테네는 마치 런던처럼 성실성과 상식에 따른 방식들에서 비롯되는 무수한 혜택을 누렸다. 예술에서도 역시 새로운 세계가 펼쳐졌다. 청동과 대리석을 두고 오랜 세월 분투한 결과 건축과 조각은 고전적 완성미의 정점에 도달했고, 늘 언제나 폴리스를 위해 일했던 아테네 예술가들에게 남은 과업은 이오니아의 우아함을 도리스의 강함과 결합시키는 일이었다. 아테네 도공들과 화가들은 예술의 극치를 보여주었다. 그리스 예술 중에서도 최고인 비극은 매년 더 확신에 넘쳤고 더 재미있어졌다. 웃음을 자아내는 조야한 뒤죽박죽의 연극에서도 흥미로운 가능성이 점쳐졌다. 실제로 이것은 곧 아리스토파네스와 그의 경쟁자들에 의해 뛰어나고 정교한 희극으로 발전했다. 이러한 것이 바로 페리클레스 시대가 동틀 무렵의 기운이었다. 그러나 동시에 우리는 이것이 영원한 호메로스에 깊이 물들었음을 기억해야 한다. 양보다 질을, 단순한 성취보다 고귀한 투쟁을, 부유함보다 명예를 우선시하는 사고방식, 사회의 어떤 계급에 속해 있든 상관없이 본질적으로 '귀족적'인 이 사고방식을 가르친 사람은 바로 호메로스였다.

정치사에 대해서는 아주 요약해서 다룰 수밖에 없다. 그리스 연합군은 페르시아를 유럽에서 축출한다는 당면 과제는 해냈다. 그러나 이오니아를 해방시키고 페르시아의 해군력을 격파하는 일이 남았다. 스파르타는 이 일에 관심을 갖지 않았다. 스파르타는 본질적으로 육상 열강이었고 농업경제였다. 스파르타인들은 그리스의 다른 도시나 도시 연합들이 펠로폰네소스에 있는 자신의 도시를 위협하거나, 아니면 자나 깨나 두려워하던 헤일로타이의 반란을 유도하지 않는 한 만족스러워했다. 게다가 이오니아의 해방과 에게 해의 방어는 함대가 할 일이었다. 그러니 아테네인이 적임이었다. 아테네는 이 일을 맡을 준비가 충분했다. 이오니아인의 본향은 바로 아테네가 아니었던가(아테네인은 이것을 기억했으리라).

아테네는 해상 동맹을 구성했고, 신성하고 중요한 섬 델로스에 본부를 두었다. 이 동맹에 참가한 도시들은 (사실상 에게 해의 해상 도시들은 거의 모두였다) 일정한 수의 배와 병력을 제공했다. 혹 원한다면 그 대신 상응하는 돈을 내었다. 납부액은 아테네의 아리스테이데스, 그 '공정한 아리스테이데스'에 의해 결정되었다. 그리고 그가 정한 납부액이 결코 변경되지 않았다는 사실은 아리스테이데스의 공정성을 새삼 보여준다. 이 동맹에서 핵심적인 사실은 아테네가 압도적으로 우위에 섰다는 점이다. 아테네는 200척의 함대를 보유했다. 그런데 대부분의 동맹국은 배 1척을 부담했다. 그리고 소규모 동맹국들은 대부분 돈으로 납부하는 편을 더 좋아했다.

대(對)페르시아 작전은 수년간 계속되었다. 그 이후에는 동맹 탈퇴

권이라는 난처한 문제가 발생했다. 중요한 섬인 낙소스가 더 이상 동맹의 구성원이 되지 않겠다고 나섰다. 페르시아의 위협은 이제 끝났다. 그런데 왜 낙소스가 아테네의 위장에 불과한 동맹에 병력을 제공해야 한단 말인가? 이에 대해 아테네는 만약 동맹이 없다면 페르시아의 위협이 곧 되살아난다며 합당하게 응답했다. 아테네는 낙소스의 탈퇴를 반란으로 간주하고 분쇄했다. 그리고 낙소스인에게 벌금을 물렸다. 다른 '반란'들도 마찬가지 방식으로 대처했다. 방관하던 에게 해 국가들은 강제로 동맹에 편입되었다. 이번에도 이유는 있었다. 왜 에게 해의 어떤 국가들은 아무런 기여도 하지 않으면서 다른 국가들이 제공하는 안전보장을 누린단 말인가?

이 외에도 두 가지 조치가 이루어졌다. 둘 다 납득할 만하긴 하지만 모두 동맹을 제국으로 탈바꿈시키는 데 한몫을 했다. 동맹의 본부는 델로스에서 아테네로 옮겨졌다. 사람들이 종교적 목적 때문에만 찾아가던 작은 섬에서, 누구라도 기꺼이 방문하기 원하는 큰 도시로 이전되었다. '행정적 편의'라는 의심스러운 이유를 대기도 했고, 동맹의 금고가 아테네에 있어야 더 안전하다고 주장하기도 했다. 사실 그런 측면도 있었다. 아테네는 이집트에서 모험을 감행하다가 함대 둘을 잃었기 때문이다. 그러나 이유야 어쨌든, 아테네와 아테네 이외의 국가들에게 이제 이름뿐인 동맹은 사실상 아테네 제국이라는 인상이 강화되었다. 그 후 동맹국 사이의 상업적 분쟁은 아테네 법정에서 처리되었다. 사실 이것은 절차를 엄청나게 간편화시켰다. 당시에는 국제법 체계가 전혀 없었기 때문에, 서로 다른 국가에 속한 사람들 사이의 법적 절차는 오직 두 국가 간에 맺어진 조약에 그 문제가 명시되었을 경우에만 가능했다. 그렇지 않은 경우, 상대방이 이쪽편의 불만사항에 관심을 가지도록 만드는 유일한 방법은 직접적인 보복, 곧 일종의 공인 해적이었다. 아테네 법정은 매우 정직했고 공평무사했다. 법정은 아테네 시민이 동맹국 시민과의 법적 다툼에서 유리함을 누리는 일이 없도록 대단히 주의를 기울였다. 그렇다 해도 이것은 보기에 좋지 않았다.

아테네인이 동맹을 운영한 방식이 전반적으로 효율적이었고 정직했다는 점은 도시들이 계속 자발적으로 동맹에 참여했다는 사실, 그리고 스파르타와의 전쟁이 벌어졌을 때, 제국도시의 신민이라고 불리기까지 했던 동맹국들이 대개는 놀라우리만치 아테네에 충성했다는 사실에서 분명히 드러난다.

그러나 동맹국의 다른 시민들이 재판을 위해 아테네를 방문했을 때 아테네 시민들은 그들을 제국주의적인 관점으로 바라보기 시작했다. 아테네인은 동맹의 금고가 자신들의 아크로폴리스에 설치되었고, 동맹의 정책은 아테네에 유리한 정책일 수밖에 없으며, 동맹의 군사력은 대부분 아테네의 함대와 병사로 이루어졌음을 알았다. 이 모두가 아테네인을 우쭐하게 만들었고, 아테네인은 이로부터 이익도 얻었다. 시민 배심원들은 수당을 받았고, 많은 동맹국들이 배와 병사 대신 내놓았던 현금 납부액 중에서 상당 부분은 봉사료 명목으로 합법적으로 아테네인의 수중에 들어갔다.

그보다 훨씬 많은 돈이 (더 의심스러운 방식으로) 페리클레스의 재건축 정책에 투입되었다. 동맹의 자금은 쌓였고, 페르시아인이 파괴한 신전은 아직 재건되지 못했다. 페리클레스는 페이시스트라토스의 정책을 계승하여 아테네를 지적이고 정치적인 면뿐 아니라 예술적 측면에서도 그리스의 중심으로 만들려는 정책을 폈다. 그리고 아테네에서는 실업이 문제였다. 파르테논 신전, 아크로폴리스의 장엄한 대문, 그 옆에 늘어선 그림 같은 회랑들, 이 모든 것과 그 외 다른 건물들은 이러한 필요와 욕구의 결과물이었다. 아테네 내에서조차 이런 일들에 대해서는 항의가 일어났다. 그러나 페리클레스는 동맹국들이 아테네에게 보호에 대한 비용을 지불했고, 그 비용은 결코 과다하지 않은 금액이라고 대답했다. 동맹국들은 보호받았고, 아테네 함대는 대단히 뛰어났으며, 여유자금은 넘쳐났다. 아테네는 이 잉여자금을 아테네 자신과 모든 그리스를 명예롭게 만들 건축물과 조각상들에 지출할 권리를 가졌다. 페리클레스는 아테네가 그리스의 자유를 위한 싸움을 계속하기 위해 스스로 도시가 파괴되도록 포기했던 유일한 나라임을 주장했을지도 모른다. 아마 나중에 추도연설에서 했던 말을 여기에서 했을지도 모른다. "우리는 우리의 폴리스를 모든 이들에게 개방합니다."

그러나 왜 아테네는 에게 해 통일국가의 수도가 되지 못했을까? 우리는 종종 피하려 애쓰지만, 모든 일에는 다 대가가 따른다는 사실은 아무도 벗어날 수 없는 진리다. 그리고 세상에는 그 자체로는 좋은 것이지만 지불해야 할 가격이 너무 높은 것들이 많다. 만약 그렇지 않았더라면 인간의 존재는 비극적이었으리라. 바로 우리 자신에게만 해도 좋은 예들이 있다. 우리 정치가들 중 일부는 완벽하게 계획되고 완벽하게 효율적인 국가경제에 대한 즐거운 환상에 사로잡혔다. 너무나 멋진 일이기는 하다. 그러나 거기에는 노동의 통제라는 대가를 치러야 한다. 개인적 자유에 대해 기이하리만치 집착하는 잉글랜드인들은 그 값을 치르려 들지 않을 것이다.

이 장의 첫 부분에서 보여주었듯이, 그리스인은 폴리스의 독립성에 대해 이와 유사한 집착을 가졌다. 그리스인의 정신 속에서, 그리스인과 야만인은 바로 폴리스에 의해 구별되었다. 그들이 소원했던 완전하고 지적이며 책임 있는 삶이 이루어지는 곳도 바로 폴리스였다. 아테네는 아테네 시민의 정치 활동과 정치적 책임을 대폭 줄이지 않고서는 시민권을 동맹국에게까지 확대시킬 수 없었다. 정부는 대리인에게 위임되어야만 했을 것이고, 아테네인은 그런 폴리스는 더 이상 자신의 폴리스가 아니라고 느꼈을 것이다. 삶에서는 향기가 사라질 것이다. 로마인들은 극심한 압력 속에서 라틴인들을 국가(*civitas*)에 받아들였다. 왜냐하면 국가는 단순히 지배하는 기구일 뿐이었기 때문이다. 그것이 자신을 보호해 주는 한 별로 손댈 필요가 없다. 아테네인은 그런 식으로 생각하지 않았다. 아테네의 동맹국들 역시 그러했다. 만약 아테네가 그들에게 보통 시민권을 제공한다 해도, 그들은 받아들이지 않았을 것이 너무나 분명하다. 그리스인으로서는 자신의 정치 중심지에 하루 만에 갈 수 있는 곳에 살지 않는다면, 그의 삶은 진정한 사람의 삶에 비해 모자라기 때문이다.

    현대인의 사고에는 이것이 이상해 보인다. 우리에 대해 조금이라도 아는 러시아인들은 우리가 러시아 체제의 승리보다도 개인의 자유에 대한 사상을 더 선호하는 모습을 보고 이상하다 여긴다. 실제로 그리스인들 앞에는 바로 그런 선택이 놓였다. 폴리스를 약화시키고 사실상 상실함으로써 훨씬 낮은 수준의 삶을 받아들이거나 아니면 결국에는 쇠망하는 길 중에서 선택해야 했다. 만약 우리가 크로이소스의 화장 장작더미 앞에 선 키로스의 정신을 본받아, 우리 역시 삶에 대한 어떤 개념에 필사적으로 매달리는 위태로운 정치사회에 살고 있음을 되새겨 본다면, 그리스인을 비판하며 자기만족에 빠지지는 않으리라. 페리클레스의 정책, 곧 아테네 민회에서 지배적이었던 정책은 두 세계를 최대한 활용하여, 폴리스와 제국을 한도껏 누리려는 노력이었다. 우리(영국인) 자신이 자유에 대한 사랑과 생존을 융화하는 데 성공한 다음에야 비로소 우리는 마음

편하게 페리클레스를 비판할 것이다.

페르시아 전쟁과 펠로폰네소스 전쟁 사이의 반세기 동안, 아테네의 정책은 처음에는 귀족주의적인 키몬(마라톤의 승전장군 밀티아데스의 아들)이 이끌었고, 그다음에는 페리클레스가 이어받았다. 키몬의 정책은 페르시아군을 몰아내고 스파르타와 화친을 유지하는 것이었다. 첫째가 두 번째보다 쉬웠다. 아테네는 급속하게 성장했고 동맹을 거의 노골적인 제국으로 변모시켰기 때문에 두려움과 분노를 일으켰다. 그리하여 키몬의 정책은 누가 봐도 불가능한 일이 되었다. 기원전 461년부터 429년에 죽을 때까지 거의 흔들림 없이 민회를 지배한 페리클레스는 스파르타의 적개심을 불가피한 것으로 받아들였고, 페르시아와 조약을 맺었고, 아테네를 그리스에서 난공불락의 도시로 만들려 했다. 이 시기에 아테네인이 보여준 활력은 거의 믿기 힘들 정도다. 아테네인은 에게 해 전체뿐 아니라 코린토스만과 보이오티아까지 지배하는 제국을 목표로 했고, 짧은 시간 동안이나마 그 일을 이루었다. 머나먼 시칠리아를 정복하려는 꿈을 꾸는 자들도 언제나 사라지지 않았다. 논쟁들, 극장, 법정, 행렬에 신경 쓰느라 기원전 5세기의 아테네인이 행동하는 인간이었음을 잊어서는 안 된다. 기원전 456년에 아테네인은 본국 가까이에도 처리할 문제들이 한 아름이었지만, 페르시아에 대한 이집트의 반란을 지원하기 위해 200척의 함대를 파견했다. 이 함대가 괴멸되자 비슷한 규모의 함대를 다시 보냈고, 결과는 마찬가지였다. 당시의 전쟁 기념비에는 "한 해에 키프로스, 이집트, 페니키아, (펠로폰네소스의) 할리에이스, 아이기나, 메가라에서 싸우다 전사한" 에렉테우스 가문 사람들의 이름이 기록되었다. 다른 이들의 활력과 희생을 통해 세워진 제국을 아테네인이 착취했다고 말할 수는 없다. 모든 그리스인들이 전쟁이 불가피하다고 생각했고, 결국 기원전 431년에 펠로폰네소스 전쟁이 발발했다. 다음 장에서 이 전쟁에 대해 상세히 이야기하자. 이번 장은 투키디데스가 쓴 전쟁사에서 아테네인의 성격에 대한 두 가지 묘사를 뽑아서, 제국 위에 존재한 아테네 민주정의 제도들에 대해 간단히 살펴봄으로써 마무리할 것이다. 첫 번째는 스파르타의 전쟁선포를 촉구하기 위해 스파르타에 왔던 코린토스 대표단의 말이다.

(코린토스인은 말했다.) 여러분은 아테네인이 어떤 종류의 사람들인지, 그들이 얼마나 당신들과 다른지 전혀 모르시는군요. 아테네인은 언제나 새로운 계획을 생각해 내며, 계획을 세우고 실행하는 데 빠릅니다. 반면에 여러분은 여러분의 모습 그대로에 만족하며, 꼭 필요한 일들조차 하기를 꺼려합니다. 아테네인은 대담하며, 모험을 즐기고, 다혈질입니다. 그러나 여러분은 신중하고 여러분 자신의 판단도, 자신의 힘도 신뢰하지 않습니다. 아테네인은 외국에 모험을 나가기 좋아하지만, 여러분은 그러기를 극도로 싫어합니다. 아테네인은 이득을 먼저 생각하고, 여러분은 손실을 먼저 생각하기 때문입니다. 아테네인은 승리를 거두면 철저하게 활용하고, 패배하면 누구보다도 덜 물러섭니다. 아테네인은 자신들의 몸을 마치 공공재산처럼 아테네에 바칩니다. 아테네인은 가장 개인적인 방식으로 아테네를 위해 자신들의 정신을 활용합니다. 아테네인은 계획을 세웁니다. 만약 계획이 실패하면 손해를 조금 입었다고 생각합니다. 만약 계획이 성공하면 이 성공은 그들이 그다음에 하고자 하는 일에 비하면 아무것도 아닙니다. 아테네인은 평화를 누리며 잠잠하게 지내지도 못하며, 다른 이들이 그러도록 내버려두지도 못합니다.

이제 2년 뒤, 추도연설을 하는 페리클레스의 차례다. 페리클레스는 먼저 아테네의 관대함을 칭송했다. 법률은 공평무사하고, 공적인 명예는 당파나 계급이 아니라 공헌에 의해 주어졌다. 사회적인 문제에서는 관용이 지배했고, 공적인 문제에서는 자기절제를 내세우며 폭력은 배제되었다. 아테네의 문명 역시 영적, 지저, 물질적으로 풍성했다.

여기까지는 아테네를 그리스 일반과 비교했다. 다음부터는 특히 스파르타와 비교하기 시작했다.

우리는 도시에 누구라도 들어오게 합니다. 외국인이 너무 많은 것을 볼까 두려워 쫓아내는 일은 없습니다. 왜냐하면 전쟁터에서 우리는 전략과 준비보다는 자신의 용기와 대담함을 더 신뢰하기 때문입니다. 우리의 적들은 어린 시절부터 고된 훈련으로 전쟁을 준비합니다. 우리는 편안하게 생활합니다. 그러나 위험에 대처하는 데에는 그들 못지않게 침착합니다. 게다가 스파르타인은 동맹국들의 도움 없이는 한 번도 우리를 공격할 생각을 하지 못했습니다. 그러므로 법률에 의해서가 아니라 타고난 성격에서 유래하는 용기를 가진 우리에게는 두 가지 장점이 있습니다. 준비를 위해 고된 일을 할 필요가 없고, 그러면서도 시험이 닥치면 그들 못지않게 잘 해냅니다. 우리는 예술을 사랑하지만 허영으로 자랑하는 법이 없고, 사상을 사랑하지만 유약해지지 않습니다.

페리클레스는 스파르타와의 직접적 차이점을 이렇게 말한 뒤, 다시 일반적인 이야기를 한다. 아테네에서는 부유함이 자랑거리가 아니라 행동의 기회를 주는 것이며, 부끄러운 것은 가난이 아니라 게으름이다. 아테네인은 자신의 일만 할 뿐 아니라 도시의 업무에도 참여했다. 직업을 가진 사람들도 정치적 문제를 판단하는 데 매우 유능하다. 공적인 일에 동참하지 않는 사람을 어떤 곳에서는 조용한 사람이라고 부른다. 그러나 우리 아테네인은 그런 사람을 무용지물이라 부른다. 아테네인은 말을 행동의 장애물이 아니라 꼭 필요한 준비과정이라고 여긴다. 다른 나라 사람들은 무지 때문에 용감하고 계산을 하면 소심해진다. 우리 아테네인은 계산을 하고서도 여전히 대담하다. 또 우리는 이해타산 때문이 아니라 신뢰하기 때문에 관대하다. 사실 우리 폴리스는 전 그리스의 교육적 모범이다.

페리클레스의 연설은 두말할 필요도 없이 아테네에 대한 이상화된 그림이다. 그렇지만 본질적으로는 진실한 그림이며, 여하튼 사람들의 이상은 그 사람들의 정체성에서 중요한 일부분이다. 이 그림의 본질적인 진실성은 논증이 정확한지 여부와 상관없다. 우리는 페리클레스 시대 아테네의 행위들을 숙고할 때면 언제든 이 연설로, 아테네 폴리스에 대한 이 고상한 칭송으로 되돌아와서, 이 시대 아테네인이 본질적 측면에서 진실로 그러했다는 확신을 갖게 된다. 파르테논 신전의 아름다움은 놀랍기까지 하다. 높이가 겨우 220피트밖에 되지 않는 너무나 소박한 건물이지만, 이 신전이 주는 감동은 매우 압도적이다. 사진으로 보기에는 그저 그리스 신전에 불과하지만, 실물로 보면 한없는 감탄을 자아내는 건축물이다. 그리고 아테네인을 위해 만들어졌고 아테네인에 의해 영광을 얻은 소포클레스의 희곡들이 있다. 사적인 것을 전거로 사용한다면, 나 자신은 30년간 이 희곡들에 대해 자세한 강의를 했고, 지금에 이르러 나는 그 작품들이 어느 때보다 더 신선하고 흥미진진하게 느껴지며, 그 작품들 속에 대단히 압축적인 사고가 담겨 있다고 생각한다. 그 작품들에는 겉치레가 전혀 없고, (기교는 너무나 화려하지만) 과장됨이 없으며, 2류는 하나도 없다. 아마 가장 고상한 작품은 이름 없는 조각가들이 새겨놓은 단순한 묘비들이다. 이 묘비들은 고요한 위엄과 진실함으로 인해 가장 감동적이다. 집안에서 쓰던 일상적인 물건들 역시 동일한 품위가 있다. 확신을 가지고 말하건대, 페리클레스 시대 아테네에는 저속함, 기괴함, 겉만 번지르르함이 전혀 없었다. 이 점에서 희극이 가장 전형적이다. 그리스 희극에는 오늘날 출판이 불가능할 정도로 엄청나게 외설적인 작품들이 많다. 그러나 낄낄댈 만한 내용은 하나도 없다. 뛰어난 품격을 갖춘 사람들이, 높은 수준의 종교적, 정신적, 육체적 성과에 익숙하도록 만드는 환경 속에 살았기 때문이다.

이제 우리는 폴리스에 대해 다시 생각해야 한다. 모든 폴리스가 삶을 충만하고 의미 있게 했지만, 가장 두드러진 곳은 아테네다. 여기에서는 민주정을 논리적 극단까지 밀고 나갔다. 물론 어떤 사람들은 여자, 거류외인, 노예들이 공공업무에 목소리를 내지 못했다는 이유 때문에 아테네가 전혀 민주정이 아니었다고 주장한다. 만약 모든 성인 주민이 정부에 참여하는 것을 민주정이라고 정의한다면, 아테네는 민주정이 아니다. 그렇게 따지면 현대의 어떤 국가도 민주정이 아니다. 현대의 모든 국가는 너무 크기 때문에 정부를 대리인들과 전문 행정가들에게 맡겨야 하고, 이것은 과두정의 한 형태이다.

민주정을 시민 모두가 정부에 참여하는 정치형태라고 정의한다면, 아테네는 민주정이다. 일반적으로 그리스에서 시민권 자격을 얻으려면 부모 양쪽이 아니더라도 적어도 아버지는 시민이어야 했음을 기억하라. 그리스 '국가'는 (이론상으로나 감정상으로나) 단순히 일정한 지역 내의 주민이 아니라 친족들의 집단을 의미했다.

그러나 지금 당장 민주정의 정확한 정의를 내리는 것은 우리의 목표가 아니다. 여기에서 우리의 관심사는 아테네의 정치 제도들이 아테네인의 삶과 정신에 어떻게 영향을 미쳤는가 하는 점이다. 이번 장에서는 그것들을 묘사하겠고, 다음 장에서는 그것이 필사적인 전쟁이라는 압박 속에서 어떻게 작동하는지를 보겠다.

민회가 최고의 권력을 가졌다. 그리고 민회의 지상권(至上權)을 서류상으로뿐 아니라 실제에서도 유지시키기 위해 가능한 모든 조처가 이루어졌다. 아테네에서는 국가기관이 지배할 가능성은 전혀 없었다. 이것은 규모가 작다는 사실이 주는 또 하나의 이점이었다. 민회는 '데모스'에서 정당한 구성원으로 받아들여지고 또 중대한 범죄로 인해 공개적으로 참정권을 박탈당하지 않은, 모든 성인 아테네 남성으로 구성되었다. (의미심장하게도) 군대를 제외하고는 재산자격의 잔재는 어디에도 없었다. 폴리스는 시민들의 공동체였고, 결코 초인간적인 '국가'가 아니었다. 그래서 시민들은 군용 장비를 스스로 갖추어야 했다. 그 결과 말을 소유할 정도로 부유한 사람들은 기병대에 소속되었다. 자비로 말이다. 다만 복무 중일 때는 국가가 유지비용을 지급했다. 그럭저럭 먹고살 만한 사람들은 자기 무기를 들고 중갑보병(*hoplites*)에 소속되었다. 몸뚱이 외에는 아무것도 제공할 것이 없는 가난한 사람들은 보조병이나 함대의 노잡이가 되었다. 거류외인들도 시민들과 함께 복무했으나, 노예들은 육군이나 해군 어디에도 소속되지 않았다. 다만 국가가 커다란 위기에 처했을 때 단 한 번 군대에 소집되었다. 이때 군대에 들어간 노예들은 자유와 완전한 시민권(참정권은 제외)을 약속받았다(당시에 약속은 반드시 지켜야 했다).

아티카의 모든 토박이 성인 남성으로 이루어진 거대한 회합인 이 민회가 유일한 입법기구였고, 다양한 방식으로 행정과 사법을 완벽하게 통

7장 아테네 민주정(직접 참여)에 대해 알아야 할 것들 **189**

제했다. 먼저 행정부터 보자. 전임 아르콘으로 구성되던 낡은 아레오파고스회는 이제는 살인재판 외에는 아무것도 하지 않았다. 한때는 강력한 권한을 가졌던 아르콘들도 이제는 민회에서 매년 추첨으로 선택되었다. 매년 시민들 중 아무라도 9명의 아르콘 중 한 사람이 될 수 있었다. 그래서 자연스레 아르콘은 행정적 책임은 지지만 실제적 권력은 없는 관직이 되었다. 권력은 민회가 가졌다. 민회는 특별히 중요한 사안이 생기지 않는 이상 한 달에 한 번 모였다. 시민들은 아무나 발언할 수 있었다. 민회가 귀 기울여 들을 만한 이야기를 한다면 말이다. 정해진 엄격한 제도적 안전틀 안에서는 누구든지 그 어떤 제안이라도 할 수 있었다. 그러나 민회는 너무 덩치가 컸기 때문에 사안을 준비하고 긴급한 일들을 처리할 협의회를 필요로 했다. 이것을 500인 협의회(boule)라고 불렀다. 이들은 각 부족에서 50명씩, 투표가 아니라 추첨으로 뽑힌 사람들이었다. 협의회는 무작위로 선택되었고 매년 완전히 새로운 사람들로 채워졌기 때문에 독자적인 집단의식을 갖출 수 없었다. 바로 그것이 핵심적인 발상이었다. 그 무엇도 민회를 압도해서는 안 된다. 행정위원회(국가 부처들)의 대부분은 협의회의 구성원 중에서 충당되었다. 그러나 500명이 날마다 모여서 회의를 할 수는 없었고, 효율적인 실행 위원회 역할을 하기에는 너무 수가 많았기 때문에, 그 내부에 '프리타네이스'(prytaneis)라고 하는 위원회를 또 만들었다. 10개 부족 각각에서 50명씩을 차출했고, 그들이 1년의 1/10을 맡아서 책임을 지게 했다. 이 50명 중에서 매일 한 명이 추첨에 의해 의장으로 선택된다. 만약 그날 민회가 열리면 그가 민회의 의장이었다. 그는 24시간 동안 국가원수의 직함을 갖는다. (그리스가 원래 한 편의 연극 같은 세상이기에 그런지, 소크라테스가 전쟁 말기에 이 직책을 하루 맡은 적이 있었다. 그때 민회는—자주는 아니지만 가끔 그러했듯이—미쳐 날뛰었다. 민회는 아르기누사이 해전에서 승리를 거둔 10명의 장군단 전체를, 생존자 구조에 실패했다는 이유로 불법적으로 탄핵했다. 소크라테스는 폭도들에 반대하고 비정상적인 발의를 표결에 붙이기를 거부했다.) 행정부에 대한 추가 견제조치로서, 임기를 마치는 모든 정무관들은 민회에 자신들의 공직 수행에 대한 보고서를 제출해야 했고, 이 감사가 끝나기 전에는 책임을 벗지 못했다. 감사가 종결되기 전에는 아테네를 떠나지도 못했고 재산을 매각하지도 못했다.

한 가지 중요한 관직은 위험하게 추첨으로 뽑을 수 없었다. 그것은 육군과 해군의 사령관들이다. 10명의 '스트라테고이'(strategoi, '장군'과 '제독'을 따로 구분하지 않고 모두 이 용어를 썼다)는 투표로 선출되었다. 임기는 일 년이었고, 재선이 허용되었다. 사실 재선되는 경우가 대부분이었다. 그러나 아테네인에게는 이번 전쟁에서는 장군이었다가 다음 전쟁에서는 사병이 되는 일이 결코 이상하게 여겨지지 않았다. 이것은 '돌아가며 지배하고 지배받는다'는 민주정의 기본 개념의 극단적인 한 예다. 이것은 마치 노동조합의 임원이 일 년 임기를 마치면 자동적으로 물러나 자기 자리로 가는 것과 같다. 스트라테고이는 특별한 재능을 근거로 공식적으로 투표를 통해 선출되는 유일한 관직이었고, 매우 중요한 임무를 가졌기 때문에 자연스레 도시의 업무들에 대단한 영향력을 행사했다. 페리클레스가 아테네를 오랫동안 이끌었던 것은 바로 이 관직을 차지해서였고, 또 민회에서 높은 위상을 차지한 덕분이었다.

민회는 입법과 행정뿐 아니라 사법도 지배했다. 직업적 행정가가 없었듯이 직업적인 판사나 변호사도 없었다. 권리를 침해당한 사람은 동료 시민들에게 직접 정의를 호소한다는 원칙이 고수되었다. 지역 법정에서는 사소한 문제들을, 아테네 법정에서는 형사나 민사상 중요한 문제들을 다루었다. 배심원단은 사실상 민회의 일부분이었고, 사안의 중요성에 따라 101명에서 1,001명까지 다양한 숫자로 구성되었다. 판사는 없었고, '배심원 대표'와 같은 순전히 형식적인 의장만 있었다. 변호사도 없었다. 당사자들은 스스로 변론을 했다. 실제로는 원고나 피고가 전문적인 '연설문 대리 작성자'에게서 변론할 내용을 만들어 오곤 했다. 그러나 다음번에는 요령을 배워서 직접 했다. 인민 배심원단은 법리와 사실관계 모두를 판단했고, 항소란 존재하지 않았다. 만약 범죄행위에 대해 법에 정확한 처벌이 규정되지 않았을 경우—여러 명이 모인 배심원단이 선고에 쉽게 합의점을 찾기 힘들었으므로— 고소인이 (만약 승소한 경우라면) 처벌을 제안했고, 피고인은 그에 대해 대안적 처벌을 제시했으며, 배심원단은 둘 중 하나를 선택해야 했다. 이것은 플라톤의 『소크라테스의 변명』에 나오는 절차를 설명해 준다. 소크라테스가 유죄판결을 받았을 때, 원고측은 사형을 요구했다. 그러나 소크라테스는 대안으로 처음에는 '영예 시민권'을 운운했고, 공식적으로는 배심원단이 기꺼이 받아들일 만한 추방형이 아니라, 거의 조롱에 가까운 가벼운 벌금을 제시했다.

비록 간단하기는 하나 이렇게 개관해 놓고 보면, 아테네에서 공적 업무는 최대한 아마추어에 의해 운영되었다는 중대한 요점이 드러난다. 직업적인 전문가에게는 가능한 한 적은 영역만 주어졌다. 사실 전문가들은 대개 공공 노예였다. 모든 시민들은 병사(혹은 수병), 입법가, 판사, 행정가—아르콘이 아니라 해도 협의회의 일원으로서—를 돌아가며 맡았다. 이토록 이례적으로 아마추어들을 기용하는 모습에 독자들은 실소를 금치 못할 것이다. 사실 소크라테스와 플라톤은 이것을 신랄하게 비판했다. 물론 그 비판은 비효율성 때문이 아니라 무지한 사람들에게 '정치적 예술' 즉 인간을 개선시키는 중요한 기능을 맡겼다는 이유 때문이었다.

전문가에 대한 이러한 일반적 반감 밑에는 폴리스에 대한 어느 정도 의식적인 이론이 자리 잡았다. 즉 인생의 적절한 시절에 폴리스의 업무에 한몫을 담당할 의무는 폴리스와 자기 자신에 대해 개인이 져야 할 의무였다. 이것은 오직 폴리스만이 제공하는 충만한 삶의 일부분이었다. 혼자 사는 야만인은 이것을 가질 수 없고, 문명화된 '바르바로스'들 역시 왕이 지배하는 광대한 제국에서 왕의 개인 노예였기에 가질 수 없었다. 적어도 아테네인에게 토론을 통한 자치, 자기절제, 개인적 의무, 폴리스 활동에 대한 철두철미한 직접 참여, 이 모든 것은 삶의 호흡과 같았다.

아테네인들은 광대한 영역을 관할하는 대의제 정부와는 공존할 수 없었다. 그래서 아테네인은 로마처럼 다른 폴리스들을 병합시킴으로써 성장할 수가 없었다. 아테네인에게는, 자기 스스로 결정을 내리고, 그것을 실행에 옮기며, 또 그 결과를 받아들이는 책임성이야말로 자유인으로서 삶에 필수적인 일부분이었다. 아테네의 대중 예술이 아이스킬로스와 소포클레스의 비극, 아리스토파네스의 희극이었던 데 반해 우리의 대중들은 영화를 즐기는 이 차이점은 거기에서 생긴다. 아테네인은 중요한 일들을 처리하는 데 익숙했다. 그러므로 중요한 주제들을 다루지 않는 예술은 그들의 눈에 유치해 보였다.

아테네의 국제(國制)에 대한 이상의 설명은 어쩔 수 없이 짧기는 하나 독자에게 적어도 두 가지 생각을 하게 했을 것이다. 이것은 얼마나 아마추어적인가? 그리고 이런 체제를 작동이라도 시키려면, 아테네인은 얼마나 많은 시간을 공공업무에 투자해야 했을까?

첫 번째 문제부터 살펴보자. 아테네는 가장 엄밀한 의미에서 아마추어 정부다. 다시 말해 통치와 행정을 좋아하는 사람들의 정부였다. 그러나 그렇게 말하면 오해를 일으키기 쉽다. '통치'와 '행정'이라는 말은 오늘날 영국에서는 고유명사처럼 사용된다. 다시 말해, 그 자체로 독립적으로 존재하며, 인생의 방향을 잘못 잡은 사람들이 몰두하는 그런 일이다. 그리스인에게 그것들은 많은 측면을 가진 폴리스의 삶에서 두 가지 측면에 불과했다. 폴리스의 업무에 참여한다는 것은 시민이 폴리스에 진 단순한 의무가 아니었다. 그것은 그가 자기 스스로에게 진 의무였다. 그리고 무척이나 사람을 빨아들이는 흥미로운 일이기도 했다. 그것은 완전한 삶의 한 부분이었다. 그래서 아테네인은 단 한 번도 직업적 행정가나 판사를 고용하지 않았다. 그런 사람들이 유용하다 해도 말이다. 폴리스는 일종의 거대 가족이었고, 가족으로 산다는 것은 가족의 일들과 회의들에 직접 참여한다는 뜻이다. 폴리스에 대한 이러한 태도는 그리스인이 왜 대의 정부를 (우리식으로 말해) '발명' 하지 않았는지를 설명해 준다. 모든 그리스인이 없애버리려고 투쟁하던, 타인에 의한 지배를 무엇 하러 '발명' 하겠는가?

그러나 아테네의 체제는 다른 의미에서 아마추어적이었는가? 즉 이것은 비효율적이거나 모순투성이였나? 이 질문에 대해서, 우리의 기준이 완벽함이 아니라 인간 세계에서 정상적으로 발견되는 정부라고 한다면, 우리는 '아니오' 라고 대답해야 한다. 체제는 안정적이었고, 전쟁의 패배로 인한 압력 때문에 세워졌던 두 차례의 과두주의 혁명에서도 쉽게 회복되었다. 이 체제는 제국을 획득했고 운영했다. 세금을 징수했고, 경제와 재정과 통화를 놀라울 정도로 확고하게 관리했다. 높은 수준으로 공공 정의를 유지했고, 오늘날 우리 시대에도 몇몇 정부들은 그 수준에 미치지 못한다. 중요한 전쟁에서 패배하기는 했으나, 용기나 기백이 부족해서가 아니라 중요한 판단 착오들 때문이었다. 그런 실수들은 어떤 형태의 정부라도 저지를 수 있다. 정상적인 효율성의 기준들로 미루어 판단하건대, 논리적 민주정에 대한 아테네인의 실험은 실패가 아니라고 말해야 한다.

아테네인이라면 이 모든 효율성 실험들을 정당하게 받아들이고, 여기에 하나를 더 추가했을 것이다. 이 체제는 일반 시민들에게 상당 수준의 선한 삶을 제공했는가? 다시 말하자면, 오늘날 우리가 정부에서 기대하는 사항들을 다 행할 뿐 아니라, 시민들의 지성을 자극하고 시민들의 영혼을 만족시켰는가? 이 질문에 대한 대답을 아무런 망설임 없이 내놓을 사람은 아무도 없다. 소크라테스와 플라톤과 같은 철학자들은 훨씬 더 철저한 실험을 했다. 이러한 형태의 정부가 인간에게 덕을 고양시키는 훈련을 제공하는가? 플라톤은 『고르기아스(Gorgias)』에서 테미스토클레스와 키몬과 페리클레스가 '도시를 방책과 그와 같은 잡동사니들로 가득 채웠으나' 정치가의 제1 의무인 시민들을 더욱 덕스럽게 만드는 일에는 형편없이 실패했다고 말했다. 그러나 이런 종류의 효율성을 목표로 삼는 정부는 거의 없을 것이다.

더 큰 일들에 대한 효율성을 고려할 때에는, 두 가지 사항을 염두에 두어야 한다. 하나는 국가의 규모가 작았다는 점이다. 아테네인의 회합, 곧 민회는 오늘날의 열정적인 지방의회와 같이, 대부분 구성원들이 직접적으로 잘 아는 문제들을 다루었다. 게다가 오늘날보다 일들이 훨씬 덜 복잡했다. 지적이거나 도덕적인 복잡성이 덜했다는 뜻이 아니다. 그러한 것들은 언제나 동일하다. 다만 조직의 복잡성이 덜했다는 말이다. 전쟁이 선포되었다 치자. 그것은 끝없는 위원회들과 마구잡이로 서류를 잡아먹는 '국력의 총동원'과 같은 문제가 아니었다. 단지 모든 사람들이 집에 가서 자신의 방패와 창과 군용식량을 직접 챙기고서 군대의 소집에 응했을 뿐이다. 민회는 자신들이 직접 알지 못하는 문제들에 대해 결정을 내릴 때면 가장 나쁜 실수들을 저지르곤 했다. 그래서 민회는 전쟁 중에 시칠리아를 공격하겠다는 파멸적인 결정을 내렸다. (투키디데스가 지적하듯이) 시칠리아가 어디에 있는지, 규모가 얼마나 큰지 아는 사람은 거의 없었는데도 불구하고 말이다.

우리는 민회의 구성원들 중 가장 어린 사람들을 제외하면 모두가 다양한 지역적, 부족적 관직들에서 행정경험이 있었고 또 법정에서의 경험도 있었다는 사실을 잊어서는 안 된다. 또한 매년 500명의 새로운 사람들이 협의회에서 일하면서 민회에 제출될 법률 초안을 잡았고, 외국 사신들을 접견했고, 재정을 비롯한 모든 일들을 처리했다는 사실도 잊지 말아야 한다. 아테네 시민들의 수가 평균 30,000명이었다고 보면, 거의 모든 시민들이 일 년은 협의회에서 일했을 것이다. 사실 민회의 구성원들은 대부분 논의 대상에 대해 개인적 경험에 따라 충분히 알고 있었다.

이제 우리는 두 번째 문제, 즉 보통의 아테네 시민이 어떻게 이 모든 일을 할 시간을 낼 수 있었냐는 질문으로 나아가 보자. 아테네인은 슈퍼맨이 아니었고, 그때나 지금이나 하루는 24시간뿐이다. 이 질문은 분명 매우 중요하다. 고대와 그 이후의 많은 문명화된 사람들과 마찬가지로, 그리스인은 노예 소유자들이었다. 아리스토파네스의 작품은 읽지 않고 『톰 아저씨의 오두막집』만 읽은 많은 사람들이 이 사실로부터 아티카의 문화는 노예에 의해 유지되던 유한계급의 업적이라고 생각했다. 오늘날 대단히 강력한 경제력을 가지고 있으면서도 진정한 문명이라 할 만한 것은 가지지 못한 우리들에게 이런 식의 생각은 위로가 될지도 모른다. 그러나 완전히 틀린 생각이다. 기원전 5세기와 4세기의 그리스 노예제와, 농촌의 인구감소로 인해 노예에 의해 경작되었던 대농장인 로마의 라티

푼디아(*lafitundia*)는 유사점이 거의 없다.

첫 번째로, 그리스에서는 농업노예가 거의 존재하지 않았다. 전승들은 자신의 땅과 노예를 소유한 시민이 소규모 영농에서 노예제의 도움을 거의 받지 못했다고 강력히 주장한다. 노예는 자신이 생산하는 만큼 먹어 치웠다. 도시에 사는 부유한 농부라면 노예를 몇 명 소유했는데, 이들은 주로 개인적인 수발이나 가사에 이용되었다. 능력 있는 아테네인은 장을 보러 나갈 때 노예 하나를 부려 물건들을 들게 했고, 집에는 남성이나 여성 노예 한두 명을 남겨두고 '몸종'이나 '유모' 역할을 하게 했다. 이들 덕분에 생활은 좀 더 편해졌고, 어느 정도 문명화도 촉진되었다. 마치 하인들 덕분에 영국의 중간 계급 여성들이 오후에 브리지 게임을 하고, 교수들이 책을 썼던 것과 비슷하다. 그러나 노예는 분명 아티카의 경제적 삶의 토대가 아니었다. 현대의 한 유력한 연구자에 따르면, 펠로폰네소스 전쟁 직전에 아티카에는 125,000명 정도의 노예가 있었다. 이들 중 65,000명 정도는 가사에 종사했다. 아마 절반 이상이었을 것이다. 곰므(A. W. Gomme) 교수는 같은 시대에 18세 이상의 아테네인이 45,000명이라 추산하며, 따라서 아테네의 총인구는 약 100,000명을 조금 넘는 정도였다. 그렇다면 시민 한 사람당 평균 1명의 노예가 배정된다. 그러나 노예가 하나도 없는 집이나 노예를 여럿 가진 집이 얼마나 되었는지는 모른다. 곰므 교수는 산업에 50,000명, 광산에 10,000명의 노예가 사용되었다고 추정했다. 광산노예에 대한 처우는 극단적으로 냉담했고, 이것은 전반적으로 고귀한 인간성을 보여준 아테네인의 유일한 오점이다. 아테네의 노예들은 일반적으로 상당한 자유를 누렸고, 예컨대 미국의 흑인 시민들보다 훨씬 더 높은 법적 보호를 받았다. 어느 정도였냐면, 스파르타인들은 아테네의 거리에서 노예와 시민이 구별되지 않는다며 조롱하기까지 했다. 그러나 광산에서는 노예들이 종종 고된 노역으로 죽음에 이르곤 했다. 현대의 가장 암울한 시기의 공장보다도 훨씬 더 열악한 조건이었다. 다만 아테네인을 변호하려는 사람이라면, 적어도 아테네인은 이 희생자들을 불멸의 영혼을 가진 시민으로 가장하지도 않았고, 또 가장 버릇없는 노예들만 그곳으로 보냈다고 주장할 것이다. 그러나 끔찍한 일임은 분명하다. 물론 부분적으로 이것은 '눈에서 멀어지면 마음도 멀어진다'는 경우이기도 했고, 부분적으로는 광산들이 다른 식으로는 운영되기 힘들었기 때문이기도 하다. 대부분의 문명에는 숨기고 싶은 잔혹 행위들이 있다. 우리는 현대의 삶이 다른 식으로는 유지될 수 없기에, 도로에서 매년 4,000명의 시민들을 죽이고 있다. 이해가 곧 용서는 아니지만, 이해하려고 노력해서 해로울 일은 전혀 없다.

두 번째로, 산업노예 (추정치) 50,000명이라는 숫자는 전 인구수를 고려할 때 대단히 커 보인다. 만약 영국에서 우리가 이와 같은 비율, 곧 1천만 명의 산업노예를 보유한다면, 우리는 분명 대단히 안락한 삶을 누릴 것이다. 만약 우리를 오히려 가장 빈곤하게 만들 경제학 법칙들이 없다면 말이다. 그러나 이 50,000명의 노예들의 경제적, 사회적 효과를 평가하려면, 기계류의 도움이 없었기 때문에 노예들의 노동력이 다른 사람들의 생계를 책임질 만큼 엄청난 잉여를 생산하지는 못했음을 기억해야 한다. 분명 어느 정도는 생산을 했겠지만, 그리 많지는 않았다. 산업노예를 고용하는 데에는 매우 실제적인 한계가 있었다. 경기가 나쁠 때는 일감 없이 노는 노예가 치명적인 손실을 초래했다. 노예는 계속 먹여야 했고, 반면에 자본 가치는 떨어졌다. 그래서 보통 '공장'들은 노예와 시민을 동시에 고용했다. 시민은 '자를' 수 있었다. '공장'은 정말 소규모 사업이었다. 노예 20명을 사용하는 공장은 큰 회사였다. 최근에 발굴한 몇몇 비문들 덕에 우리는 아크로폴리스 건축업에 대해 조금 알게 되었다. 우리가 알기로 아테네는 노예소유 국가였다. 그래서 우리는 파르테논과 에렉테이온과 그 외 건물들이 노예들을 거느린 건설 청부업자에 의해 건설되었으리라 생각한다. 그러나 조금만 생각해보면, 이 정도 품질을 가진—너무나 장엄하고, 너무나 고아하고, 너무나 지적인—건축물과 조각품이 노예소유주들에 의해 창조되었으리라는 생각은 어리석기 짝이 없다. 이 건축물들은 피라미드와는 너무나 다르다. 우리는 그런 식의 일은 전혀 벌어지지 않았고, 오히려 더욱 믿기 힘든 다른 방식으로 이루어졌음을 발견한다. 이 건축물들은 수천 개의 개별적인 청부에 의해 건립되었다. 노예 한 명을 가진 시민 한 명이 펜텔리코스에서 대리석 열 수레를 가져오기로 계약했다. 또 아테네인 2명을 고용하고 노예 3명을 소유한 한 시민은 기둥 하나에 구멍 뚫기 작업을 계약했다. 노예들이 있었고, 또 마치 보조 엔진과 같이 도움이 되었다. 그러나 노예제가 아테네 경제의 기둥이었다고 주장한다면 심각한 과장이며, 노예제가 사회의 기조를 결정했고 일반 시민들을 고된 노동에서 멀어지게 했다고 말한다면 멍청한 소리다. 노예제가 정말 했던 역할은 임금의 수준을 낮추는 것이었다. 노예를 하나 사는 편이 장기적으로 수지가 더 맞는 일이었다면, 누구도 자유노동을 고용하려 하지 않았을 것이다. 그러나 노예 소유는 방심해서는 안 되는 사업이었다.

그렇다면 아테네인이 그토록 풍족히 누린 여가 시간의 근원을 탐구할 때, 우리는 노예제에 적절한, 그리고 너무 지나치지 않은 중요성만을 부여해야 한다. 대개의 경우, 노예제는 이미 상당히 부유했던 사람들의 여가만을 늘려주었다. 오히려 내 생각에는 부유한 아테네인조차도 예외가 아닌, 극단적으로 소박했던 생활수준을 훨씬 더 중요하게 여겨야 한다. 아테네인의 가옥, 가구, 의복, 음식은 영국의 수공업자들도 경멸하며 거부할 정도였다. 사실 영국의 기후에서는 그것들을 가지고서는 살아가지 못한다.

그리스인이 가지지 못한 수천 가지 물건들을 기계가 우리들에게 제공해 준다는 것은 당연히 진실이다. 그러나 여기에는 상반된 두 가지 측면이 존재한다. 우리가 여기에서 고려하는 것은 안락함이 아니라 여가다. 그리스인은 여가를 영광 다음으로 가장 높게 쳤다. 그리고 일반적으로 말해 기계가 우리의 여가를 크게 증가시켜 주었다고 보기 힘들다. 기계는 생활에서 복잡한 일들을 엄청나게 증가시켰고, 기계화 덕분에 확보한 시간 중 대단히 많은 부분이 기계의 시대가 만들어 낸 추가 노동에 의해 사라져 버린다.

세 번째로, 독자들께서는 자신의 노동 시간 중 그리스인이라면 단순히 없이 지내고 말 물건들을 구입하기 위해 소비되는 시간이 얼마나 되는지 계산해 보시라. 푹신한 소파, 셔츠와 타이, 잠옷, 상하수도, 담배, 차, 공공서비스 등과 같은 것들 말이다. 그리고 그리스인은 하지 않지만 우리는 추구하는, 시간을 잡아먹는 일들에 대해 생각해 보라. 책과 신문 보기, 날마다 장거리를 출퇴근하기, 집을 단장하느라 시간 보내기, 잔디 가꾸기 등을 말이다. 잔디는 영국의 기후에서는 사회적, 지적 생활의 가장 큰 적이다. 또 하루 일과는 시계가 아니라 태양에 의해 결정되었다. 효율적인 인공조명이 전혀 없었기 때문이다. 활동은 새벽에 시작되었다. 플라톤의 『프로타고라스』에는 어떤 열정적인 젊은이가 소크라테스를 너무나 급히 보기 원해서 소크라테스가 아직 잠자리에 있을 때에 방문하였다. (아마 소크라테스는 침상에서 외투를 입고 누워 있었을 것이다.) 그 젊은이는 자기 침상으로 되돌아가야 했다. 아직 날이 밝지 않았기 때문이다.

플라톤은 분명 이 젊은이의 방문이 너무 이른 편이었다고 생각했다. 그러나 결코 터무니없는 행동은 아니었다. 우리는 보통의 아테네인들이 오후에 몇 시간을 목욕탕이나 김나시온(gymnasion, 공적 비용으로 제공되는 널찍한 체육 및 문화 센터)에서 보냈던 것을 부러워한다. 우리는 한낮에 이렇게 시간을 낼 수가 없다. 결코. 그러나 우리는 7시에 일어나며, 면도하고 아침식사하고, 복잡한 완전무장을 갖추듯 옷을 챙겨 입느라 8시 30분까지는 아무것도 못한다. 그리스인은 동이 트자마자 일어났고, 덮고 잤던 외투를 툭툭 털어 마치 정장을 갖추듯 우아하게 몸에 감싼 뒤, 수염을 다듬고 아침식사는 하지 않았다. 단 5분이면 세상과 만날 준비가 되었다. 사실 오후는 하루의 중간이 아니라 오히려 끝에 가까웠다.

　마지막으로, 많은 형태의 공공 봉사에는 수당이 지급되었다. 결국에는 민회 참석에도 수당이 나왔다. 아테네는 사실 우리가 20세기에 깨달은 것을 이미 알았다. 즉 일반 시민들이 공공 업무를 위해 시간을 내도록 만들기 위해서는 시간 손실에 대하여 보상해주어야 한다. 다만 우리에게는 국비 극장도 없고, 가난한 사람들이 극장 좌석을 구입하도록 보조해주는 공공기금도 마련되어 있지 않다. 협의회의 구성원들과 아르콘들과 기타 정무관들, 그리고 법정에서 일한 배심원들은 소액이나마 공공기금에서 수당을 받았다. 이 기금의 일부분은 제국을 통해 얻은 수익이었다. 기원전 4세기에 아티카의 산업과 교역에서 아테네 시민들은 작은 부분만을, 그리고 거류외인들이 더 큰 부분을 맡았음이 분명하다. 그 이유는 아테네인이 더욱더 노예제에 의존하여 살았기 때문이 아니라, 더욱더 국가에 의존하여 살았기 때문이다.

　민주 정부에 대한 이 실험은, 하루 이틀이면 횡단할 수 있는 작은 독립 국가들이 다시 등장하지 않는 이상 반복될 수 없다. 아테네인들은 대담하게도 정부의 모든 측면에 직접적이고 개인적으로 참여하고자 하는 자신들의 욕망을 논리적 극단까지 이끌어갔고, 이것은 연약한 인간 본성에 대한 의도적인 도전으로 보인다. 모든 인민이 자신들의 공적 업무를 현명하게 처리할 수 있을 만큼 지혜와 자기절제를 유지하는 일이 가능할까? 사람들이 제국과 제국의 재정을 지배하면서도 부패하지 않을 수 있을까? 이런 체제가 전쟁을 수행할 수 있을까? 민주정을 공격하는 유혹들과 위험들은 무엇인가? 아테네는 인민의 정부에 대해 거의 실험실의 연구와 같은 사례를 제공한다. 너무나 오래 전에, 너무나 먼 곳에서, 그리고 완전히 죽어버린 언어를 사용해서 벌어진 일이라는 점을 제외하면, 아테네 민주정은 오늘날 관심을 기울일 만한 가치가 있다.

8장 전쟁 중에도 그리스의 민회는 지속되었나?
— 펠로폰네소스 전쟁 중인 그리스인

그리스 세계는 이제 분열되었다. 한쪽에는 아테네 제국이 있었다. 사람들은 공공연히 이것을 '참주정'이라 불렀다. 다른 쪽에는 스파르타, 펠로폰네소스 동맹, 스파르타에 동조하는 여러 국가들(특히 보이오티아의 국가들)이 있었다. 아테네 측은 바다에서 강했고, 스파르타 측은 육상에서 강했다. 아테네 측은 주로 이오니아인이었고, 스파르타 측은 주로 도리스인이었다. 그러나 이러한 구분이 그리 중요하지는 않았다. 아테네는 동맹국들에게 민주적 국제를 옹호하거나 나아가 강요했고, 스파르타 측은 과두정이나 기껏해야 제한 민주정을 옹호했다. 우리에게 어딘가 많이 익숙한 상황 아닌가? 아테네가 명목상의 동맹국들의 자율성을 지나치게 제한한다는 정서가 지배적이었다. 그래서 스파르타는 그리스의 자유의 대변인 행세를 했다. 아테네와 코린토스 사이의 무역 경쟁도 치열했고, 코린토스는 서방 그리스인들과의 교역이 위협받는 것을 두려워했다. 결국 스파르타인을 설득해서 아테네인에게 도전하도록 만든 것은 바로 코린토스인이었다. 우리는 앞 장에서 코린토스의 사절이 스파르타에서 아테네인의 성격에 대해 촌평한 대화를 이미 인용해 보았다.

이 전쟁은 그리스 폴리스들의 역사에서 전환점이었다. 전쟁은 기원전 431년부터 404년까지, 27년 동안 거의 끊임없이 계속되었다. 짧은 휴지기를 제외하면, 싸움은 그리스 세계의 거의 모든 지역에서 벌어졌다. 에게 해 전역, 칼키디케와 인근, 보이오티아, 펠로폰네소스 해안, 그리스 서북부가 모두 휩쓸렸다. 그리고 시칠리아에서는 아테네인의 강력한 2개 원정대가 거의 전멸하다시피 했다. 그리고 아티카에서는 모든 지역이 스파르타 군대에게 무방비 상태로 개방되어 체계적으로 유린되었다. 요새와 장벽으로 둘러싸인 아테네 시와 피라이오스만이 예외였다. 전쟁 2년째에는 아티카의 모든 시골 주민들에게 자신들의 집을 적에게 내어주고 도시의 성벽 안으로 피신하여 아무 곳에서든 살라는 명령이 내려졌다. 그때 역병이 발생하여 수개월간 휩쓸었다. (이 병에 걸렸다 회복되었던) 투키디데스는 특유의 차분한 어조로 이 역병에 대해 설명한다. 그 이야기는 지금 들어도 등골이 오싹해진다. 투키디데스는 특히 역병이 초래한 도덕의 붕괴를 지적한다. 질병의 고통 속에서 법에 대한 순종, 종교, 정직, 체면이 사라졌다. 폴리스의 거의 1/4이 죽었고, 사망자 중에는 페리클레스도 포함되었다. 그러나 아테네는 회복되었고, 바다를 장악했으며, 곡물을 정기적으로 수입했고, 해군과 육군을 파병했으며, 두세 차례 유리한 조건으로 평화조약을 맺을 기회를 잡았다. 그러나 역병이 돈지 25년이 지난 후, 아테네는 치욕스럽게도 함대를 상실하고 스파르타에게 무조건 항복할 수밖에 없었다.

이 모든 과정 속에서도 폴리스의 삶은 계속되었다. 중요한 사안들은 모두 민회에 모인 인민에 의해 결정되었다. 모든 시민으로 구성된 이 민회가 장군들을 투표로 선출했고, 제2, 제3, 제4의 전선을 확장했고, 평화조약을 논의했고, 전선에서 온 보고서들을 검토했다. 민회의 용기는 전쟁 중 단 한 차례, 시칠리아에서의 재앙 직후에만 꺾였다. 그때 민회는 속임수에 넘어가 소수 집단에게 권력을 양도했다. 그들은 사실은 단호한 과두주의자들이었고, 몇 달 동안 공포정치를 펼쳤다. 그 후 이들은 전복되었고, (투키디데스가 높이 칭송한) 제한적 민주정이 도입되었다. 그러나 곧 이전의 민회가 다시 힘을 회복했고, 모두가 정치에 참여하게 되었다.

그러나 정치 생활만 지속된 것은 아니다. 지적, 예술적 삶도 계속되었다. 제1차 세계대전으로 인해 문화적 삶이 붕괴되었던 모습, 곧 가능한 한 모든 것('이전과 다름없던' 경제를 제외하고)을 금지하려던 당국자들의 불안심리, 베토벤이나 바그너의 음악을 듣는 것을 비애국적인 것으로 만들어 버린 대중의 분노, 멍텅구리 검열관들, 극장의 타락 등을 기억하는 우리로서는, 전시의 아테네를 살펴보는 일이란 참으로 굴욕적이다. 아테네인은 우리만큼이나 위기에 처했고, 적들은 더 가까이 있었다. 심지어 아티카에 적군이 진을 쳤고, 우리보다 더 높은 비율로 시민들이 죽었고, 가족들이 사별했다. 그러나 아테네인은 제전들을 계속 유지했다. 자포자기하여 아무렇게나 살아서가 아니라, 제전이 자신들이 싸워 지키려 하던 바로 그 삶의 한 부분이었기 때문이다. 아테네인을 위해, 그리고 아테네인의 이름으로 만들어진 연극에서, 소포클레스는 전쟁에 대해서는 한마디 언급도 없이 인간의 삶과 인간의 성품에 대한 궁극적인 문제들에 몰두했고, 에우리피데스는 승리의 허무함과 복수의 추악함을 폭로하기에 바빴다. 무엇보다 놀랍게도, 아리스토파네스는 인민의 지도자들, 장군들, 그리고 주권을 가진 인민들 자체를 조롱했고, 재치, 환상, 익살, 서정적 아름다움, 소란스러운 외설, 난 체하는 풍자로 가득한 희극들에서 전쟁에 대한 혐오와 평화에 대한 갈망을 표현했다.

이 시기 동안에 소크라테스는 아테네에서 토론하고, 주장하고, 비판하면서, 누구든 자신의 말을 들어 주는 사람들에게 영혼의 선이 지고의 선이며 엄격한 변증법만이 그것을 획득하는 유일한 수단임을 설득하려 애썼다.

다른 한편, 전쟁이 끝날 무렵으로 눈을 돌려 보면, 이전에 존경해야 했던 것만큼 가련히 여기고 저주해야 할 것들이 많이 발견된다. 이전의 바로 그 아테네인들이 분파별로 찢어지고, 교활하고 후안무치하며 아테네와 스파르타를 돌아가며 배신한 알키비아데스에게 자신들을 맡기는 모습을 본다. 아테네인들은 패배에서 일어서서 당당한 승리를 움켜쥐었지만, 그 승리를 내던져 버리고, 승리를 이끈 장군들을 잔혹하게 공격했다. 여전히 불타오르는 열정을 가졌으나, 단 하루의 부주의로 전부를 잃었다. 인간의 성품이 가진 힘과 약점을 이 전쟁보다 더 잘 드러낸 사례는 역사에서 찾아보기 힘들다. 이 모든 것을 우리가 알고 느낄 수 있는 것은 거의 전적으로 동시대의 역사가 투키디데스의 뛰어난 재능 덕분이다.

나는 이 전쟁에 대해 틀에 박힌 설명을 하기보다는 투키디데스의 역사서에서 몇 문단을 번역하거나 풀어쓰려고 한다. 그것이 독자에게 투키디데스에 대해, 그리스인의 행위에 대해, 아테네 민회의 행위에 대해, 시민들의 삶에 끼친 아테네 민회의 영향에 대해, 그리고 전쟁의 압력 속에서 아테네인의 기상이 비극적으로 쇠약해진 것에 대해 깊은 인상을 주리라 기대한다. 투키디데스는 좋은 가문 출신의 부유한 아테네인이었고, 페리클레스를 추종했으나 그 계승자는 되지 못했고, 전쟁의 초기 국면에서 스트라테고이(장군) 중 한 사람이었고, 독자에게 압도적인 감동을 안겨주는 정신을 소유한 작가였다. 집중력과 심도 깊은 이해라는 측면에서 투키디데스와 비견될 만한 그리스 작가는 둘뿐이다. 한 사람은 아이스킬로스며, 다른 한 사람은 『일리아스』를 쓴 시인이다.

우리는 먼저 전쟁 발발 전에 민회에서 벌어진 논쟁에 대한 투키디데스의 보고부터 검토해 보겠다. 스파르타에서 온 사신이 아테네인에게 외교적 요구를 했다. 특히 펠로폰네소스 동맹의 일원이었던 메가라에 대한 무역금지 조치를 취소하라고 요구했다. 마침내 스파르타에서 마지막 사신이 왔다. 람피아스, 멜레시비오스, 아게산드로스였고, 이들은 앞서 언급한 문제들에 대해서는 아무것도 말하지 않고 오직 다음과 같이 말했다. "스파르타인은 평화가 지속되기를 바라오. 그리고 만약 여러분이 그리스인들의 독립성을 훼손하지 않는다면 그렇게 될 것이오." 아테네인은[27] 민회를 소집하여 이 문제를 논의에 붙였고, 이 모든 요구들에 대해 논의하고 확실하게 응답하기로 했다. 많은 이들이 각각의 입장에서 발언했다. 어떤 이들은 전쟁에 나서야 한다고 주장했고, 또 어떤 이들은 메가라 법령이 평화의 걸림돌이므로 철회해야 한다고 주장했다. 마침내 크산티포스의 아들 페리클레스가 앞으로 나섰다. 그는 당대에 시민들의 지도자였고, 연설과 행동 모두에서 가장 능력 있는 자였다. 페리클레스는 다음과 같이 조언했다.

나는 늘 이야기했던 의견을 드리겠습니다. 우리는 스파르타에 양보해서는 안 됩니다. 나는 전쟁을 개시하기로 동의한 사람들이 전쟁의 와중에서는 마음을 바꾸리라는 것을 압니다. 또 상황에 따라 판단을 바꿀 것임도 압니다. 그러나 나는 여러분에게 이전과 같은 충고를 드려야만 하겠습니다. 그리고 여러분 중 전쟁에 찬성하기로 마음먹은 분들께는 요청하고 싶은 것이 있습니다. 상황이 어려워진다 해도 우리가 함께 결의한 것을 지지해 주십시오. 그리고 우리가 성공한다 해도 여러분은 특별히 지적으로 뛰어나다고 자랑할 이유는 없을 것입니다. 행동과 결정은 종종 전혀 예상치 못한 결과를 낳는 법이기 때문입니다. 그래서 우리가 계산한 것과 반대로 벌어지는 일들을 우리는 우연으로 돌립니다.

페리클레스는 이렇게 판단에서 지속성과 겸손함을 강조하면서 연설을 시작했다. 나아가 매우 논리적인 주장을 펼치면서, 사소한 양보조차도 겁을 먹은 것으로 해석될 수 있고, 그렇게 되면 스파르타는 계속 새로운 요구들을 할 것임을 증명했다. 또 전쟁을 벌인다 해도 펠로폰네소스인들이 압도하지는 못하리라고 주장했다. 그들은 자원도 단결력도 부족하기 때문이다. 페리클레스는 말했다. "만약 우리가 섬사람들이라면 그 누가 우리보다 더 난공불락이겠습니까? 그렇다면 우리는 스스로를 섬사람이라고 생각해야 합니다. 토지와 가옥들을 포기하고 바다와 도시[28])를 수호해야 한다는 말입니다. 아티카를 지키기 위해 쓸데없는 싸움을 감행하지 말아야 합니다. 우리는 집과 토지를 위해 슬퍼할 것이 아니라 사라져간 생명들을 위해 애통해해야 합니다. 집과 가옥이 사람을 가져다주는 것이 아니라, 사람이 그런 것들을 가져오기 때문입니다. 만약 여러분들이 그렇게 하겠다고 한다면, 나는 여러분에게 여러분의 집과 토지를 스스로 파괴하라고 요청하겠습니다. 그렇게 한다면 펠로폰네소스인들은 토지와 집이 그들에게 승리를 안겨주지 못한다는 사실을 알게 될 것입니다. 그리고 여러분들이 더 많은 땅을 차지하려 하지만 않는다면, 나는 여러 근거로 승리를 확신할 수 있습니다. 왜냐하면 나는 적들의 계획보다도 우리 자신의 실수가 더 두렵기 때문입니다." 그리하여 페리클레스는 무례하지는 않으나 단호한 응답을 해야 한다고 제안하고 자리에 앉았다. 결정은 민회의 몫이었다. "그리고 아테네인은 페리클레스의 조언이 최상이라고 생각하고 그가 제안한 대로 하기로 표결했다." 스파르타의 사절들은 귀국했고, 아테네에는 더 이상 스파르타 사절단이 오지 않았다.

전쟁은 테베가 플라타이아를 기습함으로써 터졌다. 이에 대해서는 나중에 다루기로 하자. 스파르타군은 아티카를 침공했고 아카르나이의 중요한 마을들과 도시들의 토지를 약탈하기 시작했다. "아테네인은 도시에서 6마일밖에 떨어지지 않은 아카르나이에 군대가 자리 잡은 것을 보았다. 그들은 적이 자신들의 눈앞에서 자신들의 토지를 약탈하는 모습을 참을 수 없는 커다란 모욕으로 생각했다. 젊은이들은 이런 일을 본 적이 없었고, 늙은이들도 페르시아 전쟁 때나 보던 광경이었다. 그들 모두 그리고 특히 젊은이들은 참을 것이 아니라 나가 싸우기로 결심했다. 그들은 한자리에 모였고 뜨거운 토론이 벌어졌다. 어떤 이들은 나가 싸우자고 재촉했고, 어떤 이들은 그러지 말라고 그들을 설득하려 애썼다. 예언자들은 온갖 종류의 신탁을 이야기했고, 많은 사람들은 거기에 귀 기울였다. 아카르나이인은 자신들이 아테네 군대의 상당히 큰 부분을 차지하고 있음을 알고는 나가 싸우자고 요청했다. 바로 자신들의 땅이 약탈당하고 있었기 때문이다. 도시는 어떤 식으로든 뜨겁게 달아올랐다. 사람들은 페리클레스에게 분노했고, 그가 했던 모든 조언들을 잊어버렸다. 그리고 사람들은 장군이었던 페리클레스가 자신들을 이끌고 싸우러 나가기를 거부했으므로 마구 욕을 했다. 그리고 지금 벌어지는 모든 일들에 대한 책임이 페리클레스에게 있다고 말했다. 그러나 페리클레스는 사람들이 분노하고 있고 또 결코 제정신이 아닌 것을 보고는, 적에 대한 공격을 거부한 것을 매우 잘한 일이라고 확신했다. 또 민회나 그 어떤 (비공식적) 회합도 소집하지 않은 것 역시 잘했다고 생각했다. 사람들이 판단력 있는 사고보다는 분노 속에서 회합을 가짐으로써 위험한 일을 초래할 가능성이 높았기 때문이다. 그래서 페리클레스는 도시의 방어에 전념했고 가능한 안정시키려 노력했다. 그러나 페리클레스는 적을 도시 인근의 땅에서 몰아내기 위해 계속 기병대를 내보냈다." 그해 후반에 페리클레스는 역공을 나서서 펠로폰네소스의 연안에 함대를 파견하여 약탈했다.

내가 이 일화를 인용한 까닭은 투키디데스가 이것을 이야기해야 했던 이유와 동일하다. 즉 아테네인의 삶의 방식에서 어리석은 행동을 방지하기가 얼마나 불확실하고 어려웠는지를 보여주기 위해서다. 사실상 주민들 모두가 양식 있게 행동하는 것 외에는 방법이 없었다. 인민의 강력한 충동― '당장 제2의 전선을 시작하라' ―은 담벼락의 낙서나 신문의 선동문구로 끝나지 않았다. 그것은 곧바로 민회에 상정되어 즉시 행농으로 옮겨졌다. 이것은 그 자체로 책임 의식을 고취시켰다. 그래서 (예를 들어) '당장 제2의 전선을 열어라' 라고 주장하는 시민은 어떻게, 어디에서, 무슨 병력으로 그 일을 할 것인지를 보여주어야 했다. '국가' 는 전문가들이 움직이는 요정 세계의 대모(大母)가 아니었다. 국가는 자기 자신과, 자신의 말을 들으려 모여 있는 사람들이었다.

오랜 전쟁은 귀족과 평민 간 또는 부자와 가난한 자 사이의 간격이 아니라 번영하던 상업 및 산업 계급과 고통 받던 농업 계급 사이의 간격을 벌려놓았다. 페리클레스와 같이 시야가 넓고 자주적인 인물이 아니라, 지혜가 부족하고 기상이 저열하며, 민중들의 감정의 폭발을 제재하지 않고 오히려 선동하고 이용했던 자들이 도시의 지도자로 등장했다. 그런 때가 되면 어리석은 행동에 대한 방어는 충분히 강력하지 못했다.

그와 비슷한 상황이 전쟁 2년째에 발생했다. 이 해는 아테네가 경험한 가장 암울한 순간들이었다. 스파르타군이 두 번째로 아티카에 나타났을 뿐 아니라, 끔찍한 역병이 아테네를 휩쓸었다. 이것은 페리클레스가 예측할 수 없었던 결과였다. "사람들은 마음을 바꾸고 페리클레스를 비난했다. 페리클레스가 자신들을 전쟁으로 이끌었다고 생각했고, 또 페리클레스가 자신들의 불행의 원천이라고 생각했다. 아테네인들은 스파르타와 평화조약을 맺기 위해 애썼고, 실제로 사절도 보냈지만 성공하지 못했다. 절망에 빠진 아테네인은 페리클레스를 난폭하게 대했다. 그래서 페리클레스는 민회를 소집했다. (그는 여전히 장군이었다.) 그는 아테네인의 분노를 알았고, 사실 그것은 그가 정확히 예상한 바였다."

페리클레스의 연설은 (투키디데스가 요약했음에도 불구하고 인용하기에는 너무 길다) 놀라웠고, 또한 놀랍게도 절망 속의 사람들이 그 연설을 받아들였다. 인민의 지도자가 그토록 고상한 어조로 연설하고, 완전히 논증에만 의존하여 연설했다는 것 역시 놀라운 일이다. 그 논증이 좋은 것인지 나쁜 것인지는 여기에서 다룰 일이 아니다. 연설의 전반적인 취지는 다음과 같았다.

내가 이 특별 민회를 소집한 이유는 여러분에게 몇 가지 사실을 상기시켜드리고, 여러분의 실수 몇 가지에 대해 항의하기 위해서입니다. 기억하십시오. 폴리스가 번영하는 것이 개인들보다 중요합니다. 개인들이 번영하더라도 폴리스가 망한다면 개인들 역시 망합니다. 그러나 한 시민이 불행을 겪더라도 폴리스가 번영한다면 그 개인에게는 자신의 운명을 바꿀 기회가 훨씬 커집니다.

여러분은 개인적인 고통 속에서 내가 여러분을 전쟁으로 이끌었다고 화내고 있습니다. 그것은 여러분 스스로에게 화내는 짓입니다. 여러분이 저에게 찬성투표를 했기 때문입니다. 나를 누구보다도 시야가 넓고 연설―자신의 생각을 확실하게 설명하지 못하는 사람은 시야도 매우 좁을 것이기 때문에―과 애국심과 개인적 정직성에서 뛰어나다고 생각한 것은 바로 여러분입니다. 여러분이 나를 그렇게 생각하여 나에게 찬성표를 던졌다면, 여러분은 내가 여러분에게 해를 끼친다고 비난할 수 없습니다. 나는 변하지 않았습니다. 변한 것은 바로 여러분입니다. 재난이 여러분을 엄습했고, 그러자 여러분은 모든 일이 잘되어 가던 시절에 여러분이 선택한 정책을 고수하지 못하는 것입니다. 내 충고가 잘못되었다고 보는 이유는 바로 여러분의 의지력이 약하기 때문입니다. 인간의 기상을 가장 잘 부서뜨리는 것은 바로 예기치 못한 일들이니까요.

여러분에게는 위대한 폴리스와 드높은 명예가 있습니다. 그렇다면 그에 합당하게 행동하셔야 합니다. 세계의 절반―바다―은 여러분의 것입니다. 여러분은 아티카를 저택을 둘러싼 작은 정원 정도로만 생각해야 합니다. 여러분이 주권자의 수고로움을 회피하고 싶다면, 명예 역시 내려놓아야 할 것입니다. 여러분이 사실상의 참주정인 제국에서 안전하게 손을 털 수 있으리라 생각하지 마십시오. 여러분의 선택은 제국 아니면 노예입니다.

우리는 적이 가하는 타격을 용기 있게 견뎌야 합니다. 그리고 신들이 가하는 공격에 대해서는 포기하십시오. 계산 밖의 성공을 거두었을 때 나를 칭송하지 않으실 것이라면, 계산 밖의 불행에 대해서도 나를 비난하지 말아야 할 것입니다.

투키디데스는 "이 연설로서 페리클레스는 자신에게 향한 아테네인의 분노를 무마시키고, 현재의 고난에 몰두하는 그들의 생각을 바꾸려고 했다. 정책에 대해서 아테네인은 페리클레스에게 설득되었고 더 이상 평화조약을 추진하지 않았다. …… 그러나 아테네인은 페리클레스를 향한 불쾌감을 거두지 않았고, 그에게 일정액의 벌금을 물리기에 이르렀다. 그러나 얼마 지나지 않아―군중들이 늘 하는 식으로―아테네인은 페리클레스를 다시 장군으로 선출하고 그에게 전부를 맡겼다"라고 말한다.

역병은 '런던 흑사병'만큼이나 끔찍했고, 아테네인은 거기에 더해 바깥의 적에 의해 성벽 안쪽에 꼼짝달싹 못하게 갇혀 있다는 공포까지 감당해야 했다. 그런 상황을 고려한다면, 우리는 동료 시민들에게 위와 같이 말할 수 있었던 한 사람의 위대함을 존경해야 한다. 그리고 그러한 상황에서 그러한 연설을 들을 뿐 아니라 실제로 그 연설에 깊이 설득된 사람들에게도 존경을 표해야 한다. 아테네 민주정에는 결함도 많고 실패도 많았다. 그러나 민주정이 아테네인의 정신적, 도덕적 정력에 끼친 영향을 고려할 때에만 비로소 아테네 민주정을 제대로 평가할 수 있다. '민주정은 실패했다'는 평가도 가능하다. 그러나 그것은 정치체제에 대한 판단이 아니라 인간 본성의 능력에 대한 판단이다.

페리클레스는 역병의 공격에서 회복되지 못하고 몇 달 뒤 숨을 거두었다. 투키디데스는 특유의 절제된 문체로 위대한 이 인물에게 장엄한 찬사를 바쳤다. 그는 페리클레스를 후계자들과 대조시켰다. 그들은 전쟁 동안에는 제국을 확장하려 하지 말라는 페리클레스의 충고를 저버렸고, "완전히 반대로 행동했다. 그리고 개인적인 야망과 탐욕으로, 전쟁과 전혀 관련이 없어 보이는 문제들에서 아테네와 동맹국 양편에게 모두 악한 정책을 추구했다. 그러한 정책들은 만약 성공하더라도 몇몇 개인들에게만 명예와 이익을 안겨주었고, 만약 실패한다면 폴리스의 전쟁 수행 능력을 손상시켰다."

'의회 토론'의 사례를 하나 더 소개해야겠다. 기원전 428년에 레스보스가 반란을 일으켰다. 이곳은 미틸레네를 핵심 도시로 하는 큰 섬이었고, 몇 남지 않은 '독립적인' 동맹국 중 하나였다. 이 반란은 아테네에게는 치명적인 위협이었다. 레스보스인은 스파르타의 도움을 얻고자 했으나, 스파르타인은 결코 오지 않았다. 반란은 분쇄되었고 레스보스인은 아테네인의 재량에 맡겨졌다. 그들은 어떤 처우를 받았을까? 결정권은 아테네 민회에 있었고, 당시 민회를 지배하던 인물은 가죽 가공업을 하는 클레온이었다. (아리스토파네스는 그를 난폭하고 무식한 허풍선이라고 인정사정없이 비꼬았다.) 클레온은 분명히 뛰어난 인간이었고 연설에 능했다. 비록 페리클레스와 같은 반열은 아니었지만 말이다. 그는 민회에 자신의 인상을 깊이 심었다. 그러나 그는 매우 비열한 성품에 천박한 사고를 가진 자였다. 클레온은 아테네인에게 '강경노선'을 택해야 한다고 설득했다. 그날 밤 미틸레네로 배 한 척이 파견되었다. 그 배는 아테네 지휘관에게 모든 남자들을 죽이고 여자와 아이들을 노예로 팔아버리라는 명령을 싣고 갔다.

"다음 날 후회하는 분위기가 감돌았다. 아테네인은 그 명령이 잔인하고 분별력이 없는 것이라고 생각했다. 범죄자뿐 아니라 주민 전부를 죽이라고 했기 때문이다." 미틸레네 사절단은 이 기회를 이용하고 또 몇몇 아테네인의 도움을 얻어서 당국자들에게 즉시 민회를 다시 소집하도록 설득했다.

양편의 입장에서 몇몇 연설들(투키디데스는 그 내용을 말해주지 않는다)이 있은 후 클레온이 일어섰다. 그의 연설은 다음과 같이 요약된다.

오늘의 논쟁을 보니 민주정으로는 제국을 지배할 수 없다는 내 믿음이 더욱 확실해지는군요. 여러분들의 동맹국들은 그들의 이익 때문이 아니라 여러분의 힘 때문에 여러분에게 묶여 있습니다. 그러므로 지금 여러분이 아무리 동정심을 보여주어도 그들은 감사하지 않을 것입니다. 오히려 그것은 허약함의 증거로 여겨질 것이고, 반란을 일으켜도 아무 처벌도 받지 않는다면 다른 폴리스들 역시 반란을 일으킬 것입니다. 정치적 잘못들 중에서 불확실성이야말로 가장 나쁜 것입니다. 나쁜 법을 유지하는 편이 법을 계속 바꿔대는 것보다 낫습니다. 일단 결정된 사항은 반드시 지켜져야 합니다. 무딘 사람들이 똑똑이들보다 일을 더 잘합니다. 무딘 사람들은 법에 순종하는 것에 만족하고, 정직하고 실용적인 방식으로 연설들을 판단합니다. 그러나 똑똑이들은 스스로 법률보다 잘난 체하기 원하고 연설을 말솜씨 자랑으로 생각합니다. 바로 그런 이들이 오늘 이 논의를 재개하게 만들었습니다. 분명히 그들은 미틸레네인들이 우리에게 해를 끼친 것이 아니라 봉사를 했다는 주장을 입증하려 애쓸 것입니다. 이것은 여러분의 잘못입니다. 여러분은 심사숙고가 필요한 민회를 마치 극장의 볼거리와 같이 취급했기 때문입니다. 미틸레네는 단일한 도시로는 그 어떤 곳보다 더 큰 피해를 여러분에게 끼쳤습니다. 그들이 합당한 처벌을 받게 해 줍시다. 그들은 고의로 일을 저질렀습니다. 자발적이지 않은 행위에만 변명이 가능합니다. 그리고 귀족과 평민을 구분하는 것은 어리석은 일입니다. 평민들도 귀족과 함께 우리에게 반대했습니다. 만약 반란이 성공했더라면 평민들도 이익을 보았을 것입니다. 반란이 실패했으므로 그들에게 대가를 치르게 합시다. 그러지 않으면 여러분에게는 어떤 동맹국도 남아 있지 않을 것입니다. 동정심은 우리에게 우호적인 자들에게 주어야지, 불구대천의 적에게 줄 것이 아닙니다. 온건함은 장차 여러분에게 호의적일 자들에게 보여주어야지, 여러분에 대한 증오를 누그러뜨리지 않을 자들에게 보여주어서는 안 됩니다. 그리고 제국에 방해가 되는 세 번째의 것, 즉 연설을 즐기는 것에 대해서는—연설가는 매수될 수 있습니다—똑똑이 연설가들에게 중요하지 않은 일들에 대해서나 그들의 기술을 펼쳐보이게 합시다.

교활한 연설이다. 저속함에 대한 아부와 폭력에 대한 고무를 은폐하기에 딱 알맞을 만큼의 진실을 담고 있었다. 그러나 페리클레스가 있었다면 클레온이 감히 이런 연설을 했겠는지 생각해 볼 일이다.

클레온에게 대응하여 한 사람이 발언을 했다. 그 사람의 이름은 다른 곳에서는 단 한 번도 언급되지 않지만, 기억될 만한 자격이 있다. 그리고 투키디데스가 그 이름을 남겨주었다. 에우크라테스의 아들 디오도토스다.

성급함은 어리석음과 동행하며, 흥분은 야비함과 저속한 정신과 함께합니다. 그것들은 모두 현명한 판단의 적입니다. 행동은 말로 설명할 필요가 없다고 주장하는 사람은 멍청이거나 아니면 부정직한 사람입니다. 만약 미래의 불확실한 일들에 대해 말 이외의 다른 방식으로 자신의 의견을 표현할 수 있다고 생각한다면 어리석은 자일 것입니다. 또 불명예스러운 대의를 옹호하는 일을 멈추지 않고 중상모략으로 자신의 적수와 청중들을 논파하려 한다면, 그는 부정직한 사람일 것입니다. 누구보다도 해악을 끼치는 자는 바로 연설가들이 뇌물을 먹었다는 식으로 말하는 사람입니다. 무지하다는 비방은 참겠습니다. 그러나 뇌물을 먹었다는 비방은 그냥 지나칠 수 없습니다. 연설가가 성공한다 하더라도 의심을 받을 것이며, 만약 실패한다면 무능할 뿐 아니라 부정직하다고 생각될 것이기 때문입니다. 그러면 선량한 사람들이 도시에 충고하는 일을 꺼리게 되고, 정직하게 제안된 현명한 조언도 나쁜 조언과 똑같은 의심을 받게 됩니다.

그러나 나는 미틸레네인을 변호할 의도가 없으며, 그 어떤 다른 사람을 고발하지도 않겠습니다. 문제는 그들의 유죄 여부가 아니라 우리의 이익입니다. 우리는 현재에 대해, 즉 그들에게 어떤 처우를 할 것인가에 대해서가 아니라, 미래에 대해, 즉 그들이 우리에게 가장 잘 봉사하게 하려면 어떻게 해야 할 것인가에 대해 심사숙고해야 합니다. 클레온은 그들을 사형에 처해야 우리에게 가장 큰 이익이 된다고 주장합니다. 다른 이들이 반란을 일으킬 마음을 품지 못하게 한다는 말이지요. 나는 그 주장에 정면으로 반대합니다다.

많은 도시들에서는 다양한 범죄에 대해 사형을 정해 두었습니다만, 인간은 여전히 그 범죄들을 저지릅니다. 성공하리라는 희망에 부추김을 받기 때문이지요. 반란을 일으킨 도시치고 반란이 성공하리라는 확신을 가지지 않았던 도시는 하나도 없습니다. 인간이란 공적이든 사적이든 본래 잘못을 저지르게 되어 있으며, 심한 처벌을 아무리 늘려도 그 본성을 통제하는 데는 실패했습니다. 가난은 궁핍함 때문에 무분별함을 불러일으키고, 부유함은 오만과 교만함을 통해 야망을 불러일으키며, 삶의 여러 상태들은 저마다 나름의 열망을 불러일으킵니다. 희망은 무언가를 시도하라고 부추깁니다. 욕망은 희망을 돕습니다. 우연은 더더욱 인간을 부추깁니다. 우연은 가끔씩 예기치 않은 성공을 가져다주고, 그럼으로써 인간으로 하여금 자신의 능력을 넘어서는 일을 감행하게 만듭니다. 게다가 개인들은 집단으로 행동할 때에는 자신의 생각을 극단까지 끌고 갑니다. 그러므로 우리는 사형을 의지함으로써 어리석은 일을 행하지 말아야겠고, 또 반란을 일으켰던 자들에게 마음을 바꿔 먹을 기회를 없애지 말아야겠습니다. 현재로서는 반란을 일으킨 도시가 성공하지 못하리라는 사실을 깨달았을 때, 우리에게 배상금을 지불하고 면책을 받을 기회가 주어진다면 협상에 나섭니다. 그러나 클레온의 정책은 모든 반란 도시들을 끝까지 버티도록 강요하며, 우리에게는 폐허만을 남겨줍니다. 더구나 현재로서는 모든 도시의 평민들이 우리 편입니다. 만약 귀족이 반란을 일으키면, 평민들은 동참하지 않거나 마지못해서 참여합니다. 미틸레네에서 평민들은 반란을 돕지 않았고, 무장을 갖추게 되자 도시를 우리에게 넘겨주었습니다. 이제 여러분이 그들을 죽인다면, 여러분은 귀족들의 손 안에서 노는 꼴입니다.

나는 여러분이 동정심과 온건함에만 치중하지는 말기를 바랍니다. 이 점에서 나는 클레온보다 조금도 덜하지 않습니다. 그러나 나는 여러분이 주동자들에게 진지한 판결을 내리고, 나머지는 무죄로 풀어주기를 요청합니다. 이것이 우리에게 이로운 정책이며 또 강력한 정책입니다. 무분별한 폭력으로 행동하는 집단보다 신중하고 현명하게 적에 대응하는 집단이 더욱 강력하기 때문입니다.

표결이 종료되었고, 디오도토스가 승리했다.

그리고 그들은 미틸레네가 파괴되지 않도록 즉시 다른 전함 한 척을 전속력으로 보냈다. 하루 전에 첫 번째 배가 출발했기 때문이다. 미틸레네의 사절단은 승무원들에게 포도주와 보리빵을 제공했고, 그들이 먼저 도착한다면 큰 보상을 하겠다고 약속했다. 승무원들은 식사도 노를 저으며 했고 돌아가며 잠을 잘 정도로 커다란 의욕을 발휘했다. 다행히 맞바람이 없었고, 먼저 떠난 배는 그 불쾌한 소식을 전하는 일에 서두를 이유가 전혀 없었던 반면에 두 번째 배는 이미 설명한 대로 질주를 했기 때문에, (아테네 장군) 파케스가 막 명령서를 읽고 처형을 집행하려 하는 순간에 두 번째 배가 상륙하여 학살을 막았다. 미틸레네는 거의 멸망의 문턱까지 다녀왔다.

이 논쟁의 진행과 결과는 많은 생각을 하게 한다. 전쟁의 야만성이라는 측면을 보면, 문명화된 이 그리스인들은 우리의 현대 문명이 도래하기 이전까지는 비교 대상을 찾기 힘들 정도로 잔혹했다. 그러나 평범한 시민이 거대하고 복잡한 문제들을 처리하는 모습에서는, 아테네의 삶이 얼마나 만족스럽게 완전했는지를 생각하게 한다. 아테네인이 참주정과 과두정에 분개한 것도 놀라운 일이 아니다. 그런 정체들은 아테네인을 무방비 상태로 만들 뿐 아니라 삶에서 매력적이고 책임 있는 활동을 앗아가 버렸기 때문이다.

그러나 무엇보다도 디오도토스의 연설을 생각해보자. 첫 번째로, 그 연설에는 감정에 호소하는 요소가 전혀 없었다. 동정심에 대한 호소는 내놓고 부인했다. 디오도토스는 레스보스 해안에 놓인 시체들의 행렬과, 포로로 잡혀 울부짖는 과부들과 고아들에 대해서는 아무런 언급도 하지 않았다. 그는 오직 편리성이라는 근거에서만 자신의 주장을 펼쳤다. 다시 말해 상식에 근거를 두었다. 이러한 사실을 근거로 디오도토스와 아테네인 일반이 정치적 수완에만 몰두하는 냉혈한들이라고 주장한다면 엄청난 실수다. 이 논쟁에 참여한 바로 그 시민 군중들이 그다음 주에 극장에 모여 에우리피데스의 연극을 관람했다. 그 연극은 바로 복수의 잔혹성과 무익함을 주제로 하는 『헤카베』나 『트로이의 여인들』과 같은 연극이었다.

이 연극들은 담당 아르콘이 선택하여 공식적으로 제작되었다. 우리에게는 디오도토스가 아무런 감정도 느끼지 않았다고 판단할 권리가 없다. 디오도토스가 볼 때, 그 사안에서는 감정이 아니라 이성이 필요했다. 디오도토스는 더 좋은 감정을 드러냄으로써가 아니라 더 나은 논변을 펼침으로써 클레온을 상대하려 했다. 이런 점에서, 이 연설은 그리스의 시나 그리스의 예술과 유사하다. 감정에 대한 지성의 통제가 총체적인 효과를 거두었다.

또 다른 측면에서 보면, 두 사람의 연설은 모두 전형적으로 그리스적이다. 비록 내가 압축해서 풀어쓴 내용으로는 그 진가를 맛보기 힘들겠지만 말이다. 두 연설은 모두 일반화에 대해 열정적이었다. 디오도토스의 마지막 문장은 좋은 예다. 그리스인들은 디오도토스가 특수한 경우를 일반적 법칙과 연관시키기 전에는 만족하지 않았다. 진리는 일반성 속에서 드러나고 검증되어야 했다.

투키디데스를 읽으면서, 전쟁 내내 민회의 행위들을 추적해 보면 흥미롭다. '어떻게 무책임함이 성장했는가?' 이것은 클레온이 극장 운운하는 데에서 이미 드러나고 있었다. '어떻게 민회가 신중함이나 자신이 스스로 만든 법들을 지키는 일을 지겨워하게 되었는가? 또 어떻게 클레온의 강압정책이 점점 더 지배적이 되었는가?' 이것은 무죄한 중립국이었던 멜로스에 대한 야만적인 처우에서 두드러지게 나타난다. '어떻게 민회가 실패한 장군들에게, 그리고 심지어 성공한 장군들에게까지 분노를 쏟아 부었는가?' 이쯤 되면 우리는 장군들이 조국을 위해 봉사할 이유가 무엇인지에 대해 의구심을 품게 된다. 온건함과 진정한 귀족성을 내보인 몇몇 두드러진 경우들에도 불구하고, 우리는 전체적으로 전쟁이라는 압력과 기회주의적인 지도자들 아래에서 퇴락해가는 암울한 기록을 만난다. 투키디데스의 비극적 역사서는 어떤 특수한 사람들이 특수한 상황들에서 행한 일들의 기록으로서가 아니라, 투키디데스가 원래 의도했던 목표, 곧 정치와 전쟁에서 인간 행동에 대한 분석으로 읽어야 한다.

그러나 그런 작업은 책 한 권을 따로 써야 할 일이다. 지금까지 우리는 오직 하나의 그리스 도시에 대해서만 관심을 기울였으므로, 우리를 더 먼 곳으로 데려가 줄 두 가지 사건을 다룸으로써 이 장을 마무리하는 편이 좋겠다.

첫 번째는 본질적으로 스냅사진과 같다. 그것은 전쟁 속에서 가장 일반적인 그리스 폴리스가 겪은 운명을 보여주며, 복속—동맹국의 입장에서 아테네 제국의 면모를 보게 해 준다. 스파르타는 전쟁 동안에 천재성과 매력을 동시에 지닌 인간을 단 한 사람 배출했다. 바로 브라시다스다. 그는 그리스 북부에서 훌륭하게 작전을 수행했다. 그곳에는 아테네의 해상 동맹국들이 많았다. 무엇보다도 브라시다스는 암피폴리스라는 중요한 도시를 함락시켰다. (공교롭게도 투키디데스 자신이 당시에 바로 이 지역의 사령관이었다. 그는 암피폴리스에 빨리 도달하지 못한 책임 때문에 아테네에서 추방되었고, 20년 뒤 전쟁이 종결될 때까지 아테네에 돌아가지 못했다. 그러나 투키디데스는 이 사건을 가장 엄격하게 객관적인 방식으로 서술한다. 자기변호는 단 한마디도 없으며, 자신의 추방에 대해서도 한참 뒤에 전혀 다른 맥락에서 한 번 언급한 외에는 전혀 말하지 않았다.)

같은 해 여름에, 브라시다스는 칼키디케인과 더불어 아칸토스로 진군하여 포도밭 조금 앞까지 나아갔다. 아칸토스인들은 그를 맞아들일지 여부를 둘러싸고 의견이 나뉘었다. 칼키디케인과 더불어 브라시다스를 이끌어들이는 데 동참한 사람들도 있었고, 거기에 반대한 평민들도 있었다. 그러나 브라시다스가 그들에게 자기 한 사람만을 받아들이고, 자신의 말을 들어본 다음에 결정하라고 요청하자, 그들은 여전히 바깥에 있던 자신들의 포도 열매를 걱정하여 브라시다스를 맞아들였다. 그는 사람들에게 나아가 연설하였다. 그는 스파르타인치고는 매우 유능한 연설가였다.

브라시다스는 아테네의 참주지배로부터 그리스를 해방한다는 스파르타의 주장을 내세웠다. 그는 위험을 뚫고 그리스를 가로질러 행군하여 왔는데, 아칸토스의 문이 자신에게 닫혀 있다는 사실에 놀라움을 표했다. 브라시다스는 그들에게 스파르타 동맹으로 넘어온다면 완벽한 독립을 보장해 주겠다고 약속했다. 스파르타는 어떠한 방식으로든지 내부의 정치에 관여하지 않겠다고 약속했다. 만약 아칸토스인이 거부한다면, 자신은 내키지는 않으나 정당하게 그들의 나라를 휩쓸어 버리겠다고 했다.

브라시다스는 정직한 인물이었고, 그의 연설은 당시의 상황에서 타협적이었다. 게다가 전반적으로 그리스인들은 스파르타인의 약속이 아무런 가치가 없다는 사실을 알지 못했다. 그래서 "아칸토스인은 찬반양론의 많은 연설을 하고 나서 비밀 투표를 했다. 그리고 브라시다스가 한 약속이 매력적이었기에, 또 자신들의 포도 열매가 걱정되었기에, 다수는 아테네에 반란을 일으키는 편에 투표했다. 그들은 브라시다스에게 스파르타 정부가 그를 내보내기 전에 했던 맹세, 즉 그가 스파르타 편으로 돌아서게 한 나라들은 독립적인 동맹국이 될 것이라는 맹세를 확인하게 했고, 그러한 이해를 바탕으로 아칸토스인은 스파르타 군대를 맞아들였다. 얼마 지나지 않아 스타기로스도 반란에 동참했다. 이상이 이 해 여름의 사건들이었다."

다음으로, 플라타이아의 비극적 이야기의 서두를 그리스인의 전쟁에 대한 우리의 마지막 그림으로 삼자. 플라타이아는 보이오티아의 작은 도시로서 아티카의 경계와 가까이에 있었다. 보이오티아의 도시들은 대개 과두정이었고, 가장 중요한 도시인 테베와 동맹을 맺었다. 플라타이아는 민주정이었고, 아테네인과 우호적인 관계였다. 플라타이아인이 마라톤에서 아테네를 도운 유일한 그리스인이었다는 사실을 모두들 기억할 것이다. 보이오티아의 한 도시와 아테네 사이의 이러한 관계는 테베에게 언제나 성가신 일이었고, 기원전 431년, 전쟁 직전의 팽팽한 긴장 속에서 다음 사건이 전쟁을 촉발시켰다.

봄이 시작될 무렵, 무장한 테베인 300명이 보이오티아 연맹의 장군 두 사람의 지휘 아래 한밤중에 플라타이아에 진입했다. 플라타이아인인 나우클레이데스와 그의 동료들이 그들을 초청하고 도시로 끌어들였다. 이들은 정적을 제거하고 도시를 테베인에게 넘김으로써 자신들의 권력을 확보하려 했다. 테베 측에서는 전쟁이 눈앞에 이르렀기에 전쟁 발발 전에 플라타이아를 확보해 두고 싶었다. 평화시였기에 파수병도 없어서 그들은 더욱 쉽게 도시에 진입했다. 테베인들은 무기를 광장에 내려놓았다. 테베인들을 끌어들인 사람들은 즉시 가서 적들의 집을 장악하라고 요청했다. 그러나 테베인들은 타협을 시도해서 동의를 받고 도시를 확보하기로 결정했다. 그것이 가장 좋은 방법이라 생각한 것이다. 그래서 테베인들은 전통적인 방식으로, 보이오티아인의 동맹이 되기를 원하는 시민들은 무기를 들고 자신들에게 합류하라고 선언했다.

플라타이아인들은 테베인이 도시에 진입한 것을 보고 공포에 질렸다. 그들은 (날이 어두워서 잘 볼 수가 없었기 때문에) 테베인이 자신들보다 훨씬 수가 많다고 생각했고, 저항 없이 그 조건을 받아들였다. 테베인은 아직 누구에게도 폭력을 행사하지 않았기 때문이다. 그러나 플라타이아인들은 협상 과정에서 테베인들이 얼마 되지 않는다는 사실을 알아차렸고, 쉽게 그들을 제압할 수 있으리라 생각했다. 플라타이아의 다수는 아테네와의 동맹을 저버리기를 원치 않았기 때문이다. 플라타이아인들은 시도해 보기로 결심했다. 그들은 집들 사이의 담벼락에 구멍을 뚫어서 모이기 시작했다. 거리를 걷다가 들키지 않기 위해서였다. 플라타이아인들은 길거리에 짐마차를 가져다가 장애물로 세우고, 그 밖에도 필요한 조치들을 취했다. 준비가 끝나자, 그들은 동트기 전에 공격에 나섰다. 테베인에게는 낯선 도시였으므로 어두운 새벽이 더 불리할 것이라고 생각했다.

테베인들은 속았다는 사실을 알게 되자, 밀집대형을 만들고 반격에 나섰다. 테베인은 두세 차례에 걸쳐 플라타이아인을 물리쳤다. 그러나 플라타이아인은 큰 고함을 지르며 다시 돌격해 왔고, 동시에 여자들과 노예들은 지붕 위에서 조롱하고 소리 지르며 돌과 벽돌을 던져댔다. 밤중에 큰 비도 쏟아졌다. 테베인은 공포에 질려 도시 내부로 도망쳤다. 그들 대부분은 도시의 길에 어두웠고, 암흑과 진흙 속에서 어디로 도망가야 할지 몰라서 많은 이들이 살해당했다. 플라타이아인 한 명은 테베인이 들어온 문을 투창의 창날을 끼워 잠갔고, 그래서 도망가지 못하게 했다. 테베인 중 일부는 추격자들을 피해 도시 성벽을 기어올라 뛰어내렸고, 대부분 사망했다. 얼마 되지 않는 소수의 사람들은 경비가 없는 문을 뚫고 나갔다. 어떤 여인이 그들에게 도끼 하나를 주어서 그것으로 성문의 빗장을 부쉈다. 대부분의 사람들은 한데 모여서 문이 열려 있는 큰 건물로 몰려갔다. 그것을 도시의 대문으로 생각했기 때문이다. 플라타이아인들은 테베인이 함정에 걸렸음을 보고 그 건물에 불을 질러 산 채로 불태워 버릴지 여부를 논의했다. 그러나 결국 플라타이아인은 이들과 또 도시 주변에서 헤매다 발견된 여러 테베인들에게서 무조건 항복을 받아들였다.

이 불운한 사람들은 처음에는 전진하던 테베군이 플라타이아를 떠나도록 강요하는 데 인질로 쓰였고, 그 뒤에는 바로 살해되었다. 양식을 갖춘 아테네인의 조언은 너무나 늦게 도착했다. 이 이야기의 끝, 그리고 플라타이아인의 최후는 간단히 이야기하자. 플라타이아는 펠로폰네소스군에 의해 포위되었다. 공성전이 한창일 때, 주민들 중 일부가 과감하게 적군의 진영을 돌파하여 아테네로 피신했다. 마침내 나머지 사람들은 항복했다. 항복 조건은 플라타이아인이 '스파르타인의 심판에 따라야 한다. 스파르타인은 범죄자를 처벌하겠지만, 정의에 어긋나게는 하지 않을 것이다' 였다. 정의에 대한 스파르타인의 개념은 플라타이아인 한 사람 한 사람에게 그 전쟁에서 스파르타와 동맹국들에게 무엇인가 도움을 준 적이 있는지 물어보는 것이었다. 플라타이아의 한 연설가는 자신들이 원하기만 한다면 아테네와 동맹을 맺을 수 있는, 조약상의 특별 권리를 가졌으므로 그런 일을 할 이유가 없다는 점을 지적했다. 그는 또 자신의 도시가 페르시아 전쟁 동안에 그리스에 기여한 큰 공로를 언급했고, 또 그 후에 스파르타에 기여한 일들도 언급했다. 그는 또 스파르타인에게 만약 그들이 플라타이아와 같은 유명한 도시를 아무런 목적도 없이 파괴한다면, 모든 그리스인이 보는 앞에서 수치와 모욕을 당할 것임을 상기시켰다. 스파르타인들은 질문을 반복했다. "당신은 전쟁 동안에 스파르타에 기여한 바가 있는가?" "아니오"라고 대답한 남자들은 살해되었고 여자들은 노예로 팔렸다. "플라타이아의 최후는 그러했다. 그들이 아테네의 동맹이 된 지 93년째 되던 해의 일이었다."

투키디데스는 이 끔찍한 사건을 의도적으로 미틸레네 논쟁 직후에 묘사했다. 두 사건은 분명하게 대조를 이루었다. 아테네에서는 인간성에 대한 목소리가 최소한 청중의 귀에 도달할 기회는 있었다. 민회에서든 극장에서든 말이다. 스파르타에는 이제 시인이 없었다. 플라타이아에 대한 스파르타인의 처우는 에우리피데스로 하여금 『안드로마케』를 쓰게 했다. 이 연극은 포로가 된 헥토르의 아내에 대한 이야기였고, 시인은 스파르타의 잔인성과 표리부동함을 열정적으로 공격했다. 그러나 아테네인들 역시 노골적인 힘의 철학에 지나치게 많이 양보했다. 약 10년 후에 아테네인은 더 심한 범죄를 저질렀다. 중립이었고 아무런 죄도 없는 멜로스 섬을 공격하여 주민들을 살해하거나 노예로 팔았다. 투키디데스는 비역사적이게도 대화 형식을 빌려 여기에 관련된 정치적, 도덕적 문제들을 다루었다. 투키디데스는 아무 언급도 하지 않고 곧장 시칠리아에 대한 아테네인의 파멸적인 공격이라는 어리석은 행위로 옮아갔다. 투키디데스는 대부분의 그리스 예술가들과 마찬가지로 표상적이지 않고 구성적이었다. 그는 재료를 건축적으로 배치함으로써 자신의 가장 깊은 사고를 표현했다.

9장 폴리스의 몰락을 가져온 원인들

펠로폰네소스 전쟁은 모든 구성원들의 삶을 형성하고 충만하게 하는 창조적 힘인 도시국가에 종지부를 찍었다. 기원전 4세기에 그리스는 새로운 사고방식과 새로운 삶의 방식으로 계속하여 이동했다. 기원전 4세기의 끝 무렵에 태어난 사람들에게는 페리클레스의 시대가, 마치 중세가 우리에게 그러하듯이, 정신적으로 너무나 멀게 느껴졌다.

이 세기의 그리스 정치사는 복잡하고 지루하며 우울하다. 간단한 요약만으로 충분하다. 스파르타는 전쟁에 승리했다. 그러나 자신들의 뛰어남 덕분이 아니라 아테네인의 실수 때문이었고, 또 페르시아의 도움을 얻는 데 아테네인보다 더 성공했기 때문이다. 그 대가로 이오니아를 포기했다. 아테네와 스파르타가 협력하여 크세르크세스에게서 획득했던 땅을, 아테네와 스파르타가 전쟁을 벌여 아르타크세르크세스에게 되돌려 주었다. 아테네 제국은 끝이 났지만, 스파르타가 약속한 '해방'은 많은 그리스인들이 기꺼이 아테네의 '참주지배'로 돌아가기를 원할 정도의 것이었다. 해방의 실체는 거의 모든 도시에서 과두정의 부과와, 스파르타 총독에 의한 질서 유지였기 때문이다. 스파르타가 가장 나쁜 모습을 보이는 시대가 바로 이때다. 스파르타인은 외국에 나가서 어떻게 행동해야 하는지를 결코 배우지 못했다. 스파르타인은 나라 안에서는 강제적으로 순종하고 절제했다. 해외에 나간 스파르타인에게는 권위도 돈도 맡길 수 없었다. 드디어 그리스에 주어진 '자유'는 스파르타가 마음대로 아무에게나 으름장을 놓을 수 있는 자유였다. 전쟁의 진정한 수혜자는 페르시아였다. 페르시아는 이오니아를 회복했고, 분열된 그리스는 결코 그것을 다시 빼앗지 못했다. 그러므로 그리스인 자신, 스파르타, 페르시아를 포함한 모든 사람들은 그리스 개별 도시의 완전한 자율성을 원했다.

스파르타가 세우거나 후원한 과두정 중에는 '30인 참주정'이라고 알려진, 아테네의 잔인하고 피에 굶주린 집단이 있었다. 그 지도자는 소크라테스의 친구였던 크리티아스라는 사람이었다. 이들은 몇 달 동안 공포정치를 펼쳤다. 그러나 아티카에서 과두정은 그리 오래가지 못했다. 민주정이 회복되어, 용기와 온건함으로써 전쟁 동안에 민주정이 보여준 어리석은 일들과 여러 차례의 폭력사태를 속죄하는 데 기여했다. 재건된 민주정이 기원전 399년에 소크라테스를 처형한 것은 사실이다. 그러나 이것은 잔혹하고 어리석은 행위가 결코 아니었다. 이 사건을 맡았던 배심원들이 무엇을 보아야 했고 견뎌야 했는지를 기억해 보라. 그들의 도시는 패배했고, 스파르타에 의해 굶주림과 발가벗김을 당했고, 민주정은 전복되었고, 사람들은 야만적 참주정에 의해 고통당했다. 아테네에 가장 큰 해악을 끼쳤고 스파르타에 가장 두드러진 기여를 한 사람이 아테네 귀족인 알키비아데스였음을, 그리고 이 알키비아데스가 소크라테스의 절친한 친구였음을 기억해 보라. 게다가 그 끔찍한 크리티아스 역시 소크라테스의 친구였다. 또 한 가지, 비록 소크라테스가 누구보다도 충성스러운 시민이기는 했으나, 동시에 민주적 원칙에 대한 노골적인 비판자였음을 생각해 보라. 많은 소박한 아테네인들이 알키비아데스의 반역과 크리티아스와 동료들의 과두주의적 광포함이 소크라테스의 가르침의 직접적인 결과라고 생각했다 해도 놀랄 일이 아니다. 또 많은 아테네인들이 도시가 겪는 고통의 원인이 행위와 도덕에 대한 전통적인 기준을 뒤집은 데 있다고 보았던 것도 그리 잘못된 일이 아니며, 이에 대한 책임의 일부가 끈질기게 그리고 공개적으로 모든 일에 의문을 제기한 소크라테스에게 있다고 본 것도 놀랄 일이 아니다. 그러한 상황에서, 더구나 그토록 비타협적인 변론을 한 뒤에, 설사 오늘날이라 해도 갤럽 조사에서 소크라테스가 무죄 판결을 받을 수 있었을까? 당시에는 501명 중 60표 차이로 유죄 판결이 내려졌다. 아마 오늘날이라 해도 결과는 더 나을 바 없었을 것이다. 유죄 판결에 뒤이은 사형 선고는 소크라테스가 자초한 일이었다. 그는 고의적으로 추방 제안을 거부했다. 역시 고의적으로 탈옥도 거부했다. 재판 과정과 그 이후의 소크라테스보다 더 숭고한 사람은 없을 것이다. 그러나 소크라테스를 무지한 폭도들의 희생자로 제시함으로써 이 숭고함을 감상적으로 다루어서는 안 된다. 그의 죽음은 거의 헤겔식의 비극이다. 양편이 모두 옳았던 분쟁이었다.

    스파르타의 지배는 오래가지 못했다. 스파르타의 강압적인 폭력 때문에 다른 도시들이 연합을 맺어 코린토스 전쟁을 일으켰다. 기원전 387년에 다시 평화가 찾아왔다. 불명예스럽게도 페르시아 왕의 칙령이라는 형식을 빌렸고, 이에 의해 다시 한 번 모든 그리스 도시들은 자율성을 누리게 되었다. 이제 주도적인 도시는 아테네, 스파르타, 테베의 삼국이었고, 누구든지 한 나라가 지나치게 강력해지려 하면 두 국가가 즉시 힘을 합쳐 그것을 막았다. 아테네는 경제적으로나 정치적으로나 서서히 회복되었다. 아테네는 심지어 두 번째 동맹을 형성하기도 했다. 에게 해의 국가들에게는 일정한 형태의 중앙 권력이 너무나 절실했기 때문이다. 기원전 371년에 그리스를 근본부터 뒤흔드는 사건이 발생했다. 레욱트라에서 테베가 정면대결을 벌여 스파르타를 패배시켰다. 테베에는 당시 테베인 중에서는 거의 찾아보기 힘들었던 두 명의 천재가 있었다. 그들은 펠로피다스와 에파미논다스였고, 이 두 사람은 새롭고 과감한 군사 전략을 고안했다. 중갑보병을 8열 횡대로 (기병과 경무장보병은 좌우 날개에) 배치하지 않고, 한쪽 날개를 얇게 하고 중앙을 두텁게 했으며, 다른 쪽 날개를 비정상적으로 두텁게 해 50열로 세웠다. 이 병사 집단은 마치 럭비의 스크럼과 같이 움직여서 스파르타 전열을 순전히 중량으로 돌파했고, 믿을 수 없는 일을 일으켰다. 그러나 테베인에게는 내세울 만한 정치 이념이 없었다. 에파미논다스는 네 차례나 펠로폰네소스로 진격하여, 산악지대 아르카디아에 스파르타에 대항하는 새로운 중심도시를 만들려 했다. 마지막 원정길에 에파미논다스는 만티네아 전투에서 한 번 더 정면 대결을 승리로 이끌었다. 그러나 에파미논다스가 전사했고, 테베의 우세는 무너졌다. 테베는 스파르타에게 본때를 보여주었다. 그러나 그리스는 이 잠시 동안의 정의를 거의 누리지 못했다. 북방에서 예기치 못했던 위협이 등장했기 때문이다.

마케도니아는 한 번도 그리스의 일부분으로 여겨지지 않았다. 그곳은 거칠고 원시적인 지역이었고, 헬레네스 혈통을 주장하는 왕가―그들은 다른 누구도 아닌 아킬레우스가 선조라고 주장했다―에 의해 간신히 통일되어 있었다. 다만 아테네의 에우리피데스가 생의 말기에 들러볼 정도로 문명화된 궁정이 있었다. 기원전 359년에 필리포스 2세는 일반적인 절차, 곧 가족 암살이라는 한판 승부를 거쳐 왕위를 계승했다. 필리포스 2세는 야심만만했고 정력적이었으며 교활했다. 그는 젊은 시절을 테베에서 보냈고, 그리스가 얼마나 쇠약해졌는지를 목격했다. 그리고 펠로피다스의 새로운 군사 전술에 대해서도 어느 정도 배웠다. 그는 이것을 채택하고 개선하여 로마의 군단에 패배하기 전까지 전장을 지배했던, 유명한 마케도니아 팔랑크스를 고안해 내었다. 젊은 필리포스가 품었던 목표는, 가능하다면 아테네와 더불어, 필요하다면 아테네를 제외하고, 그리스 세계를 지배하는 것이었다. 표면적으로 보아 이 일은 불가능해 보였다. 마케도니아의 서북부에는 거친 일리리아의 부족들이 위협했고, 마케도니아는 후진 지역이었으며, 늘어선 그리스 도시들로 인해 에게 해에서 단절되었고, 아테네의 해군은 다시 바다를 지배했다. 그러나 필리포스에게는 커다란 이점도 있었다. 병력이 풍부했고, 금광이 새로 발견되었다. 그 밖에도 필리포스는 전제군주만의 유리함도 누렸다. 곧 비밀, 신속함, 거짓말이다. 필리포스는 일리리아인들을 처리하고 아주 짧은 시간 안에 마케도니아를 장악했다. 남쪽으로 가는 길에 방해가 되는 암피폴리스의 그리스 도시를 점령했다. 암피폴리스는 바로 투키디데스가 브라시다스로부터 구원하는 데 실패한 아테네 식민시였다. 필리포스는 당연히 아테네의 골칫거리를 해결해 주려고 암피폴리스를 점령했노라 주장했다. 그는 이 도시를 아테네인에게 넘겨주겠다고 약속했다. 다만 시간이 조금 걸릴지도 모르겠노라는 말도 잊지 않고 덧붙였다. 필리포스는 다른 그리스 도시들, 특히 올린토스에 관심을 돌렸다. 이 도시는 대단히 강력한 동맹의 중심도시였다. 그러나 스파르타는 동맹들을 싫어했다. 스파르타가 올린토스 동맹을 해체함으로써 필리포스에게는 일이 더 손쉬웠다. 이제 기원전 4세기 정치의 가장 위대한 두 인물 사이의 길고도 비극적인 대결이 시작되었다. 바로 필리포스와 아테네의 한 시민, 연설문 전문 작가이자 투키디데스에 푹 빠진 애국자이며, 아마 모든 시대를 통틀어 가장 위대한 연설가일 데모스테네스가 그 주인공이다. 데모스테네스는 늦게야 위험을 알아차렸고 그것도 처음에는 완전히 파악하지 못했다. 그러나 적어도 그는 위험을 알아보았고, 연설을 거듭하면서 그리고 그때마다 더욱 좌절감을 느끼면서 아테네인에게 마케도니아에 저항하라고 애원했다. 비통하게도 기원전 350년대의 아테네는 기원전 450년대의 아테네와 대조를 이룬다. 예전에는 아테네군이 어디에나 있었고, 시민들은 어떤 일에든 준비가 되어 있었다. 지금은 데모스테네스가 그들에게 자신들의 생사가 걸린 이권을 방어하라고 간청해야 했고, 병력을 파견하되 (용병 사용이 일반화되었기에) 그중 일부는 시민이어야 한다고 애원했고, 군대가 좀 더 수지맞는 다른 곳으로 가 버리지 않고 전쟁터를 지키도록 강제해야 했다. 데모스테네스는 더 이상 '종이 군대'를 보내지 말라고 간청해야 했다. 장군은 용병을 고용하라는 명령을 받았고, 용병들은 종종 급료를 받지 못하고 방치되곤 했다. 데모스테네스는 "여러분의 동맹국들은 이런 종류의 원정대와 함께하다가는 죽으리라 두려워합니다"라고 말했다. 그러나 아테네인은 불쾌한 진실을 바로 보지 않으려 했고, "단연코 이번이 영토에 대한 내 마지막 요구입니다"라고 말하는 필리포스를 믿고 싶었으며, 타산적인 '재무장관'과 정직하지 않은 충고자들의 말에 귀를 기울였다. 그들은 데모스테네스를 조롱하고, 아테네인에게 필리포스가 정직하고 교양 있는 사람으로서 그들의 가장 좋은 친구라고 힘주어 말했다. 서기 1937년 영국의 한 신문은 이런 플래카드를 내걸었다. "히틀러는 죽었는가?" 기원전 357년에 데모스테네스는 동료 시민들에게 이렇게 말했다. "여러분은 돌아다니며 서로에게 '필리포스는 죽었는가?'라고 묻습니다. 그리고 '아니, 그는 죽지 않았다. 다만 병들었다'라는 말을 주고받습니다. 그가 죽었으면 어떻고 살았으면 어떻습니까? 여러분이 여러분의 일들을 이런 식으로 처리한다면 여러분 앞에는 곧 새로운 필리포스가 나타날 것입니다." 두 사례가 너무나 유사하기 때문에 데모스테네스의 정치 연설문을 읽자면 가슴이 아프다. 만약 우리에게 데모스테네스를 이해하는 정치 지도자가 있었더라면, 그리고 그리스 역사가 현대의 문제에 도움이 된다고 생각할 줄 알고, 또 머나먼 옛날에 벌어진 일이 지난주의 일보다 오늘의 삶과 관계가 꼭 약한 것은 아니라고 생각할 줄 아는 하원이 있었더라면, 최근의 역사는 매우 달라졌을 것이다.

결국 아테네가 꾸물거리고, 그리스인이 증오심을 품고, 아테네에 있는 필리포스의 친구들 중 몇몇이 노골적으로 부정직하게 최악의 행동을 함으로써 데모스테네스가 우세를 장악했다. 아테네는 위대하고 칭송할 만한 노력을 했다. 테베와의 해묵은 분쟁을 끝내고, 연합군이 필리포스를 향해 진군해 나갔다. 그러나 결과는,

그 기만의 승리
카이로네이아에서, 자유에 치명타를 안겼도다.

마침내 그리스인들은 남의 말대로 움직여야 했다. 필리포스는 마케도니아 부대들을 전략적으로 중요한 세 도시에 주둔시켰다. '그리스인의 족쇄'였다.

이 년 뒤, 필리포스는 죽었다. 만약 그의 아들이자 계승자가 평범한 마케도니아 왕이었더라면, 마케도니아는 자연스레 사라지고, 그리스는 무질서한 자율성을 회복했을지 모른다. 잠깐 동안이나마. 그러나 필리포스의 계승자는 평범한 인물이 아니었다. 그는 알렉산드로스 대왕, 우리가 아는 사람들 중 가장 놀라운 인물 중 하나였다. 알렉산드로스는 20세의 청년이었고, 마치 번개처럼 움직였다. 알렉산드로스는 15개월 만에 테살리아의 반란을 진압하고, 그리스로 진격하여, 필리포스를 암살한 자에게 감사하는 결의를 하며 반란을 생각하던 도시들에게 죽음의 공포를 안겨주었다. 알렉산드로스는 배후를 안전하게 하기 위해 도나우 강에 이

르기까지 매우 신속하게 작전을 펼쳤다. 그리고 페르시아의 황금이 테베인으로 하여금 마케도니아 부대에 대하여 봉기를 일으키게 하고 또 다른 도시들로 하여금 반란을 꿈꾸게 하자, 두 번째로 그리스에 진격했다. 그는 테베를 정복하여 파괴했고, 단 한 채의 집만을 남겨두었다.

핀다로스의 집이여,
신전과 탑은 땅 속으로 묻혔다네.

이 모든 일이 단 15개월 만에 벌어졌다. 그리스인과 마케도니아의 북방 이웃들은 이를 통해 충분히 교훈을 얻었다. 이듬해 봄(기원전 334년), 알렉산드로스는 아시아로 건너갔다. 그는 11년 후 33세의 나이로 죽었다. 그러나 페르시아 제국 전체는 이제 마케도니아의 것이었고, 페르시아가 결코 지배하지 못했던 편잡 지방도 얼마간은 마케도니아에 지배되었다. 알렉산드로스는 단순하게 폭풍처럼 정복만 하지는 않았다. 그는 가는 곳마다 신중하게 그리스 도시들을 건설함으로써 자신의 정복을 공고히 했다. 그 도시들 중 특히 이집트의 알렉산드리아와 같은 곳들은 오늘날까지도 그가 부여한 이름을 간직한다.

필리포스가 죽었을 때, 그리스인의 생각에는 아테네와 테베 같은 국가들이 가장 크고 강력했다. 알렉산드로스가 죽었을 때, 본토의 그리스인들은 아드리아 해에서 인더스 강까지, 그리고 카스피 해에서 상(上)이집트까지 뻗은 제국을 바라보았다. 이 13년의 세월은 상당한 변화를 가져왔다. 고전기 그리스는 끝이 났고, 이후로 삶은 완전히 다른 모양과 의미를 가지게 되었다.

모든 정치체계가 그토록 갑자기 붕괴된 데에는 당연히 설명이 필요하다. 적어도 직접적인 원인을 발견하기는 그리 어렵지 않다. 1세기 이상 계속된 전쟁이 그리스의 힘을 물질적으로나 정신적으로 소진시켰다. 예전처럼 살아갈 수는 없게 되었다. 도시국가는 더 이상 건강한 삶의 방식을 제공하지 않았다. 마치 오늘날 유사한 상황 속에서 서유럽이 좀 더 큰 정치적 단위로 나아가려 노력하듯이, 기원전 4세기에도 폴리스 자체나 민주적 원칙으로부터 떠나가려는 사람들이 있었다. 밀턴의 소네트에서 '웅변가 노인'이라 불린 이소크라테스는 군주정의 원칙을 받아들이려 했다. 그는 키프로스의 '참주'인 에바로가스라는 사람에 대한 찬사를 썼고, 그리스 도시들에게 서로 싸우지 말고 필리포스 아래에 모여 몰락해 가는 페르시아 제국에 대한 장엄한 공격에 나서자고 촉구했다. 플라톤은 낙망 속에 민주정을 포기했다. 플라톤은 '철학자 왕'의 이상을 처방으로 내세웠고, 처방전만 내놓은 것이 아니라 시라쿠사의 젊은 지배자 디오니시오스에게서 그러한 철학자 왕을 만들어 내려는 헛된 희망을 품고 두 차례에 걸쳐 시칠리아를 방문하기도 했다.

그러나 폴리스는 그리스에 건전한 삶의 방식을 제공하지 못했기 때문에, 외부적으로 실패했을 뿐 아니라 내부적으로도 힘을 잃었다. 이것은 아테네의 경우에 가장 분명하다. 데모스테네스의 시대와 페리클레스의 시대 간의 대조는 놀라울 정도다. 페리클레스 시대의 아테네에게 용병을 고용한다는 행위는 폴리스 자체를 부인하는 짓으로 여겨졌다. 그리고 그들은 옳았다. 기원전 4세기의 아테네는 정치적 무기력증, 정치적 무관심의 상태를 보여준다. 사람들은 폴리스 외의 다른 일들에 관심을 가졌고, 파멸적인 마지막 순간이 닥쳐서야 비로소 아테네인은 자신들의 위대한 이름에 걸맞은 방식으로 행동했다. 그러나 때는 이미 늦었다.

두 시대는 매우 깊은 대조를 이룬다. 아테네가 장기적인 펠로폰네소스 전쟁으로 인해 기력이 빠진 정도의 문제가 아니었다. 공동체들은 그러한 소진으로부터 회복했고, 실제로 기원전 4세기 아테네는 다른 측면들에서는 충분히 활동적이고 진취적이었다. 우리는 변화를 단순히 피로 탓으로 돌릴 수는 없다. 많은 수고를 요구하는 기원전 5세기의 정치적 삶에 대한 단순한 반동으로 설명할 수도 없다. 반동이란 시간이 지나면 힘을 잃는 법이기 때문이다. 우리가 기원전 4세기에서 만나는 것은 사람들의 기질이 항구적으로 변했다는 사실이다. 그것은 삶에 대한 상이한 태도의 출현이다. 기원전 4세기에는 개인주의가 더욱 팽배했다. 우리는 예술, 철학 그리고 일상의 삶 어느 곳을 보든지 이러한 현상을 목격한다. 예컨대 조각은 내향적이었고, 이상이나 보편성을 표현하려 애쓰기보다는 개인의 취향, 일시적 분위기에 관심을 가졌다. 이제 '인간'이 아니라 사람들을 그려내기 시작했다. 연극 역시 마찬가지였다. 연극은 이러한 변화가 갑작스런 일이 아님을 보여준다. 이미 기원전 5세기의 마지막 20년 동안 비극은 중요하고 보편적인 주제들에서 떠나, 비정상적 인물들(에우리피데스의 『엘렉트라』와 『오레스테스』처럼)이나 매우 위험하고 오싹한 탈출기가 담긴 낭만적 이야기들(『타우리스의 이피게네이아』와 『헬렌』처럼)로 관심을 돌리기 시작했다. 당대의 철학에서는 견유학파와 키레네 학파를 발견한다. 가장 중요한 질문은, '선은 어디에 있는가? 인간에게 선은 무엇인가?' 였다. 그리고 그에 대한 대답은 폴리스와는 전혀 관계가 없었다. 유명한 디오게네스를 극명한 사례로 들 수 있는 견유학파에서는, 덕과 지혜는 자연에 따라 사는 삶, 그리고 명예나 안락함에 대한 욕망과 같은 허영들을 버리는 삶이라고 말했다. 그래서 디오게네스는 통 속에 살았고, 폴리스는 그와 아무런 관계가 없었다. 쾌락주의자들인 키레네 학파는, 지혜란 올바르게 쾌락을 선택하고 삶의 잔잔한 흐름을 방해하는 것들을 회피하는 데 있다고 주장했다. 그래서 그들 역시 폴리스를 거부했다. '코즈모폴리스'라는 말은 바로 이 시대에 만들어졌다. 지혜로운 사람이 충성해야 할 공동체는 다른 무엇이 아니라 인류라는 공동체라고 하는 생각을 표현하기 위해서였다. 지혜로운 사람은 어디에 살든지 다른 모든 지혜로운 사람들의 동료 시민이라는 말이다. 그러나 철학적인 의미와는 별도로, '코즈모폴리스주의'는 새로운 개인주의가 필요로 하는 대응물이었다. 코즈모폴리스가 폴리스를 대체하기 시작했다.

예술과 철학에서 삶과 정치로 눈을 돌려 보아도, 본질적으로 같은 현상들을 발견한다. 일반 시민들은 폴리스보다 자신의 사적인 일들에 더 관심을 가졌다. 가난한 사람들은 폴리스를 부조금을 주는 곳으로 여겼다. 예를 들어, 데모스테네스는 시민들이 정규적으로 '극장 기금'―연극 제작 기금이 아니라, 시민들이 무료로 극장을 관람하고 제전에 참여하게 하는 기금―에 할당하던 세입을 국방비로 돌리도록 설득하느라 무진 애를 먹었다. 극장 기금을 유지하는 것이 정당해지려면 시민들이 폴리스에서 수혜를 받고자 하는 만큼 기꺼이 폴리스를 위해 봉사하려 한다는 전제가 필요하다. 부자들은 더욱 자신의 일에만 몰두했다. 데모스테네스는 당대의 부자들이 지은 휘황찬란한 집들과 이전 세기의 부자들이 만족했던 간소한 집들을 비교하며 불쾌해했다. 희극은 기질의 변화를 매우 선명하게 보여준다. 예전의 희극은 속속들이 정치적이었다. 무대 위에서 풍자되고 비판받은 대상은 폴리스에서의 삶이었다. 이제 희극의 소재는 사적인 일들과 집안일들이었고, 요리사와 생선가격, 잔소리꾼 아내와 무능력한 의사들이 조롱의 대상이었다.

페리클레스의 아테네와 데모스테네스의 아테네를 비교할 때, 이제껏 설명한 개인주의의 성장과는 별로 관계가 없지만, 중요한 의미를 가진 차이점들이 또 있다. 민회의 지도자들은 이제 더 이상 국가의 책임 있는 정무관들이 아니었다. 국가의 책임 있는 정무관들은 전장의 지휘관이 더더욱 아니었다. 물론 이러한 기능의 구별은 절대적이지는 않았다. 그렇지만 우리는 데모스테네스와 그의 경쟁자 아이스키네스와 같은 전문 연설가들이 민회에서 활약하고 사절의 임무를 맡지만, 관직을 보유하지는 않으며 전장에서 군대를 지휘하지는 않는 것이 통례였음을 본다. 그리고 에우불로스와 같은 정치인은 자신의 높은 재능을 분별 있는 국가 행정에 바치기는 했으나, 다른 측면에서는 전혀 두드러진 바가 없었다. 이피크라테스와 카브리아스와 같은 장군들은 거의 전문적인 군인이었다. 이들은 아테네가 자신들을 원하지 않으면 외국 세력을 위해 일했고, 실제로 외국에 나가 살았다. 이피크라테스는 트라키아 왕의 딸과 결혼했고, 실제로 한 번은 아테네에 대항하여 트라키아 왕을 돕기도 했다. 한편, 바로 그 왕의 또 다른 사위인 카리데모스라는 사람은 아테네인도 아니고 단지 뛰어난 용병 대장이었음에도 불구하고 정식으로 아테네 장군으로 채용되었다.

    그리하여 우리가 그리스 전체를 두고 고찰해 보면, 폴리스 체계는 붕괴하고 있었다. 그리고 아테네 내부를 들여다보면, 폴리스는 산산조각으로 깨어지는 중이었다. 사실 도시국가의 붕괴는 급작스런 사태처럼 보이기는 하지만, 한 번의 전투나 한 세대에 벌어진 일이 아니었다. 무슨 일이 벌어졌을까? 우리는 몇 가지 징후들을 발견했다. 그러나 원인은 무엇일까? 왜 폴리스는 기원전 5세기가 아니라 기원전 4세기에 붕괴했을까? 그리스는 페르시아에 대항해서는 하나로 뭉쳤으면서, 왜 필리포스에 대해서는 그렇게 하지 못했나? 이러한 붕괴와 우리가 살펴본 개인주의 사이에 무슨 연관이라도 있는가? 혹은 폴리스의 붕괴와 전문 군인의 고용이라는 불길한 일 사이에 무슨 연관이 있을까? 폴리스가 무엇을 의미했고 또 무엇을 포함했는지를 다시 한 번 생각해 본다면, 이 모두들 사이의 밀접한 관계가 드러난다.

폴리스는 아마추어들을 위한 곳이었다. 폴리스의 이상은 모든 시민들(이것은 폴리스가 민주정이냐 과두정이냐에 따라 다소 차이가 났다)이 폴리스의 여러 활동에 나름의 역할을 하는 것이었다. 이 이상은 모든 면에서의 탁월함과 모든 면에서의 활동성이라는, '아레테'에 대한 호메로스의 풍부한 관념에서 유래한 듯하다. 이것은 삶의 전체성 혹은 단일성이라는 측면을 내포했고, 그 결과 전문화를 싫어했다. 여기에는 효율성에 대한 경멸이 포함되었다. 더 정확히 말해 효율성에 대한 훨씬 더 높은 이상이다. 즉 삶의 한 가지 부문에 존재하는 효율성이 아니라 삶 자체에 존재하는 효율성을 추구했다. 우리는 이미 아테네 민주정이 직업적인 전문가들의 활동범위를 얼마나 강력하게 제한했는지를 살펴보았다. 각 사람은 폴리스에게뿐 아니라 자기 자신에게도 '전부'가 되어야 했다.

이러한 아마추어 관념은 삶이란 전체적일 뿐 아니라 단순하다는 의미도 내포했다. 한 사람이 일생 동안 모든 일을 해내기 위해서는 이 일들이 평범한 사람이 배우기에 너무 어렵지 않아야 한다. 바로 이 지점에서 폴리스는 무너져 내렸다. 그리스인에서 시작된 서양인들은 사물을 그냥 내버려두지를 못했다. 서양인은 탐구하고 발견하고 개선시키고 진보해야 했다. 그리고 진보는 폴리스를 깨뜨렸다.

먼저 국제적인 측면부터 살펴보자. 오늘날과는 매우 다른 정치 철학자인 플라톤과 아리스토텔레스를 연구하는 현대의 학자는, 폴리스란 경제적으로 자급자족해야 한다는 그들의 끈질긴 주장에 충격을 받는다. 그들에게 '아우타르케이아'(*autarkeia*) 곧 자급자족이란 거의 생존의 제1

법칙이었다. 실제로 그들은 교역을 폐지하려 했다. 적어도 역사적으로 볼 때 그들은 옳았다. 플라톤과 아리스토텔레스 두 사람은 모두 작은 폴리스들로 구성된 그리스 체계가 진정으로 문명화된 삶을 가능케 하는 유일한 기초라고 믿었다. 이것은 합리적인 관점이다. 그러나 그러한 체계가 작동하기 위해서는 세 가지 조건 중 하나가 만족되어야만 한다. 첫째, 폴리스가 지성과 절제로 자신들의 일을 수행해야 한다. 그러나 인류는 아직 이런 능력을 한 번도 선보이지 못했다. 둘째, 일종의 편법으로서, 하나의 폴리스가 질서를 유지할 정도로 충분히 강하면서도, 다른 폴리스 내부의 일에 부당하게 간섭하려 하지 않아야 한다. 이러한 일은 부분적으로나마, 그리고 일시적으로 스파르타에 의해 이루어졌다. 셋째, 서로가 다른 폴리스의 권리를 침해하지 않을 만큼 전체 폴리스 체계가 풍요로워야 한다. 다시 말해 자급자족적이어야 한다. 초창기에는 이 조건이 다소나마 충족되었다. 그러나 지중해가 열리고 교역이 발달하면서 상황은 달라졌다. 교역상의 경쟁은 즉각 대규모 전쟁을 유발했다. 그 결과 그리스 세계는 좁아졌고, 충돌은 불가피했다. 아테네의 발달은 그 과정을 더 심화시켰다. 아테네가 솔론의 시대 이후 포도, 올리브기름, 수공업 제품의 수출과 흑해와 이집트에서 곡물의 수입에 더욱더 의존하게 되면서, 아테네의 경제체제 전체는 아우타르케이아의 원칙과 충돌을 빚었다. 따라서 아테네는 어떤 형태로든 에게 해와 특히 다르다넬스 해협을 지배해야 했다. 그러나 그리스인이 아테네에 엄중히 경고했듯이, 그러한 지배는 도시국가 체제와는 양립할 수 없었다. 실제로 도시국가 체제는 이 기본적인 존재 원칙과 충돌하게 되었을 때 작동불가능에 빠졌다.

폴리스는 경제 외의 다른 일들에도 단순성을 부과했다. 육군과 해군의 전략을 생각해 보자. 먼저 육군을 살펴보자. 우리는 현대의 그리스인이 이 산에서 저 산으로 오가며 어떻게 싸우는지를 잘 안다. 그 나라의 자연환경이 그런 방식으로 전쟁을 수행하게 한다. 그러나 바로 그 나라에서, 도시국가들은 수세기 동안 오직 평지에서만 싸우는 중갑보병으로 전쟁을 수행했다. 기병과, 더욱 놀랍게도 경장보병은 측면을 보호하고 후퇴를 엄호하는 등 오직 보조병력으로만 이용되었다. 그리스인처럼 진취적인 사람들이 이렇게 했다는 사실은 기묘할 정도로 우둔해 보인다. 그러나 단순하게 설명이 가능하다. 군인은 시민이었고, 대부분의 시민은 농부였다. 전쟁은 단기간이어야 했다. 곡물이 자라지 않거나 추수를 망치면 폴리스가 굶주리기 때문이다. 그래서 언제나 신속하게 결판을 보려 했고, 산악부대로는 그런 목표를 이룰 수 없었다. 게다가 시민들은 설혹 칼과 방패를 능숙하게 다루고, 단순하지만 엄격한 밀집전투 대형에 익숙하다 할지라도, 산악전투라고 하는 훨씬 복잡한 방식을 숙달하기에는 시간이 부족했다. 오직 스파르타만이 (헤일로타이의 노동에 의해 부양되는) 직업적인 시민 군대를 보유했다. 그러나 스파르타는 근접전에서는 최고였으므로 자신의 전투방식을 바꿀 이유가 없었다.

펠로폰네소스 전쟁 동안에 어떤 진취적인 아테네 장군이 그리스 서부의 험준한 지역에서 작전을 수행하는 도중, 중갑보병 부대가 공격과 후퇴를 반복할 줄 아는 경장보병 부대에 대해 치명적인 약점을 가지고 있음을 발견했다. 이 교훈은 헛되지 않았다. 경장보병 전술은 면밀히 연구되었고, 그 결과 다음 세기에 아테네의 이피크라테스는 험한 지형에서 경장보병 부대로 스파르타 부대를 덮쳐서 산산조각 내어 버렸다. 이것은 그 자체로는 그다지 중요한 사건이 아니었으나 그럼에도 새로운 징조였다. 이것은 군사 전술이 시민 군대와 시민 장군의 힘을 넘어서서 전문화되기 시작했음을 의미했다. 페리클레스와 같은 정치인이 동시에 완벽하

9장 폴리스의 몰락을 가져온 원인들 **245**

게 유능한 육군 장군인 시대는 거의 끝났다. 전투는 숙련된 직업이 되었다. 우리는 이미 직업 장군들의 이름을 언급했고, 직업 군대는 유랑민이나 실업자, 혹은 오랜 전쟁 끝에 남겨진 모험가들로 쉽게 충원되었다. 크세노폰의 유명한 '만인대'는 바로 그러한 병력이었다. 그러므로 아테네인이 용병들, 다시 말해 전문가들에게 너무 많이 의존하게 된 데에도 변명의 여지는 있다. 그것은 효율적으로 일을 처리하는 방법이었다. 그러나 그 속에 담긴 위험은 명백하다. 궁극적인 적수인 필리포스의 경우, 그는 최신의 전술로 훈련된 상비군을 보유했다. 그들은 어느 때라도 어디든지 공격할 준비가 된 거친 산악 부족이었고 문명에 대해서는 아무 신경도 쓰지 않았다. 이러한 도구에 대항하여 폴리스는 더 이상 폴리스이기를 중지하지 않고서는 유사한 군대를 내세울 수 없었다.

해군 전술 역시 마찬가지였다. 여기에서도 폴리스는 결국 전문가의 기술을 달성하는 데 드는 비용을 지불해야만 했다. 페르시아 전쟁 때 그리스의 전함들은 느리고 무거웠다. 마치 1차 포에니 전쟁 때의 로마 함대처럼 육군의 배였던 것이다. 강하게 부딪친 후 갑판에 뛰쳐나가 싸우는 것이 전부였다. 그러나 50년 뒤, 펠로폰네소스 전쟁 첫해에 아테네인의 '트리에레스'(trieres, 삼단노선)는 진정한 전함으로서 마치 경주용 배처럼 건조되었다. 무게를 희생해서 속도와 이동성을 높였고, (당연히 노예가 아니라 시민으로 구성된) 노잡이들은 매우 높은 수준의 정확성을 갖추도록 훈련되었다. 한 가지 전술을 예로 들어 보자. 적함을 향해 마치 충돌할 것처럼 빨리 노를 저어 간다. 가능한 한 마지막 순간에 배를 틀고 적함 쪽에 있는 노를 배 안으로 들여놓는다. 적함의 측면을 휩쓸면서 그쪽에 있는 적함의 모든 노를 부러뜨리고, 그동안에 갑판의 궁수들은 적에게 최대한 타격을 입힌다. 그리고 쓸모없게 된 적함에 빠르게 돌진해서 마음껏 들이박는다.

이런 식의 전술은 관련된 모든 사람들에게 고도의 정확성과 정신집중을 요구한다. 승무원들은 거의 전문가여야 한다. 그러나 생계를 꾸려가야 할 시민들이 어떻게 이런 전문 선원이 되겠는가? 노동 생산성이 매우 낮았는데, 어떻게 아테네는 그토록 많은 노동력을 함대에 배치했을까? 그것은 오직 아테네가 복속 동맹국들로부터 공납을 받았기 때문이다. 사실인즉 더 큰 정치단위인 아테네 제국은 이러한 정도의 전문화를 감당해냈다. 그러나 폴리스는 그럴 수 없었다. 더 큰 단위는 수용할 수 없는 것이었다. 이것은 오늘날 서유럽에서도 관심을 가지고 있는 문제다. 사실 아테네는 해군의 '전문성'을 (무엇보다도) 다른 폴리스들을 착취하여 획득했다. 그러나 이것은 그리스인의 감정을 격분케 했다. 이것은 전체 체계의 기본 법칙을 부인하는 행위였고, 거기에는 자체의 처벌이 뒤따랐다.

우리는 조금 전에 경제적 복잡성은 '아우타르케이아'를 거부하기 때문에 국제적인 측면에서 폴리스와 양립하지 못했음을 보았다. 지금은 아테네라는 특수한 경우를 다루는 중이므로, 국내적으로도 그 효과가 마찬가지로 심각했음을 살펴보자. 사실 플라톤의 법칙이 국외적인 측면에서 유효하기는 하지만, 아테네의 국내적인 경험이 플라톤으로 하여금 그러한 구상을 하게 했음은 의심할 여지가 없다. 기원전 5세기 중엽에 피라이오스는 지중해에서 가장 붐비는 항구였다. 페리클레스는 플라톤의 법칙을 앞서 부인하면서, 자신감을 가지고 이렇게 선언했다. "전 세계의 생산품이 우리에게 옵니다." 정말이었다. 거기에는 역병도 포함되었으니까. 피라이오스와 아테네는 번영했다. 진취적인 외국인들이 정착했고, 산업이 성장했으며, 이 쌍둥이 도시는 세계의 축이 되었다. 이 모든 것은 너무나 찬란하고 또 매우 신나는 일이다. 그러나 이것은 폴리스의 소화 능력을 넘어섰다. 폴리스는 이해관계의 공동체에 기반을 두었다. 그러나 아테네 사람들 중에서 상업적 이해관계와 농업적 이해관계는 그리고 사실상 그들의 성격은 날카롭게 분화되기 시작했다. 상인들은 극렬 민주파였고, 제국주의자였고, 주전파였다. 부유한 상인에게 전쟁은 상업적 성장의 기회를 제공했다. 가난한 상인에게는 전쟁이 직장과 보수를 제공했다. 그러나 농촌의 사람들에게 전쟁은 지붕 없는 집을 뜻했고, 자라는 데 오랜 시간이 걸리는 올리브 나무가 잘려나간다는 뜻이었다. 페리클레스 이후 민회의 지도자들은 대부분 피라이오스 계급, 즉 클레온과 같이 상업으로 성공한 사람들 중에서 나왔다. 그들은 때로 뛰어난 능력을 가졌으나 기회주의자들이었다. 그들은 또 본성상 그리고 훈련에 의해 편파적인 관점을 가졌고, 따라서 더더욱 편파적이고 폭력적인 관점을 가진 반대자들을 불러일으켰다. 게다가 이러한 상업 발달에 의해 초래된 삶의 복잡성은 나날이 더해갔고, 폴리스 내에서 일종의 원심력을 만들어 내었다. 사람들에게는 사적인 일들이 더욱 흥미롭고 중요한 일이 되었다. 그래서 사람들은 공공 업무를 기피하는 경향을 보였다. 기원전 4세기의 정치적 무력증은 바로 이러한 경향의 직접적인 결과였다.

그러나 이러한 파괴적인 '진보'는 삶의 물질적 측면에만 제한되지 않았다. 이것이 물질적인 면에서 시작되었다고 주장한다면 어리석은 일이다. 아리스토파네스는 이 모든 일이 너무 똑똑해지려 애쓰다가 초래되었다고 주장했는데, 이 소박한 관점에 대해서는 해야 할 이야기가 너무 많다.

수 세대 동안 그리스의 도덕성은 그리스의 군사 전술과 마찬가지로 극도로 전통적이었고, 정의, 용기, 자기절제, 지혜라는 핵심 덕목에 기반을 두었다. 시인들은 하나같이 거의 동일한 교리를 가르쳤다. 정의의 아름다움, 야망의 위험성, 폭력의 어리석음을 말이다. 기독교 정신이 모든 기독교 세계에서 실천되지는 않았듯이, 모든 그리스인이 이 도덕률을 실천에 옮기지는 않았다. 그러나 기독교에서와 마찬가지로 이것은 인정된 기준이었다. 누군가 잘못을 저지르면, 그는 잘못을 저질렀다고 알려졌다. 이것이 바로 공동의 삶이 건설될 수 있는, 단순하지만 강력한 기초였다. 바로 이것이 고전기 그리스 예술의 강력함과 단순함의 근원이다. 그리스인의 이러한 자질에 근접한 유일한 유럽 예술, 즉 서기 13세기의 예술은 그와 유사한 기초 위에서 건설되었다.

그러나 기원전 5세기에 모든 것이 변했다. 이 세기의 끝 무렵에는 자신이 어디에 있는지 아는 이가 아무도 없었다. 똑똑이들은 모든 것들을 뒤집었고, 단순이들은 자신들이 시대에 뒤떨어졌다고 느꼈다. '덕'에 대해 이야기하면 '당신이 무엇을 덕이라고 생각하는지가 문제다'라는 응답을 받았다. 그리고 누구도 덕이 무엇인지 알지 못했다. 시인들이 업을 접어야 했던 이유 중 한 가지가 바로 그것이다. 마치 지난 100년 동안 새로운 사상들과 자연과학의 발견들이 우리의 모습을 깊이 변화시킨 것과 같다. 많은 이들에게 이것은 전통 종교와 도덕의 전복이었다. 사탄은 폐위되었고 사악함은 존재하지 않게 되었다. 인간의 모든 단점은 '체제의 결과'이거나 '환경의 산물'이었다. 마찬가지로, 그러나 더욱 날카롭게, 기원전 6세기와 5세기 초 이오니아 철학자들의 대담한 철학적 사색은 많은 측면에서 체계적인 탐구를 자극했고, 그 결과 도덕에 대한 기존의 여러 생각들은 심하게 흔들렸다.

그리고 소크라테스가 있었다. 물론 그는 이 세상 누구보다 고귀한 사람이다. 소크라테스는 자연철학자들의 사색에 관심을 가졌으나 그것들을 무익하고 사소한 것이라 여겨 포기했다. 더 중요한 질문은 '우리는 어떻게 살아야 하는가?' 였기 때문이다. 그는 이 질문에 대한 답을 알지 못했다. 그래서 다른 사람들의 생각을 철저히 검증함으로써 그 답을 직접 찾아 나섰다. 검증 결과 소크라테스와 그를 추종했던 열렬한 젊은이들은 전통적인 도덕에 아무런 논리적 기반이 없음을 알게 되었다. 아테네에 있는 어느 누구도 이 가공할 석공과 10분 이상을 대화할 수 있는 도덕적 혹은 지적 덕에 대한 정의를 제시하지 못했다. 그 결과는 특히 몇몇 젊은이들에게 재난에 가까웠다. 전통에 대한 그들의 믿음은 파괴되었고, 그 대신 자리를 메울 것을 찾지 못했다. 폴리스에 대한 믿음 역시 흔들렸다. 누구도 정확히 알지 못하는 덕목을 가지고서 폴리스가 어떻게 시민들을 훈련시키겠는가? 그래서 소크라테스는 민주정 아테네의 어리석음을 소리쳐 외쳤다. 성벽이나 항구를 건설하는 사소한 일에는 전문가와 신중하게 의논하면서, 그보다 훨씬 더 중요한 도덕과 행위에 대한 문제에서는 아무나 자신의 무지한 생각을 말하도록 허용되었기 때문이다.

소크라테스와 뒤이은 플라톤은 '덕'을 누구도 무너뜨릴 수 없는 논리적 기초 위에 세우겠다는 고귀한 목적을 추구했다. 덕을 검증이 되지 않은 전통적인 견해의 문제가 아니라 숙달하고 교육이 가능한 엄밀한 지식으로 만들려 했다. 칭찬할 만한 목표다. 그러나 이것은 곧바로 『국가론』에 아마추어 폴리스의 안티테제를 가져왔다. 시민들을 덕으로 교육시키는 일, 곧 폴리스의 통치는 덕이 무엇인지를 아는 자들에게 맡겨져야 했기 때문이다. '지식'에 대한 플라톤의 고집은 사회를 개인들로 조각내는 효과를 내었다. 각자는 한 가지 직업에만 전문가이며, 따라서 그 일에만 제한되어야 했다. 가장 어렵고 중요한 최고의 예술은 '정치적 예술'이었고, 통치는 그것에 통달한 사람이 해야 했다. 폴리스로서는, 그리고 좋은 삶이란 모든 일에 동참하는 삶을 의미한다는 폴리스의 이론으로서는 받아들이기 힘든 철학이었다.

이러한 지적인 동요는 소크라테스보다 품격이 낮은 무리들을 만들어 냈다. 그들은 바로 소피스트였고, 폴리스에 대한 직접적인 영향력 면에서는 오히려 더 중요한 자들이었다. '소피스트'라는 용어 자체에는 전혀 깎아내리는 의미가 없었다. 그 명칭에 비방의 뜻을 부여한 사람은 바로 플라톤이었다. 그는 소피스트들의 방법과 목표를 싫어했다. 소피스트들은 탐구자가 아니라 선생이었고, 그들의 목표는 철학이 아니라 실제적인 기술이었다. 소피스트라는 말의 뜻은 '소피아(sophia)의 선생'이며, '소피아'는 매우 어려운 그리스 단어로서, '지혜', '현명함'이나 '실제적인 능력'을 뜻하기도 했다. 아마 '소피스트'와 대충 비슷한 현대어를 찾는다면 '교수'가 있을 것이다. 둘이 다루는 범위는—그리스어 교수로부터 골상학 교수까지—유사하며, 비록 몇몇 교수는 연구 활동을 하지만 모두가 가르치고 모두가 보수를 받는다. 보수를 받는다는 사실, 그것이 소피스트에 대해 가장 큰 비난을 불러일으켰다. 소피스트 중 몇몇은 진지한 철학자, 교육자, 학자였다. 어떤 소피스트들은 순전히 협잡꾼이었고 성공비결을 가르친다고 떠들어댔다. "당신의 기억력을 높이고 싶습니까?" "연봉 1억의 사람이 되고 싶습니까?" 소피스트들이 당신에게 방법을 알려줄 것이다. 수업료를 치른다면 말이다. 소피스트들은 이 도시 저 도시를 돌아다니면서 특정 과목을 강의했다. 어떤 이들은 많은 과목을 강의하기도 했다. 그러나 모두가 수업료를 받았다. 그들은 야심이 있거나 탐구적인 젊은이들 사이에 엄청난 인기를 끌었고, 그들의 가르침의 결과는 다음 두 가지로 요약된다.

첫 번째로, 소피스트들은 소크라테스처럼 전통적인 도덕을 비판했다. 어떤 이들은 전통 도덕에 확고한 근거를 마련하기 위해 진지하게 노력하기도 했다. 그러나 또 어떤 이들은 새롭고 흥미로운 교리를 가르쳤다. 『국가론』의 1권에 나오는 트라시마코스와 같은 자들이다. 트라시마코스는 정의에 대한 모든 애매한 개념을 못견뎌하는 고집불통의 인물로 그려진다. 그러면 우리도 정확하고 분명하게 말해 보자. 트라시마코스는 자기가 가진 분명하고 정확한 개념을 내어 놓으라는 요구에, "정의란 단지 더 강한 자의 이익일 뿐이다"라고 선언한다. 그보다 훨씬 위대한 인물인 프로타고라스는 절대적 선과 악이란 없다고 주장했다. "인간이 모든 만물의 척도다." 진리와 도덕은 상대적이라는 말이다. 우리는 이미 적자생존이라는 과학적 교리가 얼마나 저열하게 이용되는지를 목격했기 때문에, 난폭하고 야심만만한 사람들이 이 발언을 어떤 식으로 이용할는지 상상하기가 그리 어렵지 않다. 그것은 모든 사악한 것들에 대해 과학적 분위기나 철학적 위엄을 덧입히는 데 사용되었다. 소피스트들의 가르침이 없어도 인간은 사악한 일들을 한다. 그러나 소박한 사람들을 그럴듯하게 현혹시키는 논변을 배우면 유용했다.

 윤리 문제를 건드리지 않은 소피스트들도 마찬가지로 혼란을 일으켰다. 교육이란 폴리스의 삶에서 생기는 부산물이었고, 따라서 모든 이들의 공유물이었다. 재능을 타고난 이들은 다른 사람들보다 더 잘했겠지만, 모두가 같은 토대 위에 살았다. 폴리스는 하나였다. 소피스트의 등장과 더불어 교육은 전문화되고 직업화되었으며, 그 비용을 치를 수 있고 또 그렇게 하려는 사람들에게만 개방되었다. 이제 최초로 계명된 자들과 무지한 자들 사이에 진정한 균열이 나타났다. 자연히 그 결과로 서로 다른 도시의 교육받은 계급들 간에는 자신들의 도시에 사는 교육받지 못한 사람에 대해서보다 서로 동질감을 더 많이 느꼈다. 코즈모폴리스가 한결 가까워졌다.

소피스트가 가르친 여러 실용적인 기술들 가운데 가장 중요한 것은 수사학이었다. '설득의 예술', 그리스인에게 너무나 중요한 이 기술은 분석되고, 정교하게 되었고, 체계화되었다. 지금까지는 타고난 재치와 연습의 문제였지만, 이제 배울 수 있게 되었다. 돈을 지불하고서 말이다. 사람들은 열광하며 수사학을 받아들였다. 뛰어난 논변과 잘 다듬어진 연설에 이미 큰 즐거움을 누리던 아테네인들은 적어도 한동안 이 전문가들이 발명하고 가르치는 정교한 문체와 세밀한 논변에 도취되었다. 클레온의 말처럼, 시민이 아니라 감정사가 되었다. 반면에 평범한 사람들은 논쟁에 지거나 소송에 패했을 때, 정의가 왜곡되었음에 대해 이를 갈았다. (아리스토파네스의 『구름』은 이것을 묘사한다.) 이 새로운 방식을 완전히 익히지 못한다면, 동료 시민과 소송이 붙었을 때 심각한 불이익을 받을 가능성이 높았다. 이 역시 우리가 앞에서 살펴본 현상이다. 원래 폴리스 내에서는 고도로 훈련된 숙련자, 곧 전문가들에게 적당한 자리가 없었다. 그러한 전문가가 기원전 5세기에 마침내 삶의 여러 분야에 등장했을 때, 통합은 약화되었고 폴리스의 자연적인 경계는 그들을 가로막지 못했다.

10장 그리스 정신의 특성과 그것이 남긴 것들

우리는 개괄적으로나마 그리스의 역사를 도시국가들의 사실상의 종말까지 개관했다. 그러니 잠깐 멈추어 이 시기 동안 그리스 정신의 성격과 그것이 거둔 성취에 대해 살펴보자.

사물의 전체성에 대한 감각이야말로 그리스 정신의 가장 전형적인 특징이다. 우리는 이미 이것을 잘 표현한 사례들을 몇 가지 살펴보았다. 호메로스는 구체적인 세부사항과 개인들의 성격을 너무나 사랑했음에도 불구하고 그것을 보편적인 틀 속에 확실하게 고정시켰다. 매우 많은 그리스인들이 동시에 여러 가지 일들을 해낸 모습도 보았다. 가령 솔론은 정치적, 경제적 개혁가였고 사업가였으며 시인이었다. 폴리스 자체는 통치하는 기구가 아니라 삶의 거의 전체와 관계를 맺는 어떤 것이었다. 현대인의 정신은 분할되고 전문화되고 범주에 따라 사고한다. 그리스인의 정신은 정반대다. 가장 넓은 관점을 취하고, 사물을 유기적 전체로 바라본다. 클레온과 디오도토스의 연설은 바로 그것을 잘 보여준다. 특정한 사안은 일반화되어야 했다.

이제 이 '전체성'을 더 설명해보자. 가장 그리스다운 것인 그리스어부터 시작하겠다.

그리스어를 처음 배우는 사람의 입장이 되어 보자. 그 사람은 단순한 의미일 것으로 생각한 그리고 실제로도 단순한 낱말들이 예기치 못하게 어려워 보인다는 난관에 계속 부딪힌다. '칼로스'(*kalos*)라는 낱말이 있고, 반대말인 '아이스크로스'(*aischros*)가 있다. 앞의 낱말의 뜻은 '아름다운'이라고 배운다. 학습자는 라틴어에서 그에 해당하는 말이 '풀케르'(*pulcher*)임을 알고는 꽤나 즐거워한다. 그는 '칼로스 폴리스'(*kalos polis*)를 '아름다운 도시'라고 읽는다. 그리고 호메로스는 스파르타를 '칼리기나이코스'(*kalligynaikos*) 즉 '아름다운 여인들의 도시'라고 부른다. 모든 것이 순조롭다. 그때 학습자는 '덕'이 '아름답다', 조국을 위해 죽는 것은 '아름다운' 일이다, 위대한 영혼을 가진 사람은 '아름다움을 성취하기 위해 애쓴다' 등등의 문장을 읽는다. 또 어떤 좋은 무기나 편리한 항구도 '아름답다'고 한다. 학습자는 그리스인이 사물에 대해 본질적으로 미학적인 관점을 취하는구나 하는 결론을 내린다. 그리고 그 결론은 '아이스크로스', 즉 라틴어로 '투르피스'(*turpis*)이며 번역하면 '천한' 또는 '불명예스러운'이라는 뜻의 낱말이 '추하다'는 뜻도 가짐을 알게 될 때 더욱 확실해진다. 그래서 사람은 성격뿐 아니라 외모 역시 '천할 수 있다. '덕'을 '미'로, '악'을 '추함'으로 환원하는 그리스인들, 얼마나 매력적인가!

그러나 그리스어는 그런 것과는 전혀 관계가 없다. 그렇게 만드는 것은 바로 우리들이다. 즉 개념들을 도덕적, 지적, 미학적, 실용적인 범주로 구별해 나눈다. 그리스인은 그러지 않았다. 철학자들조차 그렇게 하기를 꺼려했다. 플라톤의 대화편에서 소크라테스는 이렇게 말을 시작한다. "당신은 칼론(*kalon*)이라 불리는 어떤 것이 존재한다는 말에 동의할 것입니다." 여기에서 우리는 소크라테스가 '아름다운'이라는 뜻의 '칼론'(*kalon*)에서 '명예로운'이라는 뜻의 '칼론'으로 부드럽게 넘어가면서 상대방을 속이려 함을 발견한다. 그 낱말은 정말로 '따뜻한 존경을 받을 만한 가치가 있는'과 같은 의미를 가지며, 영어의 'fine'처럼 범주를 가리지 않고 사용된다. 영어에도 이와 같은 낱말들이 있다. 'bad'는 행위, 시, 물고기 등에 대해 쓰이며, 각 경우마다 그 의미는 매우 다르다. 그러나 그리스어에서는 의미의 전문화에 대한 거부가 습관적으로 나타난다.

'하마르티아'(hamartia)라는 낱말은 '실수', '잘못', '범죄' 또는 '죄'라는 뜻으로 쓰인다. 문자 그대로는 '표적을 놓친', '오발탄'을 의미한다. 우리는 목청을 높여 "이 그리스인들은 얼마나 지성적인가! 범죄란 다만 '과녁을 빗나간' 행동일 뿐이다. 다음번에 더 잘하면 된다는 말이다!"라고 외친다. 이번에도 우리는 그리스적인 덕목들 중 몇몇은 도덕적이면서도 지적임을 확인한다. 이 사실 때문에 그 낱말들은 번역이 불가능하다. 우리가 사용하는 어휘들은 반드시 구별을 필요로 하기 때문이다. '소프로시네'(sophrosyne)라는 낱말이 있다. 문자 그대로 번역하면 '온 마음을 다함', '손상되지 않은 마음상태'를 뜻한다. 이 낱말은 문맥에 따라 '지혜', '신중함', '절제', '정절', '침착', '온건', '자제력'을 뜻한다. 즉 완전히 지적인 것, 완전히 도덕적인 것, 완전히 중립적인 것 모두를 뜻할 수 있다. '하마르티아'에서와 마찬가지로, 이 낱말이 어려운 이유는 우리가 분야를 더 나누어 생각하기 때문이다. '오발탄'을 뜻하는 '하마르티아'는 '다음번엔 더 잘하자'는 의미가 아니다. 그 낱말은 오히려 정신적 실수는 도덕적 실수만큼이나 비난받아 마땅하고 또 치명적이라는 뜻이다.

그리고 이제 교육을 마무리하기 위해서, 우리라면 지성적인 용어를 사용할 분야, 예컨대 정치이론에서 그리스인은 매우 도덕적인 의미를 가진 낱말들을 사용하는 사례를 살펴보자. '공격적인 정책'은 '히브리스'(hybris), 곧 '방자한 사악함'은 아니지만 '아디키아'(adikia), 곧 '불의'가 되기 쉽다. 한편 '팽창' 또는 '폭리'는 '플레오넥시아'(pleonexia) 곧

'자신의 몫보다 더 많이 얻으려 함'인데, 이것은 지적으로나 도덕적으로나 잘못이며, 보편적 법칙을 무시하는 행위다.

잠시 호메로스에게로 돌아가 보자. 『일리아스』의 시인은 오늘날 잘못 배운 사람들이 예술가에게 가장 필요한 자격이라고 생각하는 어떤 것을 가지고 있었다. 즉 그에게는 계급의식이 있었다. 호메로스는 오직 왕들과 대공들에 대해서만 썼다. 평범한 병사들은 시에서 아무런 역할도 하지 않았다. 게다가 이 왕들과 대공들은 자신들의 계급과 시대에 완전히 얽매인 모습으로 묘사되었다. 그들은 교만하고 사납고 복수욕에 불타고 전쟁을 미워하면서도 동시에 전쟁을 찬미한다. 그렇다면 도대체 어떻게 해서 이런 영웅들이 후대의 부르주아들에게 모범이자 살아있는 영감이 되었는가? 그것은 그들이 그리스인이었기에 가장 넓은 범위, 곧 인간이라는 범위에서만 자신들을 바라보았기 때문이다. 그들의 이상은 기사도나 궁정의 사랑 같은 기사의 특수한 이상이 아니었다. 그들은 그 이상을 '아레테'라고 불렀다. 이 낱말 역시 전형적으로 그리스적인 말이다. 우리는 플라톤의 글을 읽을 때 이 낱말을 '덕'이라고 번역하는데, 그 결과 그 낱말의 모든 향취를 놓치고 만다. 적어도 현대 영어에서 '덕'이란 거의 전적으로 도덕적인 낱말이다. 그러나 '아레테'는 모든 범주에서 무차별적으로 쓰였고, 단지 '탁월함'이라는 의미였다. 물론 문맥에 따라 제한을 받았다. 경주마의 '아레테'는 속도였고, 짐 싣는 말의 '아레테'는 힘이었다. 일반적인 문맥에서 사람에 대해 '아레테'가 쓰일 경우, 그것은 인간이 탁월함을 보이는 다양한 방식들, 즉 도덕적, 지적, 육체적, 실용적인 것들에서 탁월하다는 의미였다. 그래서 『오디세이아』의 영웅은 위대한 전사이자 교활한 책사에 달변가이며, 신이 내려준 것들에 대해 너무 불평하지 않고 견뎌 내야 함을 아는, 굳건한 용기와 폭넓은 지혜를 가진 자였다. 게다가 그는 배를 건조하고 항해할 줄 알았으며, 누구보다도 곧게 밭고랑을 갈았고, 원반던지기에서 젊은 허풍선이를 물리쳤고, 파이아키아의 젊은이에게 권투, 레슬링, 달리기로 도전했고, 황소의 가죽을 벗겨내고 도살해서 요리할 줄 알았고, 노래에 눈물을 흘릴 줄도 알았다. 그는 사실상 모든 면에서 탁월했다. 그는 뛰어난 '아레테'의 보유자였다. 더 오래된 시의 영웅, 아킬레우스도 마찬가지였다. 그는 가장 가공할 만한 전사였고, 가장 발이 빨랐고, 가장 고결한 영혼의 소유자였다. 호메로스는 주목할 만한 한 구절에서 아킬레우스가 어떻게 교육받았는지를 말해준다. 아킬레우스의 아버지는 청년 아킬레우스를 늙은 포이닉스에게 맡기면서, '연설에 능하며 행동에 거침없는' 사람이 되도록 훈련시켜 달라고 요청했다. 그리스의 영웅은 우리들의 영웅시대가 기사와 성직자로 구분해 놓은 덕목들을 자신 속에서 결합하려 애썼다.

바로 그렇기에 호메로스의 서사시들은 훨씬 더 문명화된 시대에도 교양으로서 살아남았다. '아레테'에 대한 영웅적 이상은 그 자체의 시대와 상황에 뿌리를 박고 있었으나, 너무나 깊고 넓었기에 완전히 다른 시대에도 시대의 이상이 될 수 있었다.

내가 『일리아스』에서 번역했던 부분들 중에는 극단적으로 그리스적이라는 느낌을 주는 세밀한 묘사가 있다. '털이 무성한 가슴 밑에서 그의 마음은 찢어졌다. 아트레우스의 아들을 죽여야 할지, 아니면 분노를 거두어야 할지…….' 테니슨은 베르길리우스를 번역하면서 비슷한 상황에 대해 이렇게 썼다.

이리저리로 그의 빠른 정신은 갈라지네.

분명히 정신과 마음은 다르다. 그러나 만약 테니슨이나 베르길리우스가 마음이나 정신에 대해 언급하면서 동시에 그 마음 혹은 정신이 자리 잡은 신체의 육체적 세부사항들을 언급한다면, 우리는 무척이나 놀랄 것이다. 호메로스는 가슴에 털이 많다는 점을 지적하는 것이 완벽하게 자연스러운 일이라고 생각했다. 그는 사람 전체를 한 번에 보았다.

이것은 특별히 강조할 점은 아니지만, 그리스인이 '야만인들' 및 대부분의 현대인과 날카롭게 대조되는 면인, 정신의 전체성의 또 다른 측면을 소개해 준다. 기독교 세계와 동양 세계가 보통 육체와 영혼 사이에, 물질과 정신 사이에 그었던 날카로운 구분선은 그리스인에게는 적어도 소크라테스와 플라톤의 시대까지는 낯설었다. 그리스인에게는 단순히 전체적 인간이 있을 뿐이었다. 육체가 영혼의 무덤이라는 생각이 몇몇 그리스 신비종교에서 발견되며, 플라톤은 영혼불멸 사상으로 인해 필연적으로 육체와 영혼을 날카롭게 구분했다. 그러나 이러한 것은 전형적인 그리스식 관념이 아니었다. 그리스인은 육체 훈련을 교육의 중요한 부분으로 삼았다. 스스로에게 '이봐, 육체를 잊어선 안 돼'라고 말했기 때문이 아니라, 그에게 인간의 전체를 훈련하는 것 외에 다른 생각은 전혀 들지 않았기 때문이다. 폴리스에 체육관은 극장이나 전함과 마찬가지로 자연스러웠고, 모든 연령대의 남자들이 육체 훈련뿐 아니라 정신 훈련을 위해서도 언제나 그곳을 이용했다.

지역적, 국제적 제전들은 그리스 정신의 이러한 측면을 가장 잘 설명해 준다. 우리 사회에서는 누군가 '운동경기를 자기 종교로 삼는다'는 비난이 종종 들린다. 그리스인들은 그렇게 하지는 않았지만, 더욱 놀라운 일을 했다. 그리스인은 운동경기를 종교의 일부분으로 만들었다. 명시적으로, 4대 국제 제전 중 가장 대규모였던 올림피아 제전은 올림피아의 제우스를 기념하여 열렸고, 피티아 제전은 아폴론을, 판아테네 제전은 아테나 여신을 위해 열렸다. 게다가 제전들은 거룩한 땅에서 열렸다. 이것은 너무나 자연스럽게 감정을 고양시켰다. 운동경기들은 인간의 '아레테'를 자극하고 과시하는 수단이었고, 신에 대한 가치 높은 봉헌이었다. 마찬가지로, 『일리아스』의 파트로클로스와 같은 죽은 영웅을 기념하는 제전들도 있었다. 그러나 '아레테'는 육체적인 것이면서도 정신적인 것이기에, 체육 경기와 음악 경연대회를 결합하는 데에는 조금의 부조화나 편견도 개입하지 않았다. 플롯 경연대회는 피티아 제전의 원래의 종목이었다. 아폴론 자신이 '리라의 신'이 아니었던가?

　제전들이 시험하려 했던 것은 바로 '아레테', 즉 단순히 전문화된 기술이 아니라 전체적 인간의 '아레테'였다. 보통 종목들은 200야드의 단거리 달리기, (1.5마일 정도의) 장거리 달리기, 완전 군장 달리기, 원반 던지기, 투창, 멀리뛰기, 레슬링, (매우 위험한 방식의) 권투, 전차경주였다. 대단한 볼거리는 달리기, 멀리뛰기, 원반던지기, 투창, 레슬링으로 구성된 5종 경기였다. 여기에서 우승한다면 진정한 남자였다. 말할 필요도 없이, 마라톤 경주는 근대 이전에는 알려진 바 없다. 그리스인들이라면 이 경주를 괴상하다고 여겼으리라. 그리스인들은 골프나 당구와 같은 경기에서 현대의 우승자들이 보여주는 기술에 대해서는 대단히 존경했을 것이며 존경할 만한 일로 여겼을 것이다. 노예로서 말이다. 노예를 훈련시키는 데 가장 좋은 활용법이라고 생각했을 것이다. 그리스인은 그와 같은 기술을 연마하면서 동시에 인간이자 시민으로서 합당한 삶을 살기는 불가능하다고 말했을 것이다. 신사란 플롯을 불 줄 알아야 하지만, 너무 잘 불어서는 안 된다고 한 아리스토텔레스의 언급 속에는 바로 이런 분위기가 깔려 있었다.

대규모 제전에서 우승한 사람은 진정한 '인간'이었다. 그는 거의 그 이상, 즉 영웅이었고, 동료 시민들은 그를 영웅으로 대우했다. 그에게는 공적인 명예가 수여되었다. 평생 동안 공적 비용으로 공회당에서 식사가 제공되었고(이것은 야생 올리브로 만든 관에 비해 실제적인 보상이었다), 특히 도리스인들 사이에서는 시인에게 의뢰하여 그의 명예를 기리는 장엄한 합창 찬가를 짓게 하고, 연회나 종교 제전에서 그것을 공연하는 관행이 성장했다. 그래서 기원전 5세기 초의 가장 장엄하고 진지한 두 명의 시인, 아이스킬로스와 핀다로스 중 핀다로스는 우리에게 (몇몇 단편적인 다른 시들을 제외하면) 완전히 승리 찬가의 작가로 알려지게 되었다. 진지한 시인이 운동선수에 바치는 작품을 쓴다는 것은 우리에게는 낯선 일이다. 더욱 놀랍게도 그런 송시(頌詩) 가운데 다음과 같은 구절이 나온다.

젊음이 넘쳐나는 시절에
갑자기 고귀한 상을 얻은 이는
희망으로 가슴 벅차 오르며, 남자다움에 날개가 솟는다네.
가슴에는 부유함보다 좋은 것을 소유하지.
그러나 인간의 희락의 시절은 잠시뿐.
곧 땅바닥으로 떨어지는구나. 어떤 슬픈 결정이 그의 뿌리를 뽑는다.
하루살이와 같도다! 그것이 바로 인간이로다! 꿈속의 그림자로다.
그러나 신이 주시는 광휘가 그에게 임하면
찬란한 광선이 그 위에 펼쳐지고, 오, 인생은 얼마나 달콤한가!
사랑하는 어머니, 아이기나여,
제우스를 통하여, 영웅 아이아코스의 사랑으로,
그리고 펠레우스와 굳건한 텔라몬과 아킬레우스의 힘으로

이 도시를 자유의 길로 이끄소서.

이것은 원어인 그리스어에서 뿌리 뽑혀 번역되었음에도 불구하고 웅대함을 느끼게 하는 시다. 『전도서』와 좋은 비교를 이룬다. 위에 인용한 구절은 델포이의 레슬링 경기 소년부에서 승리한 아이기나 출신의 한 젊은이를 축하하기 위해 쓰인 송시의 마지막 부분이다.

핀다로스의 송시들이 모두 이처럼 우울한 것은 결코 아니다. 핀다로스가 이 시를 썼을 때는 매우 늙었고, 핀다로스가 친족 도리스인으로서 매우 호의적인 감정을 가졌던 아이기나인은 아테네의 위협을 받았다. 그래서 마지막 부분에 아이기나의 영웅들에게 엄숙하게 기원하였다. 그러나 이 시의 진지함은 결코 예외적이지 않다. 핀다로스는 단순히 운동경기만이 아니라 (그는 경기를 압축적으로 묘사한 적이 없다) 우승자가 보여준 '아레테'를 생각했다. 그리스 시인으로서는 여기에서부터 개인의 것이든 폴리스의 것이든 모든 형태의 '아레테'로 옮아가는 일이 너무나 자연스러웠다. 승리는 가장 넓은 맥락에서 평가되었다.

핀다로스에게 육체적, 도덕적, 지적 탁월함은 (여기에 단순한 '부'를 추가할 수 있다) 모두 통합된 전체의 부분들이었다. 그래서 핀다로스는 마력적인 동시에 세상에서 유일하게 현실적인 시인으로 느껴진다. 제전에 대한 높은 평가는, 비록 핀다로스에 의해 일반인의 관념보다 더 고차원적인 것으로 변형되기는 했지만, 충분히 현실적이었다. 그러나 역시 '하루살이와 같은' 것이었다. '찬란한 광선이 그 위에 펼쳐지고, 신이 주시는 광휘'가 있다 해도 육체적, 지적, 도덕적, 영적, 감각적인 것들의 완벽한 혼합은 붕괴되었다. 핀다로스가 죽은 지 약 20년 뒤, 에우리피데스는 올림피아 우승자들을 혹평했다. 그들은 근육덩어리에 머리가 빈 자들이었고, 아무런 공헌도 하지 않고서 도시의 아첨을 받았다. 핀다로스 자신도 유일한 조롱조의 송시 한 편에서 코린토스의 크세노폰이라는 사람을 비난했다. 그는 준직업적인 경품 사냥꾼에 불과했다.

　사물을 전체적으로 보려 하는 본능은 그리스인의 건강한 삶의 본질적 근원이었다. 그리스인들도 격정적인 사람들이었다. 그리스의 정치사는 다른 민족들의 역사보다 야만성의 발작증에서 더 자유롭지 않다. 굶주린 망명자는 과두파든지 민주파든지 일단 귀국하여 지배권을 잡기만 하면 자신의 도시를 황폐하게 만들어 버렸다. 그러나 모든 활동에서 그리스인의 기준은 건전한 균형이었다. 광신자 그리스인은 생각하기조차 어렵다. 동방이나 중세의 과도한 종교성은 고전기 그리스의 삶에서는 찾아볼 수 없다. 우리 시대의 상업주의처럼 더 재미없는 과도함들 역시 찾아볼 수 없다. 그리스인들도 신비적 황홀감에 대해 알았고, 또 디오니소스 숭배에서 그것을 추구했지만, 이것은 확실한 전체 틀 속의 한 부분이었다. 일 년에 3개월 동안 아폴론이 델포이를 떠나고 디오니소스가 그 자리를 차지한다는 종교적 전설에는 커다란 의미가 있다. 에우리피데스는 한 광신자의 모습을 설명했다. 히폴리토스라는 그 사람은 처녀신 아르테미스를 섬기는 순수하고 순결한 숭배자였고, 사랑의 여신 아프로디테에게는 아무런 경의도 바치지 않으려 했다. 그는 아마 중세라면 성인이 되었을 그런 사람이었다. 에우리피데스는 그를 비극적 불운을 겪는 모습으로 그렸다. 두 여신은 인간의 눈에 서로 맞수처럼 보이지만, 인간은 두 여신 모두를 숭배해야만 한다. 히폴리토스는 자신이 대수롭지 않게 여겼던 아프로디테에게 파멸당하고, 그의 아르테미스는 그를 보호하기 위해 아무것도 해 주지 못했다.

　이제 우리는 그리스 정신의 또 다른 특징, 곧 이성에 대한 굳은 믿음으로 관심을 돌려야 하겠다. 대지의 기초가 무엇인가라는 질문에 답했던 한 중국 철학자에 대한 유쾌한, 어쩌면 다소 그의 품격을 떨어뜨리는 이야기가 하나 있다. 그는 "거북이"라고 대답했다. "그러면 거북이는 무엇 위에 있습니까?" "탁자라네." "그러면 탁자는 무엇 위에 있습니까?" "코끼리지." "그러면 코끼리는 무엇 위에 있습니까?" "그렇게 꼬치꼬치 캐묻지 말게나." 중국인이든 아니든 이 이야기는 완전히 비(非)그리스적이다. 그리스인은 우주가 변덕스럽지 않다는 사실을 단 한 순간도 의심하지 않았다. 우주는 '법칙'을 따르며, 따라서 설명이 가능하다. 철학이 생겨나기 전에 살았던 호메로스도 이런 생각을 나타낸다. 신들의 배후에는 (비록 때로 신들과 동일시되곤 하지만) 어둠 속의 세력이 있는데, 호메로스는 이것을 '아낭케'(ananke), 곧 '필연'이라 불렀다. 이것은 신들조차도 어길 수 없는 사물의 '질서'다. 그리스의 비극작품들은 인간사를 지배하는 것이 우연이 아니라 '법칙'이라는 믿음 위에서 쓰였다. 좀 어려운 사례일 듯하지만, 소포클레스의 『오이디푸스 왕』을 보자. 오이디푸스가 태어나기 전에, 그가 아버지를 죽이고 어머니와 결혼할 것이라는 예언이 내렸다. 그리고 오이디푸스는 아무것도 모른 채 정말 그런 일들을 저지른다. 그러나 이것을 보고 인간은 악의적인 '운명'의 장난감일 뿐이라고 해석한다면, 이 연극을 전혀 이해하지 못한 것이다. 소포클레스가 뜻했던 바는 가장 복잡하고 또 겉보기에 우연히 결합된 것으로 보이는 사건들 속에는 우리가 다 이해할 수는 없으나 하나의 계획이 있다는 것이다. 신들은 모든 계획을 볼 수 있기에 아폴론은 오이디푸스가 장차 무엇을 할 것인지 예언했다. 아이스킬로스에게 그 법칙은 좀 더 단순했다. 그것은 도덕 법칙이었다. 마치 밤이 지나면 낮이 오듯이 '히브리스'(hybris)에는 징벌이 따른다. 화이트헤드(A. N. Whitehead)가 그리스 초기의 철학자들을 제쳐 두고 그리스의 비극 시인들을 과학적 사고의 진정한 건립자들이라 불렀던 까닭은 바로 법칙에 대한 그들의 굳건한 믿음 때문이었다.

그러나 이성에 대한 본능적인 믿음은 간략하게나마 초기의 철학자들에게서 가장 쉽게 설명된다.

우주의 기원과 본성에 대한 그리스인의 사색은 대개의 철학사 책들이 말하듯이 밀레토스의 탈레스로 시작하지 않았다. 탈레스는 자신의 사고를 신화가 아닌 논리적 용어로 표현한 첫 번째 사람일 뿐이다. 탈레스는 상인으로서 이집트를 여행했고, 그곳에서 이집트 수학과 칼데아 천문학을 배웠다. 칼데아인은 하늘의 별들이 움직이는 규칙에 대해 매우 경탄할 만한 지식을 쌓아 올렸다. 그러나 칼데아인의 연구 동기는 단순한 호기심과 같이 결코 한가한 것이 아니었다. 칼데아인은 실용적인 사람들이었다. 그들은 역법이라는 중요한 업무를 위해 천문학을 이용했다. 게다가 마치 오늘날의 일요신문 독자들처럼, 칼데아인은 장차 무슨 일이 벌어질지 알고 싶어 했고, 별들이 그것을 말해주리라 생각했다. (고전기의 그리스인은 당연히 점성술을 경멸했다.) 또 이집트인이 실용적인 기하학에 뛰어났듯이, 칼데아인은 상업적 수학에 매우 뛰어났다. (그리스어로 '기하학'(Geometry)은 '토지측량'이라는 뜻이다.) 이집트인은 고도로 지적인 사람들이었다. 그들은 700마일이 넘는 나일 강의 강수량을 측정했는데, 오차가 불과 몇 인치 이내였다. 이집트인은 직각삼각형의 빗변의 제곱은 다른 두 변의 제곱의 합과 같다는 사실을 발견하고 이용했다. 이에 비하면 그리스인은 한 일이 없다. 그리스인의 사고의 특징은 도덕적, 종교적, 사회적 문제들에 대한 고심이었다. 물리적 우주에 대한 사색 역시 우주가 어떻게 작동하는지에 대해서가 아니라 우주가 어떻게 존재하게 되었는가 하는 쓸데없는 문제를 중심으로 다루었다.

탈레스에 대해 우리는 아주 조금밖에 모른다. 그것도 후대의 철학자들이나 철학사가들의 글을 통해서다. 그렇지만 그는 매우 중요하다. 탈레스는 천문학을 매우 잘 배웠고, 기원전 585년의 개기일식을 예고할 정도였다. 그 일식은 우리식으로 기원전 585년 5월 28일에 정확하게 벌어졌다. 탈레스는 기하학에서 배운 지식을 바다에 떠 있는 배와의 거리를 측량하는 문제에 적용했고, 항해술과 역법에 대해서도 일정한 기여를 했다고 전해진다. 탈레스는 확실히 실용적인 인물이었다. 그리고 탈레스는 그리스인이었으므로 정치에 관심을 가졌다. (헤로도토스에 따르면) 탈레스는 곤란에 처한 이오니아 도시들에게 테오스를 중심으로 하는 정치적 동맹을 형성하라는, 매우 사려 깊은 조언을 했다. 정신이 딴 곳에 팔려 멍해진 교수들에 대한 흔한 이야기가 탈레스에 대해서도 똑같이 전해진다. 탈레스는 하늘만 바라보면서 걸어가다가 우물에 빠졌다고 한다. 그러나 아리스토텔레스는 다른 종류의 이야기를 들려준다. 아마 아리스토텔레스 자신도 철학자이기에 무관심해질 수 없었던 것이리라. 탈레스는 쓸모없는 연구에 시간을 낭비한다는 비난을 받았다. 그래서 그는 다음번 올리브 수확이 풍작을 이루리라는 어떤 증거를 발견하고는 조용히 레스보스의 모든 압착기를 구매했다. 그리하여 풍작이 나서 모든 이들이 동시에 기름을 짜려고 했을 때, 그들은 모두 탈레스에게서 압착기를 구해 써야 했다. 그래서 탈레스는 철학자가 필요할 때에는 얼마든지 충분히 돈을 벌 수 있음을 증명해 보였다.

그러나 탈레스가 단순한 질문에 대해서 잘못된 대답을 제시했다는 점이 중요하다. 그 질문이란 "세상은 무엇으로 만들어졌는가?"였고, 탈레스의 대답은 "물"이었다.

여기에는 흥미로운 점들이 매우 많다. 첫째로, 그 질문 자체다. 그리스인들은 실용적인 사람들이기는 했어도 쓸모없는 질문들을 잘 했다. 예를 들어 헤로도토스는 이집트에 가서 (자신이 보기에는) 분명히 헤라클레스인데, 헤라클레스보다 훨씬 더 오래된 신 하나를 발견했다. 헤로도토스는 그리스인이 이집트인에게서 헤라클레스에 대해 배웠다고 결론을 내렸고, 완전히 재미가 들려서 이번에는 티로스로 특별 여행을 떠났다. 그리고 그곳에서 이 신에 바쳐진 매우 오래된 신전이 있다는 소식을 듣고 타소스로 또 여행을 갔다. 이렇듯 이해관계를 떠난 순수한 탐구는 누구보다도 이오니아인의 특징이다. 탈레스에게 다시 돌아가 보자. 탈레스는 꽤나 쓸모없는 것들을—탈레스의 질문들은 로마인의 머릿속에서는 결코 떠오르지 않았을 것이다—알기 원했고, 그 대답을 찾을 수 있다고 생각했다. 탈레스는 무슨 방법으로 대답을 얻었을까? 불행히도 우리는 그것을 알지 못한다. 그러나 뛰어난 헤로도토스를 포함하여 탈레스의 직계 후계자들이 어떤 식으로 작업했는지에 대해 우리는 약간 알기 때문에 대략 추측은 가능하다. 물은 세상 어디에나 있다. 물은 육지를 둘러싸고 있고, 하늘에서 내려오며 땅에서 솟아난다. 게다가 탈레스가 잘 알았듯이 물은 삼각주를 형성한다. 또 물은 분명히 많은 고체들의 구성요소이며, 고체, 액체, 기체 상태로 변하는 성질을 가지고 있다. 그리스의 초기 사상가들이 순전히 이론적이기만 했다는 일반인들의 믿음에 대해서는, 엠페도클레스가 포도껍질을 이용하여 공기가 물질적 실체임을 증명했고, 물시계를 이용하여 기압을 입증해 보였으며, 또 크세노파네스가 산악 지방에 존재하는 조개껍질과 시라쿠사 채석장의 해초 및 물고기 화석을 근거로 지질학적 변동의 이론에 기초를 마련했다는 점을 언급해야겠다. 이 사람들은 눈과 정신을 함께 사용하는 유능한 인물들이었고, 우리는 탈레스의 대답이 오직 추상적인 논리에만 근거했다고 생각할 필요가 없다.

무엇보다 중요한 사실은, 탈레스가 눈에 보이는 모습에 현혹되지 않고, 이 세상이 다양한 사물이 아니라 단 하나에 의해 구성되었다고 생각했다는 점이다. 여기에서 우리는 그리스적 사고의 항구적인 특징을 만난다. 우주는, 물리적인 우주든 도덕적인 우주든, 논리적이며 따라서 지식의 대상일 뿐 아니라 또한 단순하다는 사고다. 물리적 세계의 외관상의 다양성은 단지 표피일 뿐이다. 그리스 극작가들 역시 이와 완전히 같은 방식으로 사고했다. '겉으로 보이는 삶의 다양성과 풍부함에 개의치 말라. 단순한 진리에 천착하라.' 탈레스가 서기 19세기의 화학자를 만나 원소가 67개라는 (혹은 그 숫자가 몇이든) 이야기를 듣는다면, 아마 그건 너무 많다고 반대했을 것이다. 만약 그가 서기 20세기의 물리학자를 만나 이 모든 것들이 사실은 한 가지 사물이 다양하게 조합된 결과라는 말을 듣는다면, 그는 아마 "내가 늘 말했던 것이 바로 그거요"라고 할 것이다.

탈레스의 이야기를 접기 전에, 그가 모든 형태의 종교적 신비주의로부터 자유로웠다는 점을 지적해야겠다. 이 사상가의 선배들은 모두가 신화적인 용어로 생각을 표현했기 때문에, 탈레스에 대해서도 오해하기 쉽다. 만약 탈레스가 세계의 원소가 3개, 7개, 아니면 그 어떤 성스러운 숫자라고 생각했다 해도 별로 놀라운 일이 아니다. 그러나 그런 종류의 경향은 이오니아인들에게서 전혀 발견되지 않는다. 다만 신비주의가 무척 강한 한 학파가 있었는데, 바로 우리가 이제 살펴볼 피타고라스 학파다.

탈레스로부터 시작된 철학 운동의 경로는 밋밋하게 요약하기조차 불가능하다. 그러나 몇 가지 발전 단계를 언급할 수 있다. 그리고 그것들에서 대담한 사고가 확실하게 드러난다. 마치 인간의 정신이 사상 최초로 밑바닥에서 발을 떼어 수영하기 시작한 듯하고, 더구나 놀라울 정도로 자신감 있게 헤엄쳐 나가는 것을 보는 듯하다.

아낙시만드로스는 탈레스의 직계 후계자다. 그리고 또 한 명의 실용적 인간이었다. 아낙시만드로스는 최초의 지도를 만들었고, 밀레토스에서 아폴로니아로 가는 식민단을 이끌었다. 물질의 궁극적 실체는 물리적 물질 중의 하나일 수 없다고 주장했으며, 따라서 '물'을 '정의할 수 없는 어떤 것(무한정자)'으로 대체했다. 그것에는 아무런 성질이 없으나, 그 내부에 뜨거움, 차가움, 축축함, 건조함 등과 같은 '대립속성들'을 가진다고 주장했다. 이러한 '대립속성들'을 통하여, 그리고 영원한 운동의 영향 아래서, 이 '무한정자(無限定子)'로부터 감각의 대상물들이 형성되며, 그것들은 썩어서 다시 '무한정자'에게 돌아간다. 아낙시만드로스 역시 자연의 '힘의 균형'에 대한 관념을 가졌다. 그는 그것을 '디케'(dike)라는 용어로 표현했다. 이 낱말은 다른 맥락에서는 '정의'라는 뜻을 가진 말이었다. 영원한 운동은 지구를 중심으로 하는 소용돌이나 회오리바람처럼 묘사되었다. 이 개념을 통해 아낙시만드로스는 (평평한) 대지가 물 위에 놓여 있다는 탈레스의 가르침을 개선했다. 아낙시만드로스는 대지가 공간 속에 자유롭게 떠다니며, 소용돌이의 끝부분에서 어느 방향으로나 동일한 거리에 놓여 있다고 주장했다.

이것은 매우 주목할 만한 진전이었고, 아낙시만드로스의 사고의 자유로움은 인간의 기원에 대한 그의 사상에서 가장 두드러지게 나타난다. 신화에서는 인간이 신과 거인족에게서 간접적으로 기원했다고 가르쳤다. 이 이오니아 철학자는, 모든 생물은 물이 태양에 의해 증발할 때 생겨났으며, 인간은 원래 물고기였다고 주장했다. 여기에서 우리는 그의 정신적 자질을 잘 설명해 주는 한 가지를 발견한다. 한편으로 아낙시만드로스는 이 과감하고도 불유쾌한 가설을, 저항할 수 없는 과학적 증거의 축적에 의해 세우지 않았다. 아리스토텔레스가 작업에 나서기 전까지는 사실을 관찰하고 분류한 자료는 전혀 없었기 때문이다. 다른 한편 아낙시만드로스의 이론은 아무렇게나 골라 집은 것도 아니었다. 그 이론은 부분적으로는 순수한 논리에 기초를 두었다. 다른 동물들은 금방 자립한다. 그러나 인간은 오랜 시간 동안 젖을 먹어야 한다. 언제나 지금과 같은 모습이었다면, 인간은 결코 살아남지 못했을 것이다. 그러므로 (여기가 흥미로운 부분인데) 인간은 다른 동물에서 발전했다. 논리적으로는 다른 결론들도 가능하다. 그러나 아낙시만드로스는 포유류와 비슷한 특성을 가진 물고기인 상어의 한 종류(*Galeus levis*)의 습성을 관찰했다고 한다. 어떤 다른 논변들이 그를 움직였는지는 알 수 없다. 그러나 우리는 아낙시만드로스가 순수한 추론과 관찰의 조합을 통해 우리의 할아버지들이 들었더라면 크게 놀랐을 하나의 이론을 주장했다는 사실을 알 수 있다.

 엘레아 학파는 이성에 대한 자신감을 더욱 확실하게 보여주었다. (파르메니데스와 널리 알려진 모순논리를 발명한 제논이 특히 유명하다.) 이들은 이오니아인의 물리 이론을 논리적으로 검증했고, 형이상학적인 추론을 통해 원자 이론을 구상해 내기에 이르렀다. 파르메니데스의 추론은 이렇게 설명해 보자. 비존재는 존재하지 않는다. 즉 무(無)라는 것은 없다. 그러므로 존재하는 것은 영원하다. 만약 그렇지 않다면 존재하는 것이 무로부터 나왔거나 아니면 무로 끝나야 한다. 그런데 무라는 것은 존재하지 않는다. 변화는 환상에 불과하다. 사물이 이동하려면 반드시 텅 빈 공간, 즉 무 속으로 들어가야 하기 때문이다. 물질은 단일하다. 물질이 무와 혼합되어 밀도가 떨어지는 일은 없기 때문이다. 우주는 변화하지 않고 단일하며 충만한 구체다.

물론 터무니없는 소리들이다. 그러나 나는 현대의 연구자이지만 그의 사상이 낳은 소극적 결과들을 무시하지는 않는다. 논리학 법칙에 대한 탐구는 파르메니데스의 사상이 낳은 결과다. 레우키포스와 데모크리토스의 이론은 또 다른 결과다. 그들은 파르메니데스의 우주 개념을 받아들였으나, 사물의 수가 무한하다고 가정했고, 또 사물들이 움직일 수 있는 텅 빈 공간을 전제했다. 그 사물들이란 바로 존재하는 모든 것을 구성하는 원자들이었고, 원자들은 자연의 변화에 의해 모이기도 하고 다시 흩어지기도 했다.

논란이 되었던 또 다른 문제는 지식의 본성과 가능성 자체였다. 실체란 안정된 어떤 것이라는 가정이 보편적이었다. 그러나 모호하고 수수께끼 같은 글을 썼던 헤라클레이토스는 정반대가 진실이라는 놀라운 교리를 설파했다. 즉 우주의 본질은 변화다. 그리고 모든 것은 유동적인 상태다. 같은 강물에 두 번 발을 담글 수 없다. 왜냐하면 두 번째에는 이미 같은 강이 아니기 때문이다. 한 계승자는 이 말을 재치 있게 고쳐서 '같은 강물에 한 번도 발을 담글 수 없다'고 수정했다. 강은 당신이 발을 담그는 순간에도 변하기 때문이다. 그렇다면 사물이 항상 다른 것으로 변화하는 상황에서 사물의 '본질'을 설명할 수 있을까? 도대체 세상 그 어떤 것에 대해서 확실한 설명이 가능하겠는가? 헤라클레이토스의 철학은 플라톤에게 심대한 영향을 끼쳤다. 변화하고, 불완전하며, 궁극적으로 파악되지 않는 감각의 세계와, 불변하고 완전하며 파악되는 실체의 세계 사이의 구분은 플라톤 사상에서 근본적이다.

표면에 있는 것―일시적인 사물의 외양, 복잡성과 다양성―을 경시하고, 그 속의 단순한 실체에 도달하려 애쓰는 이러한 정신적 습관을 가진 것은 철학자들뿐만이 아니었다. 그리스의 조각상에서도 매우 유사한 어떤 것이 드러나지 않는가? 조각가들은 적어도 기원전 4세기 초까지는 개인을 묘사하려는 노력은 단 한 줌도 기울이지 않았고, 항상 '운동선수의 본질' 또는 '신의 본질'을 완벽하게 재현하려 분투했다. 그리스의 비극에서도 유사한 현상이 발견된다. 그리스 비극과 서양의 고전 연극들 사이에는 그리스 건축과 고딕 건축 사이의 차이와 같은 종류의 차이점이 존재한다. 그 차이점들은 바로 지금 우리의 논의 대상인 정신적 습관을 설명해 준다. 고딕 건축은 부분의 다양성, 빛과 그늘의 극단적 대조, 자연세계 전체―새들, 짐승들, 꽃들, 왕들, 성자들, 천사들, 기괴한 것들―를 그려내는 장식들을 즐거워한다. 마찬가지로 엘리자베스 시대의 비극들은 사람들이 들어찬 다양한 무대 위에서 삶의 복잡성과 풍부함 전체―왕들과 시민들, 공회원들과 군인들, 연인들, 익살꾼, 아이들, 요정들―를 제시한다. 모든 것이 다 나온다. 고딕 성당은 결코 완성되는 법이 없다고들 한다. 반대로 셰익스피어의 연극은 종종 짧게 편집되었다. 그러나 그리스 신전에는 누가 그 무엇을 추가한다 하더라도 쓸모없는 사족에 불과할 것이다. 또 누군가 그리스 연극에서 일부분을 잘라낸다면 어떻게 하더라도 그 연극은 이해 불가능한 작품이 될 것이다.

이러한 차이점이 나타나는 이유는 그리스인이 형식에 대해 더 우월한 감각을 가졌기 때문도 아니며, 삶에 대한 상상력이 부족했거나 삶을 덜 즐겼기 때문도 아니다. 그리스인이 다른 방식으로 사고했기 때문이다. 한 가지 설명을 통해 이 점을 명확히 해 보자. 셰익스피어의 사극들을 염두에 두고, 현존하는 그리스 연극 중 유일한 역사물인 아이스킬로스의 『페르시아인』에 대해 생각해 보자. 이 희곡의 소재였던 사건들은 발생한 지 채 10년이 되지 않았고, 이 연극을 관람하던 아테네인들은 그 싸움에서 매우 중요한 역할을 했었다. 게다가 이 연극은 바로 페르시아인들이 약탈하고 더럽혔던 아크로폴리스 바로 밑에서 공연되었다. 엘리자베스 시대의 극작가라면 하나같이 전쟁의 전경 전체를 제시했을 것이다. 절망, 희망, 승리의 모든 순간들을 말이다. 무대 위에서는 작전을 짠 지휘관들과 승리를 거둔 병사들이 등장할 것이다. 그러나 『페르시아인』에는 그런 종류의 것은 하나도 나오지 않는다. 무대는 페르시아의 수도이며, 줄거리는 페르시아인의 눈을 통해서만 전달되고, 전쟁의 과정은 너무나 단순화되었다. 아르테미시온의 해전은 언급도 되지 않으며, 테르모필라이에서의 영웅적 방어도 마찬가지다. 그리스인 개인의 이름은 하나도 언급되지 않았다. 이보다 더 완벽하게 대조를 이루기도 힘들다.

아테네의 무대장치와 그리스의 연극 형식 때문에 전쟁을 현실주의적으로 다루기가 불가능했다고 말할 수도 있다. 그러나 그것으로는 충분하지 않다. 여기에서 정말 중요한 점은, 극작가들에게 현실주의적으로 쓰고 싶은 욕망이 전혀 없었기 때문에 무대장치와 연극 형식이 그러했다는 것이다. 극작가들이 극장과 연극 형식을 형성했지, 극장과 형식이 극작가들을 지배하지 않았다. 그러나 아이스킬로스의 의도가 '역사적인' 연극을 쓰려는 것이 아니라 오히려 '히브리스'(이 경우에는 하늘의 의지에 대한 크세르크세스의 방자한 도전)는 필연적으로 하늘에 의해 징벌을 받는다는 사상을 표현하는 데 있었다는 점을 깨닫는다면, 그 연극의 모든 것 하나하나가 자연스러울 뿐 아니라 꼭 필요한 것으로 보인다. 연극 속에서 크세르크세스는 제우스에 의해 타도되고, 그리스인은 단순히 제우스의 매개자일 뿐이었고, 그리스의 영혼 역시 그러했다. 아이스킬로스가 연극으로 표현한 것은 사건들이 아니라 내적 의미였다. 만약 역사적 사건들이 조금이라도 내적 의미를 충분히 명확하게 표현해 주지 않는다면, 아이스킬로스는 사건들을 변화시켰다. 그럼으로써 아이스킬로스는 시가 역사보다 더 철학적이라는 아리스토텔레스의 언명을 앞서 보여 주었다.

이제 그리스인의 여러 자질들의 연관관계를 살펴보자. 이성에 대한 신뢰, 형식에 대한 강한 감각, 대칭에 대한 사랑, 창조적 혹은 건설적 성향, 연역적 추론에 의지하는 경향들 사이의 관계를 말이다. 이 관념의 밀림을 헤쳐 나갈 통로는 분명 여러 개다. 그러나 우리는 탈레스에서 아이스킬로스까지 오는 길을 선택했으므로 그 관점에서 시작해 보자.

나는 최초의 철학자들이 자연의 외부적 측면을 관통하여 그 밑에 있으리라 상정된 실체와 통일성을 향해 나아가게 만든 본능과, 비극 시인이 전쟁의 과정을 극적으로 표현하지 않고 전쟁의 사건들 중 일부를 이용해 전쟁의 진정한 의미를 나타낼 때 드러난 본능이 서로 같다고 말했다. 그리스 예술가들이 특별한 의미에서 언제나 건설적인 혹은 창조적인 까닭은 그들이 언제나 이와 같은 일을 하기 때문이다. 너무나 당연하게도 모든 예술가들은 건설적이고 창조적이다. 그러나 모든 예술가들이 그리스인과 같은 방식으로 하지는 않는다. 유의미한 선택, 조합, 대조를 통해 하나의 종합을 이루어 냄으로써 삶을 그려내는 방법과 삶을 그리스 방식으로 해석하는 방법 사이에는 이루 말할 수 없는 차이가 있다. 전자는 다양성과 팽창성을 낳고, 후자는 단순성과 통합성을 낳는다. 그리스인은 삶을 재현하려 애쓰지 않고 하나의 개념을 가능한 한 가장 강력하고 선명하게 표현하려 했기 때문에, 그리스인이 획득한 형식은 훨씬 더 논리적이고 엄격하다. 예를 하나 더 들어, 『안토니우스와 클레오파트라』와 『아가멤논』을 비교해 보자. 이 두 희곡은 대단히 많은 양의 이야기 소재를 활용한다는 공통점을 가진다. 셰익스피어는 플루타르코스에서 줄거리를 가져왔고, 약간 거칠게 말하자면 플루타르코스에게서 발견한 것을 자신의 작품 속에 집어넣었다. 폼페이우스의 부하 장수 한 명이 기발한 계획을 제안했다. 삼두정치의 주역들을 데리고 항해에 나서서 바다에 던져버리자는 발상이었다. 역사가로서 플루타르코스는 그 사실을 자신의 이야기 속에 기록하였다. 셰익스피어는 이 부분을 읽고서 아주 멋진 장면이 만들어지리라 생각했고, 그것을 모두 자신의 연극 속에 집어넣었다. 그것이 안토니우스와 클레오파트라의 비극적 사랑(내 생각에는 이것이 연극의 주제인 듯한데)과 무슨 관계가 있는지는 분명하지 않다. 그러나 연극 전체에 깊이를 부여하고 전망을 넓히는 데는 도움이 되었다. 연극에는 해적 메나스와 같은 악당들도 등장하며, 따라서 모든 것이 다 제자리를 잡는다. 『아가멤논』의 경우, 아이스킬로스가 소재로 이용한 전설은 아무리 짧게 요약하려고 해도 엄청나게 긴 문단을 들여야만 한다. 헬렌의 납치, 트로이 원정, 원정의 성공, 카산드라의 이야기, 아가멤논의 살해, 카산드라의 살해, 심지어 한 세대 전의 일인 아가멤논의 아버지 아트레우스와 그 동생 사이의 분쟁까지 포함된다. 소재는 이토록 광범위했다. 그러나 작품의 줄거리는 매우 간략하다. 아가멤논의 귀향이 예고되고, 드디어 그가 돌아오고, 포로로 잡은 왕녀 카산드라가 함께 왔다. 아가멤논의 아내 클리타임네스트라는 둘 다를 살해한다. 그녀는 아가멤논이 그런 일을 당해 마땅하다고 말한다. 아가멤논은 원정길에 나서기 위해 자신의 딸을 아르테미스에게 제물로 바쳤기 때문이다. 클리타임네스트라의 정부 아이기스토스가 와서 아가멤논이 그런 일을 당해 마땅한 또 하나의 이유를 말한다. 그것이 전부다. 아이스킬로스는 셰익스피어처럼 길고 복잡한 이야기를 가지고 작품을 썼다. 차이점이라면, 아이스킬로스는 자신의 소재를 조각조각 내었고, 그 조각을 이용해서 정의의 개념에 대한 연극을 구성했다. 그 개념이란 단순히 원한을 풀기 위해 보복적 정의를 추구하면 혼란이 초래된다는 주제였다. 아이스킬로스의 작업틀은 이야기가 아니라 바로 이 개념이었다. 그가 원하지 않았던 이야기 조각들, 예컨대 전쟁 이야기나 아이기스토스가 클리타임네스트라를 유혹한 과정 등은 내던져 버렸다. 그는 마음에 맞는 조각들 역시 연대기적인 순서로 쓰지 않고 자신의 의도에 맞추어 배열했다(아이스킬로스가 이야기를 이런 식으로 다룰 수 있었던 것은 관객들이 이미 큰 줄거리를 다 알고 있기 때문이었다. 신화를 이용할 경우에 얻는 한 가지 큰 이점은, 극작가가 장황하게 설명하는 수고를 덜 수 있다는 점이었다). 바로 이 특별한 의미에서, 아이스킬로스는 새로운 것을 창조했고, '형식'은 완전히 그의 지배 아래 놓였다. 아이스킬로스는 범죄는 범죄에 의해 처벌되고, 그 범죄 역시 범죄에 의해 처벌을 받는다는 자신의 주제를 한 번, 두 번, 세 번 반복하며, 그때마다 긴장을 높여간다. 그 결과는 논리적이고 아름답고 강력한 구성이다. 모든 그리스 연극들은 이런 식으로 단 하나의 개념 위에 만들어지며, 그 개념에 직접적으로 기여하지 않는 것은 하나도 용납되지 않는다. 사실 그리스 연극에서 바다로 던져지는 것은 바로 메나스와 같은 사람들이다. 그래서 연극의 힘과 명료함이 확보된다. 햄릿 역을 맡을 능력이 있는 배우의 수만큼 많은 햄릿이 존재한다고들 이야기한다. 그리스 비극에 대해서는 그런 이야기가 불가능하다. 의미와 형식 사이의 관계가 너무나 논리적이기 때문에, 자의적인 해석은 확실하게 부정된다. 만약 어떤 해석이 연극의 모든 세부사항들을 다 설명해 주지 않는다면, 그것은 틀린 해석이다. 그리스 연극에 대한 진정한 해석은 모든 것을 다 설명할 수 있어야 하기 때문이다.

나는 바로 이러한 것이 형식에 대한 그리스인의 감각에서 너무나 명백하게 드러나는 논리성과 명료성의 기원이라고 생각한다. 예술가는 자신이 무엇을 말하려 하는지에 대해 매우 분명한 생각을 가지고 있고, 자신의 소재를 완벽하게 지배한다. 대칭에 대한 그리스인의 사랑 역시 마찬가지로 명백하다. 여기에는 몇 가지 흥미로운 갈래가 있다. 우리는 어디를 보나 규칙성과 균형에 대한 감각을 발견한다. 먼저 명백한 한두 분야를 살펴보자. 건축에 대해서는 이미 언급했다. 우리에게는 거의 모든 고딕 성당이 보여주는 불규칙한 설계가 역동적인 힘과 생명력을 드러내는 것으로 보인다. 그리스인에게 그것은 용인될 수 없으며, 단지 불완전함을 드러낼 뿐이다. 계획대로 건설된 완벽한 건물은 자연히 대칭적이어야 한다. 아니면 균형과 대조에 대한 열정 때문에 종종 과잉에 빠지곤 하는 그리스 산문으로 관심을 돌려 보자. 훌륭한 작가나 연설가에게, 대조법은 하나의 개념을 즉각 구성요소별로 분석해 내는 명민한 지성으로부터 직접 유래한다. (테미스토클레스의 일화가 좋은 사례가 된다. 너무나 그리스적인 이 일화를 이 책의 어딘가에서 소개하지 않는다면 무척 서운한 일이다. 세리포스라고 하는 매우 보잘 것 없는 섬에서 온 질투심 많은 한 사람이, 테미스토클레스에게 그의 명성은 유능함 덕분이 아니라 우연히도 아테네인으로 태어난 덕분이라고 말했다. 테미스토클레스는, "그 말에도 일리가 있네. 내가 세리포스 사람이었더라면 유명해지지 못했겠지. 그러나 당신이 아테네인이었다 해도 역시 유명해지지 못했을 것이야"라고 말했다.) 그러나 때로는, 심지어 투키디데스의 글에서조차 대조법의 두 번째 항은 순전히 형식적이었다. 그리고 몇몇 소피스트들이 개발한 산문 문체에서는 운율을 포함해서 온갖 종류의 대구법을 강조하다 보니, 대조법이 말할 나위 없이 따분하게 되어 버렸다. 그리스 문체의 병폐는 볼품없는 모양을 만드는 무능력함이 아니라 사이비 형식주의였다.

그러나 그리스인은 자신의 창조행위가 대칭적일 뿐 아니라 규칙성을 갖추기도 원했다. 그리스인은 전 우주가 반드시 대칭적이어야 한다고 믿었다. 그것은 자연스러운 일이었다. '인간'의 작품에서 '이성'과 '완벽함'은 대칭적인 형식을 갖춘다. 그리고 '인간'은 자연의 일부였다. 따라서 가설에 따르면 '이성'에 근거를 둔 자연29) 역시 대칭적이어야 한다.

자연의 균형에 대한 증거들은 부족하지 않다. 일 년 동안 어두움은 빛과 균형을 이루고, 차가움은 뜨거움과 균형을 맞춘다. 마음대로 부는 바람조차도 일반적인 균형을 따르며, 별들이 법칙적으로 움직인다는 것은 이미 오래전부터 알려졌다. '방랑자'라 불리는 행성들을 제외하고 말이다. 대칭, 법칙, 이성은 같은 것의 다른 측면들이다.

그러므로 그리스인은 실제로 규칙성이 발견되지 않는 곳에는 규칙을 부과하는 경향이 있었다. 마치 관찰과 연역을 사용하는 편이 나을 곳에서도 이성을 의지했던 것과 마찬가지다. 초기의 지리학자들이 규칙성에 대한 태도를 잘 보여준다. 헤로도토스는 이집트에서 나일 강을 보고 대단히 흥분했다. 그리고 나일 강의 근원에 대해 가능한 한 모든 탐구를 했다. 한 사람이 어떤 모험심 많은 젊은이들의 이야기를 해 주었다. (그 사람도 두 다리 건너 들은 이야기였다.) 그 젊은이들은 시르티스(수트라 만) 인근에 사는 부족 출신이었고, 리비아의 사막을 거쳐 남쪽으로 내려갔다. 그들은 위험한 여행 끝에 작은 흑인들(피그미족)에게 끌려갔다. 피그미족의 도시 너머에는 서에서 동으로 커다란 강이 흘렀고, 악어들이 그 강에 살았다. 헤로도토스에게 정보를 준 사람은 그것이 나일 강이리라 추측했다. 헤로도토스는 "그리고 이성이 이를 뒷받침한다"라고 말했다.

그 이성이란 자연의 균형을 말한다. 나일 강이 아프리카를 양분하듯이, 도나우 강이 유럽을 양분하며, 도나우 강의 하구는 나일 강의 하구와 맞은편에 위치한다. 도나우 강은 머나먼 서쪽 지방에서 발원하며, 헤로도토스는 "피레네 시 옆, 켈트인들 사이에서"라고 말한다. 그는 피레네라는 이름은 들어보았지만, 그것을 한 장소나 민족의 이름으로 바꾸어 버렸다. 나일 강 역시 서쪽에서 시작되며 따라서 나일 강의 하구뿐 아니라 근원 역시 도나우 강의 맞은편에 위치한다는 것보다 더 명백한 사실이 무엇이겠는가? 그리스 지리학의 초기 단계는 완전히 이런 특징을 보여준다. 세상을 누가 만들었든지 이 세상은 올바르게 즉 균형 잡힌 형태로 만들어졌다.

다른 측면, 즉 과학적 방법을 써야 할 곳에서 그리스인이 '로고스' (logos)를 사용한 경우는 그리스 의학사의 한 논쟁에서 나타난다.

의학에 대한 저술가들 중에는 자신들의 논변의 근거로 자신들이 임의로 선택한 몇몇 가설들을 드는 이들이 있다. 그들은 뜨거움, 차가움, 축축함, 건조함 등 아무것이나 가져다 붙인다. 그래서 그들은 인간 세상의 질병과 죽음의 원인의 수를 줄여 모든 경우들을 다 같은 것으로 만든다. 이 저술가들은 그들의 실제 논증[30]에서 많은 실수를 했으나, 그들의 가장 큰 실수는 그들이 다루는 대상이 하나의 기술, 그것도 가장 중요한 기술이라는 점이다.

이것은 '고대 의학론'이라는 글의 첫 부분이다. 이 글은 기원전 5세기의 가장 위대한 의학자인 코스의 히포크라테스의 이름으로 우리에게 전해진다. 히포크라테스가 정말 이 글을 썼는지는 확인이 안 된다. 그리고 그것은 중요하지도 않다. 중요한 점은, 과학자가 선험적인 철학자들에게 항의한다는 것이다. 철학자들은 자연철학이라고 하는 더 넓은 세계에서 의학으로 강림하여 일반적 '가설들'을 만들었다. 이것들은 관찰된 사실들을 설명하기 위해 만들어진 잠정적 이론인 과학적 가설들이 아니라, 수학의 공리와 더 닮은 근거 없는 일반화들이었다. 윗글의 뒷부분에서 우리의 작가는, 이것이 하늘에서 일어나는 일이나 땅 속에서 일어나는 일처럼 헤아리기 힘든 사물들을 다룬다면 아무 문제가 없겠지만, '기술'(혹은 '예술'이다. 그리스어 '테크네'(techne)에는 두 가지 뜻이 다 있다)을 이런 방법으로 다루어서는 안 된다고 말한다. 그는 더 나아가 의학의 기초는 원리와 방법 모두 오래전부터 알려져 왔다고 말한다. 그 방법을 통해 뛰어난 발견들이 많이 이루어졌고, 유능한 탐구자가 이미 알려진 것을 공부하고 그것을 근거로 추가적인 연구를 한다면 남아 있는 것들 역시 모두 발견되리라. 그러나 이 모두를 거부하고 경멸하며 다른 어떤 방식으로 탐구를 실행하려 시도하는 자는 오류의 희생자이자 동시에 원인 제공자가 된다. 다른 방식으로는 불가능하다. 히포크라테스는 그것이 불가능함을 입증하겠다고 말한다.

다시 말해, 관찰과 실험을 통해 진리의 체계를 구축할 가능성이 있는 과학 분야에서는 충분히 과학적이었던 그리스인들도 있었다. 우리는 역병에 대한 투키디데스의 묘사에서 이미 이것을 보았다. 투키디데스는 역병이 육체에 미치는 영향을 자세하게 묘사했고, 또 정신적, 도덕적 영향도 자세히 다루었다. 그는 이 묘사의 앞부분에 이렇게 말한다. "의사든 일반인이든, 누구든지 이 역병의 기원과 이토록 엄청난 혼란을 일으킨 이유에 대해 나름의 생각을 말할 수 있다. 그러나 나는 오직 역병이 어떠했는지를 묘사하고, 또 만약 이 병이 다시 유행할 경우 알아볼 수 있도록 이 병의 증상들을 기록하고자 한다. 나 자신도 이 병에 걸렸고, 이 병으로 고통 받는 다른 사람들을 직접 목격했기 때문이다."

이것은 과학적 태도다. 투키디데스는 근거 없는 일반화와는 아무런 관계가 없다. 그리고 『격언집』31)에서 따온 다음 단락보다 더 과학적인 기질이 있겠는가?

의학에서, 그럴듯한 이론화(로기스모스, logismos)에 관심을 두지 말고, 경험과 이성(로고스)에 마음을 더불어 기울여야만 한다. …… 나는 이론화가 인정될 수 있다고 동의한다. 단 그것이 사실에 바탕을 두고 또 관찰한 것으로부터 체계적으로 추론을 했다는 조건이 충족된다면 말이다. …… 그러나 오직 이성만으로 구한 결론은 거의 도움이 되지 않는다. 오직 관찰된 사실들로부터 이끌어 낸 결론만이 유용하다.

사실에 대한 면밀한 관찰 중에서, 한 순회 의사의 진료기록부로 보이는 『역병들』은 가장 훌륭한 예다. 이 책의 저자는 매우 체계적이다. 그는 먼저 전반적인 상태를 기록하고, 그 뒤 환자의 병증의 일반적 경과를 정리했다. 거기에는 연령, 성별, 그리고 관계된 여러 세부사항들이 언급되었다. 다음 단락은 전형적인 사례이며, 짧기도 하고 또 흥미로운 장소를 기록하고 있기에 선택되었다.

'거짓말쟁이의 시장'에 아파 누워 있는 젊은이는 달리기를 하고, 또 무리하게 몸을 축낸 뒤에 열병이 들었다. 제1일: 내장에 탈, 다량의 얇고 담즙질의 대변, 약간의 짙은 소변, 불면증, 갈증. 제2일: 모든 증상 악화, 배설 악화, 불면증, 정신 착란, 약간의 발한(發汗). 제3일: 부대낌, 갈증, 메스꺼움, 심한 뒤척임, 우울증, 갈팡질팡함, 수족 끝이 차갑고 납빛이 됨, 양쪽 갈비뼈 부위가 당기고 다소 느슨함(?). 제4일: 불면증, 더욱 악화됨. 제5일: 사망. 약 20세.

19세기에 『역병들』에 대해 비평한 글이 있다. 흥미롭게도 그 글은 중요한 점을 완전히 놓쳤다. 그 비평문의 저자는 『역병들』의 저자가 고통을 줄여주는 데는 아무 노력도 하지 않고 고통 받는 사람을 비인간적으로 관찰했다는 취지로 글을 썼다. 사실 『역병들』의 저자는 한두 번 자신의 치료행위를 언급했다. 예컨대 '뜨거운 찜질이 아무런 도움이 되지 않았다'는 식이었다. 그러나 중요한 것은, 그 사람은 내과의로서가 아니라 병리학자로서 글을 썼고, 또 그 점에 끝까지 충실했다는 점이다. 여기에서 그리스인은 현대의 비판자가 생각하는 것보다 더 과학적이다.

위의 인용문들은 과학적 절차를 이해하고 따랐던 그리스인들이 있었음을, 그리고 순전히 선험적 방법을 사용하는 다른 이들도 있었음을 분명히 보여준다. 존스 박사의 말을 인용해 보자. "질병이 신에게서 기인했다는 설이 점차 내몰리자, 그만큼이나 교란적이며 과학적 의학의 발달을 저해하는 다른 요소가 나타나기 시작했다. 철학이 종교를 대신했다. 그리스 철학은 현상의 다양성 속에서 통일성을 찾아내려 했고, 이러한 통일성에 대한 추구는 포괄적인 이론을 세우려는 시도 속에서 추측과 사실을 무시하는 결과를 초래했다. 탈레스로 하여금 모든 사물은 물이라고 선언하게 만든 충동이, 『히포크라테스 전집』의 한 논문 저자로 하여금 모든 질병은 공기 때문에 생긴다고 주장하게 했다. 다랭베르가 말했듯이, 철학자들은 자연을 설명하려 하면서 눈을 감아버린다." 이 점에서는 그리스인만 유독 특별나지는 않다. 인간의 정신은 넓고 깊은 구렁을 마치 아예 없는 양 뛰어넘는, 스릴 넘치는 모험에 너무나 쉽게 꾀이는 법이다. 예컨대 중세의 음악이론은 삼위일체 교리에 종종 현혹되어, 오늘날 보기에 어딘가 이상해 보이는 식으로 흐르기도 했다.

그러나 '눈을 감아버린' 그리스인들에 대해 너무 우월감을 갖지는 말자. 그리스인은 무언가 다른 것, 곧 그들의 정신은 활짝 열어 놓았다. 그리고 눈을 감은 탓에 과학의 성장이 더뎌지기는 했으나 정신을 연 덕분에 그 못지않게 중요한 형이상학과 수학을 얻었다.

수학은 그리스인의 모든 발견 중에서 가장 특징적이며, 그리스인을 가장 흥분시켰다. 그리스인은 우주란 하나의 논리적 전체이며 따라서 (겉보기와는 다르게) 단순하고, 아마 대칭적이리라 확신했다는 사실을 우리 모두가 명심한다면, 눈을 감은 이들에 대해 더 깊은 이해심을 발휘할 수 있을 것이다.

잠깐 내 개인적 이야기를 용인해 주기를 바란다. 나는 직접 밤잠을 설치며 매달렸던 한 수학 문제 덕분에 이것을 경험했다. (수학 관계자들께서는 웃으셔도 좋다.) 문득 나는 한 수의 제곱에서 그 수에 인접한 두 수의 곱을 빼면 무엇이 나올까 궁금해졌다. 10×10은 100이며, 11×9는 99, 답은 1이다. 나는 6×6에서 7×5를 빼도 결과는 같다는 것을 발견하고 무척 재미있었다. 나는 점점 더 신이 나서, 인접한 두 수의 곱은 언제나 제곱보다 1이 적다는 사실을 발견했고 또 대수적으로 증명했다. 그다음 단계는 1을 건너서 인접한 수들의 움직임을 고찰하는 것이었고, 나는 수학 선생님들이 (감사하게도) 나에게 전혀 가르쳐 주지 않은, 수들의 움직임에 대한 완전한 체계를 직접 발견하는 기쁨을 누렸다. 갈수록 놀랍게도, 나는 $10 \times 10 = 100$, $9 \times 11 = 99$, $8 \times 12 = 96$, $7 \times 13 = 91$ ……의 급수를 계산해 냈고, 그 차가 1, 3, 5, 7 …… 즉 홀수의 급수임을 발견했다. 더욱 더 놀랍게도, 원래의 100에서 각각의 곱을 빼 나가면, 1, 4, 9,

16……이었다. 선생님들은 내게 이런 것을 가르쳐 준 적이 없었고, 나는 숫자들이 서로 영원 전부터 영원까지, 시간, 공간, 인간 정신에 구애받지 않고 이 엄청나고 아름다운 놀이를 하고 있다는 사실을 한 번도 생각해 보지 못했었다. 나는 새롭고 완벽한 우주를 엿보았고, 큰 감명을 받았다.

그래서 나는 피타고라스 학파가 이와 같은 발견을 했을 때의 느낌을 이해할 수 있었다. 이전까지는 그러지 못했다. 이오니아인들이 물리적인 '어떤 것' 속에서 발견하고자 했던 궁극적이고 단순한 진리는 사실은 '수'였다. 헤라클레이토스가 모든 것이 항상 변한다고 선언했던가? 여기에 변하지 않는 어떤 것이 있다. 영원하며, 썩어버리는 육체에서 자유로우며, 불완전한 감각에서 독립되어 있고, 정신을 통해 완벽하게 파악되는 실재가 말이다. 게다가 수는 공간적으로 지각되므로, 이 수학적 실재는 그리스인들이 모든 완벽한 것에 대해 상정하였던 한 가지 성질을 가지고 있다. 즉 수는 대칭적이었고, 그 속의 '로고스'에는 규칙성이 있었다. 앞에서 본 급수들을 뒤집어 보면 이것이 설명된다. 제곱수들의 급수는 홀수들을 연속적으로 더해서 얻을 수 있다.

$1^2 + 3 = 2^2, 2^2 + 5 = 3^2, 3^2 + 7 = 4^2 \cdots\cdots$

피타고라스 학파에게 이 함수들은 규칙성이었다. 그들의 수학적 사고는 기하학적 용어로 이루어졌기 때문이다. 그래서 '제곱수'는 이렇게 표현되었다.

그리스인의 사고가 이 새로운 세계 속으로 더 멀리 전진할수록, 그리스인의 본능이 정확했음이 증명되었다. 외면상의 다양성 아래 단순성이 있었고, 우연이 아니라 법칙이 지배했으며, 우주는 이성에 바탕을 두었고, 이성은 우주의 내적 실체를 드러내었다. 진리로 가는 길은 감각이 아니라 정신을 통해서 가야 했다.

이 믿음은 자연이 기하학적인 습관을 가진다는 사실에 의해 더욱 강화되었다. 피타고라스 학파의 어떤 이들은 꽃과 큰 수정에서 기하학적 구조를 관찰했다. 이에 대한 기록은 남아 있지 않지만, 이 학파가 음악의 화음에서 수학적 토대를 발견했을 때 터져 나온 열광의 메아리는 들을 수 있다. 수학적 정신과 전혀 관계가 없는 사람들에게는, 현(絃)의 길이를 정확히 절반으로 줄이면 한 옥타브 위의 같은 음을 듣게 된다는 사실이 기적적인 우연으로 보일 것이다.

그러나 이것은 비율이 곧 음정과 동일한 수많은 사례들 중 가장 단순한 경우다. 여기에서 그리스 정신은 우연 이상을 보았고, 흥미로운 물리학적 사실보다 훨씬 더 중요한 것을 발견했다. 그리스 정신은 유추(類推)를 통한 논변과, 간극의 양쪽을 넘나드는 데 익숙했다. 그리스인들이 그렇게 된 진정한 이유는 우주 전체 즉 자연이 통일체라고 믿었기 때문이다. 물리적, 도덕적, 종교적 우주를 통틀어서 말이다. 이 점을 잊지 말아야 한다.

그리고 그리스인이 도덕을 양 극단 사이의 중용, 적절한 '조율', 영혼의 화음으로 생각했음도 기억해야 한다. 또 그리스 교육에서 '무시케'(mousike)—여기에는 시와 춤도 포함되었다—가 매우 큰 역할을 했음도 기억해야 한다.

그리고 물리적 우주에서는 이미 수학적 관계들이 발견되고 있었음

역시 기억해야 한다. 그럴 때 비로소 우리는 현의 조율에 대한 연구에서 발견된 속성들에 고무된 피타고라스 학파가, 논리적 도약을 하여 종교와 도덕에서도 역시 수학적 기초가 발견되리라 생각했음을 이해할 수 있다. 그들은 신비적인 수의 교리를 발전시켰다. 거기에 따르면, 신 혹은 '선함'은 1, 즉 통일체였다. 정의는 4였다. 신 다음의 제곱수이기 때문이다. 이런 식이었다. 이것은 용감한 시도이기는 했으나, 그 이후의 인간 역사는 물리적 세계에 통달하는 편이 도덕적 세계에 비해 훨씬 쉬움을 보여주었다.

플라톤은 열성적인 수학 연구자였고, 아카데미아의 문에는 다음과 같은 문구가 새겨졌다.

ΜΗΔΕΙΣ ΑΓΕΩΜΕΤΡΗΤΟΣ ΕΙΣΙΤΩ

의역하면, '수학은 필수과목이다'라는 뜻이다. 플라톤은 '신은 항상 기하학을 하고 있다'라는 말도 남겼다. 헤로도토스로 하여금 나일 강에 대하여 추론하도록 만들었던 본능을 철학적으로 표현한 말이다. 그러나 플라톤은 인간의 고유한 연구 대상은 인간이며 '인간의 궁극적 선'이라고 하는 소크라테스의 확신을 수학적 충동과 결합시켰다.

플라톤은 소크라테스의 대화법도 물려받았다. 그것은 덕에 대한 '로고스' 곧 포괄적 정의(定義)를 논리적 탐구를 통해 찾으려는 노력이다. 플라톤은 소크라테스처럼 '덕'이란 '지식'이라고 믿었다. 덕이 무엇인지 아는 사람은 당연히 그것을 실행한다. 덕이란 선한 것이기에 당연히 나쁜 것보다 더 선호되기 때문이다. 이 점에서 소크라테스와 플라톤은 '의지'의 연약함을 과소평가한 것 같다. 그러나 우리 역시 그들이 '지식'

에서 의미한 바를 과소평가한다고 말할 수 있다. 플라톤은 몇몇 선구자들과 마찬가지로 지식과 견해를 분명하게 구분했다.

지식은 사람이 말하거나 보여주거나 가르칠 수 없다. 그것은 오직 오랜 정력적 연구 끝에 스스로 찾아내야만 한다. 게다가 일시적이지 않고 오직 항구적인 것만이 지식의 재료다. 언제나 무언가 다른 것으로 '변하는' 감각의 대상들이 아니라, 오직 '항상 존재하는' 것만이 지식의 재료라는 말이다.

플라톤은 실제로 '하나님을 아는 지식이 지혜의 근본'이라고 하는 시편 기자와 그리 멀지 않은 입장에 서 있다. 다만 플라톤은 전혀 다른 길을 통해 이 입장에 도달했다. '항상 존재하는 것'에 대한 지식은 지적인 노력에 바쳐진 삶을 통해서만 도달되며, 지적 노력의 시작은 수학 연구다. 수학은 정신을 감각의 다양한 대상들로부터 돌이켜, 더욱 진정한 사물들에 대한 명상으로 이끌어주기 때문이다. 변하지 않는 '실재'는 오직 정신으로만 파악된다. 감각은 우리에게 일시적이고 불완전한 '실재'의 모방품들만을 보여준다.

'실재들' 혹은 '관념들' 중에서도 가장 최고는 '선함'이며, 플라톤은 비록 공식적으로 '선함'을 '신'과 동일시하지는 않지만, 공식적 동일시와 별로 다를 바 없는 방식으로 '선함'의 신적 본성에 대해 이야기한다.

그러한 지식을 가진 자는 잘못을 범할 수 없다. 이것은 '존재'에 대한, '선함'에 대한, 그리고 사실상 '신'에 대한 지식이다. 이것은 오늘날 우리의 순전히 지적인 '지식'보다 훨씬 풍성하고 폭넓다. 이것의 추진력은 지적 열정뿐 아니라 또한 도덕적 열정이며, 이것의 목표는 모든 것을 포괄하는 '진리'다. 또 이것은 종류는 다르지만 사실상 기독교에서 말하는 '하나님의 은총 아래' 와 같은 사물의 질서에 속한다. 이것이 내적 실재, 곧 '로고스' 에 대한 그리스 사상가들의 탐구의 절정이다. '말씀' 은 '하나님' 이다.

11장 변덕스럽고 난폭하고 호색한인 신들에 대한 진실
- 신화와 종교

이 장의 목표는 폭넓고 복잡한 그리스인의 삶과 사고의 한 부분을 요약하는 것이 아니라, 단지 독자를 성가시게 할 명백한 모순점 몇 가지를 설명하는 것이다.

우리는 그리스인이 본능적으로 우주 속에서 통일성과 질서를 추구했다는 주장을 전개하느라 상당히 공을 들였다. 그 결과 아마 독자들은 그리스인이 유일신을 믿었으리라 기대할 것이다. 그 기대와는 반대로, 그리스인은 가장 화려한 다신교 신앙을 가졌다. 계몽의 시대인 고전기에 조차도 시인들은 망설임 없이 새로운 신들을 발명했다. '희망' 또는 '공포' 혹은 십여 개의 유사한 개념들이 신격화되어도 아무도 놀라지 않았다. 사도 바울이 볼 때 아테네인들이 '매우 신을 두려워하는' 사람들이었다는 이야기를 우리는 잘 안다. 그러나 하나의 신이 아니라 수없이 많은 신들을 두려워했다. 또 우리가 이미 살펴보았듯이 고전기 시문학과 예술들은 대단히 진지했다. 유쾌함과 매력이 결여되었다는 이야기가 결코 아니지만, 가장 두드러진 성격은 도덕적 책임감이었다. 그러나 이러한 예술들의 토대가 되는 신화를 보면 믿을 수 없을 만큼 무책임하다. 신들의 변덕, 잔혹함, 호색에 대한 수없이 많은 이야기들은, 그리스인이 정말 도덕적 의무를 매우 가볍게 다룬 사람들이었다는 인상을 주기에 충분하다. 그러나 그러한 인상은 상당히 잘못되었다.

이 두 가지는 심각한 난제다. 아주 간략하게나마 설명을 해 보자. 그리스어 '테오스'(*theos*)는 '신'이 아니다. 초기에는 신학과 도덕성의 관계가 우리가 생각하는 방식으로 설정되지 않았다. 사실상 거의 관계가 없었다. 그리고 우리는 불가피하게도 신화를 나쁘게 해석하며, 잘못된 끝부분에서부터 신화에 접근한다. 그것은 우리가 신화를 후대의 그리고 더 경박한 모습으로 먼저 만나기 때문이다. 우리는 부지불식간에 오비디우스와 후대 그리스 저자들로부터 신화를 보기 시작한다. 신화를 제대로 이해하기 위해서는 끝이 아니라 처음에서 시작해야 한다.

먼저 다신교부터 시작해 보자. 원시 그리스인은 다른 원시인들과 거의 똑같이 신들에 대해 생각한 듯하다. 예컨대 기후와 같이, 우리의 삶은 사실 우리가 통제할 수 없는 외부적 힘에 종속된다. 이 힘들이 '테오이' (*theoi*), 즉 신들이다. 우리가 할 일은 그들과 좋은 관계를 유지하는 것뿐이다. 이 힘들은 매우 무차별적이다. 비는 의로운 자나 불의한 자 모두에게 내린다. 우리를 보호해 주는 혹은 보호해 주리라 우리가 소망하는 다른 힘들도 있다. 부족신, 씨족신, 가족신, 화덕의 신이 그들이다. 사회 집단들의 보이지 않는 동반자인 이 신들은 주도면밀한 존경심으로 대접해야 한다. 모든 신들에게는 규정된 양식에 따라 제물을 바쳐야만 한다. 조금이라도 어긋났다가는 신들의 심기를 상하게 한다. 인간의 행위를 지배하는 법칙에 신들도 매어 있는지는 확실치 않다. 사실 그들 중 일부가 전혀 매어 있지 않다는 점은 분명하다. 이는 신학과 도덕성 사이에는 본질적 관계가 전혀 없다는 말이다.

그러나 선사시대에 이 원시적 종교가 발전한 경로에는 그리스인들의 기질이 그대로 배어들었다. 친척 라틴인들 사이에서는 신적 힘들이 무더기이자 익명이었고, 의식 역시 종교가 지속되는 내내 원래의 의미는 망각된 고대의 형식을 법률적으로 가장 정확하게 준수하는 일로 남았다. 로마인은 겨우 '누멘'(*numen*, 신령)을 상상해 냈다. '누멘'은 '영혼' 처럼 뚜렷한 존재가 아니다. '누멘'은 갓난애의 첫 울음으로부터 마지막 무덤으로 사라지기까지 인간의 거의 모든 행동들에 관여한다. 만약 의례를 정확한 형식을 지켜 행하면 문제될 것은 아무것도 없었다. 그리스인들 사이에서는 상당히 다른 일이 전개되었다. 먼저, 활기찬 그리스인의 극적이고 조형적인 감각은 필연적으로 '힘들'의 모습을 인간의 형태와 닮게 만들었다. 신들이 고귀한 왕들이 된 셈이다. 두 번째로, 통일성과 질서에 대한 충동은 신들의 수를 축소시켰고, 신들을 하나의 가문과 가문 평의회로 결합시켰다. 그러한 결합에 대해서는 하나의 예만 들어도 충분하다. 위대한 부족신 혹은 민족신인 제우스는 이미 하늘의 신이기도 했다. 그런데 인간의 '헤르코스'(*herkos*) 곧 농장의 울타리를 보호해주는 헤르케이오스라는 신도 있었다. 이 두 신은 제우스 헤르케이오스라는 이름 아래 하나의 신이 되었다. 헤르케이오스는 단순히 제우스에 대한 하나의 형용사이자, 특별한 면모를 의미했고, 울타리를 보호한다는 특정한 기능을 맡았다.

이 충동은 더 멀리까지 나아갔다. 비록 어떤 힘들은 무법적으로 보이기도 하고 때로는 명백하게 다른 힘들과 갈등을 빚는 듯이 보이지만, 그럼에도 불구하고 우주에는 하나의 규칙적인 리듬이 있다. 신들은 그 리듬에 긴장감을 주기는 하지만 파괴하지는 않는다. 다시 말해 신들보다 더 강력한 힘이 있다. 신들은 전지전능하지 않다. 이 그늘 속의 힘은 '아낭케'(*ananke*) 곧 '필연'이라고도 불리고 '모이라'(*moira*) 곧 '분배자'라고도 불린다. 우주와 비인격적 힘에 대한 이 개념에는 종교와 과학 둘 다의 맹아가 포함되었다.

그다음 단계는 신학과 도덕의 결합이다. 물론 그 과정은 아무리 간단하게 요약하더라도 명백하거나 체계적이지 않다. 그리스인은 결코 로마인만큼 형식을 존중하지 못했다. 종교와 도덕 사이의 간극을 뛰어넘는 특별한 방법이 적어도 두 가지가 발견된다. 신들에 대한 제사는 예식상의 엄격한 정결함을 요구했다. 예를 들어, 피를 흘린 사람은 정결하게 되기 전에는 제사에 참여할 수 없었다. 시간이 지나면서 외적인 정결함에 대한 신의 요구는 자연스레 내적 정결함으로 확대되었다. 그리고 인간의 법이 처벌할 수 없거나 인간이 발견할 수 없는 몇몇 범죄들은 신의 제재를 받게 되었다. 원시적인 상황에서는 법의 범주 밖에 놓인 사람, 즉 도피자는 아무런 법적 보호도 받지 못했고, 비천한 사람들은 법적 보호를 쉽게 얻을 수 없었다. 그러므로 탄원자, 손님, 거지는 신의 특별한 돌봄을 받는다고 여겨졌다. 거짓 맹세는 증명이 불가능한 범죄행위다. 그래서 이것은 신들에게 특히 혐오를 받는다. 무엇보다도 그리스인은 궁극적으로 자연과 인간의 본성을 구분하지 않았다. 물리적 우주를 지배하는 힘들은 도덕적 우주 역시 지배해야 한다. 여기에 이르러 신들은 영적인 존재가 되었다. '아낭케'와 '모이라'는 이제 제우스보다 우월한 자들이 아니라, 제우스의 의지의 표현이었고, 폭력과 불의에 벌을 내리는 '복수의 여신들' 곧 '에리니에스'(Erinyes)는 제우스의 충실한 하수인이 되었다.

그러나 제우스에 대한 그러한 관념과, 제우스를 난폭하고 성질 급하고 호색한으로 보여주는 신화들 사이에는 전혀 충돌이 없었을까? 분명 있었다. 그러나 그 갈등에 대해 이야기하기 전에 신화가 어떻게 생겨났는지부터 살펴보자.

우리는 두 종류의 신화에 대해서는 관심을 두지 않는다. 트로이 전쟁에 대한 신화 집단처럼 역사적 또는 자칭 역사적 신화들이 그중 하나며, 고르곤의 머리를 자른 페르세우스에 대한 이야기들처럼 민중신화,

민담이 다른 하나다. 이것들은 『잭과 콩나무』와 같은 이야기들이다. 우리가 관심을 갖는 신화는 아들 제우스가 크로노스를 타도하고 수족을 자른 이야기, 제우스와 아폴론의 사랑을 받은 매우 많은 여신들, 님프들 그리고 인간 여인들에 대한 이야기다. 이 이야기들은 우리를 오해하게 만들고, 사색적인 시대에 살던 그리스인들의 마음에 상처를 주었다. 어떻게 이런 이야기들이 생겨났을까?

일반적으로 말해, 그것들은 단순히 세상에 대한 해설이며, 그리스인은 거기에 색채와 생명력을 부여할 수밖에 없었다.

그 이야기들은 해설이었다. 수없이 많은 기존 종교의 관행들과 흐릿하게 기억되는 전통들이 해설을 요구했고, 진실이 잊혀감에 따라 허구가 자리를 대신했다. 앞의 문단들에서는 그리스 선사시대 종교의 복잡성에 대해 매우 불완전하게 설명했다. 우리는 일반적으로 초기 그리스인들 사이에 다신교가 있었다고 말한다. 그러나 이 '초기 그리스인들'이 하나의 통합된 민족이 아니라, 수세기 동안 서로서로를 밀어붙이며 이곳에 정착했다 다시 저곳에 정착했다 하면서 계속 새로운 이웃들과 접촉을 가지던 한 무리의 사람들임을 생각해야 한다. 또 오직 고도로 발달한 종교만이 배타적이고 불관용적임을 생각해야 한다. 유대교, 기독교, 이슬람교 등이 바로 그런 종교들이다. 자연히 다신교는 새로운 신들에 대해 우호적이다. 초기 그리스인 중 일부가 새로운 이웃들 주변에 정착하거나 그들을 누르고 위에 올라섰을 때, 자연스레 자신의 신들에 대한 숭배를 계속하였을 것이다. 그러나 그 지방에 이미 존재하던 신들도 존중했을 것이다. 수천 가지 전형적 사례들 중 하나를 든다면, 스파르타 인근의 아미클라이에서는 히아킨티아라는 이름의 제전에서 히아킨토스와 아폴론 두 신을 모두 기념한다. 수수한 히아킨토스 의례의 주된 특징은 대지에 제주(祭酒)를 바치는 것이다. 3일간의 제전 중 두 번째 날은 아폴론에게 봉헌되었고 훨씬 더 발랄했다. 이 이중 제전의 머나먼 기원은, 분명 올림포스의 아폴론을 숭배하는 새로운 사람들이 아미클라이에 정착하여 자신들과 완전히 다른 종교를 가진 사람들, 즉 하늘의 신이 아니라 대지의 신을 숭배하는 사람들과 더불어 살기 시작한 일이다. 경건함과 신중함이 기존의 숭배를 무시하지 못하게 했을 것이다. 그러므로 오래된 것과 새로운 것이 결합했다. 세대가 지나가면서, 이중 숭배의 기원은 잊혀졌다. 사실 대지의 신의 존재 자체가 잊혀졌다. 그러나 자연적인 보수성과 경건성이 그 의례를 살아남게 했다. 그것은 도대체 무슨 의미였을까? 땅에 제물을 바치는 의례는 오직 하나만을 의미한다. 죽은 자들에게 바치는 것이다. 아폴론이 히아킨티아 제전에 한몫을 가지고 있으므로, 죽은 히아킨토스는 분명 아폴론의 절친한 친구였을 것이다. 여기에서 해설해 주는 이야기가 나왔다. 즉 히아킨토스는 아폴론이 사랑한 청년이었는데, 그만 사고로 아폴론이 던진 원반에 맞아 죽었다. '히아킨토스'(Hyacinthos)는 이미 우리가 본 대로 그리스어가 아니며, 대지의 신에 대한 숭배 역시 그리스식이 아니다. 그러므로 이 예식과 이야기에서 우리는 완전히 다른 두 문화의 혼합을 반영하는 기록을 만난다.

먼저 있던 신이 여신인 경우가 매우 많았다. 그 경우 여신은 자연스럽게 새로이 도래한 신의 아내가 되었다. 만약 먼저 있던 신이 히아킨토스처럼 남신이라면, 그는 자신을 밀어낸 자의 아들이 되었다. 그 경우에는 어머니가 필요하고, 그 역할은 지역의 요정이나 여신이 맡았다. 이것은 자연스럽고 매우 순수한 일이었다. 그러나 마찬가지 일들이 그리스인이 정착한 수많은 골짜기들과 섬들에서 벌어지면서, 또 이들 지역에서 내몰린 신들이 점점 더 제우스나 아폴론과 동일시되면서, 제우스와 아폴론이 은총을 입은 많은 여신들, 요정들, 인간 여인들에게서 엄청난 수의 후손을 낳은 셈이 되었다. 신의 호색(好色)은 그 신화들의 뜻하지 않은 우연적 결과였다. 이것이 종교적 감수성에 직접적으로 상처를 입히지 않은 이유는 바로 이것이 오직 해설일 뿐임을 모두가 알았기 때문이다. 이것은 권위적이고 교리적이고 교육적인 가르침이 아니었다. 이것은 오직 '사람들이 하는 말'이었다. 이것은 해설이었고, 비록 전통의 무게를 획득하기는 했어도 받아들이든지 거부하든지 마음대로 할 수 있는 해설이었다. 본질은 의례 속에서 신을 기념하는 것이었다. 그 무엇도 당신에게 그 의례에 대한 이야기를 믿으라고 강요하지 않았다.

그러나 다른 유형의 신화도 있었다. 그것 역시 해설을 위해 의도되기는 했지만, 훨씬 더 잔혹했고, 기원도 달랐다. 예컨대 누군가로 하여금 후대 그리스인의 마음을 불쾌하게 할 제우스의 이야기, 즉 제우스가 자신의 폭력적 아버지 크로노스를 타도하고 지옥의 가장 깊은 곳에 가두었다고 하는 이야기를 만들어 내도록 했던 충동은 무엇일까? 아주 간단히 말하자면, 이와 같은 신화는 물리적 세계와 신들을 비롯하여 사물들의 기원을 파악하기 위한 시도다. 태초에 '혼돈'이 있었고, '혼돈하고 공허'(구약 창세기 1장—옮긴이)했다. '혼돈'으로부터 넓고 평평한 '대지', 즉 신과 인간을 포함하는 모든 것들의 진정한 어머니가 나왔다. 그녀는 '우라노스'(*ouranos*, 하늘)를 낳았고, '대지'와 '하늘'이 결합하여 '밤', '낮' 그리고 온갖 종류의 괴물들이 나왔다. 이 괴물들은 물리적 힘뿐 아니라 심리적 힘을 형상화한 존재다. 혼합 속에서 서서히 질서가 나타나는 과정은 자연스럽게 인간의 견지에서 묘사되었다. 왜 '대지'와 '우라노스'는 그런 원시적인 자손들을 계속 낳지 않았을까? 질서는 어떻게 생겨났을까? '우라노스'는 새롭고 힘이 더 센 아들, 크로노스에 의해 왕위에서 쫓겨나 사슬에 묶였다. 때가 차자 크로노스도 마찬가지로 제우스에 의해 쫓겨나 대체되었다. 제우스 치세에서 우리가 아는 세계와 도덕 질서가 나타났다. 크로노스가 우라노스의 아들이고, 제우스가 크로노스의 아들이라는 것은 그저 우연적인 일이었다. 그들의 아버지가 될 만한 다른 존재가 없었기 때문이다. 이 세부사항을 붙들고 신들의 '불효막심한' 행위를 공격하기 시작한 것은 나중에 훨씬 더 복잡한 시대가 찾아온 이후의 일이다.

그리스 다신교는 '자연적인' 종교이며, 그리스인의 분열에 의해, 일부 지역에서는 서로 다른 종교의 혼합에 의해 더욱 복잡해지고 신의 수가 많아졌다. 서로 다른 종교란, 사회적 집단과 관계된 종교와 자연숭배와 관계된 종교를 말한다. 통일성과 논리성에 대한 그리스인의 본능은, 신들과 인간들의 아버지인 제우스가 통치하는 올림포스 체계를 만들어낸 것에서 잘 드러난다. 여기에서 그리스인의 부족신들과 하늘의 신들, 명백히 비그리스적인 본성을 가진 여신들과 신들, '에리니에스' 곧 '복수의 여신들'이나 '디케'(정의) 및 '테미스'(*themis*, 법률)와 같이 인격화된 추상개념 같은 수없이 많은 '다이모네스'(*daimones*, '악마'가 아니라 '신령'들)는 하나의 통일된 체계 속에 통합되었다. 이 본능은 순전히 인간 및 사회에 관련된 사항인 도덕성을 신의 보호 아래 두는 점에서도 역시 드러난다. 이것은 또 원래는 신들보다 우월했으나 나중에는 제우스의 의지와 동일시되는, 통합적 개념인 '아낭케'와 '모이라'에서도 드러난다. 수많은 신화들은 이것저것을 설명하기 위한 의도였으며, 그리스인의 생생한 상상력 덕분에 불가피하게도 인격적이고 극적인 형식을 부여받았다.

그러나 종교와 도덕이 일치하기 시작하고 신들이 단순히 자연적, 사회적, 심리적 힘이 아니라 도덕적 힘이 되기 시작하자, 신화의 초(超)도덕적 요소들은 걸림돌이 되었다. 철학자들과 예술가들은 여러 가지 방식으로 이에 도전했다. 예술가들은 자신들이 좋아하지 않는 요소들을 제거하거나 잊어버렸고, 나머지를 창조적으로 활용했다. 철학자들은 신화를 몽땅 쓸어 버렸다. 이미 기원전 6세기에 이오니아의 철학자 크세노파네스는 만약 원숭이들에게 종교가 있다면 그들은 원숭이 모양의 신을 상상해 낼 것이라 말했다. 신화의 가장 핵심인 신인동성동형론이란 바로 그런 것이다. 심지어 시인 에우리피데스조차 '시인들의 끔찍한 이야기들'을 비난했다. 만약 신이 잘못을 저지른다면, 그것은 신이 아니다. 만약 신이 무언가를 바란다면, 그는 신일 수 없다. 신은 완벽하며 완전하기 때문이다. 플라톤은 시인들이 신들에 대한 사소하고 그릇되고, 나아가 사악한 이야기들, 예컨대 신들이 서로 싸우거나 슬픔, 분노, 환락 같은 감정들에 사로잡히는 등의 이야기들을 써 댄다고 강하게 비난했다. 플라톤은 자신의 이상국가에서 호메로스의 작품들을 허용하지 않았고, 비극 작가들에 대해서는 신성에 대한 무가치한 관념들을 퍼뜨린다며 격분했다.

플라톤의 혹평을 받아 마땅한 저급의 비극작가들도 물론 있었다. 그러나 우리가 아는 비극작가들에 관련해서라면, 플라톤의 공격은 터무니없다. 이것은 진리에 도달하는 길이 자신의 방법 외에는 전혀 없다고 고집하는 철학자가 예술가를 공격한 것이다. 이것은 극도로 지성적이면서도 동시에 대부분의 시인들보다 더 높은 시적 경지를 이룬 한 철학자의 공격이다. 플라톤은 그리스 신화 중 가장 심오하고 가장 아름다운 작품을 만들어 낸 당사자이기도 하다.[32] 플라톤은 "철학과 시 사이에는 해묵은 분쟁이 있다"고 말한다. 그러나 철학자들 사이에서도 분쟁은 존재했고, 무엇보다도 플라톤 자신의 영혼 속에도 분쟁은 있었다.

그러나 시인들에게는 그런 의식이 없었다. 핀다로스, 아이스킬로스, 소포클레스, 에우리피데스는 가장 철학적인 시인들이라 할 만한 사람들이며, 신화는 심지어 '비도덕적' 신화마저도 그들의 자연스런 소재였다. 시인들이 신화를 어떻게 활용했는지를 이해해야 한다. 표면적으로는 극작가들은 신화적인 인물들에 '관하여' 희곡을 쓴 것 같다. 그러나 실제로는 다른 종류의 작업이었다. 이들은 노아의 방주에서 끄집어 낸 인물들을 가지고 노느라 자신들과 도시의 시간을 허비하지 않았다. 몇몇 비평가들은 극작가들이 사용한 신화들 때문에 '거북했다'고 쓰면서 바로 위와 같이 생각했다. 그들보다 더 그릇되고 덜 지적일 수는 없으리라. 극작가들은 당대의 종교적, 도덕적, 철학적 문제들과 씨름한 끝에 자신들의 작품을 만들어 내었고, 마치 셰익스피어가 홀린셰드(Raphael Holinshed, 잉글랜드의 연대기 작가, 1580년경 사망—옮긴이)의 연대기를 이용한 것과 같이, 그리고 그만큼이나 자유롭게 신화를 이용했다. 에우리피데스의『메데이아』이야기는 매우 유명하다. 남편 이아손에게 배신당한 메데이아는 이아손의 새 아내인 코린토스 여인뿐 아니라 자신이 이아손에게서 낳은 아이들도 살해한다. 이 작품에서 핵심적인 사건, 즉 어머니에 의한 자녀의 살해는 에우리피데스가 고안해 낸 요소다. 이전에 유포되었던 이야기들에서는 아이들이 코린토스 사람들에 의해 살해된다. 에우리피데스는 자신의 사상을 표현하기 위해서 신화를 완전히 바꾸었다. 에우리피데스의 사상은 현대의 영화제작자들이 생각하듯이 스타 비극 여배우를 위한 배역을 만들어 내는 것도 아니고, 엉뚱한 심리학 연구서를 쓰는 것도 아니라, 이성에 의해 통제되지 않는 감성이 직접적인 고통을 당하는 그녀 자신과 사회 전체에 얼마나 큰 해를 끼치는지를 보여주는 것이었다. 아이스킬로스도 마찬가지로, 가장 난폭한 낡은 신화를 이용해서 그 속에 심오한 의미를 채워 넣었다. 아이스킬로스는 『프로메테우스』에서 신들의 전쟁, 제우스에 대한 프로메테우스의 도전, 그리고 그 결과인 오랜 고난에 대한 해묵은 우주론적 설화를 이용했다. 『오레스테이아』에서 아르테미스가 아가멤논에게 딸을 바치라고 요구하는 장면은 인신제사를 지내던 아득히 먼 옛날부터 전해지던 신화다. 그리고 극의 뒷부분에서 아폴론이 카산드라를 다루는 방식 역시 충격적이다. 그러나 이 신화들은 두 편의 비극 3부작 속에 확고한 일부분으로 자리 잡았다(안타깝게도 그 중 한 편은 불완전하게 전한다). 그 비극작품들은 인간 정신이 이룩한 최고의 업적이며, 신들과 인간들 속에서 이성, 질서, 자비의 탄생과 성장을 다루었다.

이런 식으로 우리는 모든 극작가들에게서, 그리고 조금 다른 방식으로는 핀다로스에게서 신화가 심오한 종교적 혹은 철학적 의미로 채워져서 중요한 요소로 남게 되는 과정을 발견한다. 이때에도 신화는 본질상 이전과 동일하게 하나의 해설이다. 그러나 이제는 위대하고 강력한 시인들의 손에 의해 인간의 삶과 인간의 영혼에 대한 해설로 탈바꿈했다.

그러나 그리스인의 종교적 사상의 미래는 신화학에도, 올림포스 신들에도, 올림포스 숭배를 보완했던 좀 더 인격적인 '신비' 종교들에도 달려 있지 않았다. 그것은 철학자들에게 달려 있었다. 기독교에는 그리스적 요소가 상당히 많은데, 그것은 플라톤에게서 파생되었다. 아이스킬로스의 제우스는 비록 순수하고 고귀하기는 하지만, 인류의 신이 되기에는 너무나 그리스 폴리스의 신이었다. 이것은 마치 유대인의 신이 상당한 변화를 겪지 않고는 이방인의 신이 될 수 없었던 것과 같다. 세계가 보편 종교를 수용하도록 준비시켜 준 것은 바로 그리스 철학이며, 그중에서도 절대적이고 영원한 신성에 대한 플라톤의 개념이 크게 기여했다.

그리스 신화에 관한 한, 에우리피데스의 후기 연극들은 무게 중심이 어떻게 변하였는지를 보여준다. 진지한 사고는 순수하게 철학적인 경로를 통해서만 진행되었다. 높은 수준의 시의 시대는 끝났다. 신화와 종교의 고전적 통일성은 깨어지기 시작했다. 기원전 5세기 말 무렵, 에우리피데스는 (『이온』, 『타우리스의 이피게니아』, 『헬레네』에서처럼) 신화를 풍자적으로, 농담으로, 또는 낭만적으로 사용하기 시작했다. 이제 그리스 신화의 마지막 단계에 바싹 다가섰다. 헬레니즘 시대와 로마 시대의 시인들 덕택에 우리에게는 바로 이 시기의 그리스 신화가 가장 친숙하다. 알렉산드로스의 정복이 가져온 효과는 사상으로부터 신화의 분리를 완성시킨 것이다. 이방인들 가운데에서 생활하며, 멀리 떨어진 강력한 왕의 지배 아래 놓여 있던, 그리고 이집트나 아시아의 새로운 그리스 혹은 절반짜리 그리스 도시들에 살던 그리스인에게 그리스의 태곳적 신들과 지역신, 그리고 지역 의례는 너무나 멀리 떨어져 있었고 잊혀져갔다. 마치 현대에 사람들이 시골에서 터전을 잃고 도시로 내몰린 뒤에 민간전승에 대한 관심이 높아졌던 것과 같이, 그리스인이 곳곳으로 흩어지고 구식의 삶이 종말을 맞이하던 새로운 헬레니즘 시대에, 본토의 지역 전설들과 의례들은 열정적으로 추구되었고 목록으로 만들어져서, 이제 더 이상 살아 있는 신화가 아니라 단지 매력적인 유물이 되었다. 시인들과 예술가들이 열심히 달려든 대상은 바로 이것들이었다. 조예가 깊은 시인들은, 마치 오늘날에도 몇몇이 그러하듯이, 살아 있고 눈에 보이는 폴리스를 위해서가 아니라, 새로운 넓은 세계 곳곳에 흩어져 있는 교양 대중을 위해 시를 썼다. 알렉산드로스가 만들어 낸 이 시대에 신화는 일종의 문학적, 예술적 광증(狂症)의 형태로 발전했다. 엉뚱하거나 수치스러운 신들의 부도덕한 이야기와 돌연한 변신 이야기들이 시인들에 의해 우아한 운율로 불려졌다. 이 가련한 시인들에게는 심오한 영감도, 심오한 작품을 들어줄 청중도 없었다. 이 시대가 우리와 고전기 그리스인 사이를 가로막았고, 그리스인들이 구제불능으로 하찮은 사람들이라는 인상을 남긴다. 이 시대에도 진지한 사상가들이 모자라지는 않았으나, 그들은 철학자요 과학자였지 시인은 아니었다. 이 시인들의 신화화(神話化)는 처음에는 매력적이지만 곧 참을 수 없이 지루해진다. 핀다로스, 아이스킬로스, 소포클레스, 에우리피데스의 작품 속에서는 신화가 살아 있었다. 그러나 이제 신화는 죽었다.

12장 여성, 노동, 복수에 대한 생각…
- 생활과 성격

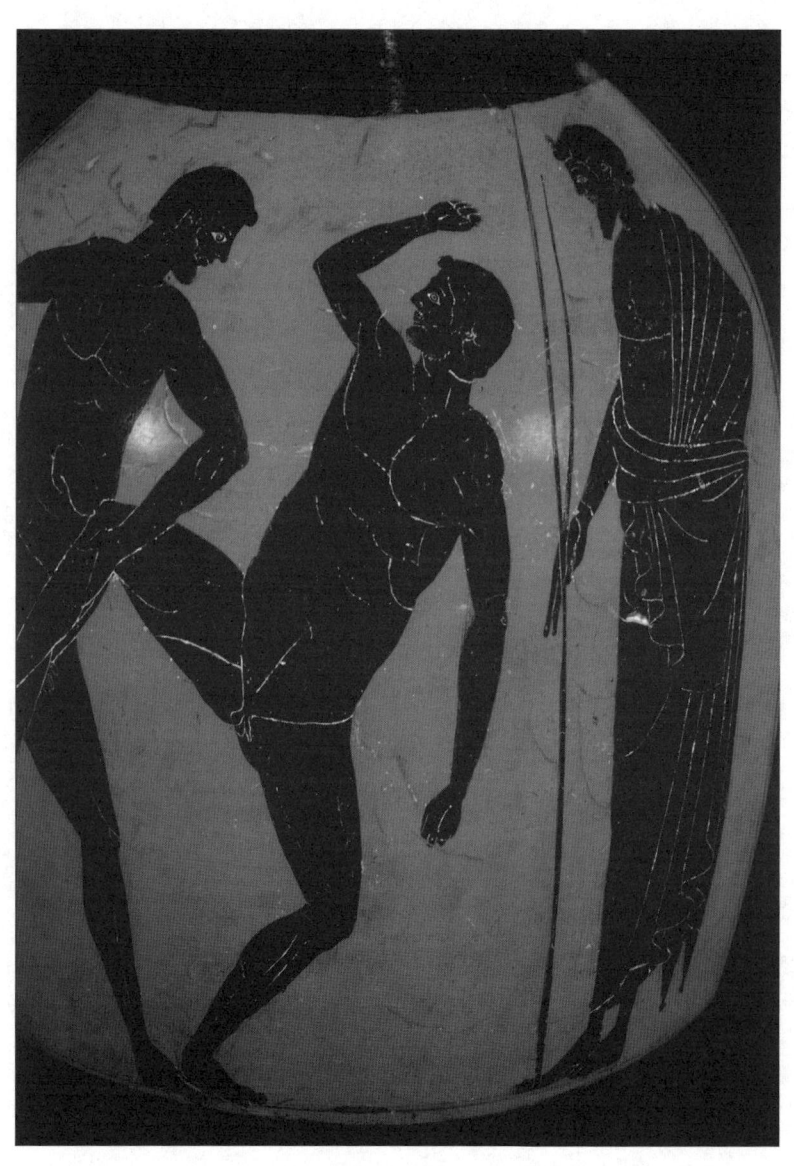

'만인대'의 우두머리가 되었던 크세노폰은 그리 분명치 않은 이유로 아테네에서 추방되었다. 크세노폰은 스파르타 왕 아게실라오스의 절친한 친구가 되었고, 아게실라오스는 그를 위해 펠로폰네소스에 작은 토지를 마련해 주었다. 올림피아 근처의 스킬로스라고 불리는 곳이었다. 아티카에 살 것이 아닌 바에야 그다지 나쁘지 않은 곳이었다. 모든 사람들이 언젠가는 올림피아로 오기 때문이다. 그는 여기에서 대부분의 저술활동을 했음이 분명하다. 그중에는 『아나바시스』(*anabasis*, 원정기)도 있었다. 키로스의 원정과 그 이후를 다룬 이 『아나바시스』에서 크세노폰은 시골에서 은둔생활을 한 자신의 이야기를 간단히 썼다. 이것은 시골 생활에 대해 우리가 가진 극소수의 묘사 중 하나다.

'만인대'가 획득한 전리품 중에서 1/10은 아폴론과 아르테미스를 위해 따로 구별되었고, 장군들은 각각 이것에 대해 책임을 졌다. 크세노폰은 아폴론을 위해 받은 물건을 델포이에 있는 '아테네인의 보고(寶庫)'에 봉헌했다. 에페소스의 아르테미스(에페소스인의 디아나)에게 바칠 물건은 메가비조스라고 하는 아르테미스의 사제에게 맡겼다. 크세노폰 자신은 아게실라오스와 '만인대' 중 남은 이들(8,600명)과 더불어 테베, 그리고 (우연히도) 아테네와의 싸움에 나가야 했기 때문이다. 크세노폰은 이 전쟁에서 살아남았고, 메가비조스는 올림피아 제전을 보러 왔다가, 바로 가까이에서 시골 은둔생활을 하는 크세노폰을 찾아와 아르테미스에게 바칠 돈을 되돌려주었다. 그것으로 크세노폰은 델포이의 아폴론이 지시한 어떤 장소에 땅을 약간 샀다. "우연히도 이 토지를 가로질러 셀리노스 강이 지나갔는데, 에페소스의 아르테미스 신전에도 셀리노스라는 이름의 강이 지나갔다. 두 강에는 모두 물고기와 조개가 있었다. 스킬로스의 땅에서는 사냥을 할 수 있었고, 모든 종류의 사냥감이 널려 있었다." 크세노폰은 또 그 돈으로 제단과 신전을 건설했고, 그 토지의 소출 중에서 매년 십일조를 여신에게 바칠 제물을 마련하는 데 썼다. 그리고 모든 시민들과 이웃들을 아내들과 더불어 축제에 초대했다. 찾아오는 이들에게 아르테미스 여신께서는 보릿가루, 빵, 포도주, 당밀, 성스러운 목장에서 제물로 바쳐진 고기와 사냥으로 잡은 고기를 제공했다. 크세노폰과 시민들의 아들들이 축제 전에 사냥을 했고, 누구든 원하는 사람은 사냥에 동참할 수 있었기 때문이다. 사냥감들—멧돼지, 영양, 사슴—은 가끔은 성스러운 땅에서, 가끔은 폴로에 지역에서 잡혔다. 크세노폰의 땅은 스파르타에서 올림피아로 가는 길에 있었고, 올림피아의 제우스 신전에서는 약 2.5마일 거리였다. 여기에는 목초지와 나무가 무성한 언덕이 있어서 돼지, 염소, 소, 말을 길렀고, 그래서 축제에 참가하러 온 사람들의 짐 싣는 동물들조차도 좋은 한때를 보내곤 했다. 신전 주변에는 과수원을 만들고 온갖 종류의 과실수들을 심었다. 자그마하게 만들어진 신전은 에페소스의 신전과 비슷했고, 에페소스의 황금 여신상을 모방하여 삼나무로 여신상을 만들었다. 신전 옆의 주랑에는 이런 문구가 새겨졌다. "이 토지는 아르테미스에게 바쳐졌다. 이 땅을 소유하고 그 소산물을 향유하는 자는 반드시 매년 십일조를 바쳐야 하며, 그 나머지로 신전을 유지 보수해야 한다. 만약 그러지 않는다면 여신께서 그 대가를 치르게 하시리라."

이것은 그리스에서 비교적 살기 좋은 지역의 시골 생활에 대한 매력적인 그림이다. '시민들과 이웃들'은 자신들 가운데 정착한 이 귀빈급 외국인을 보고 조금은 놀랐으리라. 크세노폰은 세계 끝에서 귀환한 용병대를 이끌었고, 스파르타의 아게실라오스와 절친한 관계였으며, 스파르타에 대한 책도 썼던 사람이었다. 또 어떤 사람들의 말에 따르면, 크세노폰은 다른 책들도 썼는데, 거기에는 어느 기이한 아테네인—크세노폰이 종종 이 사람에 대해 이야기하기는 하지만, 전혀 중요한 사람이 아니다—에 대한 책이 한두 권 포함되었다고 한다. 그는 2류 철학자로 보였고, 이름은 소크라테스라나 머라나 하는 사람이었다. 그러나 이 농담이 크세노폰에 대해 많은 것을 말해준다고는 생각하지 말기 바란다. 그는 매우 종교적이었고, 매우 지각 있고 실용적인 사람이었다. 다만 조금 까다롭기는 했다. 모든 것을 깔끔하게 정리하는 것을 매우 중요하게 생각했던 사람이기 때문이다.

그런 성격은 그가 지은 매우 흥미로운 작은 소책자에서 분명히 드러난다. 그 책의 그리스어 제목은 『경제학』인데, 문자 그대로는 가정 및 토지 관리라는 뜻이다. 이 책은 매우 유쾌하게도 소크라테스와 아테네의 시골 지주인 이스코마코스라는 사람의 대화 형식이다. 그리고 대화를 주도하는 사람은 이스코마코스였다. 이스코마코스는 아내를 훈련시키는 일에 대해 이야기했다. 그의 아내는 15살이 채 되지 않아 결혼을 했고(지중해 여성들은 결혼을 일찍 한다), 어린 시절에는 너무 많은 것을 알지 못하도록 엄격하게 격리되어 지내야 했다. 그녀는 양털로 외투를 만드는 법을 알았고, 시녀들이 실을 뽑는 일을 감독할 줄도 알았다. 그러나 그 밖의 일에 대해서는 이스코마코스가 그녀를 가르쳤다. 가장 먼저 기도와 함께 제물을 바치는 법을 가르쳤는데, 이 점에서 어린 아내는 진정한 크세노폰식의 경건함에 동참한 셈이다. 이스코마코스는 그녀에게, 자신이 그녀를 선택하고 그녀의 양친이 자신을 선택한 이유는 함께 가정을 잘 관리하고, 모든 면에서 뛰어나고 자신들의 노후를 책임질 아이들을 낳게 하기 위함이라고 말했다. 남편이 할 일은 집 바깥의 일들을 돌보는 것이다(여기에서 우리는 토지 관리인과 노동자들을 어떻게 뽑고, 훈련시키고, 또 충성스럽고 행복하게 일하게 하는지에 대해 듣는다). 반면에 아내가 할 일은 남편이 벌어온 수입을 가장 잘 활용할 수 있도록 관리하는 것이다. 그리고 신께서는 남자와 여자의 본성을 각각 다르도록 신경 써서 만들어 두셨다. 다만 도덕적 덕목에서는 남자나 여자나 같은 입장이었다. 아내는 여왕벌과 비교되었다. 아내가 관리할 일은 일 년 쓸 물건이 한 달 만에 없어지지 않도록 하기, 필요한 사람에게 옷을 마련해 주기, 필요할 때 쓸 수 있도록 말린 식량을 잘 보존하기 등이었다. 아마 가장 동의하기 어려운 일은 노예들이 아플 때 돌보아야 하는 의무였으리라. 그러나 이 어린 아내는 남편의 모든 염려를 다 날려버린다. 그녀는 말한다. "이것은 가장 좋은 일일 거예요. 좋은 간호를 받은 사람들은 그전보다 저에게 더 감사하고, 더 애정을 가질 테니까요."

가르침은 가사노동에서 여자 하인들을 훈련시키는 일에 대한 언급으로 이어진다. 그리고 우리는 집 자체에 대한 이야기를 듣는다. 집은 사전에 매우 깊은 고려를 하여 지어졌고, 낭비란 전혀 없었다. 모든 것이 다 목적에 들어맞았다. 방들은 마치 들어갈 물건들을 배려하여 만들어진 듯하다. 가장 내부에 있는 방에는 가장 값비싼 깔개와 그릇들이 들어가 가장 안전하게 지켜진다. 곡물은 가장 건조한 방에, 포도주는 가장 서늘한 방에, 우리가 즐겨 보는 고급 토기들과 기타 예술품들은 가장 밝은 방에 보관되었다. 집은 남향이어서 거실에는 겨울에 볕이 들고 여름에는 서늘하다. (분명히 바깥에는 주랑이 조금이라도 있을 것이다.) 이스코마코스는 정리 정돈에 까다로웠다. 군대나 합창단에 엄격한 질서가 없다면 어떻게 되겠는가? 그는 아내에게 자신이 본 페니키아 배에 대해 말해준다. 그 배에는 숱하게 많은 연장들이 모두 믿기 힘들 만큼 좁은 공간에 다 들어갔다. 넉넉한 주방보다 결코 크지 않은 공간인데도 모든 연장들이 즉시 사용 가능하도록 정리되어 있었다. 위급한 상황이 되면 선원들은 즉시 손을 뻗어 원하는 연장을 가져갔다. 정돈이란 그 자체로 너무나 멋지다. 옷, 신발, 냄비 따위라 해도 그것들이 적절하게 배치되어 있다면 얼마나 아름답겠는가?[33]

이스코마코스는 자기 자신의 생활에 대해서도 소크라테스에게 설명한다. 그는 일찍 (분명 새벽일 것이다) 일어난다. 그것은 업무상 누군가를 만나야 할 경우, 그 사람이 아직 집에 있을 때 찾아가기 위해서이며, 또 산책이라는 이점을 얻기 위해서다. (이 말의 뜻은 정오까지 기다렸다가 그 사람을 시장에서 만나는 것보다 이편이 더 낫다는 이야기다.) 마을에 별다른 볼 일이 없을 경우, 하인이 이스코마코스의 말을 농장으로 데려가며, 본인은 운동 삼아 걷는다. 시내의 주랑을 걸어 다니는 것보다 이편이 훨씬 낫다. 농장에 가면 일꾼들이 일하는 모습을 살피고, 어떤 개선점이 떠오르면 일꾼들에게 일러준다. 그리고 나서 말에 올라타고 마치 전쟁 때처럼 질주한다. 다만 말의 다리를 상하게 하지는 않도록 조심한다. 그리고는 말을 마부에게 넘겨주고, 마을로 돌아와 걷기도 하고, 뛰기도 하고, '때밀이'를 한다. 운동선수들은 연습 후에 기름으로 문지르고 굽은 날이 달린 도구로 때를 밀어내기 때문이다. 이렇게 한 뒤에 이스코마코스는 점심을 먹는다. 이것이 하루의 첫 식사다. 과식하지 않도록 주의한다. 남은 하루 동안 무엇을 하는지에 대해서는 이야기해 주지 않는다. 분명 공적, 사적 일들로 가득 찼을 것이고, 소크라테스 같은 이들과 많은 이야기를 나눴을 것이다. 소크라테스는 이런 삶의 방식을 존경했다. "당신이 이 모든 일들에 이토록 성실하게 임하는 모습을 보니, 당신이 우리 시민들 중 가장 뛰어난 기사며 또 가장 부유한 사람이라고 인정받는 것도 놀랄 일이 아니구려." 이스코마코스는 대답한다. "그러나 저는 그다지 인기는 없습니다." 그의 얼굴에는 웃음이라고는 없었다. 분명 크세노폰의 얼굴에도 웃음은 없었으리라.

    이 모든 것은 얼마나 전형적일까? 이것과 비교해 볼 만한 자료들이 충분하다면 그 질문에 답할 수 있겠지만, 우리에게는 자료가 없다. 내 생각에는 이스코마코스가 부자라는 사실을 제외하고는 전혀 전형적인 이야기가 아닐 듯하다. 신중한 경건성, 질서에 대한 사랑, 탁월한 침착성, 친근감 있는 지루함 등 18세기적인 어떤 느낌들이 크세노폰에게 있었다. 크세노폰은 스파르타인과 함께하기를 즐겼다. 펠로폰네소스 전쟁 직후 잠깐 동안 아테네에 공포정치를 폈던 '30인 참주정'에 크세노폰이 참여했을 가능성도 있다. 전반적으로 보아 크세노폰은 전형적인 아테네인은 아니며, 그리 대단치 않은 사람인 이스코마코스를 통해 보여준 결혼 생활과 여성 교육에 대한 관점이 표준적인 아테네식 관행이라고 생각한다면 너무나 어리석은 일이다.

    그러나 이 질문으로 다시 돌아가 보자. 분명히 전형적이라 할 수 있는 두 가지 세부사항을 든다면, 아침 식사가 없다는 점과 도시와 시골의 삶이 밀접히 연결되었다는 점이다.

    우리는 지금까지 기원전 4세기 초의 시골생활에 대해 조금 살펴보았다. 다만 역사와 철학에 대해 그리 높지 않은 수준의 취미를 가진 퇴임 장군의 눈을 통해서였다. 우리는 정말로 시골 속으로, 산속의 목자들 가운데로, 멀리 떨어진 골짜기의 농부들에게로 들어가 볼 수 있을까? 그것은 엄청나게 어려운 일이다. 우리에게는 중세사학자들이 즐기는 수도원 기록이나 장원의 기록 같은 자료들이 없다. 도시국가의 문헌들은 결코 수다스럽지도 산만하지도 않다. 우리는 크세노폰의 축제처럼 점잖지는 않은 농촌 축제들에 대한 정보를 가지고 있다. 고대의 농촌 미신들과 기묘한 신앙들에 대해 말이다. 그리스에서도 야만적인 지역은 매우 야만스러웠다. 아르카디아에서는 기원전 5세기에도 인신제사와 같은 너무나 야만적인 일들이 실행되었다. 아리스토파네스는 특히 『아카르나이인』과 『평화』에서 스파르타인에 의해 도시로 쫓겨 와서 그 상황을 증오하고 있는 아티카 농민들의 모습을 보여준다. 그리고 『아카르나이인』에서는 헤리 로더(Harry Lauder, 1870~1950, 스코틀랜드 출신의 유명 가수, 1차 대전에서 아들을 잃었다—옮긴이)와 같은 두 인물, 곧 전쟁에 몹시 시달린 테베와 메가라 출신의 농부들이 등장한다. 그러나 세부적이거나 지속적인 설명은 전혀 찾아볼 수 없다. 2세기 이상을 거슬러 올라가 헤시오도스를 만나면 끊임없는 노동과 계획이라는 그림이 여전히 적용됨을 확인하고, 1세기를 앞으로 나아가면 테오크리토스와 아름다운 노래를 부르는 그의 목동들을 만난다. 그들은 다몬, 다프니스, 리키다스라는 문학적 자손을 남겼고, 또 실제로 오늘날의 그리스 목동들 가운데 진짜 후계자들을 남겼다. 그리스 목동들은 이제 더 이상 6보격의 대화체로 매섭거나 우아한 노래들을 만들어 내지는 않지만, 적어도 피리를 불며 노래를 짓는다. 적어도 전쟁 때문에 다른 일에 몰두해야 하기 전까지는 그랬다. 테오크리토스의 목자들은 물론 이상화된 모습이다. 그러나 두 편 이상의 현실적 목가(4편과 5편)에서는 그 정도가 그리 크지 않다. 테오크리토스의 목가 제7편에는 코스 섬에서 어느 더운 날 오래 걸으며 시골길 소풍을 나선 유쾌한 모습이 그려져 있다. 앞으로 4세기를 더 나아가면, 당대의 연설가였다가 철학자로 전향한 디오 크리소스토모스의 저술을 만난다. 우리는 그에게서 에우보이아 어느 구석진 곳의 버려진 땅에서 전적으로 자급자족하며 살던 소농 겸 사냥꾼 가족들에 대해 세밀하고 매우 공감적인 설명을 듣는다. 그 두 가정 중 한 집은 평생 '도시'에 가 본 적이 없다. 다른 집 사람들은 두 번을 가 봤다. 그리고 도시에 대한 그들의 설명은 너무나 흥미롭다.[34]

희곡들은 농촌의 성격에 대해 종종 간략하지만 어느 정도 생생한 그림을 보여준다. 에우리피데스의 『엘렉트라』에서는 여주인공이 사악한 아이기스토스에 의해 한 순박한 농부와 결혼을 해야 했다. 그녀의 자손들이 찬탈자에게서 왕위를 회복하겠다는 주장을 하지 못하도록 만들려는 의도였다. 우리는 그녀가 새벽에 샘에서 물을 길어 토기를 머리에 얹고 오는 모습을 본다. 그런데 그녀의 남편은 그녀가 이런 종류의 일을 할 필요가 없다고 말린다. 그러자 그녀는 말한다. "그러나 당신이 내게 너무나 친절하기에 나는 이런 일을 하는 것이에요. 당신은 밖에서 할 일이 많아요. 나는 집안을 돌봐야죠. 힘겹게 집에 들어와서 모든 것들이 알맞게 정리된 것을 보는 것은 남자의 즐거움이에요." 그녀가 혼자 앉아 아가멤논을 위한 비가(悲歌)를 부르고 있을 때, 소녀들로 가장한 합창단이 등장하여 그녀를 축제로 초대한다. 엘렉트라는 말한다. "아니오. 나는 춤추며 즐거워할 수 없어요. 내 흐트러진 머리와 누더기 옷을 보세요. 이것이 아가멤논에게, 그리고 그가 무너뜨린 트로이에게 어울리는 일인가요?" "하지만 여신은 중요해요. 오세요. 수놓은 드레스와 금으로 된 장신구를 빌려 드릴게요. ……" 그러나 그녀가 오랫동안 기다렸던 동생, 오레스테스가 등장한다. 그는 믿음직한 사촌 필라데스와 함께 살인자들에게 복수하려 한다. 그러나 결코 영웅적인 모습은 아니다. 오레스테스는 자신이 누구인지 밝히지 않았고, 엘렉트라는 무장한 두 남성이 자기 집에 가까이 오자 까무러치도록 놀랐다. 잠시 뒤 농부가 돌아왔다. 농부는 자신의 아내가 젊은 남자들과 문간에서 이야기하는 모습을 보고 격분했다. 그것은 너무나 예의에 어긋나고 부적절한 행동이었다. 엘렉트라는 그들이 동생의 친구들이고, 오레스테스의 전갈을 가져왔다고 말한다. 오레스테스는 아직 그렇게만 말해 둔 것이었다. 농부는 말한다. "그렇다면 들어오시오. 내 집은 누추하지만 기꺼이 맞이하겠소." 농부는 앞장서 들어간다. 그러자 오레스테스는 '겉모양으로 사람을 판단하지 말라'는 주제로 즐거운 도덕적 발언을 할 기회를 얻었다. "이 사람을 보라. 그저 평범한 사람 아닌가. 아무런 보잘 것 없는 사람이다. 그러나 얼마나 고귀한가!" 요점은 왕가의 오레스테스 자신이 너무나 무례했다는 것이다. 여행자들은 집에 들어갔고, 노예들이 짐을 옮겼다. 농부가 다시 나타났고, 아내는 귓속말로 따졌다. "어리석은 사람 같으니! 당신은 우리가 얼마나 가난에 쪼들리는지 알면서도, 왜 주제를 잊고 저 신사분들을 들어오라고 했나요?" 이 이성적인 남자는 대답했다. "글쎄, 그들이 신사라면—사실 신사로 보여—자신의 친구가 가진 것에 만족하지 않겠소?" "당신이 일을 저질렀으니, 가서 내 늙은 노예를 데려오세요. 그는 오레스테스가 살아 있다는 소식에 기뻐할 테고, 손님들에게 내놓을 먹을거리를 줄 거예요." "좋은 생각이오. 그러나 들어가서 준비를 해 두시구려. 여자는 이런 처지가 되면 식사거리를 꽤나 찾아내는 법이니까. 저들에게 하루 대접할 거리는 집안에 넉넉히 있소." (엘렉트라가 나간다.) "부자가 된다는 것은 대단한 일이지! 손님들에게 넉넉히 대접할 수 있고, 병이 들어도 치료를 받을 수 있어. 그러나 음식에 관한 한 별 다를 게 없지. 부자라고 가난한 자보다 더 많이 먹는 법은 없으니까." 늙은 노예가 도착했다. 그는 긴 언덕

길을 달려오느라 지쳤다. 농부는 결코 부유한 사람이 아니었기에, 노예는 양 한 마리, 치즈 약간, 오래된 포도주를 가져왔다. 포도주는 많지는 않았으나 달고 강했다. 약한 포도주와 섞어서 쓰기에 매우 좋았다. 그리고 연회복에 해당하는 우아한 그리스식 관습인 화관을 가져왔다. 그러나 더 중요한 것은 그가 오레스테스를 알아보았다는 것이다. 그래서 영웅은 더 이상 망설이지 않았고, 연극은 그 소름끼치고 불미스런 종결을 향해 치닫기 시작한다.

　에우리피데스의 『오레스테스』에서는 한 자영농이 아르고스 민회에서 행한 정직하고 직설적인 연설이 나타난다. 오레스테스가 어머니와 아이기스토스를 살해한 혐의로 재판을 받는 중이었다. 먼저 전령인 탈티비오스가 일어나 교활하고 모호한 연설을 했다. 탈티비오스는 (에우리피데스의 말에 따르면) 우세한 분파 편에 서는 사람이었고, 언제나 반쯤 미소 띤 얼굴로 아이기스토스의 친구들 쪽을 바라보았다. 그리고 (무뚝뚝한 군인인) 디오메데스 차례였다. "이들을 처형할 것이 아니라, 신성한 의무를 존중하는 차원에서 추방시키자." 이 제안은 환호와 야유를 동시에 받았다. 그 다음 발언자는 저속하고 난폭하며 과격한 사람이었다. 그는 돌로 쳐 죽이자고 제안했다. 그 다음 발언자는 정반대 제안을 했다. 그는 보잘 것 없었으나 용기 있는 남자였던 것이다. 그리고 그는 도시에는 거의 가지 않는 농부—바로 그와 같은 농부들이 나라의 안전을 지킨다—였지만, 지적이며 누구와도 기꺼이 논쟁하며, 정직하고 흠이 없는 사람이다. 그는 오레스테스가 아버지의 복수를 했으며, 또 사악하며 불경스럽고 배신자인 여자를 죽였으므로 공적으로 포상을 받아야 한다고 제안했다. 그리고 에우리피데스는 이 제안이 받아들여질 수도 있었으리라 시사한다. 만약 오레스테스가 어리석게도 스스로 변론에 나서지만 않았더라면 말이다.

에우리피데스는 분명히 농민형 인간을 존경했다. 소포클레스에게서는 그런 유형은 나타나지 않고 오직 '인간' 뿐이다. 『오이디푸스 왕』에서 코린토스의 사자로 나오는 인물은 수년 전 키타이론 산 높은 곳에서 양 떼와 더불어 여름을 보내곤 하던 목자였다. (오늘날에도 그리스의 목자들은 저지대의 목초지가 말라버리면 그렇게 한다.)

그는 키타이론 산의 맞은편, 곧 테베에서 라이오스 왕의 노예였던 한 목자와 그렇게 여름을 세 번 지냈다. 어느 날 그 테베인이 아기 하나를 데려왔는데, 그 아이를 내다 버리라는 명령이 있었다. 그러나 그는 그런 끔찍한 일을 직접할 수 없었고, 그래서 코린토스 목자가 아기를 맡았다. 그는 이 아기를 자녀가 없었던 자기네 왕에게 주었고, 왕은 기쁘게 받아 자기 아이로 키웠다. 그 아기는 자라서 어른이 되자 갑자기 코린토스를 떠나 다시는 돌아오지 않았고, 코린토스 목자는 끝까지 그 이유를 알 수 없었다. 오이디푸스는 테베로 향했고, 테베인에게 크게 공헌했다. 마침 왕 라이오스는 강도들에게 죽임을 당했기 때문에, 오이디푸스는 공석이던 왕위를 물려받고 또 왕비와 결혼했다. 그리고 수년이 지나 코린토스의 늙은 왕이 죽자, 오이디푸스를 초대해 왕위를 잇게 하자는 논의가 있었다. 우리의 목자는 즉각 기회가 왔음을 알아차렸다. 그는 가능한 한 가장 빨리 테베로 달려가 누구보다 먼저 오이디푸스에게 소식을 전했다. 그는 멋진 보상을 기대했다. 게다가 그에게는 오이디푸스의 보답을 받을 이유가 또 하나 있었다. 아기였던 오이디푸스의 생명을 구한 것이 바로 자신이었기 때문이다. 그래서 그는 매우 중요한 역할을 띠고, 그러나 매우 정중하고 매우 유용하게 행동하기 시작했다. 이제 출세는 확실하다고 생각했다. 그러나 그는 완전히 망가져서 나가떨어졌다. 자신이

의지할 곳 없는 아기에 대해 선의로 친절을 베풀었으나, 그 결과 오이디푸스는 자라서 자신의 아버지를 죽이고 어머니와 결혼했기 때문이다.

『안티고네』에는 이 코린토스인과 매우 흡사한 평범한 병사 한 명이 나온다. 그는 자립적이고, 말을 무척이나 잘하고, 민감하지만 서투르며, 역설을 즐겼다. 그는 크레온에게 누군가 명령에 불복하고 반역자의 시신을 매장했음을 알려야 했다. 크레온은 격렬한 분노에 휩싸였다. 그는 배신과 매수에 대해 분노한다. 그는 그 불쌍한 경비병을 꾸짖고, 만약 범인을 색출해 내지 못하면 목을 매달아 버리겠다고 말한다. 뇌물을 받은 대가가 무엇인지 알려주겠다는 것이다.

경비병: 한 말씀 드려도 될까요? 아니면 그냥 갈까요?
크레온: 너는 아직도 네가 하는 말 한마디 한마디가 나에게 상처를 준다는 것을 모르느냐?
경비병: 당신의 어디를 상하게 한다는 말씀이십니까? 귀입니까? 영혼입니까?
크레온: 너는 왜 우리가 불행할 자리를 찾아다니느냐?
경비병: 나는 단지 당신의 귀를 괴롭게 합니다. 당신의 마음을 괴롭히는 것은 바로 그 범죄자입니다.
크레온: 헛! 너는 수다쟁이에 불과하구나!
경비병(밝게): 그렇다면 제가 이 일을 하지 않았다는 것을 아시겠지요?
크레온: 아니. 네놈이 한 일이야! 너는 영혼을 돈에 팔았지.
경비병: 맙소사! 잘못된 결론으로 뛰어넘는 것은 끔찍한 일입니다.

그러나 소포클레스의 끝없는 매력은 우리를 주제로부터 너무 멀리까지 끌고 간다. 우리는 농촌생활에 대해 이야기하던 중이었다. 남아 있는 사료는 지금까지 말한 정도이며, 그 밖에는 별로 없다. 그러나 도시생활 쪽으로 넘어가기 전에 비문 하나를 살펴보자. 이 비문은 석탄 산지인 아티카의 산악지방, 아카르나이에서 발견되었다. 이것은 한 해방노예를 기리는 비문으로 추측된다. 평범한 산문으로 되어 있으나, '아테네'에 대해 쓰이던 호메로스식의 형용사구가 문학적 (그리고 운율적) 느낌을 준다.

이 훌륭한 기념비는 오리마스의 아들 만네스 무덤을 표시한다.
그는 춤추는 넓은 무대를 가진 아테네에서 가장 뛰어난 프리기아인이었다.
그리고 제우스께 맹세코 나는 이제껏 그보다 뛰어난 나무꾼을 본 적이 없다.
그는 싸움터에서 전사했다.

이제 아테네의 소란스런 삶으로 들어가 보자. 아테네에서 문제는 사료의 부족이 아니라 사료들이 종종 혼란스럽게 차이가 난다는 점이다. 사료는 무엇인가? 문헌으로는 가장 먼저, 그리고 최상위에 아리스토파네스의 희곡들과 메난드로스의 희극들이 상당량 남아 있다. (다만 그것들은 우리가 다루는 시대의 범위를 벗어난다.) 그리고 크세노폰이 쓴 몇몇 2류의 저작이 있다. 그중 『경제학』(보다 정확히는 '가정 관리학' —옮긴이)에 대해서는 이미 살펴보았고, 『메모라빌리아』(소크라테스 회상록), 『향연』(식탁에서의 대화), 『세입론』(아테네 공공재정론) 등도 있다. 또 데모스테네스의 (법정에서의) 개인 연설문도 있다(모두가 데모스테네스의 저술은 아니지만 별 차이 없다). 그리고 플라톤의 저술에서 여러 생생한 장면들이 나오는데, 특히 놀라운 것은 『향연』이다. 그리고 매우 명민하고 즐거운 테오프라스토스의 『성격론』이 있다. 인문학에 관심을 가진 사람이라면 누구든 이 책을 한시라도 빨리 공부해야 할 것이다. 몇몇 번역가들이 독자와 원전 사이에 문학적 현학의 장막을 드리우기는 하지만, 이 모든 저작들은 너무나 읽기에 좋다. 다른 사료로는 일상생활의 장면들로 장식된 많은 토기들, 몇몇 장례용 조각품과 비문들이 있다.

이것을 모두 몇 쪽으로 요약하려 한다면 어리석은 일이리라. 차라리 몇 가지 일반적인 요점을 택하고, 가능한 한 정확한 정보들을 찾아보자.

'죽기 전에는 그 누구도 행복하다 하지 마라.' 우리는 이 격언을 앞에서 들었다. 그리고 그리스인이나 아테네인의 삶에 대한 피상적인 지식만 있어도 이 말의 가치를 이해하는 데 도움이 된다. 삶과 사상은 '필요'와 일정한 역경이라는 기반 위에 건설되었고, 따라서 그 결과물은 원기회복이었다. 지역적 가뭄과 홍수는 해당 지역에 기근을 유발했다. 나는 1930년에 펠로폰네소스를 걸어서 지나갈 기회가 생겼다. 우리는 한 마을에서 보급품들을 사고 있었는데, 우리 안내인은 빵을 더 많이 사는 것이 좋을 것이라 경고했다. 반나절을 더 가야 하는 다음 마을에서는 습기로 수확물이 상해서 빵을 구할 수 없기 때문이었다. 정말 그랬다. 삶의 여유는 너무나 적었고 운송비용은 너무 높았다. 그래서 흉작과 같은 불운을 구제할 방법이 없었다.

그리고 전쟁이 있었다. 전쟁은 우리에게도 충분히 나쁜 것이지만, 그리스인에게는 여러모로 더욱 나빴다. 크세노폰은 『메모라빌리아』에서 소크라테스와 아리스타르코스라는 어떤 사람의 대화를 기록했다. 아리스타르코스는 부유한 지주였으나 그의 모든 토지가 적의 손에 넘어갔다. 그래서 그는 모든 수입을 상실했을 뿐 아니라, 엎친 데 덮친 격으로 적을 피해 온 14명의 여자 친척들을 돌봐야 했다. 현대국가는 개인이 그러한 타격을 입을 경우를 대비하여 다양한 종류의 완충장치를 마련하려고 최선을 다한다. 재정도 빈약하고 완전히 개인주의적이었던 그리스 폴리스는 그런 시도조차도 하지 않았다. 아리스타르코스는 말한다. "나는 어떻게 해야 이들의 생계를 유지할 수 있을지 모르겠소. 나는 담보가 없기에 돈을 빌릴 수도 없소. 내 가재도구를 팔려 해도 아무도 사려 하지 않소." 소크라테스는 간단한 해결책을 제시한다. "여자들은 당연히 뜨개질과 옷 짓는 법을 알 것이오. 옷을 내다 팔 시장은 있소. 양털을 사서 여자들에게 일을 시키시오." 아리스타르코스는 그렇게 했고, 후에 다시 찾아와서는 여자들이 열심히 일하고 있으며, 훨씬 쾌활하고 상냥해졌고, 살아가기에 충분한 돈을 번다고 말했다. 그의 유일한 불만은 그녀들이 자기에게 놀고먹는다고 욕한다는 것이다. 소크라테스는 말한다. "아, 그들에게 가서 양몰이 개가 아무것도 하지 않는다고 불평하는 양들의 이야기를 해 주시오."

데모스테네스 56편에는 또 다른 전쟁 이야기가 나온다. 에욱시테오스라고 하는 사람이 조사 결과 동료 데모스 시민들로부터 출생에 따른 합법적인 아테네인이 아니라고 거부당했다. 그는 그 결정이 잘못되었다며 법정에 호소했다. 만약 그 결정이 관철된다면 그는 망한 셈이다. 그는 거류외인의 신분으로 떨어지고, 그렇다면 토지를 소유할 수 없으며, 자신의 생계를 앗아가 버릴 몇몇 다른 제한들에 걸린다. (가끔 그런 사람이 노예로 팔릴 수도 있다고들 이야기하는데, 그것은 잘못된 말이다.) 그에게 불리하게 작용하는 증거의 일부는 그의 아버지가 (아티카식이 아닌) 외국의 억양을 가졌다는 점이었다. 이것은 흥미로운 사실이다. 진짜 런던 사람들과는 달리, 진짜 아테네인은 모두 다 같은 억양을 가졌고, 그것을 자랑스러워했다. 고소인은 이렇게 말했다. "그러나 나의 아버지는 펠로폰네소스 전쟁 때 포로로 잡혔고, (코르푸 근처의) 레우카스에 노예로 팔려갔다가 그곳에서 오랜 세월 머물렀소." 자연히 그의 아티카식 억양은 변했다. 그는 우연히 레우카스를 방문했던 한 연극배우 덕분에 풀려났다. 이곳의 친척이 몸값을 치러주었고, 다시 집으로 돌아왔다. 만약 이 이야기가 사실이라면, 아테네인 노예는 아테네인 배우를 만났고, 그를 통해 친척들에게 자신의 소재를 알렸다고 추측할 수 있다. 만약 이 이야기가 사실이 아니라 해도, 적어도 이 이야기를 만든 사람은 사람들이 그것을 믿으리라 기대했다. 그러나 그는 진실하게 증언을 한 듯하다.

전쟁의 경우 외에도 바다에서는 해적의 위험이 있었다. 특히 밤낮없이 지켜주던 아테네 제국이 몰락한 이후에는 더욱 심했다. 데모스테네스 53편에서는, 한 사람이 도망노예를 찾아 나섰다가 해적선에 잡혀서 족쇄에 묶여 (두 다리를 심하게 다쳤다) 아이기나로 팔려간 이야기가 있다. 몸값은 26미나, 즉 2,600드라크마였다. 1드라크마는 실재 구매가치로 환산하면 오늘날(1950년대—옮긴이)의 1파운드보다 그리 적지 않은 금액이다. 그는 친구를 찾아갔고, 그 친구는 상품과 재산을 저당 잡혀 그가 돈을 마련하도록 도왔다. 바로 이런 경우를 통해 우리는 그리스인이 언제나 '우정'을 강조했던 것을 이해할 수 있다. 이런 세상에서는 친구가 없는 사람은 자기를 방어할 수단이 아무것도 없는 셈이었다.

데모스테네스 7편에는 유사한 사건이 들어 있다. 헤라클레아 출신의 리콘이라고 하는 사람이 리비아로 항해를 떠날 준비를 하면서, 증인들을 데리고 자신의 은행가 파시온을 찾아갔다.[35] 그는 자신의 잔고 (1,640드라크마)를 계산했고, 파시온에게 그 돈을 자신의 동업자인 스키로스의 케피시아데스에게 지불하라고 지시했다. 케피시아데스는 다른 업무상 여행으로 외국에 나가 있었다. 파시온은 케피시아데스를 몰랐으므로, 케피시아데스가 아테네에 돌아오면 리콘이 데려갔던 두 명의 증인이 그의 신원을 은행에 확인해 줄 예정이었다. 리콘은 항해에 나섰는데, 배는 해적에게 나포되었으며, 리콘은 화살에 맞아 죽었다. 그 해적선이 입항한 장소인 아르고스에는 헤라클레아의 영사가 있었고, 그가 리콘의 재산에 대한 책임을 맡았다. 그리고 얼마 뒤 은행에 잔고를 요구했는데, 그 잔고는 이미 리콘의 지시에 따라 케피시아데스에게 지급된 뒤였다.

대개 그렇듯이 이 사건의 결말은 알려져 있지 않다. 이 연설들을 보존했던 후대의 학자들은 사료로서 이것들에 흥미를 가졌던 것이 아니라, 오직 데모스테네스의 문체를 보여주는 견본으로 여겼기 때문이다.

이런 식으로 우리는 위험하게 혁명 따위에는 손대지 않고도 대규모 재산몰수와 살인 또는 추방 등에 대해 한참을 더 이야기할 수 있다. 아테네는 이런 특유한 병폐로부터 몇몇 도시들만큼 심하게 시달리지는 않았다. 그러나 대신 아테네는, 아니 그보다 공격할 만한 대상이었던 시민들은 현대어로 '협잡꾼'에 해당하는 자들에게 시달렸다. 그리스어에서 그 낱말은 현대어보다 훨씬 더 많은 의미를 가졌다. 우리는 아리스토파네스 이후로 이 사회적 염병에 대한 격한 불만들을 볼 수 있다. 크세노폰(『메모라빌리아』, II, 9)은 소크라테스와 부유한 벗 크리톤 사이의 대화를 기록했다. 크리톤은 인간이 평화롭게 살기가 너무 어렵다고 말한다. "지금 이 순간에도 사람들은 나를 못살게 군다네. 내가 그들에게 무언가 잘못을 해서가 아니라, 그들은 내가 수고스럽게 법정에 고소하느니 차라리 그들에게 돈을 주어 보내리라고 생각하기 때문이라네." 소크라테스는 (『메모라빌리아』에서 언제나 그랬듯이) 매우 실제적이다. 소크라테스는 크리톤에게 매우 유능하고 고결하며 뛰어난 연설가지만, 쉽게 부를 쌓는 것을 거부한 까닭에 가난하게 사는 아르케데모스와 친분을 쌓으라고 제안한다. 그래서 크리톤은 (다음의 신사적인 과정을 주목하라) 제사를 드릴 때마다 아르케데모스를 방문하는 습관을 길렀고, 곡식, 기름, 포도주, 양털 혹은 그 무엇이라도 추수하여 거두어들이게 되면 아르케데모스에게 한몫을 보냈다. 그 보답으로 아르케데모스는 이 '협잡꾼'들을 처리해 주었다. 아르케데모스는 그들이 저지른 범죄들을 캐냈고, 이들에게 협박을 당했던 여러 시민들의 도움을 얻어 이들을 가차없이 몰아붙였다. 결국 이들은 크리톤을 내버려 두겠다고 약속했고, 거기에 더해 아르케데모스에게 돈을 지불했다. 아르케데모스는 크리톤의 졸개라는 비난을 들었으나, "무엇이 더 명예로운 일인가? 정직한 사람의 친구가 되고 사악한 자들의 적이 되는 것인가, 아니면 정직한 사람을 적으로 삼고 사악한 자들을 친구로 삼는 것인가?"라고 응수했다.

우리는 그러한 유형의 사람, 곧 스테파노스라는 사람의 모습을 『네 아이라에 대한 고소』(데모스테네스 59편. 아마 데모스테네스가 쓴 글은 아닌 듯하다)라고 하는, 매우 논쟁적이기는 하나 상당히 읽기에 좋은 연설에서 찾아볼 수 있다. 이 격렬한 고소문에서 스테파노스는 아내가 벌어들이는 비도덕적인 수입에 의존해 살아가는 공갈꾼으로 묘사되었다. 그는 아내가 데리고 있는 여러 창녀들을 자신의 자식이라 속이고 그들의 어머니도 아테네인이라고 속여서 아테네 시민들에게 불법적으로 결혼을 시켰다. 고소인은 말한다. "이 작자는 정치적인 삶으로부터는 이렇다 할 아무런 수입도 없습니다. 그는 아직 정식 연설가가 아니기 때문입니다. 그는 다만 연단 근처에 앉아 고함이나 치는 협잡꾼이며, 돈을 받고 고소장을 써 주거나 정보를 팔아먹으며, 다른 사람의 동의(動議)에 자신의 이름을 끼워 넣는 자입니다. 그래서 칼리스트라토스가 그를 잡아왔습니다."

칼리스트라토스는 당대의 주도적 정치가였으나 그리 행운아는 아니었다. 그는 결국 테살리아에서 벼락출세한 어떤 이가 함대를 이용해 피라이오스 항을 습격했을 때 분노에 휩싸인 민중에 의해 처형당했다.

아테네 법정에서 제기된 고발들을 모두 믿을 필요는 없다. 그렇지만 음모와 매수당한 증인에 대한 불만들이 너무나 일반적이며, 어떤 경우에는 논리와 증거가 분명히 뒷받침해 주기 때문에 그런 일들이 없었다고는 볼 수 없다. 교활한 사람이 마음만 먹으면 이 아마추어 '인민 법정'을 그런 식으로 이용해 먹기는 어렵지 않았다. "그리고 신사 여러분께서는 이 파렴치한 불한당들에게 너무나 완벽하게 사기를 당하셔서……"라는 문구가 의례적으로 쓰였다. 예를 들어 이 연설에서 스테파노스에 대한 고소인 중 한 명인 아폴로도로스는 이런 이야기를 한다. 아폴로도로스가 협의회의 일원일 때 민회는 전 병력을 올린토스로 보내기로 결정했다. 아폴로도로스는 아테네가 전쟁상태이므로 세입의 잉여를 제전기금에서 전쟁 쪽으로 전용하자고 제안했다. 이것은 법률과도 어긋나지 않는 일이었기에 그 제안은 반대 없이 민회를 통과했다. 그러나 스테파노스는 그것이 헌정에 어긋난다고 공격했다. 그는 거짓 증인들을 내세워 아폴로도로스가 수년 동안 공공금고에 빚을 졌고, 따라서 민회에서 어떠한 동의(動議)를 할 자격이 없다는 주장을 하게 했다. "그리고 그는 아무 상관도 없는 죄목들을 들먹여 배심원단의 유죄 평결을 이끌어 냈다." 여러 탄원에도 불구하고 스테파노스는 15탈란톤이라고 하는 막대한 금액을 벌금으로 제안했다. 이것은 그의 말에 따르면 자기 전 재산의 5배에 해당하는 돈이었다. 만약 아폴로도로스가 1년 안에 벌금을 내지 않으면 액수는 2배가 될 것이었고, 그의 모든 재산 역시 압류될 것이었다. 아폴로도로스와 그의 가족들은 거지가 될 것이었고 그의 딸과 결혼하려는 사람은 아무도 없을 것이었다. 그러나 배심원단은 벌금을 1탈란톤으로 낮췄고, 그는 어렵게나마 지불할 수 있었다. 그는 말한다. "여기에 대해서 나는 감사합니다. 그리고 신사 여러분, 여러분의 분노는 속아 넘어간 배심원단이 아니라 그들을 속인 자에게 향해야 할 것입니다. 그리고 나는 지금 스테파노스를 고소함에 매우 확실한 증거를 가지고 있습니다." 고소인은 복수에 대한 자신의 열망을 매우 솔직하게 말한다. 적어도 두 가지 이유 때문이었다. 자신의 설명이 받아들여진다면 '협잡꾼'이라는 의심에서 벗어날 수 있고, 또 복수하는 것은 개인의 명예가 달린 문제였기 때문이다.

앞에서 언급한 바 있는 에욱시테오스의 사건에서는 사실로 보이는 흥미로운 이야기가 하나 있다. 청원자(그는 자신을 그렇게 불렀다)는 에우불리데스라고 하는 난폭하고 파렴치한 정치인에게 손해를 끼친 적이 있다. 한 재판에서 에우불리데스에게 불리한 증언을 했고, 그 결과 그 정치인은 큰 차이로 재판에 졌다. 에우불리데스는 그 복수로 에욱시테오스를 시민명부에서 제거할 음모를 꾸몄다. 만약 고소인(에욱시테오스)이 불법적으로 시민명부에 이름을 끼워 넣은 것으로 증명되면, 노예로 팔릴 수도 있었고, 그의 재산은 몰수될 수 있었다. 에우불리데스의 방법은 어딘가 친숙하다. 그는 마침 협의회의 일원이었고, 그래서 시민명부 조사를 위한 회합을 소집했다. 에우불리데스는 하루의 대부분을 연설과 결의안 작성에 소비했고, 그래서 실제 투표는 아주 늦게야 시작되었다. 고소인이 호명되었을 때—그에게는 모든 일이 너무나 갑자기 닥쳤을 것이 분명하다—날은 이미 어두웠고, 데모스 사람들 대부분은 이미 귀가했다. 그들 대부분이 도시에서 4마일 떨어진 데모스에 거주하고 있었기 때문이다.36) 사실상 에우불리데스에 의해 매수된 사람들만 남았고, 고소인의 항의에도 불구하고 에우불리데스는 투표를 고집했다. "30명이 채 되지 않는 사람들이 투표를 했습니다. 그러나 표를 세어보니 60표 이상이 나왔고, 우리는 모두 깜짝 놀랐습니다." 결코 놀랄 일도 아니었다.

매우 흥미로운 이 연설들을 읽다 보면 두 가지가 기억에 남는다. 하나는 명백한 것인데, 법정에서는 일반 사회에서보다 더 많은 불한당들을 만나게 된다는 점이다. 다른 하나는 그들이 속한 시대, 곧 기원전 4세기다. 사실 이 연설들은 앞서 폴리스의 몰락을 설명한 장에서 제시된 논변들에 대한 상세한 증거를 제공한다. 아테네에서 삶의 복잡성은 너무나 커져서, 폴리스에 대한 낡은 아마추어적 관념은 더 이상 제대로 작동할 수 없었다. 정체의 이론은, 마치 미국에서처럼, 시대에 뒤떨어졌다.

부자들에게 공공봉사가 주는 부담과 골치에 대해서, 그리고 가난한 이들에게 공직이 초래했을 불안과 위험에 대해서는 한참을 더 이야기할 수 있다. 그러나 삶의 다른 측면들도 무척 흥미로우며, 공공생활의 위험에 대해서만 너무 오래 흥얼거리는 것도 좋지 않다. 일상적이고 평범한 일들은 기록으로 남지 않기 때문이다. 아테네에서조차 삶이 지루한 안전에 의해 무의미해지지 않았다는 점에 대해서는 충분히 이야기를 했다. 사실 소포클레스와 플라톤의 완벽한 문명에서, 있는 그대로의 그리스인의 삶으로 옮아가 보면, 정신이상과 같은 어떤 경험을 하게 된다.

대부분의 남성은 여성에 관심이 있고, 여성들은 대부분 자기 자신에게 관심이 있다. 그러므로 아테네에서 여성의 지위에 대해 살펴보자. 아테네 여성이 거의 동양식으로 격리되어 살았고, 아무런 관심을 받지 못했으며 나아가 멸시받았다는 것이 정설이며, 내가 아는 한 이에 대해 도전한 사람은 곰므(A. W. Gomme)[37] 뿐이다. 직접적인 문헌 사료도 있고, 법적으로 열등한 여성의 지위도 증거가 된다. 문헌들은 완전히 남성적인 사회를 보여준다. 가정생활은 아무런 역할도 하지 못한다. 고(古)희극들은 (『리시스트라타』나 『여성들의 민회』와 같은 독특한 경우들을 제외하고는) 거의 전적으로 남성을 다룬다. 플라톤의 대화편들에서 토론 상대자는 언제나 남성이다. 『향연』에서 플라톤과 크세노폰은, 남자들이 손님을 맞아들일 때 함께 할 수 있는 여자는 직업여성이거나 아니면 더 이상 잃을 평판이 없는 여자뿐이라는 사실을 매우 당연시한다. 네아이라 사건에서는 아내들 중 한 명이 남편의 손님과 식사를 하고 술을 함께 마셨다는 증언이 그녀가 창녀라는 것에 대한 추정적 증거로서 제출되었다. 아테네인의 집은 '남자들의 방'과 '여자들의 방'으로 구분되었다. 여자들의 공간에는 빗장과 자물쇠가 달렸다(크세노폰, 『오이코노미코스』). 여성들에게는 여성들의 축제에 참여할 경우를 제외하고는 외출 때마다 감시자가 따라다녔다. 비극작품에서는 소녀들이 자신들이 있어야 할 장소인 실내로 들어가라는 퉁명스런 명령을 받는 경우가 두 번 나온다(소포클레스의 『엘렉트라』와 『안티고네』). 젭(R. C. Jebb)은 『안티고네』 579행에 대한 주석을 달면서 어느 시의 단편을 인용한다. "결혼하기 전에는 여자를 집 밖으로 내보이지 마라." 그리고 아리스토파네스의 『리시스트라타』에서도 인용을 한다. "(결혼한) 여성이 집에서 벗어나기는 어려운 일이다." 쇼핑은 남자가 하는 일이었다. 남자는 자신이 구입한 것을 노예를 시켜 나른다. (테오프라스토스의 작품에서 '비천한 남자'란 직접 집까지 물건을 운반하는 사람이다.) 메난드로스의 희극들(기원전 3세기)에서는 소녀와 낭만적 사랑에 빠진 청년은 반드시 축제에서 소녀를 만났다. 이것은 일상적인 사회생활에서는 청년이 그런 병에 걸릴 가능성이 적었다는 의미다. (다만 우리는 근엄한 이스코마코스가 자기 어린 아내를 '선택'했으며, 따라서 적어도 한 번은 그녀를 보았을 것이란 사실을 기억할 수 있다. 그리고 테오프라스토스는 청년이 자기 애인을 위해 노래를 부르기도 한다는 이야기를 해 준다.) 낭만적 감정은 소년과 청년 사이의 일이며, 이것은 매우 자주 언급된다. 동성애는 정상적인 일로 여겨졌고 이성애와 마찬가지로 솔직하게 다루어졌다. (이성애와 마찬가지로, 동성애에도 고상한 측면과 저급한 측면이 있었다.) 플라톤은 젊은 남성들의 아름다움과 정숙함에 대해, 그리고 남성들이 그들을 얼마나 배려하고 존중하며 대하는지에 대해 몇 쪽에 걸쳐 훌륭하게 설명했다.[38] 결혼은 소녀의 부모에 의해 정해졌고, 크세노폰의 이스코마코스를 살짝 보기만 해도 그가 결혼생활에 대해 별로 황홀한 관점을 가지고 있지 않음을 알 수 있다. 소녀들에 대해서는 교육이 생략되었다. 아테네인은 지적인 여인을 원할 때는 교육을 잘 받은 외국의 여인들에게 갔다. 이들은 종종 이오니아인이었고, '동반자' 곧 '헤타이라이'(*betaerae*)라고 불렀다. 이들은 아테네 여성과 창녀 중간 정도의 지위를 보유했다. 유명한 페리클레스의 정부 아스파시아가 바로 이 계층에 속했다. 우연하게도 그녀의 이름은 '환영합니다'라는 뜻이다! 그래서 데모스테네스에는 이런 부분이 나온다. "우리는 쾌락을 위해 헤타이라이를 보유한다. 집안사람들을 매일 돌보는 일을 위해서는 첩들(즉 여성 노예들)을 두고, 우리에게 합법적 자녀를 낳아 주고 가산을 믿고 맡길 사람으로는 아내를 둔다." 마지막으로, 페리클레스와 아리스토텔레스에 대해 언급해야만 아테네에서 여성의 지위에 대한 설명이 완성된다. 페리클레스는 추도연설에서 이렇게 말했다. "여성이 얻을 수 있는 가장 큰 명성은 좋게든 나쁘게든 남자들의 입에 오르내리지 않는 것입니다." 그리고 아리스토텔레스는 (『정치학』에서) 본성상 남성은 우월하고 여성은 열등하므로 남자가 지배하고 여자는 지배받아야 한다고 주장한다.

그러므로 이미 언급했듯이, 아테네 여성에게는 자유가 거의 없었다는 사실에 대해서는 거의 모두가 동의한다. 어떤 저술가들은 "교양 있는 그리스인이 자신들의 아내들에 대해 느끼던 경멸"에 대해 이야기하기까지 한다. 관례적으로 아테네 여성들에 대한 억압은 여성들이 자유와 존경을 누렸던 호메로스의 사회와, 그리고 역사적으로는 스파르타의 여성들과 비교되곤 한다.

 법적 증거들을 보면 더욱 확실해진다. 여성에게는 참정권이 없었다. 즉 여성은 민회에 참여할 수 없었으며, 공직에 취임할 수는 더더욱 없었다. 여성은 재산을 소유할 수 없었고, 합법적 사업을 할 수 없었다. 모든 여성들은 태어나서 죽는 날까지 가장 가까운 남성 친척 또는 남편의 '피보호자'여야 했다. 오직 남성을 통해서만 법적 보호를 받았다. 이 '수호자'는 여자를 결혼시켰고, 지참금도 대 주었다. 만약 이혼하게 되면 지참금은 여자와 더불어 수호자에게 되돌아갔다. 유언장 없이 죽은 아버지의 유일한 상속자인 딸에 대한 규정은 우리에게 가장 생소한 법적 조항이다. 가장 가까운 남성 친척이 그녀와 결혼할 권리를 가졌고, 만약 그가 기혼이라면 그 상속녀와 결혼하기 위해 이혼할 수 있었다. (아티카의 법에서는 어쨌든 삼촌과 조카 사이의 결혼, 심지어 배다른 남매 간의 결혼조차도 인정했다.) 대안으로는 가장 가까운 남성 친척이 그 상속녀의 수호자가 되어 적절한 지참금과 더불어 그녀를 결혼시켜야 했다. 아들이 없고 또 가질 가망도 없는 사람은 대개 양자(남자 아기가 아니라 성인, 예컨대 처남)를 들였다. 입양의 목적이 감정적 만족이나 정신병 치료가 아니라, 가문의 적절한 수장을 남겨 가문을 법적으로 존속하게 하고 종교적인 의례를 수행하게 하려는 것이었기 때문이다. 그러나 많은 아버지들이 아들을 입양할 필요가 생기기 전에 죽었다. 그러면 상속녀들이 남게 되었고, (상속분쟁 전문 연설가였던) 이사이오스는 우리에게 상속녀와 결혼하기 위해

"많은 남자들이 아내를 저버린다"고 확증한다. 이 특별한 경우를 제외하면, 이혼법은 남편과 아내에게 완전하지는 않더라도 상당히 공평하게 적용되었다. 예를 들어 젭의 주의 깊은 용어를 인용하자면, "자녀 없는 결합은 아내의 친척의 제의로 해소될 수 있다."

더 이상 무슨 말이 필요할까? 문헌 증거에 법적 증거까지 더해지면—나는 간략한 설명이기는 하지만 둘 다를 제대로 다루었다고 생각하는데—아테네인이 여성을 상당히 무관심하게 다루었음이, 그리고 '경멸'이라는 말을 써도 그리 심하지 않은 상황이었음이 너무나 분명하지 않은가? 이 압도적으로 남성적인 사회에서 여성들은 너무나 제한된 공간에서만 움직였고, 따라서 아테네는 '억압된 공간'이었다는 증거들을 의심할 수 있겠는가?

탐정소설에서는 종종 탐정이 사실들을 소유하고 있는 데 초점이 맞춰지고 그 사실들이 하나의 결론을 이끄는 것이 보인다. 아무런 의심이 필요 없다. 아직 그 책에 10개의 장(章)이 더 남았다는 사실 외에는 말이다. 따라서 탐정은 알 수 없는 불편함을 느낀다. 모든 것이 맞아떨어지는데도 여전히 모두 잘못된 것으로 보인다. 그렇다면 탐정이 아직 발견하지 못한 무엇인가가 어딘가에 있는 법이다.

고백컨대 나는 바로 그 탐정의 기분을 느낀다. 잘못된 것은 아테네 남성에 대해 제시되는 그림이다. 아테네 남성도 결함이 있었다. 그러나 그의 가장 뛰어난 자질은 활발한 지성, 사교성, 인간미, 호기심이다. 그가 자신과 같은 인종 중 절반을 무관심하게, 심지어 경멸적으로 다루는 습관을 가졌다고 말한다면 그것은 내 생각에 말이 되지 않는다. 로마의 가부장은 여성에 대해 우리 생각보다 훨씬 더 경멸적이었는데, 아테네인을 그런 로마 가부장과 같이 보기는 어렵다.

먼저 우리를 망설이게 하는 일반적인 사항들을 살펴보자. 그리스에 관한 한, 우리들 중 그리스에 가장 정통한 사람이라 해도 그는 그리스인이 아니라 외국인이다. 우리 모두는 지적인 외국인이라 할지라도 얼마나 얼토당토않은 이야기를 할 수 있는지 잘 안다. 그는 부인할 수 없는 사실들을 보고서도 자신의 정신적 경험이 다르기 때문에 잘못된 해석을 내린다. 그리고 다른 사실들은 보지 않는다. 예를 들어, 나는 한 독일 젊은이가 영국인의 성격을 분석한 말을 들어보았다. 그 독일 청년은 바보가 아니었고, 영국에 대해 도시든 시골이든 꽤 잘 알았다. 그는 마치 자명한 사실이라는 듯이, 영국인들이 크리켓을 하는 까닭은 건강 때문이라고 말했다. 내가 그와 대화 중에 시골 사람들이 즐겨 기르는 꽃들에 대해 이야기했는데, 그는 그 꽃들을 야생화라고 생각했다. 자연히 영국인에 대한 그의 이미지는 너무나 우스꽝스러웠다. 마찬가지로 모든 프랑스인에게는 정부(情婦)가 있고(증거: 프랑스 소설과 연극들), 어떤 프랑스인도 아내를 사랑하지 않으며(프랑스에서는 모두 '중매결혼'), 프랑스에는 가정생활이란 없다(남자들은 카페에서 모이며, 체신을 아는 여자들은 그곳에 가지 않는다). 그리고 프랑스 여성의 법적 지위는 영국 여성보다 훨씬 낮다. 따라서 프랑스의 여성은 영국 여성보다 자유롭지 못하고 존중받지 못하며 영향력이 없다. 우리는 종종 이런 주장들을 들으며, 이것들이 얼마나 어리석은 소리인지 잘 안다. 외국인은 중요한 것을 너무 쉽게 놓친다.

일반적인 사항이 또 하나 있다. 우리에게 증거가 남아 있지 않은 모든 것(즉 가정생활)은 존재하지 않았다고 가정하는 오류 말이다. 그런 것들은 존재했을 수도, 존재하지 않았을 수도 있다. 우리로서는 알 수 없다. 그러나 만약 가정생활이 조금이라도 중요했다면 그리스의 문헌들이 그토록 가정생활에 대해 침묵을 지킬 수 있을까? 예상 대답은 "아니오"

다. 그러나 정답은 "예"다. 현대 문헌에서라면 '침묵으로부터의 논증'이 매우 강력하다. 그러나 그리스 문헌에서는 거의 의미가 없다. 호메로스가 우리가 기대하는 배경에 대해서는 그리기를 꺼려하고 우리가 기대하지 않는 것들을 알려준다는 사실에 대해서는 이미 앞에서 살펴보았다. 우리는 극작가들이 재현하기보다는 구성하는 편이라는 이야기도 했다. 아이스킬로스는 『아가멤논』에서 왕궁 주변의 길거리와 시장, 일반 시민들의 집, 목자들, 요리사와 접시닦이들을 보여주지 않는다. 우리는 이러한 것들이 존재하지 않았다고 생각하지 않으며, 아이스킬로스가 그런 것들에 관심이 없었다고 생각하지도 않는다. 우리는 이러한 것들이 그의 연극에 들어가지 않은 까닭은 그들이 들어가야 할 이유가 없었기 때문임을 금방 안다. 모든 고전 그리스 예술은 관련성에 대해 매우 엄격한 기준을 가졌다.

이와 관련해서 이 시대 문학의 주제를 다루어 보자. 우리는 조심하지 않으면 본능적으로 문학에 소설, 전기, 편지, 일기 등을 포함해서 생각한다. 즉 간단히 말해 문학이란 사실이건 허구이건 개인에 관한 것이라고 생각한다. 고전 그리스 문학은 개인 주위를 맴돌지 않는다. 오히려 '정치적'이다. 사실상 우리가 가진 유일한 비공식 문학은 크세노폰의 『메모라빌리아』와 『향연』이며, 이 작품들은 소크라테스에 대한 심도 깊은 전기(傳記)가 아니라, 명시적으로 철학자 소크라테스 개인을 다룬다. 크세노폰의 이스코마코스가 낭만적이지 않다고 했던가? 이 점에 대해 앞에서 말한 것들에 이제는 한 가지를 추가해야겠다. 즉 크세노폰은 아테네인의 결혼생활을 주제로 삼지 않았다는 점이다. 그는 마치 비튼 부인(Mrs. Beeton, 본명은 I. M. Beeton, 1836~1865. 가정관리와 요리에 관한 책으로 유명하다—옮긴이)처럼 가정관리에 대해 쓴 것이다.

곰므는 교묘한 방법으로 한 가지 요점을 드러냈다. 우리가 가진 증거는 희박하며, 따라서 우리는 우리가 가진 것들을 잘못 해석하기 쉽다. 곰므는 19세기 저술가들의 글에서 여성과 결혼에 대한 수십 개의 격언들을 하나로 모아서, 우리가 전체 배경을 염두에 두고 제대로 읽지 않는다면 완전히 잘못된 인상을 받게 될 것임을 보여주었다. 오랜 세대를 거듭하여 메아리를 울린 페리클레스의 격언을 살펴보자. 이것은 아테네인이 여성에게 가졌던 전형적인 경멸이다. 아마도 그럴 것이다. 그러나 글래드스턴이 "나는 칭송이든 비난이든 여러 사람들의 이야기에 오르내리는 여성의 이름을 듣고 싶지는 않다"고 말했다고 가정해 보자. 이것은 경멸감을 담은 것인가, 아니면 구식의 존경과 예의인가?

아테네에서는 기혼 여성을 그녀의 이름(가령 '클레오불레' 처럼)이 아니라 '니카노르의 아내'와 같이 부르는 것이 일반적인 방식이었다고들 한다. 불쌍하게도 아테네 여성은 자신의 이름조차 가지지 못할 만큼 가리어진 존재였다는 말이다. 그러나 영국에서도 실라 잭슨은 결혼하면 클라크 부인이 된다. 친구들은 실라라고 부르겠지만, 그 누구도 실라 잭슨이라고 부르지 않는다. 우리는 신중해야 한다.

마지막 일반적 사항은 가장 중요하다. 이 주제에 대해 논의하면서, 우리는 정말로 무엇에 대해 이야기하는가? 우리는 아테네 여성의 지위를 맨체스터 여성의 지위와 비교하는가? 아니면 아테네인의 성격과 그 문명의 성격을 (부분적으로는) 여성에게 할당된 지위를 근거로 평가하려는가? 이 두 가지는 매우 차이가 크다. 만약 앞의 것이라면, 맨체스터 여성은 투표할 수 있고 정치 생활에 참여할 수 있는 반면에 아테네 여성은 그럴 수 없었다고 이야기하는 것이 타당하다. 그러나 만약 여성에게 투표권을 주기 때문에 우리가 아테네인보다 더 개명되었고 더 예의바르다고 말한다면 터무니없는 소리다. 두 그림에서 세부사항을 비교하면서 두 그림이 완전히 다르다는 사실은 무시하는 것이다. 맨체스터의 어떤 여성이 런던에 가고자 한다면 그녀는 남자와 똑같은 방식으로 이동한다. 여름이든 겨울이든 표를 살 수 있고 요금도 다 똑같다. 만약 아테네인(남성)이 테베로 가고자 했다면 그는 걷거나 노새를 탔을 테고, 겨울이라면 산을 넘는 길이 힘겹고 위험했다. 만약 여성이 가고자 했다면 적당한 계절을 기다린다면 가능은 했을 것이다. 그러나 매우 심각한 일이었다. 현대 국가에서는 여성에게 참정권을 부여하는 것이 완전히 합리적인 일이다. 첫째로, 문명이—이 낱말을 또 한 번 부적절한 의미로 사용한다면—남녀간의 육체적 차이를 정치적으로 거의 의미 없게 만들었다. 여성도 철도, 자동차, 전화, 신문을 남성과 똑같이 이용한다. 역으로 은행원이나 대학의 학감은 건강하기만 하다면 보통 여성보다 더 근육질일 필요는 없다. 그는 다음 주에 완전무장한 채로 작열하는 태양 아래에서 20마일을 행군하고, 그 후에는 옆의 사람만큼이나 억세게—만약 그렇지 못하다면 옆 사람의 생명을 위험에 처하게 할 것이다—싸우도록 요구받을 일은 결코 없다. 둘째로, 정치와 행정의 본질이 바뀌었다. 정치적 결정은 그때나 지금이나 성별과 연령에 관계없이 관련된 모든 사람에게 영향을 준다. 그러나 정부가 포괄하던 범위는 훨씬 작았고, 주로 남자들만 경험으로 판단이 가능하고 힘으로 실행에 옮길 수 있는 그런 문제들을 취급했다. 오늘날 여성에게 투표권이 부여된 이유 중 하나는 오늘날의 많은 정치 문제들에서 여성들의 판단력이 남자들만큼이나 좋고 때로는 더 나으며, 중요한 문제들에서 여성들의 무지가 남자들보다 더 심하지 않기 때문이다. 그러나 우리는 더욱 중요한 차이점도 잊지 말아야 한다. 우리는 사회를 개인의 집합이라고 여기는 사고가 정상이라고 생각한다. 이것은 역사적 관점에서 보면 정상이 아니다. 이것은 일부 지역에서만 발전한 사고다. 정상적인 관점에 따르면 사회란 가문들의 집합이며, 각 가문에는 책임을 지는 지도자가 있어야 했다. 이것은 그리스인만의 개념이 아니다. 로마인, 인도인, 중국인, 튜튼인들도 그러했다.

그 어떤 막대한 재산을 준다 해도 고대 아테네의 여성이 되지는 않겠다고 말하는 것은 자유다. 아마 그런 사람은 아테네 남자로 태어나지 못한 것을 아쉬워하지도 않으리라. 왜냐하면 일상생활의 조건이 열악했음은 물론이고, 폴리스가 남자에게도 극단적으로 불편한 요구를 했기 때문이다. 아테네인에게 "우리는 골더스 그린(Golders Green, 런던 상점가—옮긴이)에서 여자들에게 훨씬 더 나은 대접을 합니다. 당신들은 불한당 아닙니까?"라고 말하는 것은 멍청한 일이다.

이 일반적인 논의가 끝난 다음에 증거들을 다시 한 번 살펴보자. 우리는 두 가지 질문을 계속 염두에 둘 것이다. 정통 관점이 올바르게 사실을 설명하는가? 그리고 만약 그렇다면, 그 관점은 사실들로부터 올바르게 연역을 이끌어 내는가? 즉 아테네 여성의 삶은 제한되고 저해되었는가? 그리고 만약 그렇다면, 그 이유는 남자들이 여성들을 무관심하게 혹은 경멸스럽게 다루었기 때문인가?

우리는 문헌 증거가 너무 희박함을 보았고, 또 어떤 의미에서 너무 일방적임도 보았다. 그래서 우리는 그들 속에서 완전한 그림을 본다고 확신하기 어렵다. 한 남성이 정찬을 베풀 때, 그의 아내는 나타나지 않는다. 아테네 신사들은 남자들과 동석하기를 좋아했다. 여자들을 반갑게 맞이하지 않는 클럽은 들어본 적도 없는 런던의 신사들과는 다르다. 그러나 아테네인은 일 년 내내 저녁마다 주인 혹은 손님 역할을 했을까? 그리고 여자들에게는 사회활동이 없었을까? 에우리피데스에게서 우리는 여자들에게도 사회생활이 있었다는 느낌을 받는다. 그는 한 번 이상 "여자를 집 안에 들여 수다를 떨게 하는 것은 얼마나 사악한 일인가!"와 같은 식의 말을 한다. 손님이 없을 경우, 아테네인은 마치 동굴 속의 키클롭스처럼 혼자서 식사를 했는가? 그는 가정 관리와 합법적 자녀의 생산을 제외하고는 아내와 그 어떤 이야기도 할 생각을 하지 않았는가? 스테파노스와 네아이라는 다시 그 수치스런 머리를 든다. 그들의 고발자는 장황한 연설에서, 100, 200 혹은 300명의 배심원단에게 이렇게 이야기한다.

> 신사 여러분. 만약 여러분이 이 여자를 무죄 방면한다면, 여러분의 집에 돌아가 아내들과 딸들에게는 무어라 말씀하시겠습니까? 여러분은 '법정에서 말이야'라고 말하겠죠. 그러면 그들은 말할 것입니다. "어떤 사건이었나요?" 여러분은 당연히 "네아이라 고소 사건이야. 그녀는 불법적으로 아테네인과 결혼했고, 자기 딸들 중 하나—그녀는 창녀야—를 아르콘 테오게네스와 결혼시켰다는 죄목으로 고소되었어"라고 말할 것입니다.
> 여러분은 그들에게 사건을 자세하게 말할 것이며, 그 사건이 얼마나 신중하게 그리고 완전하게 증명되었는지도 말할 것입니다. 당신이 말을 마치면, 그들은 "그래서 어떻게 하셨어요?"라고 말할 것입니다. 그리고 당신은 "우리는 그녀를 풀어줬어"라고 말하겠죠. 그리고 이제 여러분은 큰일 난 것입니다.

이 이야기는 너무나 자연스럽다. 그래서 내가 이 문단을 인용했다. 이것은 남성이 아내와 딸과 가지는 일상적인 관계를 포함하는, 우리가 가진 극소수의 증거 중 하나다. 여기에서 벌어지는 일은 바로 오늘날과 똑같다. 위의 배심원이 자기 아내와 딸에게 "분수도 모르는 것들! 아테네 여인이라면 남들 눈에 보이지도, 입에 오르내리지도 말아야 한다"라고 응답하리라고는 기대되지 않는다.

문헌의 일부분을 하나 더 보자. 크세노폰의 『향연』에서 손님인 니케라토스는 신혼이었다. 니케라토스는 호메로스를 암송했고, 호메로스가 자신에게 얼마나 많은 가르침을 주었는지를 옆자리 사람에게 설명했다. 전략, 수사학, 농업을 비롯해 모든 종류의 일들이었다. 그리고 니케라토스는 주인을 즐겁게 바라보면서 말했다. '내가 호메로스에게 배운 것은 하나 더 있지요. 호메로스는 어딘가에서 이렇게 말합니다. '양파는 포도주와 잘 어울린다.' 그 말을 여기에서 당장 시험해 봅시다. 양파를 들여오라 하십시오! 포도주를 훨씬 더 맛있게 즐길 수 있을 것입니다." 다른 손님이 말했다. "아! 니케라토스는 양파 냄새를 풍기며 집에 돌아가 아내로 하여금 그 누구도 이 사람에게는 키스해 주지 않으리라 생각하도록 만들고 싶은 것이로군!" 물론 아주 하찮은 것이다. 그러나 영국의 클럽이나 선술집에서 아무 저녁에나 들을 수 있는 바로 그런 종류의 악의 없는 농담이다.

그러나 아직 이야기하지 않은 증거가 있다. 그것은 그리 하찮지 않다. 이것 역시 정통 관점에서는 이해가 불가능하다. 우리에게는 수많은 채색 토기들(기원전 5세기)이 있고, 거기에는 가정의 모습들이 그려졌다. 그중에는 죽은 아내를 살아 있는 것처럼, 그리고 남편, 자녀들, 노예들에게 작별을 고하는 것처럼 그린 장례용 토기들이 있다. 조각이 새겨진 비석들도 있다. 꽤나 수수한 작품들인데 비슷한 장면들을 보여준다. 고상하고 꾸밈없는 단순함을 가진 이 작품들은 그리스인이 우리에게 남긴 것 중 가장 감동적인 물건들이다. 이들의 등급은 이전에 내가 풀어 쓴 『일리아스』의 안드로마케 장면과 같다. 곰므가 아테네 무덤에 대한 논문에서 인용했던 한 문장을 여기에 다시 인용해 보자.39) "다마시스트라테와 그녀의 남편은 떠나면서 서로 손바닥을 친다. 한 아이와 한 친척 여인이 의자 옆에 앉아 있다. 그러나 남편과 아내는 서로만을 바라볼 뿐이며, 떠나면서 서로를 바라보는 그들의 고요한 강렬함은 아티카 사회에서 아내와 여성의 지위에 대한 모든 질문에 대답한다." 호메로스는 유명한 한 구절에서 이렇게 말한다. "진정한 합일을 이루어서 사는 남자와 아내보다 더 훌륭한 것은 없다." 합일이란 원어로 '호모프로네온테', '같은 생각을 공유하다'이다. 만약 호메로스 삽화 작가가 이 구절에 삽화를 넣으려 한다면, 반드시 이 그림들과 조각품들을 살펴보아야 한다. 여성을, 특히 아내를 무시했다는 사람들이 만든 이것들을 말이다!

이제 토기에 대해서는 그만 이야기하고, 아티카의 비극작품들을 살펴보자. 비극의 유명한 특징 중 하나는 찬란한 비극 여주인공들이 끊임없이 나온다는 점이다. 클리타임네스트라가 셋, 엘렉트라가 넷이며, 테크메사, 안티고네, 이스메네, 데이아네이라, 이오카스테, 메데아, 파이드라, 안드로마케, 헤카베, 헬레네 등이 있다. 그들의 성격은 당연히 다르다. 그러나 그들은 모두 강한 모습으로 그려져 있다. 장식용 여주인공은 하나도 없다. 게다가 정열적이고, 진취적이고, 지적인 성격이 일반적이다. 연극이기에 당연한 일이라 말할 수도 있을 것이다. 아마 그럴지도 모른다. 그러나 에우리피데스의 작품에서 여성들이 좋게든 나쁘게든 남성들보다 그토록 더 진취적이었다는 것은 당연한 일이 아니다. 남자가 어찌할 줄 모르고 있을 때 무언가를 추진하는 총명한 여인의 모습은 에우리피데스에서 거의 상투적인 등장인물이다. 헬레네와 이피게니아(『타우리스의 이피게니아』에서)가 좋은 예다. 진취성의 예도 들어 보자. 『이온』에서 학대받는 크레우사에게 늙은 노예는 말한다. "이봐요! 당신은 여자답게 움직여야 해요. 칼을 들어요! 그에게 독을 먹여요!"[40] 극작가들이 (우리 생각에) 실제 자신들과 함께 살던 억눌린 사람들은 우연히라도 묘사하지 않고, 이 생생한 인물들을 책에서, 곧 호메로스에게서 가져왔다고 믿을 수는 없다. 마치 현대 극작가가 경멸스런 동시대인을 떠나 초서나 셰익스피어의 작품들에서 여자 등장인물들을 가져오고, 또 그리하여 성공을 거두는 일이 생기기 어려운 것과 같다. 에우리피데스의 작품에서 여성들은 남자들 때문에 겪는 고난에 대해 불평한다. 그 불만들 대부분은 고대뿐 아니라 현대에도 들어맞는다. 또 에우리피데스의 남자 주인공들은 자주 복수심에 불타는 통제할 수 없는 여자들의 손에 고통을 당한다. 어떤 현대인들은 에우리피데스가 페미니스트라고 비난한다. 고대의 비평가들은—일리가 있다고 보는데—그를 여성 차별론자라고 불렀다. 적어도 에우리피데스는 여성들을 무시하지 않았다. 아이스킬로스와 소포클레스 역시 마찬가지였다.

어쨌든 억압과 경멸이라는 극단적 교리를 의심할 만한 적극적인 이유들을 찾았으므로, 이제 앞에 언급한 심기 불편한 탐정처럼 몇 가지 증거를 재검토해보자. 젭은 미혼 소녀에 대한 매우 신중한 감시를 다룬 한 주해(註解)에서 아리스토파네스를 인용하여 "여성이 집 밖으로 외출하는 것은 어려웠다"라고 말한다. 기혼 여성도 마찬가지로 늘 집 안에 묶여 있었음을 암시하는 대목이다. 고전학 연구자라면 크세노폰이 어디에선가 여성 구역의 문에 있는 빗장과 자물쇠에 대해 한 이야기를 기억할 것이다. 그러나 직접 아리스토파네스의 글들을 살펴보면 생각이 조금 달라진다. 한 기혼 여성이 말한다. "남편의 비위를 맞추고, 하녀를 정신 차리게 하고, 아기를 씻기고 밥을 먹이느라 여자는 외출하기가 힘들다." 이런 이야기는 요즘에도 들을 수 있다. 적어도 이 장면에서 괴물 오거는 사라졌다.

여성은 누군가 감시자가 붙어야만 외출이 허락되었는가? 여기에서는 생기 넘치는 테오프라스토스가 우리를 도와준다. 그는 언제나처럼 예민한 분별력을 활용해, '저급하다'고 부를 만한 세 가지 인간형을 설명한다. 첫 번째는 직설적으로 말해 '인색한 인간'이다. 그들은 대부(貸付)에 대한 푼돈 이자를 받으려고 지급일 전부터 설치며, 아내가 동전 하나라도 잃어버리면 온 집안을 뒤집어엎고, 자기 집 마당에서 누구라도 무화과 하나 따 먹지 못하게 하며, 과수원에서 땅에 떨어진 대추야자나 올리브도 줍지 못하게 한다. 그다음은 문자 그대로 '비열하게 이익을 보는 인간'이다. 그들은 저울을 속이고, 노예에게 음식을 제대로 주지 않고, 치사한 방법으로 친구들을 등쳐먹는다. 그러나 지금 우리의 관심을 끄는 인간형은 바로 세 번째 사람들이다. 그들은 다른 남자들처럼 직접 장을 본다. 그러나 노예를 시켜 집으로 나르지 않고, 외투에 고기, 야채, 기타 모든 것을 담아서 직접 들고 간다. 게다가 아내가 막대한 금액의 지참금을 가지고 왔는데도 하녀를 두게 하지 않으며, 아내가 외출할 때에는 여자 시장에서 소녀를 사다가 동행시킨다. 이런 종류의 '저급함'은 '아네레우테리아'(*aneleutheria*) 곧 '신사답지 못한 행동'이다. 테오프라스토스는 이것을 '돈이 걸린 문제 앞에서는 자존심을 버리기'라고 정의한다. 부인이 외출할 때 적절하게 시중을 받는 것은 당연한 그녀의 몫이라는 말이다. 입에 담기 민망한 일이나 테오프라스토스에서 한 가지를 더 보고자 한다. 우리의 논의에 중요한 기여를 할 수 있을 것이기 때문이다. 테오프라스토스의 '인간형' 중에는 '조잡한 어릿광대'가 있다. "그는 이발소 문에 앉아 온 세상에 대고 자신이 술에 취할 작정이라고 떠들며

...... 어떤 부인이 다가오면 자기 옷을 들추고 은밀한 부분을 내보인다." 아테네 거리에는 별의별 사람이 다 있었다. 소녀들이 수행인 없이 나가지 못하게 한 것도 충분히 이유가 있는 일이었다.

빗장과 자물쇠 장면을 직접 보면, 그 목적이 "여자 노예들이 우리들 몰래 아기를 가지지 못하도록,[41] 그리고 여성 구역에서 물건들이 도둑맞지 않도록" 하려는 것이었다. 이것은 그리스의 가정이 얼마나 공장 같았는지 되새기게 한다. '가사 노동'들과는 별도로 양털로 옷 만들기, 남편이 거두어 온 곡물을 갈고 빵을 굽기, 겨울 식량 마련하기 등의 일들이 있었다. 사실 우리는 현대의 상점들에 있는 물건들과 가공 물품 대부분을 머리에서 지워야 한다. 아내란 분명 커다란 책임을 맡은 지위였다. 할리우드의 영화들은 개념으로나 사례들로나 오직 낭만적 사랑만이 행복하고 지속적인 가정을 가능케 하는 기초라고 주장한다. 따라서 그와 다르게 생각한 그리스인은 지루하고 냉소적이었을까? 그리스인은 '낭만적' 사랑의 힘을 알았다. 그리고 대개 그것이 파괴적이라고 말했다. (소포클레스, 『안티고네』, 781행 이하, 에우리피데스 『메데아』, 628행 이하를 보라. "절제된 사랑은 그 무엇보다 매혹적이다. 그러나 부디 다른 종류의 사랑에서는 나를 건져 주소서!")

이 모든 것은 그래도 다 좋다. 남자에게는 헤타이라이와 그보다 더한 것들이 있었다. 네아이라 연설은 어떤가? 이 연설은 실제 무엇인가? 가끔 이 연설은 마치 국가 문서의 권위라도 가진 듯이 이용된다. 그러나 무엇인가? 분쟁이 일어난 소송에서, 매우 세속적인 한 청원자가 100명 정도의 일반 아테네인들로 구성된 배심원단에게 발언한 내용이다. 그리고 이 배심원단 중 대다수는 주말에 생선장수에게 치를 푼돈을 벌기 위해 배심원으로 나선 사람들이었다. "정말 헤타이라이로군! 귀여운 노예 소녀들이네! 우리 같은 놈들에게는 너무 비싸죠. 아무튼 수당은 감사합니다!" 어쨌든 연설자가 정말 말했던 것은 무엇인가? 그의 모든 주장은 정치 기구에 외국인과 심지어 오염된 혈통의 사람들을 끼워 넣은 스테파노스의 극악한 범죄를 드러내고자 했다. 위선을 떠는 것이 아니었다. 이것은 폴리스란 친족의 결합이라는 관념에 뿌리를 두었다. 그러므로 그는 말한다. "헤타이라이와 노예 소녀는 모두 좋습니다. 그러나 우리 폴리스의 존재가 달린 기초와, 우리가 돌아가야 할 개별 가정의 유지에 대하여 생각할 때, 우리는 누구에게 관심을 두어야 합니까? 바로 우리의 아내들입니다." 이 장면에서는 아내에 대한 경멸은 전혀 없으며, 아내를 다른 여성들보다 훨씬 위에 둔다. 이것은 토기 회화들의 증거와 완전히 일치한다. 우리가 이런 장면들을 오독(誤讀)하고, 회화와 희곡들의 증거를 내버리려 애쓰는 이유는 바로 우리의 물질적, 사회적 배경이 그리스인과 완전히 다르고, 수세기 동안 낭만적 사랑에 대한 유산을 물려받았기 때문이다. 글로버(T. R. Glover)와 같은 활력 있고 예민한 학자조차 소크라테스가 친구에게 이런 말을 했다고 설명한다. "당신은 당신의 아내에게 하는 만큼 중요한 일들을 많이 맡길 만한 사람이 있습니까? 그리고 당신의 아내와 나누는 이야기보다 더 적게 이야기를 나누는 사람이 있습니까?"[42] 그러나 그리스 원문은 단순하게 이런 뜻이다. "당신은 (당신의 아내에게보다) 중요한 일들을 더 많이 맡기고, 더 적게 의논하는 사람이 있습니까?" 아내와 의논을 적게 하는 이유는 (드러내진 않지만) 그들이 함께 일하고 서로를 이해하기 때문이다.

소년들은 학교에 가서 읽고 쓰는 법을 배우고, 시, 음악, 체육 교육을 받는다. 소녀들은 학교에 전혀 가지 않는다. 아테네인이 여성을 멸시하고 멍청한 여인을 선호했다는 주장에 대한 또 다른 증거로 쓰이는 부분이다. 아테네 여성은 문맹이고 교육을 받지 못했다. 그래서 아테네 여성은 극장에서 안티고네가 그토록 고상하고 지적으로 이야기하는 것을 보고는 그 둔한 눈을 휘둥그레 뜨고, 도대체 이 여자는 어떻게 된 일일까, 소포클레스는 어떻게 이와 같은 여자를 상상해 낸 것일까 궁금해 한다. 이것은 분명히 기괴한 모습이다. 이것 역시 우리가 아테네와 맨체스터를 혼동하기 때문에 생기는 일이다.

먼저 우리는 소녀가 학교에 가지 않았으므로 문맹이라고 주장하는 순간, 참일 수도 있고 거짓일 수도 있는 가정을 하는 셈이다. 아이들은 집에서 독서의 기술을 습득한다는 사실이 밝혀졌고, 아테네인의 지성과 호기심을 고려해 볼 때, 위의 가정(假定)은 믿을 수 없다. 두 번째로, 오늘날 문맹은 인간 이하로 취급받지만, 책이 상당히 드문 물품이었던 사회에서는 그렇지 않았다. 보통 아테네인에게 독서 능력은 별로 중요하지 않았다. 글로 쓰인 말보다 대화, 논쟁, 극장이 훨씬 더 중요했고 교육의 진정한 원천이었다. 소년은 자격증과 '교육의 이점' (즉 우리가 그리스인보다 훨씬 더 존경하는, 육체노동보다 나은 직업을 위한 자격조건)을 얻기 위해 학교에 가서 수고하는 것이 아니었다. 그리스인은 괴팍하고 무식하게도 남자답게 되라고 소년을 학교에 보냈다. 도덕, 예의, 건장한 체격이 중요했다. 읽고 쓰기도 배웠다. 그러나 이 기초적인 것들은 그리 오랜 시간이 걸리지 않았다. 그 밖의 기초 교육과정은 시와 노래(무시케, *mousike*) 및 육체 훈련이었다. 무시케는 도덕과 지혜의 훈련에 도움이 된다며 특히 높게 평가받았고, '김나스티케' (*gymnastike*)의 도덕적 영향력도 결코 간과되지 않았다.

그동안 소녀들은 무엇을 했을까? 소녀들은 어머니에게서 여성 시민이 되는 법을 배웠다. 이것을 '가사 노동'이라고 말하면 격이 떨어지는 어떤 일로 보이겠지만, '생활 과학'이라고 한다면 훨씬 품격이 높아 보일 것이다. 이것이 얼마나 다양하고 책임 있는 일인지는 앞에서 이미 보았다. 소녀가 그 밖에는 아무것도 배우지 않았다고 가정한다면 부당한 일이며, 아버지가 소녀와 정치적인 이야기는 전혀 나누지 않았다고 하는 생각은 네아이라 연설의 장면에서 부정된다.

여성들이 아테네가 제공하는 진정한 교육을 공유할 기회를 가졌을까? 민회와 법정에서는 그런 기회가 없었다. 간접적인 것을 제외한다면 말이다. 극장은 어땠을까? 여성도 입장이 허락되었을까? 이것은 매우 흥미로운 문제다. 증거들은 다양하고 분명하며 일치한다. 여성도 입장했다. 한두 가지 사례를 들어 보겠다. 플라톤은 시 일반과 특히 비극을 비난하면서 그것을 "소년들, 여자들, 남자들, 노예들, 자유 시민들을 구분 없이" 대상으로 삼는 일종의 수사학이라고 불렀다. 비극 경연대회에 오직 남성 시민만 관람했다고 한다면 이 말이 이해되지 않는다. 아리스토파네스의 『개구리들』에서 아이스킬로스는 에우리피데스의 '비도덕성'을 비난하는 인물로 등장한다. 아이스킬로스는 에우리피데스가 무대에 너무나 방탕한 매춘부들을 올렸기 때문에 "정숙한 여인들이 수치심에 머리를 들 수 없었다"고 말한다. 여성들이 감시당하며 집에 갇혀 지냈다면, 그럴 일이 어디 있었겠는가? 고대의 『아이스킬로스전(傳)』에서는 『에우메니데스』에 나오는 복수의 여신들의 합창이 너무나 무서워서 소년들은 겁에 질려 죽고 여자들은 유산을 했다는 이야기가 나온다. 말도 되지 않는 이야기다. 그러나 이 이야기를 처음 한 사람은 여성이 극장에 들어갔다고 생각했음이 분명하다.

증거는 결정적이다. 그러나 "이 문제를 다루는 데 학자들은 옳음과 적절함에 대한 선입견 때문에 부당한 편견을 가졌다. 아테네 여성들은 의심할 바 없이 거의 동양식으로 격리되었다. 고대 아티카 희극에는 소년들과 여성들에게는 너무나 부적절해 보이는 난잡한 장면들이 가득하다. 이런 이유들로 어떤 저술가들은 소년과 여성들이 그 어떤 연극 공연도 관람하지 않았다고 주장하기에 이르렀다. 또 어떤 이들은 소년과 여성들을 비극 공연에서 제외하지는 않았으나, 그들이 희극 공연장에 있었을 가능성은 없다고 선언했다."[43] 불가능, 그로써 문제는 끝났다. 그러나 헤이(A. E. Haigh)는 동양식 격리라고 믿었음에도 불구하고, 여성들에게 비극은 관람이 가능했으나 희극은 금지되었다는 주장을 부정하는 증거들을 보여준다. 이 증거들을 부인하더라도 소용없다. 비극 삼부작은 사티로스극 공연으로 마무리되었기 때문이다. 남아 있는 한 사티로스극(에우리피데스의 『키클롭스』)에는 주식거래소마저 정신을 잃을 정도의 농담들이 담겨 있다. 그렇다면 이 문제에서 우리로서는 상상하기 힘든 성적 평등과 자유가 있었던 것이다. 아마 18세기의 파리 사람들이라면 이것을 그리 어렵지 않게 받아들였으리라.[44]

이제 논의를 요약해보자. 우리가 가진 증거들은 "거의 동양식으로 격리되었다"는 것과 같은 구절들을 거의 지지하지 않는다. 학자들은 아직 소녀와 기혼 여성을, 그리고 아테네와 맨체스터의 삶의 조건을, 또 고전기 그리스 문학과 현대 문학을 명확하게 구분하지 못했다. 기원전 3세기 초의 테오크리토스는 알렉산드리아의 시라쿠사 여인이 친구를 찾아가서 함께 거리를 지나 축제로 가는 모습을 묘사하는 생생한 무언극을 썼다. 어떤 이들은 이렇게 말한다. "이들은 도리스 여인들이다. 이들이 아테네 여인들보다 얼마나 많은 자유를 누리는지 보라." 이 추론은 부당하다. 우리는 오히려 이렇게 말해야 한다. "이 시는 도시국가가 종말을 맞은 시대에, 그리고 정치는 일반 시민이 아니라 왕과 관료들의 관심사가 된 시대에, 코즈모폴리스인 알렉산드리아에서 쓰였다. 그들은 더 이상 자신들을 폴리스의 삶과 관련된 일에 묶어두지 않았다. 그들은 사생활과 가정에 대해 쓰기 시작했다."

그러나 '격리'의 교리는 너무나 강력하여, 아리스토파네스의 희곡에서 한 기혼 여성이 왜 외출하기 어려운지 그 이유를 말할 때, 우리는 귀 기울여 들을 필요를 느끼지 않는다. 이미 안다고 생각하기 때문이다. 그리고 아마 우리였다면 여자들에게 보지 못하게 했을 연극들을 보러 여성들이 자주 극장에 갔다는 것에 대해 완벽하게 유효한 증거를 발견했을 때, 우리는 그 증거에 맞서 싸운다. 그 후에 무의식적인 논리는 이렇게 흐른다. "만약 우리 사회에서 여자가 그런 열악한 지위에 있었다면, 그것은 남성의 거만함과 억압 때문일 것이다. 그러므로 아테네에서도 바로 그런 이유에서 그랬을 것이다. 아테네인은 분명 여성들을 무시했고 아마 경멸했을 것이다. 외국 여성이거나, 아주 품격이 높은 여인을 제외한다면 말이다." 그러고 나서 우리는 토기들을 보고 놀라고, 여성의 성격에 대해 비극에서 암시하는 바들을 무시한다. 우리는 그리스인의 삶의 자연적 조건을 잊는다. 얼마나 원시적인 조건이었는지, 그리고 그 조건들이 남성과 여성의 삶의 방식과 이해관계를 얼마나 확연하게 구분했는지를 망각한다. 우리는 아테네인이 헤타이라이와 함께한 이유가, 이 여인들은 교육을 받았고 아내들은 무식하기 때문이라고 확신해 버린다. 얼마나 순진한가! 우리 사회에서조차 작은 공동주택에 혼자 살며 식당에서 밥을 먹는 소녀가 기혼 여성보다 더 왕성한 사회생활을 하는 경우가 적지 않다. 이 헤타이라이는 삶의 진지한 일들에 대해서는 '싫어요'라고 말했던 요부(妖婦)들이었다. 물론 그들은 남자들을 즐겁게 해 주었다. "그러나 나의 동료 시민들이여, 그런 여인과 결혼할 필요는 없소."

마찬가지로 우리는 여성의, 특히 상속녀의 법적 무능력에 대해 생각한다. 우리는 이것이 아테네인이 얼마나 여성의 존엄성을 낮게 보았는지를 증명해 준다고 말한다. 이것은 그런 것 따위는 전혀 증명해 주지 않는다. 이것은 다만 우리가 이미 아는 것, 즉 아테네인이―혹은 아테네 법이―개인의 편의와 이익을 사회 집단, 곧 가문과 폴리스의 이익에 비해 얼마나 미미하게 생각하는지를 증명해 줄 뿐이다. 아폴로도로스 대 폴리클레스의 소송(데모스테네스)은 이와 관련하여 언급할 가치가 있다.

아폴로도로스는 부유한 사업가였고, 삼단노선의 선장이었다. 민회는 해상 작전이 긴급하게 필요하다는 결정을 내렸다. 삼단노선 선장들은 다음 날까지 배를 항구에 가져와야 했고, 6개월 동안 복무해야 했다. 그런데, 아폴로도로스는 복잡한 사업 문제들을 처리해야 했다. 그 6개월 동안에 어머니가 위독하다는 소식도 들었다. 그에게 배당된 선원들이 부족하고 무능하였기 때문에 적절한 선원들을 원한다면 자기 돈을 들여서 직접 고용해야 했고, 자기 돈을 되찾을 기회를 모색해야 했다. 이것들은 모두 불운한 일들이다. 그러나 아무 변명이 될 수 없었다. 아폴로도로스에게는 자기 업무를 대신할 친구―친구란 바로 이런 일을 위해 있는 것이다―가 있었고, 어머니는 그가 없어도 편히 돌아가실 수 있었다. 아폴로도로스는 결코 자신의 배를 떠날 수 없었다. 아폴로도로스가 상속녀처럼 거친 취급을 당했다고 생각할 사람은 아무도 없을 것이다. 그러나 원칙은 동일했다. 상속녀의 지위를 가문의 종교적, 사회적 중요성과 가문의 우두머리에게 부여된 엄숙한 의무에 대한 고려 없이 생각해서는 안 된다. 가문의 그리고 종교적 숭배의 폐절(廢絶)은 재앙과 같았고, 재산의 탕진 역시 그 못지않은 재난이었다. 그렇다면 최선을 다해―처형당한 패전 장군들에 대해서와 같이―상속녀에게 동정심을 가지되, 상속녀에 대한 법이 여성에 대한 경멸을 내포한다고 성급하게 가정하지는 말자. 무엇보다도 그리스와 비교할 만한 역사적 단계의 로마에서는 가부장(파테르파밀리아스, *paterfamilias*)이 여전히 법적으로 가족 구성원들의 생사여탈권을 쥐고 있었다. 우리는 추론을 하기에 앞서 완벽한 배경 속에서 사물을 관찰해야 한다.

남성의 사회생활에 대해서는 어떤 이야기를 할 수 있을까? 여기에서도 우리가 가진 증거의 본성을 기억해야 한다. 그 어떤 아테네인도 동시대 자기 사회의 모습을 설명하려 애쓰지 않았다. 아니, 사회의 모습이 부수적으로나마 드러나는 방식으로 글을 쓰지도 않았다. 우리에게는 생생한 항목들이 많이 있지만, 그것들을 일반화시키는 데에는 매우 신중해야 한다.

우리는 아테네가 정치적으로 '배타적' 이었음을 안다. 노예와 자유민, 외국인과 본토인 사이의 구분선은 선명했다. 그 선을 넘나들기는 어려웠고, 자신보다 상위의 정치적 지위를 불법적으로 차지하면 심하게 처벌받았다. 우리는 자연스레 이 정치적 배타성에 유사한 사회적 배타성이 수반되었으리라 생각하기 쉽다. 그러나 틀린 생각이다. '시민' 은 '구성원' 을 뜻하고, '구성원 자격' 은 출생에 의한다. 특별한 기여의 대가로서만 외국인에게 '구성원 자격' 이 주어졌다. 그러나 그때에도 보통은 외국의 '구성원' 이었다. '시민' 은 '우월한 사람' 을 뜻하지 않았다.

사실 아테네 사회를 보고 일반적으로 받는 인상은, 이 사회가 정치적으로든 재정적으로든 신분에 의존하는 장벽들로부터 유난히 자유롭다는 것이다. 플라톤의 『국가론』 시작 부분에서, 우리는 늙은 케팔로스에 대한 매우 유쾌한 설명을 만난다. 케팔로스는 (부유하기는 했으나) 외국인이었다. 그러나 그는 아테네 사회에 자유롭게 섞여 들어갔다. 소크라테스는 가난했고, 유력 가문 출신도 아니었다. 그러나 우리는 그가 고위의 사람들과 식사를 하는 모습을 보며, 당사자들은 아무런 당황스러움도 느끼지 않는다. 소크라테스는 도시 안에서 부유한 귀족과 대화할 때나 수공업자들과 대화할 때나 완전히 동일한 어법을 쓴다. 크세노폰의 『향연』에 초대 손님인 안티스테네스 역시 가난한 사람이었다. 물론 이 증거들은 선택적인 것들이다. 플라톤과 크세노폰은 무지하고 속물적인 부자들과는 대화를 나눈 적이 단 한 번도 없다.

다른 증거들도 있다. 극단적 사례를 들어, 노예에 대한 처우를 보자. 우리는 토기 회화들과 다른 사료들을 통해 노예와 소유주 간의 진정한 우정이 희귀하지 않았음을 안다. 오직 당사자들의 문제였다. 어쨌든 노예가 된다는 것은 우연한 일이었다. 많은 노예들이 고결한 성품에 지성을 갖춘 인물들이었고, 아테네인은 신분과 인간을 구분할 만큼 지각을 갖춘 사람들이었다. 일반적으로 스스로 일해 해방을 얻어낸 노예들은 '메토이코스'(*metoikos*) 즉 '거류외인'의 신분을 받았고, 그가 자신의 인격과 재능을 통해 획득할 수 있는 자리를 받지 못했다는 증거는 전혀 없다. 현존하는 법정 연설문에서 오직 한 차례만 노예 출신이라는 점이 조롱에 이용되었다. 그것은 아폴로도로스의 연설이었는데, 그 자신의 아버지 파시온 역시 노예였다가 한 은행가의 큰 존경을 받는 관리인이 되었으며 결국에는 후계자가 되었고, 그 뒤 시민이 된 사람이었다.

부자와 가난한 자 사이의 정치적 구분선은 충분히 명확했다. 그러나 사회적 구분은 어느 정도였을까? 물론 우리 사회 정도는 아니었다. 아테네인이 입을 열어 말하기 시작하면, 당신은 그 어떤 아테네인도 '열등하다'고 말할 수 없을 것이다. 이전에 보았듯이, 핵심적인 교육은 모두에게 똑같이 개방되었다. 우리는 아테네인이 인간에 대한 평가에서 우리보다 훨씬 더 개방적이라는 인상을 받는다. 어찌되었든, 갑작스레 운이 뒤집힐 가능성이 훨씬 높았던 사회에서는 예상될 법한 일이다.

예를 들어, 테오프라스토스의 『성격론』은 30가지의 허물과 결함을 분석한다. 그러나 그중에 완전한 속물은 없다. 사실 '시원찮은 허풍선이'는 있다. 그는 에티오피아 노예를 거느린다. 그는 애완용 갈까마귀를 훈련시켜 방패를 착용한 채 사다리를 오르락내리락 하게 만들었다. 다른 기사들과 더불어 행렬에 나서기라도 하면, 승마용 외투를 입고 박차를 찬 채로 마을을 으스대며 돌아다닌다. 애완용 원숭이를 기른다. 사설 레슬링장을 가졌고, 경기를 위해 대여해 줄 때면, 일부러 느지막이 나타난다. 그래서 사람들이 서로 "저 사람이 주인이래"라고 쑤군거리게 한다. '과두주의 인간'도 있다. 한낮이 되기 전에는 결코 외출하지 않는다. (그래서 자신은 상업과 같은 천한 일과는 아무런 관계가 없음을 증명한다.) 일부러 꾸민 우아한 외투를 입고, 머리와 수염은 너무 길게도 너무 짧게도 하지 않는다. 그리고 반(反)민주적인 정치 견해를 내세운다. "1인 위원회를 만들자. 강한 사람을 세워서." "우리는 이 자들이 분수를 알도록 해야 한다." 이런 사람들은 정말 상냥함을 결여하고 있다. '거만한 인간'도 마찬가지다. 그는 남이 말을 걸기 전까지는 말하지 않고, 자기 집에 손님을 맞이하기는 하지만 직접 손님과 함께 식사하지는 않는다. 그러나 이들은 음산한 속물 돈벌레는 아니다.

우리는 '훌륭한 태도'에 대해서 그리고 사람의 인격에 대해서 많은 이야기를 듣는다. 때로 우리는 만약 내가 추하게 생겼다면, 나를 만나는 사람은 그것을 인격적 무례로 받아들이리라 생각하고픈 유혹을 받는다. 아폴로도로스도 그러했다(데모스테네스 45편 77). "내 얼굴, 내 빠른 걸음, 내 큰 목소리는 나를 행운의 가호를 받는 사람으로 만들지 못했습니다. 그것들은 나에게 손해였고, 다른 사람들을 성가시게 할 뿐 나에게 아무런 이익도 주지 않습니다." 낮은 목소리는 인정받았고, 당당한 걸음도 그러했다. 그러나 지나친 우아함은 (앞에서 보았듯이) 신사답지 못했다. 그것은 하얀 이를 유지하려고 특별히 수고하는, '시원찮은 허풍선이'였다. 그렇지만 검은 이를 가진 사람은 '역겨운 인간'이었다. '촌뜨기'는 자리에 앉았을 때 다리를 너무 많이 내놓고, 문 두드리는 소리에 직접 응답하며, (공공) 목욕탕에서 노래를 부르고, 자기 구두에 못질을 한다. 마치 '저급한 인간' (아네레우테로스)이 누더기 신발을 신고, 그 신발이 뿔보다 강하다고 호언장담하는 것과 같다. 벼락부자와 비슷한 성격도 있다. 그는 만학(晚學)이다. 그는 70세 이상이 되어서 시를 배우고, 춤, 레슬링, 승마 교습을 받는다. 그의 허물은 때에 맞지 않게 그리고 어리숙하게 자랑을 늘어놓는 것이다. 이런 유형에서 사회적 우월성은 티끌만큼도 보이지 않는다. 이 어리석은 인간은 젊은이와 더불어 투창 던지기 연습을 하며, 또 강사에게 '마치 강사는 아무것도 모른다는 듯이' 자신이 시범을 보이겠다고 한다.

테오프라스토스를 떠나기는 쉽지 않다. 적어도 '참견쟁이'와 '느림보 멍텅구리' 정도는 (비록 그들이 직접적인 관련성은 없지만) 소개를 하고서 떠나야겠다. '참견쟁이'는 당신에게 지름길을 가르쳐주고는 길을 잃을 것이다. 이 얼마나 그리스적인가! 의사가 술을 먹지 말라고 한 사람에게 '실험 삼아' 포도주를 줄 것이며, 그 불쌍한 사람을 완전히 자빠뜨릴 것이다. 맹세를 할 때면 입회인들에게 "여러분도 아시다시피, 내가 맹세를 처음 하는 것도 아닙니다"라고 말할 것이다. '느림보 멍텅구리'는 계산서를 모아서 그 합계를 쓴 다음, "이게 얼마죠?"라고 말한다. 그는 극장에 홀로 남겨지고, 금세 잠이 들고, 다른 이들은 모두 가 버린다. 만약 누군가 그에게 지난달 공동묘지 길로 얼마나 많은 장례 행렬이 지나갔는지 아냐고 묻는다면, 이렇게 답한다. "나는 그저 당신과 제가 그 반만큼이라도 장례식을 치를 수 있다면 좋겠어요." 그리고 지각없이 저녁을 많이 먹은 뒤 한밤중에 화장실을 다녀오다가 실수로 이웃집에 들어가고, 개에게 물린다.

우리는 논점으로 되돌아와야 한다. 다만 '요령 없는 인간'을 지나가야 한다. 그는 연인이 열병으로 아플 때 세레나데를 부르며, 이제 막 고된 여행에서 돌아온 사람을 찾아가 산책이나 하자고 하며, 중재자를 자청하여 화해하고픈 사람들을 다투게 만들고, "춤 생각이 나면 아직 술 취하지도 않은 사람의 손을 붙든다."

가난은 당연히 탄식의 대상이었다. 먼저, 가난은 친구를 돕고 싶을 때 도울 수 없게 만든다. 에욱시테오스는 자신의 소송 상대가 그의 어머니를 시장에서 리본을 판다는 이유로 모욕했다고 항의한다. 그것은 "남자든 여자든 시장에서 열심히 장사를 하는 것을 가지고 시민을 비난하는 사람에 대해서는 명예훼손 소송을 허용하는 법에 어긋나는" 일이었다. 법 (혹은 법조항)이 필요했다는 것도 중요하겠지만, 시장은 특별한 경우였다. 이것은 누군가 깡패 짓을 한다고 추정되는 것이었다. (284쪽, '거짓말쟁이의 시장' 참고.) 소송에서 에욱시테오스와 대립한 불한당은 또 그의 어머니는 보모라고 주장했다. 에욱시테오스는 말한다. "그래서 어떻단 말인가? 많은 사람들처럼, 우리도 전쟁 때문에 큰 타격을 입었다. 수많은 아테네 여인들이 보모 일을 하고 있다. 당신이 원한다면 그 이름들을 댈 수도 있다."

우리는 종종 몇 가지 조건을 달고서, 그리스인이 육체노동을 경멸했다고 확신한다. 그런 생각은 침머른(Sir Alfred Zimmern)에 의해 (그의 책

Greek Commonwealth에서) '기괴한' 것으로 배척되었고, 나는 그 형용사를 참 잘 골랐다고 생각한다. 여성에 대한 처우를 고려할 때와 같이, 그리스인의 태도를 적절하게 평가하기 위해서는 먼저 현대의 사고들에서 벗어나야 한다. 또 우리가 근거를 두는 '권위자들'이 누구인지, 그들이 무엇에 대하여 이야기하는지 생각해야만 한다. 마치 주문을 내뱉듯 '노동자'들에 대해 이야기하는 것은 현대의 습관이다. 그리스어는 너무나 단순하여 이렇게 뭉뚱그려서 생각할 수 없다. 그리스인은 '무슨 일에 종사하고, 어떻게 일하는지?'를 알고 싶어 할 것이다.

예를 들어, 우리는 소크라테스(크세노폰, 『오이코노미코스』, IV, 3)를 근거로 몇몇 국가(아테네는 아니다)에서는 시민들이 기계를 다루는 직업에 종사하는 것을 금지했다고 알고 있다. '비천한 직업'에 종사하는 자는 아마추어 조정 선수가 될 수 없다는 '아마추어 조정(漕艇) 협회'의 규칙이 (혹은 규칙이었다고 하는 것이) 바로 떠오른다. 우리는 그 누구도 아닌 소크라테스에게서 그런 속물근성을 발견하고는 깜짝 놀랄지도 모른다. 그러나 그 글을 잘 읽어보면, 거기에 속물근성은 전혀 없다. 그 글이 뜻하는 바는 이런 것이다. "사람들은 수공업이라 불리는 직업들을 비난한다. 그런 직업들은 정당하게도 공동체에서 별다른 평판을 얻지 못한다. 왜냐하면 그 직업들에 종사하는 사람들은 앉아서 일해야 하고 하루 종일 집 안에 있어야 하므로 몸이 약해지기 때문이다. 어떤 이들은 심지어 하루 종일 불 옆에서 일한다. 몸이 여자같이 되면 정신 역시 쇠약해진다. 게다가 기계를 다루는 이 직업들은 사람으로 하여금 친구의 관심사나 공동체의 관심사에 참여할 여가를 남겨 주지 않는다. 그러므로 이 계급은 친구에게도 별 도움이 되지 못하고, 공동체를 방어하는 데도 쓸모없다. 사실 몇몇 국가들에서는, 특히 호전적인 국가들에서는 시민들이 이런 수공업 직업에 종사하는 것을 금지한다."

그리스인은 단순한 사고를 하기 때문에 어떤 제안을 받았을 때 그것이 반동적인지, 인기 있는지, '노선 이탈자' 적인지 묻지 않았다. 그들은 다만 사실이냐고 묻기 원했다. 참정권을 언제든지 군역을 감당할 준비가 된 계급(여기에는 분명 모든 농민이 포함될 것이다)에게만 제한한 국가들은 국가의 기능에 대해 편협한 시각을 가졌을 수는 있다. 그러나 이 때문에 그들이 육체노동 자체를 경멸했다고 말할 수는 없다.

소크라테스의 추론 방식을 우리 시대에 적용해 보자. 우연찮게도 나는 이 책의 대부분을 불가에 앉아서 썼다. 만약 내가 다음 주에 브리지워터(잉글랜드 서머싯 주의 도시-옮긴이)로 행군해야 한다면, 나는 기진하여 길가에 쓰러질 것이다. 나는 분명 방패를 내던지고 싶을 것이다. 만약 내게 배심원 근무 요청이 들어온다면, 나는 나 없이는 대학이 운영되지 못한다는 이유로 면제를 요청할 것이다. 소크라테스는 분명 나라는 개인에게 큰 흥미를 느낄 것이다. 그는 나를 가련한 시민으로 생각하고, 내 직업을 그의 블랙리스트에 올릴 것이다. 그러나 소크라테스가 '지적인 직업을 경멸했다'고 결론짓는 것은 믿을 수 없다. 사실 그가 거부한 것은 육체노동이 아니라 전문화였다. 그는 농사일을 가장 열렬히 추천한다. 그는 '무지렁이 농군'을 조롱하지 않는다.

소크라테스가 여기에서 이야기하는 것은 정치이지 사회가 아니라는 점을 잊지 말자. 소크라테스는 논의에 관련 없는 고려사항들을 끼워 넣는 사람이 아니었다. (플라톤과 아리스토텔레스 역시 마찬가지였다.) 우리는 『메모라빌리아』(Ⅲ, 10)에서 소크라테스의 다른 측면을 볼 수 있다. 대부분의 시간을 공장이나 작업장(이 둘은 거의 차이가 없다)을 돌아다니며 '노동자'와 더불어 그 노동자의 직업에 대해 이야기를 나누는 소크라테스다. 크세노폰의 말에 따르면, 그들은 소크라테스와의 대화가 매우 유용하다고 느꼈다. 크세노폰은 흉갑 제조공인 피스티아스라는 사람과의 대화를 기록했다. "흉갑이란 얼마나 존경스러운 발명품인가! 보호가 필요한 곳을 보호해 주고, 그러면서도 팔을 쓰는 데 거치적거리지 않는구려. 자, 말해주시오, 피스티아스여. 당신은 왜 다른 제조공보다 더 비싼 값을 부르는 것이오? 당신의 흉갑이 더 강한 것도 아니고, 재료도 똑같은 것인데 말이오." 피스티아스는 자신의 흉갑의 균형감이 더 뛰어나다고 설명한다. "그러나 만약 당신의 고객이 균형이 잡히지 않은 사람이라면 어찌하오?" 피스티아스는 자신이 개인별로 맞추어 준다고 설명했다. 소크라테스는 말한다. "그렇다면 균형감이란 절대적인 것이 아니라 착용자에 따라 상대적인 것이로구먼. 그리고 물론 흉갑이 잘 맞는다면, 무게는 균일하게 배분되었을 테고 따라서 유별난 모양이 아니겠구려." 피스티아스가 말한다. "바로 그겁니다. 그래서 나는 내 제품이 더 좋은 가격을 받아 마땅하다고 생각하는 것이죠. 그러나 장식이 잔뜩 달린 흉갑을 선호하는 사람들도 있답니다."

이 노동자들은 자신들과 자신들의 직업에 대해 자긍심이 높았다. 평범하게 팔리기 위해 만들어진 토기 회화들에는 종종 작업장의 모습이 나타난다. 당연한 일이지만 가장 흔한 것은 도공(陶工) 자신의 작업 모습이다. 그러나 다른 직업들도 그려져 있다. 영국의 도공들은 종종 자신들의 제품에 나비를 장식해 넣거나 사랑스런 시골집을 그린다. 나는 영국제 접시나 토기에 자신들의 작업장을 그려 넣은 경우를 본 적은 없다. 여기에는 다른 이유들도 있겠지만, 적어도 그리스 도공이 자신의 직업 자체를 장식으로 썼다는 사실은, 그 직업에 대해 사회적 편견이 없었음을 뜻한다.

『메모라빌리아』에는 에우테로스라는 사람이 나온다. 그는 이전에 우리가 만나 본 아리스타르코스처럼 전쟁으로 재산을 날렸다. 그는 어떤—무엇인지는 나오지 않는다—육체노동에 종사했다. 친구들 신세를 지는 것보다는 그것이 낫겠다 생각했기 때문이다. 소크라테스는 말한다. "모두 다 좋습니다. 그러나 당신이 너무 늙어서 일할 수 없게 되면 어찌하렵니까? 토지 관리인—노동자들을 감독하고 추수를 관리하는 등의 일을 하는 사람—을 구하는 사람을 찾는 편이 나을 것입니다. 나이가 들었을 때는 그런 직업이 훨씬 더 유용하답니다." 매우 지각 있는 조언이다. 그러면 에우테로스는 무어라 했을까? 그의 대답은 너무나 근본적으로 그리스적이었다. 나는 이전에 한 그리스인으로부터 직접 그런 종류의 말을 들었다. 그는 쇠퇴하는 작은 그리스 마을에서 작고 망해 가는 식당을 하고 있었다. 내가 그곳에서 그가 주는 멋진 식사를 날마다 즐기고 있는 동안, 그는 식당을 포기하고 다른 식당에 취직할 수밖에 없게 되었다. 나는 내가 현대 그리스어로 표현할 수 있는 한 최대로 그에게 행운을 빌어주기 시작했다. 그러나 그는 내 말을 끊고 한없이 비통한 눈빛과 몸짓으로 이렇게 말했다. "히팔레로스(*bypalleros*)!" '종속'이라는 뜻이다. 이것은 바로 에우테로스가 한 말이었다. 에우테로스는 육체노동자가 되는 것에는 아무런 거리낌이 없었으나, 지주의 토지 관리인이 되기는 싫었다! 본(H. G. Bohn, 1796~1884. 번역가, 출판자—옮긴이) 문고의 번역에 따르면, 에우테로스는 특유의 직설적인 어투로 말했다. "소크라테스여, 나는 노예가 되는 것에는 전혀 마음이 내키지 않습니다." 소크라테스는 토지 관리가 도시 관리와 매우 유사하다는 점을 지적하고, 그것은 결코 노예의 직업이 아니라고 말했다. 에우테로스는 완고했다. "나는 나 자신을 그 누구의 감시에도 내놓지 않겠습니다." 소크라테스는 말했다. "그것은 어려운 일일세. 그러나 감시를 하지 않는 사람을 찾으면 될 것 아닌가. 공평한 사람 밑에서라면 자네는 스스로의 권한으로 일들을 수행할 수 있을 것이고, 자네 권한 바깥의 일들은 하지 않으면 될 것일세." 에우테로스가 어떻게 했는지 우리는 알 수 없다. 그러나 토지 관리인이 되라니! 오, 제우스여!

사실 노동에 대한 그리스인의 태도는 매우 지각 있는 것으로 보인다. 추상적 개념인 '노동'이란 없었다. 모든 것은 그 직업이 무엇을 하느냐에 달렸다. 특히 그 직업에서 당신 자신이 주인이냐 여부가 중요했다. 시민들은 노예와 함께 일하기를 꺼려하지 않았다. 차이점은, 시민은 일을 그만두고 민회로 갈 수 있지만, 노예는 그럴 수 없다는 것이었다. 피스티아스는 원한다면 가게 문을 닫을 수 있었다. "내일 돌아옵니다." 그에게는 즐거운 직업이 있었고, 자신의 노동에 긍지를 가질 수 있었고, 고객들은 그의 상품이 마음에 들지 않는다면 다른 가게로 갈 수 있었다. 그리스인은 노동을 높이 평가했다. 그들은 노동에 대해 속물적이지도, 감상적이지도 않았다. 아리스토텔레스가 비천한 직업과 수공업은 시민들에게 적합하지 않다고 말했을 때, 아리스토텔레스 자신의 논리로는 그 말을 반박하기가 불가능하다. 그것은 편견이 아니었다. 그 자신의 전제들 위에서 매우 유효한 판단이었다. 아리스토파네스는 클레온을 난폭하고 저열한 가죽장수로 풍자한다. 그러나 난폭하지 않고 저열하지 않은 가죽장수들을 조롱하지는 않았다. 소크라테스를 고소한 사람의 이름은 아니토스였다. 소크라테스는 그의 아들에 대해 (『메모라빌리아』, 30) "나는 그가 자기 아버지에 의해 떠밀려 들어간 노예 같은 직업에 계속 머물러 있으리라 생각하지 않네"라고 했다. 그 일은 가죽 판매업이었다. "그는 능력 있는 젊은이야." 정확한 말이다. 그는 그 직업보다는 나은 사람이었다. 사실 일반적으로 무시당한 직업은 소매업이었다. 그것은 부분적으로는—소매업자는 진정 무엇인가를 하는 것이 아니라 기생한다고 보는—경제적 편견 때문이었고, 부분적으로는 도덕적인 이유('거짓말쟁이의 시장')였고, 또 부분적으로는 미학적인 이유 때문이었다고도 할 수 있다. 소매업자는 기술을 요하거나 만족감을 주는 물건을 만들지 않았기 때문이다. 우리 식으로는 '점원'이다. 데모스테네스는 좀 더 고귀한 상인들에 대해 이야기하면서 이렇게 말한다.[45] "그리고 상업과 재정의 세계에서는 한 사람이 똑똑하면서 동시에 정직하다는 것은 상당히 놀라운 일로 여겨진다." 그리스 세계의 말기에는 '노동'에 대해 경멸조로 글을 쓰는 철학자들과 저술가들이 넘쳐났다. 그러나 그 세계는 '문화'를 발명한 분열된 세계였다.

다소 두서없는 이 장을 마무리하기 위해서, 우리는 아직 언급되지 않았거나 충분히 다루어지지 않은 일반적 성격이 있는지 물어보아야 한다. 분명히 하나가 있다.

소송 당사자가, 자신이 고소한 이유가 상대방에 대해 보복을 하기 위해서라는 사실을 공개적으로 인정하는 모습에 독자들은 아마 꽤 놀랐을 것이다.[46] 우리라면 이런 동기를 신중하게 은폐할 것이다. 사실 이런 동기는 고소인이 아니라 피고인이 밝혀내려 애쓰는 것이다. 그러나 그리스 법정에서 이것은 너무나 공공연히 선언되었다. 상당히 길게 다루어 볼 가치가 있는 문제다.

명백하게도 그리스인들이 복수심이 강했다고 단순하게 말하는 것으로는 전혀 설명이 되지 않는다. 복수에 대한 욕망이 어째서 덕목으로 여겨졌을까? 복수의 욕망과 복수 자체가 비합리적인 것으로 간주되지 않았다면, 복수는 정말 덕목으로 여겨졌기 때문이다. 이것은 테오프라스토스에 나오는, 우리가 이해하기 힘든 한 인물에게서 볼 수 있다. 그는 '반어적 인간'이었다. '반어적'(ironical)이라는 말은 의미가 완전히 변했다. '반어'(irony)는 허풍과 과장의 정반대를 뜻했고, 또 정반대이기에 마찬가지로 잘못된 것이었다. 그리스인은 우리가 최근의 정치사에서 얻은 교훈, 즉 악한 자의 반대는 선한 자가 아니라 다른 종류의 악한 자라는 것을 언제나 잘 알고 있었다. '반어'는 단순히 말을 줄여서 하는 것이 아니라 솔직하지 않은 것이었고, 진실한 동기를 감추는 것이었고, 거짓 동기들을 늘어놓는 것이었다. 테오프라스토스의 '반어적 인간'은 무엇보다도 이런 사람이다. "그는 적들에게 찾아가 적개심을 보이기보다는 수다를 떤다. 그는 등 뒤에서 욕하던 사람을 면전에서는 칭찬하고, 그들이 실패하면 동정심을 보인다. 그는 자신을 욕하던 사람을 용서하고 자기를 공격한 것들을 용서한다."47) 우리는 테오프라스토스가 반대하는 것이 그 '용서'가 진실하지 않다는 점이 아니라는 것을 잘 알 수 있다. 허풍선이가 진짜 자기보다 훨씬 더 나은 사람으로 위장하듯이, 그의 반대편에 있는 '반어적 인간'은 (다른 무엇보다도) 진짜 자기보다 훨씬 더 저급한 인간인 체한다. 그리고 저급한 정신을 분명히 내보이는 데 자신의 적을 용서하는 척하는 것보다 더 좋은 방법이 무엇이겠는가? 그렇게 하는 척하는 것만으로도 역겨운 일이다. 그리고 실제 그렇게 하는 것은 더욱 역겹다.

이것은 철저하게 그리스적이다. '친구를 사랑하고 적을 미워하라'는 격언에 대해 소크라테스 이전에는 그 누구도 도전할 생각조차 하지 못했다. 아리스토텔레스가 제시하는 고귀함의 모범은 '고상한 정신의 소유자' 또는 '위대한 영혼의 소유자'다. (라틴어의 문자적 번역어인 영어 *magnanimous*(도량이 큰—옮긴이)는 다른 색채를, 그것도 가장 비(非)아리스토텔레스적인 색채를 가지게 되었다.) 그러한 사람은 '반어적 인간'과는 달리 우정이든 증오든 공개적으로 내놓을 것이다. 은폐란 두려워한다는 증거이기 때문이다.

우리는 위선이 나쁜 일이라는 것은 이해한다. 우리가 또 이해해야 할 것은, 적을 용서하는 것이 나쁜 일이며, 복수하는 것은 명백한 의무라는 것이다.

극단적으로 비기독교적인 이 도덕성은 부분적으로는 그리스 사회의 본성에서 생겨났다. 그리스에서는 우리 사회보다 집단이 사회적으로 더 중요했고, 개인은 덜 중요했다. 개인은 먼저 자신의 가문의 일원이며, 다음에는 폴리스의 일원이다. 한 개인에게 가해진 잘못은 그의 가문과 폴리스에 가해진 잘못이었고, 개인은 자신의 가문 또는 폴리스의 이익을 위해 반드시 복수를 해야 했다. 우리들에게도 그 엄밀함에 있어서는 이와 유사한 사례가 있다. 그것은 기금을 관리하는 관리나 수탁자들에게 부과되는 엄밀함이다. 그들은 다른 사람들의 돈을 가지고서 물 쓰듯 써 버려서는 안 된다.

그보다 훨씬 더 중요한 것은 명예에 대한 그리스인의 감각이 가진 영향력이었다. 그리스인은 동료들 사이에서 자신의 위치에 매우 민감했다. 그들은 자신의 몫을 주장함에 질투심이 많았고, 또 질투심이 많을 것으로 생각되었다. 겸손함은 그리 높게 여겨지지 않았고, '덕'은 그 자체가 보상이라는 교리는 그리스인들에게는 순전히 바보짓으로 여겨졌을 것이다. 덕('아레테', 뛰어난 우수함)의 보상은 동료들과 후세의 칭찬이었다. 이것은 그리스인의 삶과 역사를 관통한다. 이것은 자신의 '상급'에 대한 호메로스 영웅들의 독특한 감수성에서부터 시작된다. 이에 대한 전형적인 언급을 보자.

만약 당신이 인간의 야망을 바라본다면, 만약 당신이 명예에 대한 인간들의 열정적 갈망을 이해하지 못하는 한, 즉 시인이 말하듯이 "이후의 모든 세대에 자신의 이름을 남기려는" 것을 이해하지 못하는 한, 당신은 그것이 너무나 비이성적이라며 놀랄 것입니다. 인간들은 이것을 위해서라면 그 어떤 위험이라도 감수합니다. 자기 자녀를 위할 때보다도 더욱 말입니다. 재산을 쏟아 붓고, 그 어떤 육체적 역경도 견디며, 이것을 위해 자신들의 생명을 내놓습니다. 당신은 알케스티스가 왜 그녀의 생명을 아드메토스를 위해 주었다고 생각하십니까? 또 왜 아킬레우스가 파트로클로스의 복수를 했다고 생각하십니까? 만약 그들이 자신들의 아레테가 영원불멸할 것이라 믿지 않았다면 말입니다. 정말 이것은 비이성적일까요? 아니오. 고귀한 인간일수록, 그의 모든 행동의 원천은 더욱더 사라지지 않는 명성과 불멸의 아레테랍니다.

이것은 플라톤의 『향연』에서 소크라테스에게 훈계하는 현자 디오티마의 말이다. 이것이 그리스의 일반적인 교리였다. 우리는 철학자들, 시인들, 정치 연설가들에게서 이것을 찾을 수 있다. 아리스토텔레스의 『윤리학』에서도 이것이 드러난다.

만약 우리에게 '위대한 영혼'을 정의하라 한다면, 우리는 몇 가지 자질들을 떠올린다. 이 자질들은 행동을 통해 지속적으로 드러나지만, 위대한 영혼을 가진 인간이 이러한 자질들을 인식해야 한다고는 말하지 않으며, 그 자질들을 공개적으로 인정받아야 한다고는 더더욱 말하지 않는다. 그러나 아리스토텔레스는 뭐라고 말하는가?

'위대한 영혼의 (또는 '위대한 정신의', 또는 둘 다의) 소유자'는 자신을 고귀한 것들을 받아 마땅하다고 여기며, 실제로도 그렇다. 자신을 과

대평가하는 사람은 스스로 속는 사람이다. 반면에 자신을 과소평가하는 사람은 저급한 정신의 소유자다. 그는 오직 작은 것들을 받을 자격이 있으며, 따라서 자신을 양식 있는 사람이라고 평가하지만, 고귀한 정신의 소유자는 아니다. 위대한 영혼의 소유자가 특별히 이루고자 하는 목표는 가장 고귀한 것들이다. 즉 우리가 신들에게 바치는 것, 곧 명예다. 그는 자연히 다른 모든 덕목들도 갖춘다. 그렇지 않으면 가장 높은 명예를 얻지 못한다. 그러나 그는 심지어 명예의 가치조차도 과대평가하지 않으며, 부와 정치권력에 대해서는 더욱 그러하다. 이것들은 명예에 비해 열등하다. 사람들은 명예를 위해 그것들을 가지려 하기 때문이며, 만약 어떤 것이 다른 무엇인가를 위해 갈망된다면 그것은 그 다른 어떤 것에 비해 열등할 수밖에 없다. 고귀한 정신의 소유자는 작은 목표를 위해 위험을 감수하지도, 작은 일들에 전력을 기울이지도 않는다. 그런 것들을 경멸하기 때문이다. 그러나 그는 커다란 위험을 감수하며, 커다란 위기의 순간에 자기 생명을 돌보지 않는다. 생이란 명예 없이는 살 가치가 없다고 생각하기 때문이다. 그는 그 어떤 것도 존경하지 않는다. 그에게는 위대해 보이는 것이 아무것도 없기 때문이다.[48] 그는 원한을 품지 않는다. 오히려 입은 상처를 간과하는 편을 좋아한다. 그는 칭송받는 것도, 칭송하는 것도 신경 쓰지 않는다. 물론 그는 다른 사람에 대하여 인신공격을 하지도 않으며, 적이라 할지라도 비난하지 않는다. 그 사람을 비난하겠다는 명백한 목적이 없다면 말이다.

이러한 것이 이 철학자의 '위대한 인간'이다. 그의 위대함은 부분적으로는 일반인들에게 행동의 박차가 되는 '칭송'에 무관심하다는 점에서 드러난다. (예컨대 소크라테스는 선한 장군은 제1선에 '야심만만한' 사람들을 세운다고 말한다. "그들은 칭송을 위해 위험을 감수할 용기를 갖춘 자들이다.") 그의 위대함은 외부의 것들과 자기 자신에 대해 올바르게 평가하는 데 있다. 꾸밈없는 겸손함은 그의 덕목이 아니다. 그는 다른 무엇보다 명예를 높이 친다. (그러나 명예 역시 지나치게 추구하지는 않는다.) 그렇다면 이 '명예'는 무엇인가? 명예란 내적 충동이 아니다. 그리스어에서 이에 가장 가까운 말은 '아이도스'(aidos) 곧 수치심이다. 아리스토텔레스가 여기에서 사용한 말은 '티메'(time)다. 그리고 이 낱말이 그리스어에서 보통 '대가', '가치' 라는 뜻으로 쓰인다는 점이 중요하다. (영어의 'estimate'도 같은 어원이다.) 이것은 자질과 기여에 대한 공적 인정을 그리스인들이 얼마나 중요하게 여겼는지를 보여준다.

보통의 그리스인이 이 철학자만큼이나 이러한 성격을 존경했으리라고 생각한다면 잘못이다. 철학자가 우리들과 똑같이 생각한다면 그는 그다지 철학자답지 못하다 할 것이다. 그렇지만 철학의 철저함과 추상화를 감안하고 본다면, 이 그림은 비록 과장되어 있기는 하나 완전히 그리스적이다. 어떤 항목들은 페리클레스를 생각나게 한다. (페리클레스는 어느 날 밤 잔치에서 집에 돌아왔는데, 노예 한 명이 횃불을 들고 수행했고, 어떤 사람이 내내 그를 따라오면서 욕설과 모욕을 퍼부었다. 페리클레스는 아무런 관심도 가지지 않았지만, 자기 집에 도착하자 노예에게 말했다. "저 사람을 집까지 배웅해 줘라.") 아리스토텔레스의 '위대한 영혼의 소유자'와 보통의 그리스인은 자신의 가치에 대한 생생한 감각과, '명예'에 대한 욕구, 즉 자신이 정의롭게 취급되어야 한다는 생각을 공유했다.

이것이 수치를 모르는 복수에 대한 욕망을 대부분 설명해 준다. 사람은 자기 자신에게 복수를 빚졌다. 어떠한 손상이라도 참는다면 상대방이 자기보다 '더 낫다'고 인정하는 것을 의미했다.

아리스토텔레스가 제시하는 '위대한 영혼'은 바로 이 점, 곧 원한을 품지 않는다는 점에서 평범하지 않다. 그러나 왜 그런가? 그것이 도덕적으로 잘못되었다고 생각해서가 아니라, 그것이 자기보다 너무나 격이 떨어지는 일이라 판단하기 때문이다. 그는 용서하지도 않는다. 그는 오직 경멸하고 잊을 뿐이다. 보통의 그리스인은 그렇게 하지 않는다.

우리는 그리스인이 자신의 '티메' 곧 정당한 칭송의 보상에 얼마나 신경을 쓰는지 보았다. 그리스인은 (과거에나 현재에나) 본질적으로 경쟁적이고, 야심만만하고, 자기가 주도하기 원한다. (이 점을 이해하지 못하면, 현대 그리스 정치는 이해불능이다.) 그래서 우리는 매 순간마다 '경쟁' 곧 '아곤'(agon)의 개념을 만난다. 우리가 빈약하게도 '경기'라고 번역하는 낱말은 그리스어로는 '아고네스'(agones)다. 연극 축제도 '아고네스'다. 시인과 시인이, 배우와 배우가, 합창단장('코레고스', choregos, 합창단의 장비 및 훈련비용을 책임지는 시민—옮긴이)이 합창단장과 치열하게 경쟁한다. 영어의 'agony'(고통)의 직접적인 어원이 '아곤'이다. 인간의 진면목은 바로 투쟁의 고통에서 드러난다.

이 모든 것과 더불어 개인의 야심도 중요했다. 우월한 재능을 가진 그리스인들도 종종 그것을 통제하지 못했다. 이것에 대한 최고의 논평은, 페르시아 전쟁 당시 두 명의 그리스 지도자에 대한 투키디데스의 설명이다. 한 명은 살라미스의 전략을 고안했던 아테네인 테미스토클레스고, 다른 한 명은 플라타이아의 스파르타군 사령관 파우사니아스다. 파우사니아스는 플라타이아 전투가 끝나자마자 동맹군 함대와 더불어 섬들을 해방하기 위해 파견되었다. 그러나 그가 폭력적으로 행동했기에 동맹군은 너무나 놀라 아테네인에게 지휘를 맡아달라고 간청했다. 스파르타인들은 파우사니아스를 소환하여 개인들에게 부당한 처우를 했다는 죄목과 페르시아와 음모를 꾸몄다는 죄목에 대하여 답변하게 했다. "그는 사령관이라기보다는 오히려 참주처럼 행동했기 때문이다."(투키디데스, I, 95) 스파르타인이 후임자를 보내지 않았으므로, 아테네는 부전승으로 지휘권을 차지했다. 그러나 파우사니아스는 배 한 척을 타고 다시 떠쳐나갔고, 이번에는 트로아스에서 페르시아인과 음모를 꾸몄다. 그는 다시 소환되었다. 그는 왕이라는 자신의 지위와 재산을 믿고 소환에 응했다. 그를 유죄로 만들 증거는 부족했다. 그러나 그가 법률을 무시하고 페르시아식 풍습을 채택했다는 점이 의심을 샀다. 게다가 그는 승리에 대한 감사로 그리스인이 델포이에 만들어 바쳤던 봉헌물에 자신의 이름을 새겨 넣으려 했다. 헤일로타이들은 그가 자신들과 거래를 했고, 반란을 계획했다고 주장했다. 결국 에포로이가 그를 함정에 빠뜨려 페르시아와의 거래를 자백하게 했다. 그는 체포를 피하기 위해 신전에 피했고, 그곳에서 굶어 죽었다.

파우사니아스에 불리한 증거들은 테미스토클레스도 연루시켰다. 테미스토클레스 역시 거만하고 위압적인 태도를 취했고, 아리스테이데스와 함께 편안하게 일하기에는 너무나 급진적—그리고 기회주의적—이었다. 그래서 안전판인 도편추방을 이용했다. 그러나 추방된 것은 테미스토클레스였다. 그는 스파르타의 숙적 아르고스로 갔고, 스파르타인들은 그에 대한 정보를 분명 기쁜 마음으로 아테네에 넘겼다. 아테네인들은 그를 체포할 사람들을 보냈지만, 테미스토클레스에게 누군가 경고를 해 주었고, 투키디데스는 (단 한 번) 낭만적 이야기를 들려준다. 테미스토클레스는 먼저 코르키라(코르푸)로 도망쳤다가 그곳에서 몰로시아의 왕 아드라스토스에게로 갔다. 그러나 그들은 별로 사이가 좋지 않았다. 아드라스토스는 하필 집에 없었고, 테미스토클레스는 왕비에게 탄원자로서 호소했다. 왕비는 그를 난롯가에 앉히고, 자기 아이를 안고 있게 했다. 아드라스토스가 돌아오자, 테미스토클레스는 탄원자로서 자신을 변론했다. "나는 당신에게 해를 끼쳤습니다. 그러나 명예를 아는 사람은 오직 자기와 동등한 자에게만 복수를 합니다. 그리고 나는 현재 무력한 상황에 놓였습니다. 게다가 나는 당신이 제안한 문제에 대해서만 당신을 반대했던 반면, 당신에 대한 내 현재의 입장은 생과 사의 문제입니다." 이 명민한 정치가가 이토록 호메로스적인 상황에 놓인 것은 통렬하기까지 하다. 아드라스토스는 테미스토클레스가 스스로의 소망에 의해 아시아로 떠나갈 때까지 그를 보호했다. 테미스토클레스는 크세르크세스의 아들이자 계승자에게 편지를 썼다. "나는 당신의 아버지가 우리를 공격했을 때 그에게 그 어떤 그리스인보다 더 큰 피해를 입혔소. 그러나 나는 그리스인으로 하여금 그의 퇴로를 끊지 않도록 함으로써 그에게 커다란 기여를 하기도 했소. 나는 당신의 친구요. 나는 당신에게 큰 힘이 되어줄 수 있소. 나는 일 년 뒤 당신을 방문하기 원하오." 왕은 승인했고, 그 해에 테미스토클레스는 전력을 다해 페르시아의 언어와 풍습을 배웠다. 그는 왕과 더불어 위대한 인간이 되었고, 아시아의 마그네시아 총독이 되어 그곳에서 마침내 병으로 죽었으며, 그를 위한 기념비가 세워졌다. 그러나 어떤 이들은 그가 자신이 실행할 수 있는 것 이상을 왕에게 약속했기 때문에 독으로 자살했다고 말한다. 악의적인 수법은 너무나 그리스적이다. 그러나 테미스토클레스와 같이 영리한 사람이 스스로 그런 무덤을 팠을 리는 없을 듯하다. "당대에 가장 뛰어난 인간들이었던 스파르타의 파우사니아스와 아테네의 테미스토클레스의 최후는 바로 그러했다." [49] 그리스 비극들이 히브리스를 경계하고, 그토록 자주 '희망'을 덫과 유혹으로 제시하는 것도 다 이유가 있는 일이었다.

　마지막으로, 우리는 그리스인들이 남방인들임을 잊지 말아야 한다.

그리스 예술의 차분함, 그리스 정신의 균형, 중용(Golden Mean)에 대한 그리스인의 안전한 교리는 그리스인이 침착하고 냉정한 사람들이라는 생각을 부추길는지도 모른다. 그리고 그러한 생각은 17세기와 18세기의 신고전파와, 또 생각건대 현대 그리스 연극 공연에서 끌어온 개념들에 의해 아마 더 강화될 것이다. 그 연극들에서는 어스레한 의상을 한 여인들이 무대 위에 조각상처럼 모여서, 애처로운 수많은 신화들을 인위적이고 다소 당황스러운 합창으로 노래한다.

그것은 모두 틀렸다. 통제된 흥분으로 떨리지 않는 모든 것은 고전기 그리스의 것이 아니다. 고전기 이후의 것일 수는 있겠지만 말이다. 만약 아이스킬로스가 당신을 흥분시키지 않고 변모시키지 않는다면, 당신은 아이스킬로스의 진수를 맛보지 못했다. (이제는 아이스킬로스를 연구하지 않고는 아이스킬로스를 이해할 수 없을지도 모른다. 그러나 그것은 다른 문제다.)

잠깐 그리스 연극에서 이 문제를 살펴보자. 대화 장면은 우리에게도 아무런 문제가 없다. 충분히 극적이다. 우리를 냉랭하게 만드는 것은 그들 사이에서 벌어지는 일들이다. 곧 우아한 소녀들과 노인들의 집단이 갑자기 동시에 스윈번(A. C. Swinburne, 1837~1909. 영국의 시인, 평론가—옮긴이)의 작품을 낭송하는 것이다. 이것이 지루하게 느껴지는 사람은 그리스인을 탓하지 말아야 한다. 그리스인들은 이것을 5분 이상 견뎌내지 못했을 것이다. 이 합창 송시들은 말로 한 적이 없고 반드시 노래로 했다. 노래뿐 아니라 춤도 췄다. 그리고 그냥 춤을 춘 것이 아니라—종종 현대에도 재연하듯이—직경이 90피트에 이르는 원형 무대에서 춤을 췄다. 오늘날에는 그리스 춤에 대해 조금이라도 아는 사람은 오직 그것을 가르치는 이들뿐이라고 말해도 대충 맞을 것이다. 극소수의 토기 회화들에 나타난 모습을 보고서 이 춤을 재구성해 내려는 시도는 대단히 위험하다. 도공들은 원근법에 대해서는 알지도 못했고 관심도 없었기 때문이다. 만약 도공들이 프리즈와 같은 행렬을 그렸다면, 그것은 다만 프리즈식 행렬이 토기를 꾸미기에 좋았기 때문이지, 춤이 그런 모양이어서가 아니었다. 그러나 우리에게는 시의 운율이 남아 있고, 그것은 적어도 리듬을 알려주며, 음악과 춤에 대한 일종의 평면도를 제공한다. 이로부터 그 춤들이 우아했고, 다양했고, 필요할 때는 혼란스러웠음이 분명하게 드러난다. 예컨대 이로부터 우리는 아이스킬로스의 춤추는 장면이 개념상 건축적인 경향을 가졌음을 발견한다. 소포클레스에서는 극도로 조형적이었다. 『에우메니데스』에서 '공포의 여신들의 합창'에 대한 이야기(350쪽)는 어리석은 것이기는 하지만 아이스킬로스가 신고전주의적인 엄숙함의 개념에 지배당하지는 않았음을 증언한다. 다른 종류의 증언도 어렵지 않게 만날 수 있다. 예를 들어 『테베를 공격하는 7인』과 같이 가장 당당하고 흥미진진한 연극에서, 합창단은 도시를 공격하는 적 때문에 공포에 질린 여성들로 등장한다. 아이스킬로스는 그리스 비극이, 특히 아이스킬로스가 썼을 때에는, 규모와 위엄이 넘친다는 사실을 잊어버린 모양이다. 그는 또 합창단은 항상 완벽하게 규칙적이고, 약약강격(아나파이스토스, *anapaistos*)이고, 4/4박자 행진 리듬으로 등장한다는 사실도 잊어버린 모양이다. 그는 이 합창단에 (3+5)/8박자의 음악을 가져왔다. 혹 현대의 안무가 중에 무대에서 소동과 혼란을 표현하고 싶은 사람이 있다면, 이것을 한 번 해 보게 하자! (만약 독자가 음악에 대해 전혀 모른다면, 똑같은 간격으로 1—2—3—1—2—3—4—5를 세어 보고, 또 이에 맞춰 걸어 보라. '1'이 나올 때마다 한 걸음씩 걸으면 된다.) 사실 그리스 비극은 현대의 오페라처럼 극적 대사, 시, 음악, 발레를 90피트짜리 원 안에서 결합시켰다. 반면에 그리스 비극은 언제나 무언가 본질적으로 중요한 것을 소재로 하고, 대사는 귀에 들릴 뿐 아니라 머리로 이해된다는 점에서 현대 오페라와 다르다.

　이 작은 탐구가 아마 그리스인이 우중충한 사람들이 아니라 반대로 생명력, 움직임, 그리고 색채를 요구했음을 보여줄 것이다. 정말이지 그리스인들은 조각상에 색을 입혔고, 그것을 발견한 현대 학자들은 큰 충격을 받았다.

　그리스인의 본질적으로 정열적인 본성에 대한 또 다른 설명을 살펴보자. '사랑'을 뜻하는 그리스어를 우리는 잘 알고 있다. '에로스'다. 에로스는 피카딜리 서커스(Piccadilly Circus, 런던 도심부의 원형광장. 중앙에 에로스 상이 있다—옮긴이)를 장식하며 사랑의 신이며 그리스의 큐피드다. 그러나 에로스와 큐피드는 정확히 얼마나 동등한가? '큐피드'는 '욕망'이란 뜻이며, 형용사 '쿠피두스'(*cupidus*)는 종종 다름 아닌 '탐욕'을 뜻한다. 그러나 '에로스'는 다른 함의를 가졌다. 이것은 '열정적 기쁨'과 같은 뜻이며, 사랑과 아무 관련이 없는 맥락에서도 자연스레 쓰였다. 예를 들어 소포클레스의 연극에서 아이아스는 너무나 치욕스러워서 자살하려 한다. 그의 아내 테크메사는 절망했다. 아이아스의 부하들(합창단)도 마찬가지였다. 그들은 아이아스의 적들의 적개심 앞에 무방비로 버려질 것이었다. 그러나 아이아스는 그들의 탄원에 마음을 돌렸다고 말한다. 그는 치욕을 견뎌내고, 살아남을 것이다. 그러자 합창단은 노래와 춤을 시작한다. 그 곡은 이렇게 시작한다. "나는 에로스로 떨리네. 나의 넘치는 기쁨은 내게 날개를 달아 준다네." 여기에서 에로스는 결코 큐피드가 아니다. 모든 신경을 흥분시키는 어떤 것이다.

　'사랑하는 자'는 '에라스테스'(*erastes*)다. 그리고 아리스토파네스가

'올림피아의 존재'라고 불렸던 위대한 페리클레스는 추도연설에서 아테네인에게 "여러분은 아테네의 에라스타이(*erastai*)가 되어야 합니다"라고 말한다. 즉 "아테네가 여러분을 뼛속까지 전율하게 하는 어떤 것이 되게 하라"는 말이다. 냉정한 남자의 발언이 결코 아니다.

중용의 교리는 전형적으로 그리스적이다. 그러나 그리스인이 정열에 대해서는 거의 모르는, 안전하고 무감각한 중도 노선을 걷는 사람이라고 생각하도록 하는 유혹에 빠지지는 말자. 오히려 그리스인은 극단에 치우치기 쉬웠기에 중용을 그토록 높이 평가했다. 극단성을 은밀히 존경하는 사람들은 바로 우리들 게으른 북방인들이다. 나쁜 영시(英詩)—예컨대 엘리자베스 시대의 허약한 연극들, 또는 드라이든(J. Dryden, 1631~1700. 영국의 시인, 극작가, 평론가—옮긴이)이 퍼셀(H. Purcell, 1659~1695. 영국의 작곡가—옮긴이)을 위해 쓴 잡동사니들—의 특징적인 결함은 격렬한 과장이다. 마치 시인이 자신을 두들겨 흥분 상태로 보내려 애쓰는 것 같다. 전형적인 그리스의 악덕은 냉랭한 노고(勞苦)다. 그리스인은 열정을 자극할 필요가 거의 없었다. 그리스인은 통제와 균형이 필요했기에 그것들을 추구했다. 그리스인은 극단에 대해서는 너무 잘 알고 있었다. 그리스인이 중용에 대해 말할 때면, 조율된 현(絃)에 대한 생각이 그의 머리에서 결코 떠나지 않았다. 중용은 긴장의 부재와 정열의 결핍이 아니라, 참되고 맑은 음을 만드는 올바른 긴장을 뜻했다.

■ 옮긴이의 말

　요즘 외국에서 나오는 고대 그리스사 교과서들은 아주 두툼하다. 축적된 연구 성과를 남김없이 소개하려니 활자는 작아지고 쪽수는 늘어났다. 일반 독자들이 편안한 마음으로 접근하기는 어렵다. 그러나 이 책은 입문서이면서도 교과서라는 기분이 아니라 멋진 강의 한 편을 듣는 느낌을 준다. 신출내기 선생이 내용을 전달하기에 급급해하는 수업이 아니라, 평생을 연구한 숙련된 학자가 자신의 관점과 역사의 핵심을 엮어 유려하게 펼치는 강의다. 고대 그리스 역사에 대한 잡다한 지식들을 나열하지 않았다. 고대 그리스 문명의 본질을 설명하고, 그 문명의 창조자들을 생생하게 되살렸다. 정보가 아니라 이해를 원하는 이들에게 유용한 책이다. 그렇다고 구체성이 떨어지거나 전달하는 지식의 양이 적지도 않다. 저자는 그리스인과 그리스 문명의 본질이 중용, 곧 지성과 열정 사이의 적절한 긴장이라고 말하는데, 이 책이야말로 압축적인 정보와 열정적 관점이 성공적으로 결합된 사례라 하겠다. 어느새 저자는 그리스인을 닮았다.

　저자의 강조점은 언제나 '사람들'이다. 원서의 제목도 '그리스인들'이다. 우리가 편의상 '아테네', '테베'라고 표기하지만 실상 고대 그리스어에서는 '아테네 사람들', '테베 사람들'이었음을 기억한다면, 제목 역시 너무나 그리스적이다. '폴리스'라는 개념을 설명할 때, 일반 교과서들은 정치 체제로 간략히 다루지만 저자는 '제국'이나 '국민국가'에 비해 비효율적으로 보이는 이 폴리스라는 삶의 방식을 선택하고 고집한 사람들에 집중한다. 고전기 아테네 문화는 가장 진지한 예술인 비극을 '대중예술'로 즐긴 사람들의 문화라고 설명한다. 그리스인은 개인으로나 집단으로나 삶의 독립성을 중요시했고, 혹 수입이 많다 하더라도 다른 사람의 지시에 따라야 하는 삶, 전문화된 기술에 몰두한 삶을 '노예' 생활이라며 멀리했다. 우리가 보기에 현실감각이 떨어지는 듯한 이런 사람들에 의해 최초의 서양 문명이 그리고 수학과 물리학, 철학을 비롯한 대부분의 학문이 탄생했다는 것이 저자의 주장이다.

저자의 관점이 명확하기 때문에, 독자 입장에서는 공감하는 사람만큼 동의하지 않는 사람도 많을 것이다. 연구자의 입장에서는 2장 '그리스인의 형성' 부분이 특히 낡아 보인다. 이 책의 초판이 1951년임을 감안하면 어쩔 수 없는 일이다. 마이클 벤트리스가 '선형 B 문자'를 해독한 것이 1953년이고, 그 이후 그리스 청동기 문명에 대한 연구가 엄청나게 발전했기 때문이다. 그러나 세부 내용이 시대에 뒤떨어지기는 했어도, 그 때문에 저자의 논지가 훼손되지는 않는다. 요즘 풍조에서 일반적으로 더 거슬리는 부분은 아마 오리엔트와 동양을 낮추고 상대적으로 그리스, 서양 문명을 높이는 어조일 것이다. '서양중심주의'는 마땅히 극복되어야 한다. 그러나 이 책이 나올 당시에는 아직 그런 문제의식이 그리 일반적이지 않았다. 역자는 이런 부분 역시 일생을 연구한 대상에 대한 노학자의 넘치는 애정 정도로 이해하고 싶다.

이 책은 이미 이전에 고 김진경 교수에 의해 번역되었다. 역자도 학부 시절 그 번역본을 읽으며 때로는 '큭큭' 웃기도 하고 때로는 '아하!' 손바닥도 치면서 즐거운 시간을 보냈다. 그러나 요즘 독자들에게 맞는 새 번역이 필요하다는 갈라파고스 임병삼 사장님의 의지에 공감해서 작업에 착수했다. 번역을 끝내고 보니, 언제 어디서 오역이 발견될까 하는 두려움과 더불어 원저자와 김진경 선생님의 고상한 문체를 제대로 따라가지 못한 것 아닌가 하는 자괴감도 든다. 다만 독자들에게 조금이나마 더 편하고 정확한 번역본을 내놓기 위해 노력했음을 마음의 위안으로 삼는다.

학문의 길에 스승 되신 허승일 선생님께 감사드린다. 늘 격려를 아끼지 않으시는 공주대학교 김창성 교수께 감사드린다. 번역의 많은 오류들을 바로잡아 준 갈라파고스 편집부에 진심으로 감사한다. 번역을 주선한 강대진 선생님께도 감사드린다. 아들의 삶을 마음 깊이 응원해 주시는 아버지께 감사드린다. 내 인생의 가장 큰 축복인 아내와 아들에게 이 책을 바친다. 번역의 처음부터 끝까지 내 호흡을 붙드신 분께 감사드린다.

■ 주

1) 여기에서 '영어'라 함은 관료들, 정치인들 그리고 『타임스The Times』에 기고하는 유력자들이 쓰는 영어를 말한다. 따분한 거만함이나 얼빠진 비유를 즐기는 유치함을 제외한다면, 부정확함이야말로 이 언어의 주된 성격이다.
2) 보이오티아라는 이름은 '소 땅'이라는 뜻이다. 그리스에서 소를 키울 만한 목초지는 흔하지 않다.
3) 아테네인이 펠로폰네소스 전쟁 동안에 저지른 몇 가지 어리석은 행동들 때문에 이렇게 제한적으로 쓸 수밖에 없다. 그러나 당시 아테네는 우리가 막 살펴본 대로 대단히 도시화된 상태였다.
4) 너무 문자 그대로 받아들일 필요는 없다. 플라톤은 일종의 수학적 신비주의를 즐겼다.
5) '돌투성이'라는 뜻이다.
6) A. W. Mair의 영역본(英譯本)을 이용했다.
7) 197쪽 이하를 보라.
8) 『오디세이아』 제6권에서. E. V. Rieu의 영역본 이용.
9) 『오디세이아』 제7권에서. E. V. Rieu의 영역본 이용.
10) 『오디세이아』 제24권에서. E. V. Rieu의 영역본 이용.
11) 『오디세이아』 제7권에서. E. V. Rieu의 영역본 이용.
12) 나우시카아의 말. 『오디세이아』 제6권에서. E. V. Rieu의 영역본 이용.
13) 시간을 아끼기 위해 이런 표현을 썼다. 그리스에도 저급 시인들이 많았음은 분명하다. 아리스토파네스만 해도 언제나 이들을 비웃었다. 그러나 우리에게 전해지는 사람들은 최고의 시인들이며, 알렉산드로스의 시대와 그 이후의 뛰어난 비평가들에 의해 신중하게 선별된 자들이다.
14) 278쪽 이하를 보라. 『아가멤논』의 구성도 이와 비슷하다.
15) 『오디세이아』의 통일성은 훨씬 더 명백하며, 성격이 완전히 동일하다. 이것은 단지 소재들을 솜씨 있게 배열했다는 말이 결코 아니다. 물론 줄거리의 구조가 탁월하기는 하지만 말이다. 진짜 중요한 점은 『일리아스』와 같이 하나의 개념, 즉 불법을 자행하는 자들은 신의 의지를 거스르는 것이며 벌을 받는다는 생각에 힘을 실어 주도록 줄거리가 짜였다는 것이다.

16) 『일리아스』 제5권 149행.

17) 『일리아스』 제6권 127행.

18) 나는 이 말을 그리스식으로 쓰고 싶다. 이 말은 오리엔트에서 유래한 것으로서 '독재자'에 해당하는 그리스어다. 그러나 영어의 '폭군(tyrant)'이라는 색채를 반드시 덧입힐 필요는 없는 말이다.

19) 그리스인이 우리보다 상식을 더 잘 준수했다는 말은 당연히 아니다.

20) 비의 종교들은 그렇지 않았다. (30쪽 이하를 보라)

21) 시노이키아('가문들의 통합') 여신은 이 일로 인해 만들어졌다. (아니면 이 일로부터 추론되었다) 이 제전은 단순한 연례 축제 이상의 것이었다. 이것은 모두가 함께 연합법을 엄숙하게 인증하고 수용하는 행위였다.

22) 그야말로 딱 맞는 이름이다. '피에'는 그리스 말로 '성장' 또는 '키'라는 뜻이다.

23) C. E. Robinson, *Zito Hellias* ('그리스 만세!'), p. 51.

24) 추측건대 신탁은 크로이소스와 키로스의 싸움을 부추겨 그리스에 이익이 되게 하려는 정책을 취했다.

25) '행복'이란 여기에서 형편없는 번역어다. 그러나 우리에게는 그것이 한계다. 만약 '비운의'라는 말의 반대어로서 '좋은 운명을 타고난'이라는 뜻을 나타내는 표현이 있다면 그리스어의 의미에 훨씬 더 가까울 것이다.

26) '도편추방(오스트라키스모스)'은 아테네의 공공생활에서 과도한 개인적 적개심을 견제하기 위해 클레이스테네스가 고안한 장치다. 민회는 매년 '도편추방' 시행여부를 결정했고, 누구의 이름도 미리 언급하지 않았다. 만약 시행하기로 결정되면, 시민들은 각자 10년 동안 정중하게 국외로 추방하고 싶은 사람의 이름을 토기조각(오스트라콘)에 썼다. 누구라도 6,000표 이상 나오면 국외로 나가야 했다. 그외의 처벌은 없었다. 이것은 위험한 분파의 지도자를 제거하는 방편이었다.

27) 다시 말해 협의회가 민회를 소집했다는 뜻이다.

28) 이 말을 보면, 페리클레스의 청중들이 아테네와 피라이오스에 사는 사람들이 아니라 주로 아티카에 살고 있었음을 알 수 있다.

29) '이성'을 뜻하는 그리스어는 현재 시제로 '로고스'다. 여기에서 형용사 '논리적인'(영어 logical)이 나왔다. '로고스'는 보통 '말씀'으로 잘못 번역되지만, 그보다는 '발화(發話)', 또는 그 속에 담긴 사상이라고 할 수 있다. '태초에 말씀이 있었다'는 사실 '태초에 관념이 있었다'라는 뜻이다.

30) 이 부분은 본문이 정확하지 않다.

31) 히포크라테스 (로엡 판, I, f.), W. H. SJones 편집.
32) 예를 들어, 『고르기아스』의 마지막 몇 쪽을 보라.
33) '칼론' (*kalon*). 258쪽을 보라.
34) 이것은 J. A. K. Thomson의 *The Greek Tradition*에 가장 읽기 쉽게(그리고 축약판으로) 실려 있다.
35) 은행업에 대한 흥미롭고 생생한 설명을 원한다면, T. R. Glover의 책 *From Pericles to Philip*에서 'The House of Pasion'을 보라.
36) 데모스의 시민권은 거주지가 아니라 혈통에 의해 정해졌다.
37) *Essays in History and Literature* (Blackwell, 1937)
38) 이 주제에 흥미를 느끼거나 중요하다고 생각하는 사람은 Hans Licht의 *Sexual Life in Ancient Greece*를 참조하라.
39) J. S. Blake—Reed가 *Manchester Guardian*에 쓴 것이다.
40) 『이온』, 843행.
41) 크세노폰과 아리스토텔레스는 제대로 된 노예라면 아기를 가지면 주인에게 더 충성할 것이라 말한다. 그러나 남자라면 자기 집에서 누가 태어나는지를 알고 싶을 것이다.
42) Glover, *From Pericles to Philip*, 346 ; Xenophon, *Economicus*, III, 12.
43) Haigh, *The Attic Theatre*, 제3판 (A. W. Pickard—Cambridge)
44) 희극과 사티로스극이 종교와 관련이 있었던 것은 사실이다. 그리고 같은 것을 다른 이름으로 부르면 종종 모든 어려움이 제거된다.
45) 포르미온이라는 은행가를 변호하면서.
46) 328쪽을 보라.
47) 젭의 번역.
48) 벨푸어(Balfour)가 언젠가 말했듯이, "매우 중요한 것은 아무것도 없다. 그리고 극소수의 것들만 조금이나마 중요하다."
49) 투키디데스, I, 94—96, 128—138.

■ 찾아보기

【ㄱ】
개인주의 119, 131, 161, 240~242, 323.
건축 37, 57, 133, 137, 138, 157, 163, 178, 181, 182, 187, 198, 199, 228, 275, 280, 371.
결혼 28, 29, 35, 156, 242, 267, 311, 314, 316, 319, 320, 326, 327, 330~336, 339, 349.
경기 114, 141, 154, 198, 262, 263, 355, 369.
고르기아스 50, 195, 381.
공공봉사 113, 331.
과학 11, 50, 148, 249, 252, 268, 273, 282~286, 297, 307, 349.
광신 150, 266.
교역 48, 63, 112, 127, 128, 141, 178, 201, 205, 244.
군사 전술 234, 245, 248.
군주정 110, 142, 151, 153, 239.
귀족정 142, 163, 164.
그리스어 9, 010, 20~24, 26, 29, 38~41, 47, 89, 101, 125, 129, 134, 159, 251, 257, 259, 265, 268, 283, 295, 300, 313, 327, 358, 361, 369, 374, 376, 380.

【ㄴ】
나폴리 125, 126.
낙소스 179, 180.
노예제 55, 196, 197, 199, 201.
니스 125.

【ㄷ】
다리우스 171, 172.
대의 정부 184.
대자연의 신 29.
데모스테네스 11, 112, 146, 235~237, 239, 241, 242, 323~328, 333, 352, 355, 363.
델로스 133, 179, 180.
델포이 129, 146, 167, 265, 266, 311, 370.
도리스인 23, 24, 27, 29, 34, 36, 105, 126, 133, 134, 137, 138, 148, 205, 264, 265.
도리스인의 침입 24, 27, 29, 34.
도시국가 14, 15, 101, 231, 239, 242, 244, 245, 257, 317, 350.
도편추방 177, 370, 380.
디오게네스 50, 143, 240.
디오네 28.
디오니소스 54, 158, 266.
디오도토스 218, 220, 221, 257.

【ㄹ】
라틴 258, 296, 364.
라케다이몬 45, 103, 105, 139.
로마 15, 26, 48, 84, 108, 125, 126, 142, 145, 149, 153, 154, 193, 196, 234, 246, 306, 335, 357.
로마인 39, 145, 149, 183, 270, 296, 298, 340.
리쿠르고스(입법가) 140, 141, 143, 144, 146, 155, 156.

【ㅁ】
마라톤 147, 172, 177, 184, 224, 263.
마르세유 126.
마케도니아 11, 108, 125, 234, 235, 237, 238.
맨체스터 338, 339, 348, 350.
메난드로스 146, 323, 332.
메세니아 103, 137, 139, 140.
멜로스 47, 222, 227.
모나코 126.
문자 32, 112, 113, 129, 133, 259, 313, 345, 364, 377, 379.
문학 14, 72, 74, 93, 136, 159, 306, 317, 323,

324, 337, 350.
미노스 25, 26, 30~32, 36, 38, 48, 108, 131.
미노스 왕 25, 108.
미노타우로스 26.
미케네 25, 30, 32~37, 100, 102, 148.
미틸레네 215~220, 227.
민주정 12, 31, 56, 113, 142, 160, 163, 176, 177, 185, 188, 191, 194, 202, 205, 206, 215, 216, 224, 232, 239, 345, 352.
민회 102, 105, 114, 142, 153, 154, 161, 162, 178, 183, 184, 189~191, 195, 196, 201, 206~213, 215~217, 222, 227, 242, 248, 320, 329, 332, 334, 349, 352, 362, 380.
밀턴 239.

【ㅂ】
바르바로이 9~11, 14.
반어(irony) 364, 365.
벵가지 125.
버밍엄 46, 103.
복수 74, 116~118, 207, 221, 260, 298, 302, 318, 320, 330, 344, 349, 363, 365, 366, 368, 371.
비극 14, 50, 73, 81, 82, 90, 91, 93, 94, 114, 116, 147, 158, 178, 182, 193, 208, 222, 224, 233, 235, 240, 266~268, 275, 277~279, 301, 304, 305, 342, 343, 349~351, 371, 373~375.

【ㅅ】
사포 134, 135.
산업혁명 163.
살라미스 해전 147, 173~175, 177, 369.
30인 참주정 232, 316.
상속녀 334, 352.
색슨 잉글랜드 23, 33.
세바스토폴 125.

셰익스피어 81, 125, 275, 278, 302, 342.
소크라테스 50, 55, 119, 147, 190, 192, 195, 200, 207, 232, 233, 239, 249~251, 258, 262, 289, 313, 315, 316, 323~325, 327, 337, 347, 353, 354, 358~362, 364, 366, 367.
소피스트 251~253, 280.
소포클레스 344
  『안티고네』 110, 322, 332, 343, 346.
  『오이디푸스 왕』 168, 267, 321.
솔론 135, 146, 152~154, 160, 162, 163, 168~170, 176, 244, 257.
스코틀랜드 48, 107, 152, 317.
스파르타 45, 47, 51, 103, 105, 114, 115, 130, 135~146, 155, 159~162, 169, 171~175, 177, 178, 181, 184,~187, 197, 205, 206, 208~210, 215, 222~224, 226, 227, 231~235, 244, 245, 258, 299, 311~315, 334, 369~371.
서사시 11, 20, 52, 56, 63, 72, 74, 80, 83, 85, 90, 91, 96, 158, 161.
서정시 134.
시라쿠사 103, 125, 157, 159, 239, 270, 350.
시칠리아 62, 63, 102, 103, 126, 184, 196, 205, 206, 227, 239.
식민 활동 127, 128, 130, 131.

【ㅇ】
아가멤논 24, 33, 35, 71, 72, 76~79, 82, 83, 89, 101, 102, 104, 117, 278, 305, 318.
아게실라오스 51, 143, 311, 313.
아그드 126.
아낙시만드로스 272, 273.
아레스 61, 62, 83, 153.
아레테 60, 89, 146, 163, 243, 260, 261, 263, 265, 365, 366.
아르고스 28, 75, 76, 88, 116, 169, 173, 320,

찾아보기 **383**

327, 370.
아리스타고라스 171, 172.
아리스테이데스 146, 177, 179, 370.
아리스토파네스 327.
　『아카르니아인』 110.
　『구름』 253.
　『개구리들』 91, 349.
　『평화』 315.
아르카디아 22, 47, 53, 102, 107, 128, 134, 317.
아르킬로코스 134~136.
아리스토텔레스 244, 269, 359, 362.
　『윤리학』 366.
　『정치학』 102, 119, 333.
아우타르케이아 47, 243, 247.
아이기나 46, 104, 105, 128, 173, 177, 184, 264, 265, 326.
아이스킬로스 37, 50, 70, 91, 116, 117, 119, 146, 147, 157, 172, 193, 208, 264, 267, 275~279, 303~305, 307, 337, 344, 349, 372, 373.
　『아가멤논』 116, 277, 278, 337, 339.
　『에우메니데스』 116, 347, 371.
　『오레스테이아』 116, 172, 305.
　『페르시아인들』 172.
아칸토스 223, 224.
아카이아인 24, 33~36, 71, 75~78, 86~88, 94.
아킬레우스 24, 71, 73~77, 79, 80, 82~84, 87, 89, 92, 95, 101, 121, 234, 261, 264.
아테나 22, 23, 28, 29, 58, 79, 82, 84~86, 115~119, 156, 177, 363.
아테네 법정 180, 191, 329.
아테네 제국 149, 180, 205, 222, 231, 247, 326.
아폴로도로스 329, 352, 354, 355.
아프로디테 61, 83, 266.

안드로마케 86, 87, 347, 353.
알렉산드로스 10, 15, 75, 125, 126, 237, 238, 306, 379.
알키비아데스 208, 232.
알크만 137.
암피폴리스 223, 235.
양자 334.
에로스 374.
에우리피데스 50, 346.
　『안드로마케』 227.
　『엘렉트라』 240, 318, 332.
　『메데아』 344.
　『오레스테스』 116, 240, 320.
에파미논다스 234.
여성 5, 28, 49, 103, 144, 197, 313, 316, 330~336, 338~340, 343~352, 358, 373.
역병 71, 75, 76, 206, 212, 214, 215, 247, 283~285.
연극 56, 113, 162, 190, 240, 241, 275, 276, 278, 350, 369, 372.
예술 31, 38, 84, 96, 158, 178.
오디세우스 20, 58~60, 62, 77, 91.
　『오디세이아』 57, 59~61, 63, 64, 69, 83, 91, 95~97, 260, 379.
　『오이코노미코스』(크세노폰의 저술) 330, 356.
올리브 47, 51, 57, 58, 60, 153, 244, 248, 264, 269, 345.
올림피아 35, 116, 117, 143, 144, 155, 263, 266, 311, 312, 375.
올림포스의 신들 115~117, 176.
우정 326, 354, 365.
원자 이론 273.
은행 112, 326, 327, 339, 354, 381.
음식 51, 143, 199, 319, 345.
의학 49, 50, 148, 282~285.
『일리아스』 4, 30, 34, 39, 70, 74, 81, 83, 89,

90, 91, 93, 94, 96, 101, 148, 208, 260, 261,
263, 343, 379, 380.
이오니아인 133, 178.
이피크라테스 242, 245.
이소크라테스 50, 239.
이집트 10, 35, 48, 49, 107, 108, 125, 134, 172,
180, 184, 238, 244, 268, 270, 281, 306.
이탈리아 21, 48, 101, 126.

【ㅈ】
장수 50, 51, 95, 278.
점성술 268.
제우스 13, 28, 29, 33, 52, 53, 61, 71, 73, 75,
77~80, 83, 86, 88, 116~118, 158, 263, 264,
276, 297~299, 301, 302, 305, 312, 323, 362.
조각 12, 26, 31, 37, 38, 46, 51, 70, 71, 105,
133, 137, 138, 147, 157, 178, 182, 197, 199,
240, 250, 275, 279, 324, 342, 343, 372, 374.
종교 105, 113, 115, 145, 254.

【ㅊ】
참주, 참주정 155, 157, 159, 171.
천문학 268, 269.

【ㅋ】
카르타고 63, 108, 130.
코르키라(코르푸) 129, 370.
코린토스 22, 36, 45, 46, 103, 107, 128, 129,
174, 175, 184, 185, 205, 233, 266, 304, 321,
322.
코스모폴리스 118.
크노소스 26, 27, 30, 31, 35, 38.
크레타 25~28, 30~33, 36, 48, 102.
크리티아스 61, 232.
크로이소스 167~170, 172, 183, 380.
크세노폰 19~21, 50, 246, 266, 311~313.

316, 317, 323, 324, 327, 332, 333, 337, 342,
344, 354, 358, 360, 381.
크세르크세스 175, 231, 276, 371.
클레오메네스 171, 172.
클레온 216~222, 248, 253, 257, 362.
클레이스테네스 151, 160~163, 176, 380.
키로스 19, 127, 132, 167, 168, 170, 183, 311,
326, 380.
키몬 184, 195.

【ㅌ】
탈레스 167, 268~272, 277, 285.
테르모필라이 전투 173.
테미스토클레스 146, 173~175, 177, 195, 280,
369~371.
테베 105, 172, 175, 210, 224~226, 233, 234,
237, 238, 311, 317, 321, 339, 376.
테세우스 26, 27, 150, 151, 177.
테스피스 158.
테오크리토스 317, 350.
테오프라스토스 324, 332, 345, 355, 356, 363,
364.
토기 31, 33, 36, 37, 57, 61, 81, 84, 131, 147,
148, 153, 157, 314, 318, 324, 342, 343, 347,
351, 354, 360, 372, 373, 380.
토기 회화 36, 81, 131, 347, 354, 360, 372.
투키디데스 11, 25, 26, 37, 47, 109, 114, 129,
146, 150, 151, 185, 196, 206, 208, 212~216,
218, 222, 223, 227, 228, 235, 280, 283, 284,
369, 370, 381.
트로이 25, 27, 35, 72, 77, 78, 81~88, 90, 94,
278, 318.
트로이 전쟁 25, 27, 69, 72, 80, 95, 96, 151,
298.
투르크인 22, 27.
티르타이오스 135, 137, 140.

【ㅍ】
파르테논 37, 181, 187, 199.
파우사니아스(스파르타의 왕) 369~371.
팔레스타인 30.
페니키아인 34, 63, 108.
페르시아 10, 19, 21, 104, 108, 127, 132, 133, 147, 167, 168, 171~181, 184, 231~233, 238, 239, 242, 246, 276, 369~371.
페르시아 전쟁 176, 177, 184, 211, 227, 369.
페리클레스 71, 114, 115, 137, 146, 148, 163, 178, 181~188, 191, 195, 206, 208~217, 231, 239, 241, 246~248, 333, 338, 368, 375, 380.
페이디아스 147.
페이시스트라토스 146, 154~160, 163, 164, 172, 176, 181.
펠라스고스인 23, 24.
펠로피다스 234.
펠로폰네소스 전쟁 5, 47, 103, 142, 184, 197, 239, 245, 246, 316, 325, 379.
포도주 47, 51, 57, 58, 62, 86, 136, 158, 220, 312, 314, 320, 328, 342, 356.
포르미온 147, 381.
포세이돈 22, 29, 52, 64.
프락시텔레스 147.
플라타이아 104, 147, 172, 175, 210, 224~227, 369.
플라톤 37, 40, 50~52, 61, 69, 70, 102, 119, 134, 147, 192, 195, 200, 239, 343, 244, 247, 250, 251, 258, 260, 262, 274, 289, 290, 303, 305, 323, 331~333, 349, 353, 354, 359, 366, 379.
플루타르코스 135, 141, 144, 278.
피라이오스 46, 103, 109, 150, 161, 206, 247, 248, 329.
피타고라스 271, 287, 288.
핀다로스 13, 105, 135, 157, 238, 264~266,
304, 305, 307.
필리포스 2세(마케도니아) 234.

【ㅎ】
해적 25, 62, 180, 278, 326, 327.
헤라 28, 29, 52, 74, 75, 79, 116, 135, 169.
헤라클레이토스 274, 287.
헤로도토스 20, 22~24, 28, 29, 33, 69, 127, 131, 132, 155~157, 168~171, 173~175, 177, 269, 270, 281, 282, 289.
헤브리디스 48, 49.
헤일로타이 139~144, 179, 245, 370.
헤시오도스 52~54, 57, 60, 63, 65, 106, 151, 317.
협의회(불레, boule) 101, 117, 151, 153, 154, 162, 190, 192, 196, 201, 329, 330, 380.
협잡꾼 251, 327, 328, 330.
호메로스 52, 56, 70, 72, 80, 83, 85, 96, 114, 134, 158, 159, 343, 365.
희극 47, 350.
히브리인 10.
히아킨토스 299, 300.
히포리토스 266.
히포크라테스(의사) 49, 155, 282, 283, 285, 381.

古代 그리스, 그리스인들
H. D. F 키토 지음
박재욱 옮김
1판 1쇄 발행 2008년 2월 22일
1판 2쇄 발행 2019년 3월 22일

펴낸이 임병삼
펴낸곳 도서출판 갈라파고스
등록 2002년 10월 29일 제2003-000147호
주소 03938 서울시 마포구 월드컵로 196 대명비첸시티오피스텔 801호
전화 02-3142-3797 | 팩스 02-3142-2408
이메일 galapagos@chol.com
교정·교열 양상모

ISBN 978-89-90809-21-6 03930
● 잘못된 책은 바꿔드립니다.